Klaus Farin   Rafik Schami   (Hrsg.)

FLUCHT AUS SYRIEN –
neue Heimat Deutschland?

Ein Respekt!-Buch

Originalausgabe

© 2018 Hirnkost KG, Lahnstraße 25, 12055 Berlin

prverlag@hirnkost.de
www.jugendkulturen-verlag.de

Alle Rechte vorbehalten
1. Auflage Juli 2018

Vertrieb für den Buchhandel: Runge Verlagsauslieferung (msr@rungeva.de)
Privatkunden und Mailorder: shop.hirnkost.de

Layout: Linda Kutzki, textsalz.de

ISBN:
PRINT: 978-3-945398-80-7
PDF: 978-3-945398-81-4
EPUB: 978-3-945398-82-1

Dieses Buch gibt es auch als E-Book – bei allen Anbietern und für alle Formate.
Unsere Bücher kann man auch abonnieren: shop.hirnkost.de

Dieses Buch wäre nicht möglich gewesen ohne die Förderer der
Respekt!-Projekte zu jungen Geflüchteten aus Syrien:

 Die Beauftragte der Bundesregierung für Kultur und Medien

 Bundeszentrale für politische Bildung

 Brandenburgische Landeszentrale für politische Bildung

 Berliner Landeszentrale für politische Bildung

 be Berlin

Inhaltsverzeichnis

Vorwort 5
Klaus Farin

„Überall in der Stadt fielen Bomben. Nur Glück, der Zufall
entschied, ob man überlebte oder nicht." 24
„In Deutschland kann ich mich endlich unabhängig bewegen,
ohne Hijab." 40
„Über Religion, Politik und Sport spreche ich ungern. Jeder hat
seine Meinung und ändert sie nie." 44
„Faulheit ist auf jeden Fall nicht gewollt im Ramadan." 51
„Sie haben mit uns an der Militärakademie eine systematische
Gehirnwäsche gemacht." 70
„Die Revolution ist tot. Wir haben verloren." 80
„Meine Zukunft liegt hier in Deutschland." 89

Von der Revolution zum Stellvertreterkrieg 98
Kristin Helberg

„Ich habe keine Angst. Nie." 127
„Wir können in Deutschland viel Gutes machen." 133
„Dort hatte ich ein Leben, hier habe ich ein Ziel." 146
„Es ist falsch, mit Gewalt für den Frieden zu kämpfen." 157

„Es fehlt Forschung, die den urbanen Alltag zum Sprechen bringt."
Umfrage unter Wissenschaftler*innen zum Thema Flucht 168
Klaus Farin

„Als der Islamische Staat unsere Stadt eroberte, hörte das Leben
dort auf, als könne das Herz der Stadt nicht mehr schlagen." 178
„Vor dem Krieg war das Leben in Syrien richtig schön." 183
„Diese Nazis stören mich." 199

Ankommen, Alltag und Zukunft in Deutschland – Perspektiven
junger Männer aus Syrien im Bundesfreiwilligendienst 206
Gesa Köbberling, Barbara Schramkowski

„Die Sprache ist der Schlüssel des Landes." 211
„Viele Leute hier wissen nicht, dass wir auch einen Kühlschrank haben. Sie denken, dass wir aus der Wüste kommen, in einem Zelt wohnen und auf einem Kamel reiten." 221
„Ich kann nicht einfach nur herumsitzen, ich muss etwas machen." 228

Die Kopftuchfrage 238
Klaus Farin

„Ich bin wegen dem Krieg hier. Aber ich will meine Religion behalten. Sie ist mein Leben. Ich bin so glücklich, dass ich Muslimin bin." 240
„Das Wichtigste am Islam ist eigentlich, dass man ein guter Mensch ist und sich verantwortungsvoll verhält." 250
„Es ist viel Hass entstanden." 255

Männliche* Geflüchtete: Von der Teilnahme zur Teilhabe in pädagogischen Angeboten. Rassismuskritische Hinweise aus der Sicht einer Transkulturellen Jungenarbeit 266
Olaf Jantz, Helge Kraus

„Es gibt viele Gesetze hier, und das ist, was ich wirklich mag." ... 285
„Auch bei einer Hand sind nicht alle Finger gleich." 293
„Den Geruch unseres Kaffees vermisse ich jeden Tag." 302
„Verglichen mit Deutschland gibt es in Syrien viel mehr Kulturen." 310

Mehrsprachigkeit als Chance 331
Ingrid Gogolin

„Ich werde mein ganzes Leben lang überall auf der Welt immer, wenn jemand mich böse anguckt, denken: Der kommt aus Deutschland." 351
„Eigentlich habe ich mich in Syrien wie ein Fremder gefühlt." ... 358
„Die Proteste haben die Seelen der Menschen befreit." 363

Die Insel der Glückseligen und die Geflüchteten 372
Rafik Schami

Vorwort

Klaus Farin

Rund 70 Millionen Menschen – fast so viele, wie die Bundesrepublik Deutschland Einwohner*innen hat – sind weltweit auf der Flucht. Jede*r zweite von ihnen ist unter 18 Jahre. Die große Mehrzahl flüchtet lediglich in andere Regionen ihres eigenen Landes oder in direkte Nachbarstaaten. So hat allein der Libanon – ein Land mit 6,3 Millionen Einwohner*innen – bisher mehr als eine Million Geflüchtete aus Syrien aufgenommen. Lediglich rund 2,8 Millionen Geflüchtete beantragten seit 2015 Asyl in der Europäischen Union. Allerdings: Mindestens 35.000 Menschen sind in diesem Jahrhundert bereits bei dem Versuch, Europa zu erreichen, ums Leben gekommen.[1]

Deutschland und andere Länder sind stolz darauf, aus den Erfahrungen des Nationalsozialismus gelernt zu haben. Eine Lehre daraus ist die, dass Staaten Menschen in Not, die vor Krieg, Diktatur und Verfolgung aus ihrer Heimat fliehen, helfen müssen. Von den Nazis verfolgte Jüdinnen und Juden mussten auch deshalb sterben, weil andere Staaten Europas und die USA sie nicht aufnehmen wollten. 1951 unterzeichneten deshalb 147 Staaten die Genfer Flüchtlingskonvention, deren zentrale Botschaft auch bereits in Artikel 16a unseres Grundgesetzes formuliert wurde: „Politisch Verfolgte genießen Asylrecht."

Anders als in den frühen 1990er Jahren, als das Thema Asyl ebenfalls gewalttätig explodierte, gab es ab 2014/15 eine breite Welle zivilgesellschaftlichen Engagements für Geflüchtete. Dies nicht nur in demonstrativer Form – Begrüßungsgruppen an den Bahnhöfen, Kundgebungen und Appelle gegen eine restriktivere Asylpolitik –, sondern vor allem im kontinuierlichen, ganz praktischen ehrenamtlichen Engagement Hunderttausender von Menschen im Alltag: von der Begleitung der Geflüchteten zu Behörden, Unterstützung bei der Wohnungs- und Arbeitssuche, Deutschunterricht, Kinderbetreuung, Kleidersammlungen, medizinische Betreuung u. v. m. „In vielen Unterkünften und Erstaufnahmeeinrichtungen sind Freiwillige deutlich präsenter als Amtsträger und Hauptamtliche" (Teune 2016). Sogar die *Bild* titelt im August 2014: „Flüchtlingen helfen – Was ich jetzt tun kann" und weist im Beitrag dazu „die sieben größten Lügen über Asylbewerber" zurück, etwa die, dass Geflüchtete Deutschen die Arbeitsplätze wegnähmen oder besonders kriminell seien.

Auch die ab November 2011 bekannt gewordenen Mordtaten der neonazistischen Terrorgruppe Nationalsozialistischer Untergrund (NSU), die sich fast ausschließlich gegen Menschen mit Migrationsgeschichte richteten, hatten die Sensibilität vieler Menschen für die schwelende Gefahr des Rassismus erhöht.

2016 kippte die Stimmung. Die Übergriffe in der Silvesternacht und terroristische Anschläge in Frankreich, Belgien und dann auch Deutschland weckten Empörung und Ängste, die von konservativer und rechtspopulistischer Seite geschürt wurden. So wurden nach den Ereignissen von Köln plötzlich Politiker zu Verteidigern der Frauenrechte, die ansonsten eher für ihre frauenfeindlichen Haltungen bekannt waren – etwa Vertreter der CSU, die erst wenige Jahre zuvor, 1997, die Vergewaltigung in der Ehe als Straftat anerkannte und damit eher widerwillig das Recht des Ehemannes auf jederzeitige sexuelle Dienstleistungen seiner Gattin einschränkte.

„Schämt euch, dafür das deutsche Volk anzubetteln!"

Am 22. Juni 2017 posteten wir auf *Facebook* Infos über unser Projekt, verbunden mit der Bitte um Spenden. Innerhalb von wenigen Minuten trudelten die ersten Kommentare ein, bis Ende der Woche waren es über 130. Vier Fünftel davon kamen von „Wutbürgern". Interessanterweise hatten Admins von AfD-nahen und weiter rechts stehenden Seiten („Deutschland zuerst!" etc.) unser Post sofort und kommentarlos auf ihren Seiten geteilt – offenbar, um schnell und zahlreich entsprechende Kommentare auf unserer Seite zu organisieren. In der Tat fanden sich bei fast allen der „besorgten Bürger" Likes auf ihren eigenen *Facebook*-Seiten für die AfD, die „Deutsche Mitte Sachsen" und ähnliche Gruppierungen. Das entspricht dem Strategiekonzept rechtspopulistischer und rechtsextremer Gruppen, die sozialen Netzwerke manipulativ zu nutzen und den Eindruck zu erwecken, „die Deutschen" wären z. B. gegen Geflüchtete eingestellt. Nichtsdestotrotz spiegeln sich auch in den organisierten Postings die Einstellungen von etwa 10 bis 15 Prozent der Bevölkerung authentisch auf den Punkt gebracht und damit auch für Andersdenkende lehrreich wider.

> Wer sich hier aufführt , als Vergewaltiger , Schläger und Dieb der hat hier nix verloren. Jeden Tag liest man es doch, das wieder ein Kind oder Mädchen vergewaltigt wurde .

> Ich helfe nur jemandem, der geprueft wurde als syrer und kontrolliert wurde, welche politische neigung er hat, wie viel geld er bei sich hat. Da das wohl nicht moeglich ist, werde ich sicher weder geld, kleider , zeit spenden und schon gar keinen in haus aufnehmen. Sonst koennte ich auch jedem obdqchlosen, bettler etc. Geld ,kleider ind die hand druecken und ihn bei mir aufnehmen. Also, erstmal an grenzen wo auch immer wohncontainer bauen, die leute menschlich versirgen und kontrollieren was wahr ist. Waer ja das gesetz

> 85 % sind nur Wirtschaftsflüchtlinge. Ein Flüchtling ist Dankbar für Schutz und Hilfe, aber die Mehrzahl will nur in Deutschland eine hohe Grundsicherung aber nichts dafür Arbeiten. Den Angeblichen Flüchtlingen geht es Besser als vielen Rentnern und Hartz IV Empfänger. Und dennoch Meckern viele es gäbe zuwenig Geld

> Wirkliche Flüchtlinge waren früher die Vietnamesen und die aus dem ehemaligen Jugoslawien die waren dankbar sehr höflich fleißig und sind auch zurück gegangen.

Ja es ist richtig ,wir wissen viel zu wenig über die Ursachen und die Flucht der Menschen die hier ankommen ! Sie werden uns auch nicht die Wahrheit erzählen sondern nur das was für sie zur Erlangung des Asylstatus und den damit verbundenen Annehmlichkeiten beiträgt ! Was wir aber wissen und das kommt von der UNO , nur 3 % ! ! ! Aller über das Mittelmeer ankommenden "Hilfesuchenden" sind wirkliche Flüchtlinge. Auch die Syrer kamen über das Mittelmeer . Genau da sollte man ansetzen und auch nur diese 3 % aufnehmen. Für alle anderen ist keine Hilfe erforderlich und sie sollten sofort ohne Aufenthalt in ihre Heimatländer zurückgeführt werden. Dann wird auch die Hilfsbereitschaft der Menschen hier steigen !

Muss gerade lachen wenn ich so manche Kommentare lese. Flüchtlinge ??? Ahja Papiere alle weg aber das teure Smartphone konnte gerettet werden, weiter geht's mit der Märchenstunde wer über mehr als 5 sichere Länder hier her kommt ist kein Flüchtling mehr sondern Sozialschmarotzer. Weiter wer hier her kommt vergewaltigt mordet seine Behausung abfackelt ist kein Flüchtling sondern ein Verbrecher. Euch Gutmenschen Teddybärchenwerfer sollte es mal treffen damit euch die Augen endlich aufgehen.

Ich weiß auch warum Sie flüchten aber was zu viel ist, ist zu viel schon gar nicht wenn wir Deutschen darunter leiden müssen

postet euren Müll doch nur auf Seiten der naiven Zombis und gut isses. Bei so vielen Bahnhofsklatschern müsste doch ein schönes Spmmchen zusammenkommen. Wärendessen sammeln unsere Rentner leere Pfandflaschen.

Altparteien Gutmenschen hängen mir zum Halse raus. Bettel in der Moschee, da wirst du Staunen was die Scheinasylanten für Geld besitzen. Für Jugendliche Flüchtlinge ist meine Rente zu schade.

Fluchtursache Nummer 1 ist das Angebot jeden aufzunehmen, der kommt und ihn fürstlich zu versorgen.

Das sind größtenteils Faulenzer, anstatt ihr Land aufzubauen hauen sie ab und überlassen ihre Frauen und Kinder im Dreck dahin vegetieren. Von mir keinen Cent

Von mir noch nicht mal das schwarze unter den fingernägeln, schämt euch, dafür das deutsche volk anzubetteln

Der komplette Thread ist auf der *Facebook*-Seite des Hirnkost Verlags dokumentiert.[2]

Viele schauen auf die AfD, Pegida und ähnliche Gruppierungen am rechten Rand der Gesellschaft, in der sich Xenophobe, Rassisten und neoliberale Empathieverweigerer lautstark sammeln (siehe dazu Farin 2018). Vergessen wird dabei, dass all diese Gruppen im Grunde genommen über keine legitimierte gesellschaftliche Macht verfügen. Sie sitzen zwar derzeit in fast allen deutschen Parlamenten, sind aber, anders als in Österreich und anderen europäischen Ländern, an keiner einzigen Regierung beteiligt, weder im Bund noch in den Ländern. Es stünde also der Mehrheit der Bevölkerung und ihren Repräsentant*innen frei, sie einfach zu ignorieren, ihnen mit Argumenten in die Parade zu fahren, wenn sie wieder einmal lautstark hanebüchene Forderungen aufstellen. Doch leider reagieren Politiker*innen aus allen anderen Parteien anders, vermeintlich oppositionell, in Wirklichkeit opportunistisch: Sie übernehmen Forderungen etwa der AfD, mitunter leicht abgeschwächt, entweder aus inhaltlicher Übereinstimmung oder aus dem naiven Glauben heraus, man könne diesen Spuk verschwinden lassen, wenn man selbst Forderungen dieser Gruppen aufnehme und zum Teil umsetze. Als ein rassistischer Mob im August 2015 zwei Nächte lang eine Unterkunft von Geflüchteten im sächsischen Heidenau attackierte, forderte der Erfurter Oberbürgermeister Andreas Bausewein (SPD) in einem Offenen Brief schnellere Abschiebungen und Kinder von Geflüchteten nicht mehr einzuschulen, bis ihr Status geklärt sei – um ein „zweites Heidenau" zu verhindern.[3] Als im Februar 2018 die „Essener Tafel", eine von über 930 „Tafeln" in Deutschland, die Lebensmittelspenden aus Supermärkten etc. sammeln und an Bedürftige verteilen, bekannt gab, dass sie ab sofort einen Aufnahmestopp für „Ausländer" verhängen würde, damit auch „die ältere deutsche Dame oder die alleinerziehende Mutter" wieder eine Chance habe, ernteten sie dafür zwar viel Kritik – u. a. von Bundeskanzlerin Merkel –, aber auch Zustimmung und Verständnis – u. a. von der Linken-Politikerin Sahra Wagenknecht: „Es kann nicht sein, dass die Ärmsten jetzt auch noch die Hauptlasten der Zuwanderung tragen sollen."[4]

Geflüchtete waren nicht mehr Menschen, sondern „Lawinen", „Fluten", „Wellen", „Stürme", es ging immer häufiger nicht um Hilfe, sondern um „Eindämmung" durch „Obergrenzen" und Neudefinition von Kriegsgebieten und Staaten, in denen nach wie vor Menschenrechte mit Füßen getreten und Minderheiten brutal verfolgt wurden, als „sichere Herkunftsländer". Die Menschen, die nach Europa flüchteten, waren nicht mehr Hilfsbedürftige, sondern „Sicherheitsrisiken": „Fundamentalisten", „Terroristen", „Sozialschmarotzer". Nachdem die damalige AfD-Bundesvorsitzende Frauke Petry im Januar 2016 in einem Interview erklärte, die Grenzpolizei müsse „notfalls auch von der Schusswaffe Gebrauch machen", um Geflüchtete an den Grenzen aufzuhalten, und ihre Stellvertreterin Beatrix von Storch auf ihrer *Facebook*-Seite bestätigend gepostet hatte, das gelte auch für Frauen und Kinder, griffen große Teile der Medien und der Politik das Thema auf und debattierten ernsthaft mehrere Wochen lang über ein Pro und Contra. *Warum* so viele Menschen eigentlich ihre Heimat und ihre ganze Existenz aufgaben und in die Welt flüchteten, war kein Thema mehr.

Mehrere Studien haben inzwischen die Medienberichterstattung zu diesem Thema untersucht und den Stimmungswandel auch in den

Medien widergespiegelt gefunden. So hat das ARD-Magazin *Monitor* alle TV-Talkshows im ZDF und in den ARD-Anstalten des Jahres 2016 ausgewertet – insgesamt 141 Sendungen. „Das erstaunliche Ergebnis: 40-mal ging es um Flüchtlinge und Flüchtlingspolitik, 15-mal um den Islam, Gewalt und Terrorismus, 21-mal um Populismus, vor allem von rechts. ‚Andere Themen hatten keine Chance', bilanzierten die Politjournalist_innen in der Sendung vom 19. Januar 2017." (*taz* vom 25./26. Februar 2017; www.taz.de/!5383982/). Ein Team um den Hamburger Journalistenprofessor und Ex-*Spiegel*- und *Zeit*-Redakteur Michael Haller, das im Auftrag der Otto-Brenner-Stiftung der IG Metall 35.000 Beiträge vor allem aus sogenannten Leitmedien wie *FAZ*, *Süddeutsche*, *Welt* und *Bild* auswertete, hat ermittelt, dass „nur rund sechs Prozent der analysierten Artikel authentisch recherchierte Berichte oder erzählende Reportagen sind. Die Untersuchung zur Frage, wer alles in den berichtenden Texten zur Sprache kommt, ergab, dass in der Kategorie der relevanten Akteure und Sprecher zwei von drei Nennungen zur institutionellen Politik zählen. Mit knapp neun Prozent weit abgeschlagen, gleichwohl zweitgrößte Gruppe, sind Vertreter der Judikative (Polizei, Strafverfolger, Gerichte, Anwälte), also jene, die sich von Berufs wegen mit Rechtsverstößen befassen. Die eigentlichen Hauptakteure – die Helfergruppen, Einrichtungen, freien Träger und Initianten, die sich, viele freiwillig, in erster Linie um Flüchtlinge kümmerten – stellen nur rund 3,5 Prozent aller relevanten Personen, die in den redaktionellen Beiträgen genannt werden. Fachleute und Experten, die über akute Problemfelder (wie den Umgang mit Fremdenhass, ethnische Besonderheiten, Ehe- und Familienrecht in islamischen Gesellschaften, Verhältnis zwischen Sunniten und Schiiten u. a. m.) Auskunft geben könnten, kommen praktisch nicht vor. Die Hauptbetroffenen (Flüchtlinge, Asylsuchende, Migranten) bewegen sich bei vier Prozent." (Haller, S. 133[5]) „So wird aus einem Thema, das pragmatisch gelöst werden könnte, eine ideologische Debatte, in der es vor allem darum geht, wer Recht hat." (*taz* vom 31. August 2017; www.taz.de/!5440637/).

In diesem Punkt sind sich alle Studien einig: Geflüchtete selbst sind in den deutschen Medien kaum zu Wort gekommen. In diesem Buch wollen wir ihnen (wieder) eine Stimme geben – bzw. viele Stimmen, denn die Ansichten, Erfahrungen und Schicksale der insgesamt weit über fünfzig syrischen Geflüchteten und weiteren syrischen Expert*innen, mit denen wir 2016/17 dank der Förderung u. a. der Bundeszentrale für politische Bildung biografische Interviews führen konnten, sind sehr verschieden.

Was wissen wir wirklich über die Flucht und deren Ursachen, die Menschen, die hierherkommen, und deren Bedürfnisse? Schon seitdem die ersten „Gastarbeiter" in den 1950er Jahren nach Deutschland kamen, wird beklagt, dass die Migrationsforschung, von der Politik stiefmütterlich behandelt und vernachlässigt, zu wenig Wissen produziere, geschweige denn für die Praxis taugliches Wissen – und wenn, dann werde es zumeist wiederum von der Politik ignoriert. Hat sich das vielleicht im Zuge der jüngsten Fluchtgeschichte geändert? Wir befragen im Rahmen eines Respekt!-Projektes, gefördert von der Beauftragten der Bundesregierung für Kultur und Medien, Monika Grütters, 252 Flucht- und Migrationsforscher*innen. Die Ergebnisse werden ebenfalls in diesem Buch dokumentiert.

Die Zahl der Angriffe auf Flüchtlingsunterkünfte, darunter viele Brandanschläge, stieg von 58 im Jahr 2013 auf 1.578 im Jahr 2016, in dem es weitere 2.545 Straftaten gegen Geflüchtete außerhalb der Unterkünfte mit 472 zum Teil schwer Verletzten gab.[6] Auch 2018 werden in Deutschland täglich drei Unterkünfte angegriffen und Geflüchtete überfallen, zusammengeschlagen, ausgeraubt – in die Medienberichterstattung schaffen es, mit Ausnahme kurzer Meldungen in der Lokalzeitung unter der Rubrik „Sonstiges", nur noch die spektakulärsten Fälle. So sehr scheinen diese Vorfälle Alltag geworden zu sein, dass sie keine besondere Aufmerksamkeit mehr verdienen.

Gewalttäter sind nicht repräsentativ für „die Deutschen", auch wenn mit einem Täter zwei weitere sympathisieren (vgl. Küpper/Zick 2016); und obwohl in der aktuell letzten Erhebung zum Thema (der Marktforschungsinstitute *Sinus* und *YouGov*) von November 2017 55 Prozent der Befragten angaben, die „große Zahl fremder Menschen in Deutschland" mache ihnen Angst, sprechen sich doch zwei Drittel der Befragten dafür aus, dass Menschen, die vor Krieg und Gewalt fliehen, geholfen werden müsse. „31 Prozent können sich ein ehrenamtliches Engagement für Flüchtlinge vorstellen oder geben an, sich in der Vergangenheit bereits für sie engagiert zu haben." (*Die Welt* vom 15. Dezember 2017[7]) In einer Studie des *Infas*-Instituts für *Die Zeit* vom Sommer 2017 zur Frage, wer denn zum kollektiven „Wir" in Deutschland gehöre, meinten 71 Prozent, auch Geflüchtete gehörten dazu, 82 Prozent zählten „Menschen anderer Religionen" zu Deutschland.[8]

Syrien: keine Lösung in Sicht

„Seit einigen Monaten behaupten hier immer mehr Menschen, Assad habe den Krieg bereits gewonnen", berichtet die syrische Journalistin Ameenah Sawwan, die als Aktivistin der Aufstandsbewegung 2013 das Land verlassen musste und nun in Berlin lebt, in der Bewegungszeitung *adopt a revolution* Winter 2017/2018 (www.adoptrevolution.org). „Manche freuen sich gar darüber. Ich bin verwundert, wie ausgerechnet Deutsche vor dem Hintergrund ihrer eigenen Geschichte immer wieder Stabilität mit Frieden oder sogar Gerechtigkeit gleichsetzen."

In Syrien findet „der am besten dokumentierte Völkermord in der Geschichte der Menschheit statt", stellt Kristin Helberg in ihrem Beitrag in diesem Buch fest. So flüchtete ein syrischer Militärfotograf 2013 mit 53.275 Aufnahmen aus dem Land. „Die Fotos belegen die systematische Folter und die Massenhinrichtungen in den Kerkern." Einer anderen Kommission gelang es, über 70.000 offizielle Dokumente außer Landes zu bringen, die eine „Entscheidungskette für die systematische Anwendung von Folter in den Gefängnissen, die bis in die Spitze der syrischen Regierung reicht", belegt (*Le Monde diplomatique* Oktober 2017[9]). Für das Regime blieb das ebenso folgenlos wie alle anderen Beweise. Im August 2017 legte schließlich die ehemalige Chefanklägerin

Carla del Ponte ihr Amt als Sonderermittlerin der Untersuchungskommission der Vereinten Nationen frustriert nieder. Kristin Helberg: „Das Assad-Regime tötete bisher mindestens 183.827 Zivilisten, darunter 19.594 Kinder – zehn Kinder pro Tag. Assads Raketen zerstören gezielt die Infrastruktur der befreiten Gebiete: Krankenhäuser, Schulen, Bäckereien, Umspannwerke, Getreidesilos, Katasterämter. Die Folgen der Fassbomben, die aus Helikoptern über Wohngebieten abgeworfen werden, sind so grausam, dass die Videos in westlichen Medien nicht gezeigt werden." Die Hälfte aller Krankenhäuser in Syrien sind zerstört, mehr als dreizehn Millionen Syrer*innen auf der Flucht.[10] Und der Westen handelt immer noch nicht, ist nicht einmal bereit, wie sich im Februar 2018 wieder gezeigt hat, ernsthaft Flugverbotszonen durchzusetzen und das Abwerfen der eigentlich geächteten Fassbomben durch das Regime zu verhindern.

Der Frieden in Syrien ist noch lange nicht in Sicht. Und der Wiederaufbau des Landes, nicht zuletzt die Aussöhnung unter den verschiedenen Bevölkerungsgruppen, die seit Jahren vom Assad-Regime gegeneinander aufgehetzt und ausgespielt werden, wird noch viel länger dauern. Und Hunderttausende Syrer*innen werden, ob sie es heute wollen oder nicht, in Deutschland bleiben und zu einem Bestandteil der Bevölkerung dieses Landes werden. Hier leben, arbeiten, Kinder bekommen. Und die Bundesrepublik Deutschland mitgestalten. Die Kultur, die Jugendarbeit, die Nachbarschaften. Die Bevölkerungsmischung wird sich weiter ändern. „Weltweit existieren derzeit 193 Staaten. Menschen aus 190 Staaten leben in Deutschland", stellt die Hamburger Erziehungswissenschaftlerin Ingrid Gogolin in ihrem Beitrag fest. Die derzeit mehr als 600.000 Syrer*innen in Deutschland sind nun bei den Ausländer*innen, also Menschen ohne deutschen Pass, die drittgrößte Einwanderergruppe nach den Türk*innen und Pol*innen.

Fast alle von uns Interviewten betonten die enorme Bedeutung der Sprache für die Integration in Deutschland. Wer hierzulande nicht Deutsch spricht, hat weniger Chancen auf dem Arbeitsmarkt und trifft auch tagtäglich auf Kommunikationsbarrieren. „Die Sprache ist der Schlüssel zu jeder Gesellschaft" betont Jackleen, ehemalige Grundschullehrerin aus Damaskus. Deshalb ist die Forderung nach möglichst kurzfristigen Deutschkursen ein zentrales Anliegen der Geflüchteten. Viele müssen monatelang warten, und das bedeutet zumeist: monatelang keine Kontakte zu Einheimischen.

Seitdem Deutschland auch offiziell ein anerkanntes Einwanderungsland ist, sollte man annehmen, dass auch Mehrsprachigkeit eine Selbstverständlichkeit ist. In der Realität stimmt das: „Einsprachige Deutsche sind ein Auslaufmodell", stellt Ingrid Gogolin fest, eine kleine und weiter schrumpfende, meist ältere Minderheit. In deutschen Großstädten leben mehr als die Hälfte aller Familien mit ihren Kindern mehrsprachig. „Die deutsche Gesellschaft hat dadurch einen sprachlichen Reichtum gewonnen, den sie als Ressource – besonders in der Schule – nutzen sollte. Bisher wird aber eher Verschwendung betrieben", kritisiert ihre Fakultätskollegin Ursula Neumann. Auch wenn *Die Zeit* schon im Dezember 2015 euphorisch prognostizierte: „Mehrsprachigkeit liegt im Trend, nicht nur bei Eltern und Pädagogen, sondern auch unter Wissenschaftlern. Linguisten, Psychologen und Hirnforscher loten seit einiger Zeit den ‚kognitiven Nutzen' der Bilingualität aus. Wer polyglott ist, hat nicht nur bessere Chancen im Job oder beim Eintauchen in fremde Kulturen. Er soll auch flexibler im Denken und schneller im Kopf sein."[11] – so sieht die Praxis vor allem in den Schulen noch anders aus. Die Mehrsprachigkeit der Jugendlichen mit Migrationsgeschichte – und das werden eben auch viele syrische Geflüchtete in einigen Jahren sein – gilt an vielen Schulen als Handicap. Sie wird nicht nur im Unterricht nicht genutzt, sondern sogar auf den Schulhöfen unterdrückt, indem Schüler*innen gezwungen werden, auch in ihrer Clique deutsch zu reden. Noch 2014 forderten führende CSU-Politiker in einem Leitantrag zu ihrem Parteitag sogar, dass Migrant*innen zu Hause in ihrer Familie Deutsch sprechen müssten. Ingrid Gogolin erinnert in ihrem Beitrag in diesem Buch daran, dass Mehrsprachigkeit noch im 19. Jahrhundert auch in Deutschland vollkommen normal war und erst zur Legitimation des in Gründung befindlichen Nationalstaates „die Erfindung einer gemeinsamen Kultur,

Geschichte und Sprache" begann. „Je früher Kinder mehrsprachig aufwachsen, desto größer die Vorteile."

Gesa Köbberling und Barbara Schramkowski weisen in ihrem Beitrag über die „Perspektiven junger Männer aus Syrien im Bundesfreiwilligendienst" auf das noch viel zu selten genutzte Angebot hin, jungen Geflüchteten ein Freiwilliges Soziales Jahr zu ermöglichen, Helge Kraus und Olaf Jantz geben in ihrem Fachbeitrag „rassismuskritische Hinweise aus der Sicht einer Transkulturellen Jungenarbeit". Rafik Schami, Mit-Herausgeber dieses Buches und Schirmherr unseres Projektes, beschließt den Band. Ausführlichere Materialien, auch zur Weiterarbeit, finden sich in der E-Book-Version dieses Buches.

An diesem Buch haben außer den Interviewten, denen natürlich ein ganz besonderer Dank für ihre Zeit, Bereitschaft und Offenheit gebührt, mehr als 30 Personen mitgearbeitet. Stellvertretend seien genannt:

Das Interviewteam

Ahmad Alkurdi, geboren 1989 in Hama/Syrien, studierter Sportwissenschaftler, lebt als anerkannter Flüchtling, Sportlehrer und Student der Informatik in Berlin.
Ranya Allouch, Jahrgang 1993, lebt in Marburg. Studiert Humanmedizin und Vergleichende Kultur- und Religionswissenschaften.
Saria Almarzook, Jahrgang 1979, lebt in Berlin. Promovendin an der Humboldt-Universität.
Johanna Bröse, Jahrgang 1984, lebt als Sozialwissenschaftlerin und freie Autorin in Tübingen.
Jana Ikhlef, Jahrgang 1988, lebt in Stuttgart. Absolventin des Master-Studiengangs Friedensforschung und Internationale Politik an der Eberhard Karls Universität Tübingen.
Samir Matar, Jahrgang 1971, lebt in Berlin, Redakteur der Deutschen Welle und Autor.

Rüdiger Rossig, geboren 1967 in Mannheim, lebt in Berlin. Der studierte Balkan-Historiker und Journalist ist Leiter der bosnisch-kroatisch-serbischen Redaktion der Deutschen Welle.
Dušan Solomun, geboren 1978 in Belgrad/damals Jugoslawien, lebt als Dokumentarfilmregisseur und Kameramann in Berlin.
Mehari Tewoldemedhin, geboren 1990 in Eritrea, lebt in Berlin.
Anja Tuckermann, geboren 1961, Autorin von Romanen, Erzählungen, Theaterstücken, Libretti, Bilderbüchern. Ihr Werk wurde vielfach ausgezeichnet und in 13 Sprachen übersetzt.

Essays und andere Beiträge

Klaus Farin, Jahrgang 1958, lebt in Berlin. Autor, Gründer und bis 2011 Leiter des Archiv der Jugendkulturen e. V., heute Vorsitzender der Stiftung Respekt!.
Ingrid Gogolin, Jahrgang 1950, ist Senior-Professorin für Erziehungswissenschaft an der Universität Hamburg und Koordinatorin des bundesweiten Forschungsschwerpunkts „Sprachliche Bildung und Mehrsprachigkeit", den das Bundesministerium für Bildung und Forschung fördert.
Kristin Helberg, Jahrgang 1973, lebt in Berlin. Politikwissenschaftlerin, freie Journalistin und Autorin mit Schwerpunkt Nahost. Zuletzt: *Verzerrte Sichtweisen – Syrer bei uns. Von Ängsten, Missverständnissen und einem veränderten Land* (Herder 2016) und *Der Syrien-Krieg. Lösung eines Weltkonflikts* (Herder 2018).
Olaf Jantz, Jahrgang 1965, lebt in Hannover. Autor, Jungenbildungsreferent und Gesprächstherapeut (GwG) bei mannigfaltig e. V. – Institut für Jungen- und Männerarbeit und Leiter der Fachstelle für minderjährige Geflüchtete bei mannigfaltig e. V.
Gesa Köbberling, Jahrgang 1977, lebt in Freiburg. Professorin für Soziale Arbeit mit Schwerpunkt Zusammenleben in der Migrationsgesellschaft an der Evangelischen Hochschule Freiburg.
Helge Kraus, Jahrgang 1965, lebt in Hannover. Jungenbildungsreferent

bei mannigfaltig e. V. – Institut für Jungen- und Männerarbeit und Mitarbeiter der Fachstelle für minderjährige Geflüchtete bei mannigfaltig e. V.
Rafik Schami, Jahrgang 1946, promovierter Chemiker und Erzähler. Zuletzt: *Ich wollte nur Geschichten erzählen. Mosaik der Fremde.* Hirnkost/Hans Schiler Verlag 2017. Schirmherr des Projektes.
Barbara Schramkowski, Jahrgang 1975, lebt in Freiburg. Professorin für Soziale Arbeit mit Schwerpunkt Erziehung und Bildung an der Dualen Hochschule Baden-Württemberg Villingen-Schwenningen.

Dank gilt auch allen privaten Spender*innen sowie den Förderern und Partnern der Respekt!-Projekte 2016/17 zu jungen Geflüchteten aus Syrien, ohne die dieses Buch nicht möglich gewesen wäre; vor allem der Bundeszentrale für politische Bildung und den Landeszentralen für politische Bildung von Berlin, Brandenburg und Thüringen, der Beauftragten der Bundesregierung für Kultur und Medien, dem Sammelfonds für Bußgeldauflagen der Berliner Justiz, der Stiftung Genshagen und der Gedenk- und Bildungsstätte Andreasstraße der Stiftung Ettersberg, Gangway e. V. und mannigfaltig e. V.

Literatur

Klaus Farin (Hrsg.): Unsere Antwort. Die AfD & wir. Schriftsteller*innen und der Rechtspopulismus. Hirnkost, Berlin 2018.
Michael Haller: Die „Flüchtlingskrise" in den Medien. Tagesaktueller Journalismus zwischen Meinung und Information. Eine Studie der Otto-Brenner-Stiftung, Frankfurt am Main 2017; https://www.otto-brenner-stiftung.de/fileadmin/user_data/stiftung/02_Wissenschaftsportal/03_Publikationen/AH93_Fluechtingskrise_Haller_2017_07_20.pdf.
Beate Küpper/Andreas Zick: „Zwischen Willkommen und Hass. Einstellung der deutschen Mehrheitsbevölkerung zu Geflüchteten", in: *Demokratie gegen Menschenfeindlichkeit* 1/2016. Wochenschau, Schwalbach, S. 13-32; hier 20f.

Simon Teune: „Zwischen Hetze und Hilfe. Die Einwanderung von Geflüchteten als zivilgesellschaftliches Konfliktfeld", in: *Demokratie gegen Menschenfeindlichkeit* 1/2016. Wochenschau, Schwalbach, S. 48–58, hier 55.

[1] www.proasyl.de/news/die-hingenommenen-toten-jedes-jahr-sterben-tausende-auf-der-flucht/
[2] https://www.facebook.com/Archiv.der.Jugendkulturen.Verlag.KG/
[3] https://diepresse.com/home/politik/aussenpolitik/4807308/Kein-zweites-Heidenau
[4] www.derwesten.de/staedte/essen/die-aermsten-sollen-die-hauptlast-der-zuwanderung-tragen-linkenpolitikerin-wagenknecht-poltert-nach-essener-tafel-streit-gegen-sozialpolitik-id213550923.html
[5] https://www.otto-brenner-stiftung.de/fileadmin/user_data/stiftung/02_Wissenschaftsportal/03_Publikationen/AH93_Fluechtingskrise_Haller_2017_07_20.pdf
[6] Vgl. https://de.wikipedia.org/wiki/Fl%C3%BCchtlingsfeindliche_Angriffe_in_der_Bundesrepublik_Deutschland
[7] www.welt.de/politik/deutschland/article171612440/Deutsche-wuenschen-sich-von-Fluechtlingen-bessere-Integration.html
[8] www.zeit.de/2017/35/bundestagswahl-deutschland-umfrage-toleranz-liberalismus
[9] https://monde-diplomatique.de/artikel/!5451654
[10] https://de.statista.com/infografik/13542/beinahe-13-millionen-syrische-fluechtinge/
[11] www.zeit.de/2015/47/mehrsprachigkeit-kinder-vorteile

„Wir sitzen nicht einfach zu Hause herum; wir arbeiten, und abends gehen wir zusammen in eine Bar oder meine Freunde kommen zu mir und wir sitzen auf dem Balkon. Ich verstehe es nicht: Die Deutschen haben so schöne Häuser und Gärten und Balkone, aber niemand sitzt dort. Nur am Samstag, aber da arbeiten sie."

„Manche Mitschüler rennen zu einem Lehrer, um ihn zu begrüßen. Manche schreiben eine Gute-Besserung-Karte, wenn er krank ist. Wir hatten immer Angst vor den Lehrern."

„Bis jetzt hatte ich ausschließlich positive Kontakte mit den Deutschen. Mein Eindruck ist: Sie helfen gerne und sind sehr ehrlich im Vergleich zu uns Syrern, und das schätze ich sehr. Sie meinen, was sie sagen. Und wir tun das oft nicht. Wir haben die Fähigkeit verloren, ehrlich über uns selbst zu reden. Die fünfzigjährige Herrschaft einer korrupten, bösen Regierung hat ganze Arbeit geleistet und das Land in jeglicher Hinsicht zerstört. Der typische Deutsche ist ehrlich."

„Die Deutschen hassen es, wenn man unpünktlich ist. Bei uns ist das entspannter. Wenn du sagst, du kommst in fünf Minuten, kann es sein, dass du erst in einer Stunde kommst."

„Denke ich an Deutschland, denke ich an Bier, Wurst und Fußball. Aber andererseits esse ich viel mehr Wurst als meine deutsche Freundin ..."

„Ihr denkt immer, dass wir alle gleich sind und alle Moslems sind. Letzte Woche haben wir in dem Kurs darüber gesprochen und eine Französin hat mich gefragt, warum die Frauen bei uns keine Autos fahren dürfen. Ich hab gesagt: ‚Frauen dürfen bei uns Autos fahren. Ich komme aus Syrien, nicht aus Saudi-Arabien.'"

„Ich habe das Gefühl, dass für die meisten Deutschen ihre Arbeit ihr Lebensinhalt ist. Sie genießen ihr Leben nicht."

„In meiner palästinensischen Kultur wohnen die Menschen miteinander. Wenn einer leidet, leiden alle mit. Wenn mein Nachbar krank ist, soll ihn die ganze Straße besuchen, egal, ob sie ihn kennen oder nicht. Aber hier in Deutschland wohnen alle allein. Jeder hat seine Angelegenheit. Man darf nicht fragen: ‚Was machst du? Warum bist du krank? Warum bist du traurig?' Die Leute sagen dann: ‚Das ist meine Angelegenheit, warum fragst du?'"

„Ich probiere immer, mit den Leuten zu sprechen, im Zug, im Bus, aber die Deutschen sind wie ein Block. Wenn ich etwas sage, dann tun sie, als hören sie mich nicht. Das ist komisch für mich. Ja, es gibt viele Unterschiede."

„Oh Mann, ich hatte ja schon davon gehört, dass es hier viel Bier gibt – aber nicht, wie gut es ist. Die Deutschen trinken mehr Bier als Wasser. Sie kaufen sechs Flaschen Bier und nur vier Flaschen Wasser, das ist hier normal."

„Wenn man dann arbeiten kann, wird alles besser; man hat das Gefühl, man beginnt, sich was Neues aufzubauen, man denkt nicht mehr immer nur an das Vergangene."

„Die Deutschen lesen viel. Vor allem interessieren sie sich für die arabische Kultur. Aber schade, dass ihr nur die Bücher lest, die Deutsche schreiben oder Amerikaner."

„In Syrien kannte ich alle meine Nachbarn. Hier in Deutschland habe ich es probiert, Kontakt aufzubauen, aber es geht nicht. Ich habe die Nachbarn eingeladen, aber es kommt niemand."

„Typisch deutsch? Döner. Die Deutschen mögen Schwein, viel mehr als die Menschen in anderen Ländern. Die essen viel mit Gemüse, aber sie können nicht kochen. Die Deutschen kaufen viel vom Restaurant, zum Beispiel chinesisches Essen, weil sie selbst oft nicht kochen können. Wir kochen schwere Sachen, mit Auberginen, Reis und Fleisch darin, leckere Sachen. In Deutschland kochen sie leichtes, schnelles Essen."

„Wenn du mit den Deutschen auf Deutsch redest, dann sind sie sehr freundlich und hilfsbereit. Wenn du die Deutschen auf Englisch oder in einer anderen Fremdsprache ansprichst, sind sie distanzierter und weniger freundlich."

„Die Bürokratie ist typisch deutsch. Es gibt so viele Papiere, die man ausfüllen muss, das ist sehr kompliziert. Für alles, was man macht, benötigt man ein Papier. Am Anfang dachte ich, ich brauche ein Papier, wenn ich zu Hause kochen oder duschen will."

„Deutschland ist sehr emanzipiert und liberal. Die persönliche Freiheit ist hier sehr hoch angesehen und als Frau kannst du dich hier in jeder Hinsicht entfalten. Aber die Deutschen fühlen sich wie Götter. Sie sind nicht spontan und sie machen keine Fehler."

„Anfang Januar war ich in Madrid für vier Tage. Und dann bin ich nach Berlin zurückgeflogen, und da hatte ich das Gefühl, ich gehe nach Hause."

„Tradition bedeutet bei den Syrern alles, bei euch Deutschen nichts. Das gefällt mir. Die Syrer haben bestimmte Regeln, von denen sie nicht loskommen. Wenn bei uns ein Gast nach Hause kommt, dann müssen wir uns die ganze Zeit um den kümmern. Hier dagegen gibt es verschiedene Mentalitäten. Bei manchen wird man richtig bewirtet, bei anderen muss man um ein Glas Wasser bitten."

„In arabischen Familien sind die Eltern und Großeltern sehr wichtig und alle leben zusammen. Die Familienbindung ist bei uns sehr wichtig. Hier in Deutschland ist das anders, das gefällt mir nicht. Aber dafür gefällt mir in Deutschland, dass die Leute nicht lügen und immer pünktlich sind. Hier ist auch alles so schön sauber."

„Partys nur mit Deutschen sind im Vergleich zu anderen Partys sehr trocken. Unsere Musik ist verrückter und cooler."

„Letztlich fühle ich mich mit meinen syrischen Freunden wohler als mit Deutschen: Den syrischen Freund kannst du jederzeit treffen. Bei den Deutschen muss man einen Monat vorher einen Termin buchen."

„In Syrien ist die Religion kein Thema. Aber hier in Deutschland schon. In Syrien ist es egal, welche Religion und welche Hautfarbe du hast. Aber hier nicht. Das war ein Schock. Für uns ist die Moral der Person entscheidend. So ist das in Syrien, aber hier ist das anders."

„Das deutsche Denken ist anders als unseres. Viele Sachen verstehe ich nicht und sie gefallen mir auch nicht, zum Beispiel, wie komisch die Menschen hier miteinander umgehen. Zum Beispiel muss man seine eigenen Getränke mit zur Party nehmen, obwohl man eingeladen wurde. Bei uns wird jedem Gast ständig Essen angeboten, hier nur einmal. Bei uns trifft man sich jeden Tag mit Freunden. Hier ist es schwer, einen Deutschen zweimal in der Woche zu treffen."

„Wenn das Jobcenter oder die Regierung uns Geld geben, dann ist das eine wichtige Hilfe für den Anfang. Aber wir wollen nicht immer Geld von der Regierung nehmen, wir wollen arbeiten. Die Deutschen haben uns geholfen, wir müssen ihnen auch helfen."

„Hier kommunizieren Menschen durch das geschriebene Wort. Wir Syrer reden viel mehr miteinander und einigen uns dann mündlich: Du hast mir dies versprochen, ich habe dir jenes versprochen."

„Die Deutschen haben immer keine Zeit. Die haben alle immer etwas zu tun. Sie organisieren alle irgendetwas. Deswegen ist es ein bisschen schwer manchmal, eine tiefe Kommunikation zu machen."

„Die Deutschen mögen es, allein zu sein, immer ruhig zu sein. Wenn ich mit der S-Bahn fahre, lesen sie immer ein Buch oder hören Musik. Sie sprechen nicht miteinander, sie mögen das nicht."

„Ich war richtig Muslim, aber seitdem ich hierhergekommen bin, hat der Islam keine Bedeutung mehr für mich. Vielleicht war ich kein richtiger Religiöser, vielleicht war es nur einfach normal, Muslim zu sein."

„Die Religion ist in Syrien eine Art Identität, deshalb beeinflusst die Religion das gesellschaftliche Leben in Syrien stärker als in Deutschland. Die Deutschen gehen mit der Religion sehr pragmatisch um. Deshalb spielt es keine Rolle, ob man Alkohol trinkt oder nicht oder ob man fastet oder nicht, in die Kirche geht oder nicht. Hier ist die Gesellschaft eine individuelle Welt, dagegen ist die syrische Kultur eine Gruppenkultur; das Individuum ist unwichtig und wird bekämpft, wenn es aus der Reihe tanzt."

„In Deutschland kriegt man viele Briefe wegen einer einzigen Sache."

Hannah aus Damaskus, 23 Jahre

„Überall in der Stadt fielen Bomben. Nur Glück, der Zufall entschied, ob man überlebte oder nicht."

Wie kam es, dass du nach Deutschland gekommen bist?
Es war nicht geplant, dass ich Syrien verlasse. Ich habe dort angefangen zu studieren und vorgehabt, dort auch mein Studium zu beenden. Die Situation ist jedoch so schwierig und gefährlich geworden, dass ich mich entschieden habe, Syrien zu verlassen. Zu Deutschland hatten meine Familie und ich bereits einen Bezug. Meine Eltern waren vor ungefähr 20 Jahren in Deutschland. Der Kontakt hat sich durch mehrmalige Besuche im Jahr gehalten. Daher war für uns klar, wenn wir Syrien verlassen sollten, dann nach Deutschland zu immigrieren.

Wie kam deine Entscheidung zustande?
Es gab mehrere Gründe, doch der entscheidende Moment war: Es fiel eine Bombe in der Nähe unserer Wohnung. Uns ist nichts passiert, aber es hätte komplett anders verlaufen können. Wir haben es überlebt. Trotzdem blieb das Gefühl zurück, dass wir nicht mehr sicher sind. Wir waren bemüht, bestimmte Orte zu meiden oder nicht so spät rauszugehen, um gefährliche Situationen zu vermeiden. Doch mit der Bombe in der Nähe unseres Hauses wurde uns klar, dass wir nirgendwo sicher sind, auch nicht zu Hause. Das war für mich der Auslöser. Generell war die Situation für mich als Frau schwierig. Meine Universität befand sich auf der anderen Seite der Stadt, daher hatte ich einen längeren Weg dorthin, der nicht sicher war. Es war generell nicht sicher, aber erst durch den Bombenangriff in der Nähe unseres Hauses haben wir die Entscheidung getroffen, dass ich weggehen will. Dann ging alles recht schnell.

Inwiefern war die Situation generell nicht sicher?
Überall in der Stadt fielen Bomben. Das ließ sich nicht berechnen. Nur Glück, der Zufall entschied, ob man überlebte oder nicht. Bekannte von mir sind eines Abends zum Chor gegangen und nie wiedergekommen. Meine Situation als Frau in einem jungen Alter hat meine Situation ebenfalls verschärft. Man sah mir an, dass ich aus einer Familie komme, die in einem guten Zustand lebt. Außerdem spielte die Religion auch eine Rolle. Das waren alles Punkte, die Angst erzeugt haben, vor Entführungen zum Beispiel. Die Angst davor, in der Stadt zu sein und zu sterben, hat mich immer begleitet.

Wie hat die Angst deinen Alltag geprägt?
Ich habe zum Beispiel versucht zu vermeiden, spät rauszugehen. Wenn es dunkel war, bin ich lieber zu Hause geblieben. Oder ich habe bestimmte Orte gemieden oder Partys oder irgendwelche Feiern. Man hatte so sehr Angst, dass man gesagt hat: „Das ist eine Versammlung. Eine Feier. Da könnte etwas passieren." Man hatte vor allem Angst. Ich habe versucht, Ereignisse mit vielen Menschen zu meiden. Ich war die ganze Zeit fast nur zu Hause oder in der Uni. Wir haben auch zu Hause ein paar Dinge verändert. Wir haben zum Beispiel alle Fenster mit Klebeband abgeklebt. Falls eine Bombe in der Nähe einschlägt, sollten die Glasscherben nicht so weit in die Wohnung fliegen, um niemanden zu verletzen. Diese Veränderungen sind an sich nicht schlimm, aber sie sind nicht normal. Dadurch hatte ich das Gefühl, dass mein Leben sich sehr einschränkt. Ich konnte nicht mehr so häufig raus, wie ich wollte, und auch nicht mehr wohin ich wollte. Und auch nicht mehr feiern gehen. Das war so gut wie ausgeschlossen.

Wie war dann der Weg nach Deutschland?
Ich bin mit dem Studentenvisum nach Deutschland gekommen. Ich brauchte dafür einen Studienplatz in Deutschland und musste eine Deutschprüfung bestehen. Als die Entscheidung getroffen war, Syrien zu verlassen, habe ich sofort angefangen, Deutsch zu lernen. Dafür habe ich zwei Monate gebraucht. Und dann war ich in Beirut, um die

Prüfung zu schreiben, weil es in Syrien keine deutsche Botschaft mehr gab. Und auch kein Goethe-Institut mehr. Durch den Krieg haben diese Institute geschlossen. Als ich alle Unterlagen beisammen hatte, habe ich einen Termin in der deutschen Botschaft in Beirut gemacht. Einen Termin dort zu bekommen, war sehr schwierig. Man musste sich online anmelden. Es wurden irgendwann nachts ein paar Termine freigeschaltet und du musstest ganz schnell einen der Termine buchen. Ich meine mich zu erinnern, eine Woche lang bis vier Uhr morgens wach gewesen zu sein, bis zwei, drei Termine freigeschaltet wurden. Erst eine Woche später habe ich einen Termin erhalten. Und dann wurden meine Unterlagen nicht angenommen, denn die Mitarbeiterin meinte, der Studienplatz, den ich habe, würde nicht reichen. In der Bescheinigung stand drin, dass ich in Deutschland noch Deutsch lernen muss, und für die Mitarbeiterin der deutschen Botschaft war es damit kein richtiger Studienplatz. Sie hat den Antrag abgelehnt. Ich bin zurück nach Damaskus mit nichts in der Hand. Sofort danach habe ich versucht, einen neuen Termin zu bekommen, aber dieses Mal in Jordanien. Das hat dann auch geklappt. Dort habe ich auch das Visum bekommen. Mit den gleichen Unterlagen. Meine Entscheidung fiel im April, im September oder Oktober habe ich die Antwort bekommen, dass ich ein Visum habe. Ende Oktober bin ich dann nach Deutschland gekommen.

Wie hast du die Entscheidung in Beirut erlebt?
Ich habe mich richtig geärgert. Dieser Prozess war mit viel Zeit und mit viel Geld verbunden. Außerdem ist es nicht sicher, dahin zu fahren und wieder zurückzukommen. Für den Weg muss man über die Grenze zwischen Syrien und Libanon. Wir haben immer versucht, solche gefährlichen Orte wie Grenzen zu vermeiden. Und über diese Frau der deutschen Botschaft habe ich mich richtig geärgert, muss ich sagen. In dem Schreiben der Uni stand, dass ich damit ein Visum beantragen darf, aber das hat sie trotzdem nicht akzeptiert. Ich habe mich in dieser Situation sehr hilflos gefühlt. Wenn sie sagt, es geht nicht, dann geht es halt nicht, auch wenn die schriftliche Bestätigung

der deutschen Universität was anderes sagt. Aber letztendlich hat es funktioniert.

Du meintest, dass sich das Leben nicht mehr normal angefühlt hat. Kannst du mir das genauer beschreiben?
Ich musste immer vorsichtig sein. Eine Zeitlang fuhren auch die öffentlichen Verkehrsmittel nicht. Dann bin ich halt eine Stunde zur Uni gelaufen und wieder eine Stunde zurückgelaufen, weil keine Busse fuhren oder sie so viele Umwege gemacht haben, dass es keinen Sinn gemacht hätte, sie zu nehmen. Wenn etwas passiert, wird nämlich alles abgesperrt und dann kommst du nicht weiter. Selbst bei den einfachsten Erledigungen musste ich immer überlegen, welchen Weg ich gehe oder lieber doch nicht hinzugehen. Sieht es zum Beispiel heute ruhig aus oder nicht? Ich habe mehrmals die Situation erlebt, dass ich unterwegs war und es zu einer Schießerei kam. Dann musste ich mich erst mal verstecken. So etwas ließ sich nicht vermeiden, weil es überall passiert ist. Ich konnte auch nicht sagen, ich gehe nicht mehr zur Uni.

Du hast erzählt, dass ihr alle, also deine Familie und du, den Entschluss gefasst habt, nach Deutschland zu gehen. Wie kam deine Familie dann nach Deutschland?
Ich bin erst mal allein gekommen. Es war nicht geplant, dass meine Familie auch nach Deutschland kommt, da meine Eltern in Syrien arbeiteten und mein Bruder zur Schule ging. Aber dann hat sich die Situation so schnell so sehr verschlechtert, dass meine Familie sich eingestehen musste, Syrien verlassen zu müssen. Meine Eltern haben recht schnell ein Arbeitsvisum erhalten, weil sie ja früher in Deutschland waren. Das hat die ganze Sache sehr erleichtert. Mein Bruder ist minderjährig und durfte deswegen mit meinen Eltern in Deutschland bleiben. Das ereignete sich ungefähr einen Monat, nachdem ich in Deutschland angekommen war.

Wie hast du die Zeit in Deutschland erlebt?
Ich muss sagen, ich habe eigentlich sehr positive Erfahrungen in

Deutschland gemacht. Ich habe sofort mit dem Deutschkurs angefangen, das ging recht schnell. Eine Woche hatte ich bei meiner Tante verbracht, sie wohnt auch in Deutschland. Danach bin ich am Wochenende mit meinem Bruder nach Gießen gefahren. Am Montag musste ich eine Einstufungsprüfung machen und am nächsten Tag habe ich sofort angefangen. Das lief ganz gut und echt schnell. Ich hatte nicht das Gefühl, dass es zu anstrengend ist. Das Ankommen war wegen der Sprache ein bisschen schwierig, aber das ging auch. Ich habe auch von vornherein Menschen um mich gehabt, die wirklich eine Unterstützung waren. Es war auch schön, neue Sachen zu erleben, einen komplett neuen Anfang zu haben. Ich kannte niemanden hier und habe mit allem neu angefangen. Neues Land, neues Leben. Es hat eigentlich alles sehr gut funktioniert. Ich habe zwei Deutschkurse von November bis März gemacht. Danach hatte ich ein Semester lang nichts zu tun, denn du kannst hier nur im Wintersemester mit dem Medizinstudium anfangen. Ich konnte die Zeit genießen und habe zum Beispiel an den Sportkursen der Uni teilgenommen. Neue Menschen kennengelernt. Das Ankommen in Deutschland war insgesamt gut, muss ich sagen.

Das ist schön. Du meintest, das mit der Sprache war schwierig. Was meinst du damit?
Ich konnte nicht so gut Deutsch sprechen, als ich nach Deutschland gekommen bin. Ich hatte zwar für die Prüfung gelernt, aber das war nur mit einem Lehrer jeden Tag zu Hause, um die Prüfung zu bestehen. Aber dann lebst du plötzlich in einem Land, in dem Deutsch die Muttersprache ist. Ich habe mir auch vorgenommen, wirklich alles auf Deutsch zu sagen. Das habe ich auch versucht durchzuziehen. Und kein Englisch zu benutzen. Letztendlich habe ich nur mit meiner Familie auf Arabisch gesprochen, wenn wir zum Beispiel telefonierten. Zu Anfang wohnte ich bei einer deutschen Frau zur Untermiete. Das war richtig gut, weil ich in meinem Alltag alles auf Deutsch kommuniziert habe. Das habe ich mit meinen Freunden auch gemacht. Es hat mir echt geholfen, weil ich das Gefühl hatte, dass sich meine Sprache

schnell sehr stark verbesserte. Schwierig für mich waren förmliche Angelegenheiten wie das Eröffnen eines Bankkontos oder der Besuch der Ausländerbehörde. Da benutzt du ja eine andere Sprache als im Alltag. Zu Hause habe ich daher immer vorbereitet, was ich sagen könnte und was sie mich fragen könnten. Alle Wörter, die ich gebrauchen könnte, habe ich gegoogelt. Den ersten Satz habe ich immer vorbereitet, denn ich war der Ansicht, dieser Satz muss irgendwie klappen und dann läuft das Gespräch. Es war trotzdem sehr schwierig für mich, auch wenn alles gut funktioniert hat. Wenn ich daran denke, dass ich das alles in meiner ersten Woche in Deutschland gemacht habe, weiß ich nicht, wie ich das geschafft habe. Ansonsten war ich in der Zeit, die ich mit meinen Freunden verbracht habe, eher passiv. Ich habe zwar viel verstanden, aber nicht viel gesagt, was eigentlich gar nicht zu mir passt. Irgendwann habe ich gemerkt, dass ich eigentlich besser Deutsch sprechen kann. Ich musste mir dann bewusst sagen: „Hey, du musst jetzt ein bisschen mehr sagen. Du kannst das." Ich hatte das Glück, dass ich sehr tolerante Menschen um mich herum hatte. Sie haben immer zugehört und hatten auch immer Geduld. Es hat immer ein wenig gedauert, bis ich einen Satz formuliert habe. Oder bis ich das, was ich sagen wollte, richtig ausdrücken konnte. Ich habe das immer wieder versucht, aber ich wollte nicht jeden Satz laut aussprechen. Ich hatte die Empfindung, dass das Gespräch läuft und wenn ich jetzt mit einsteige, wird es langsamer. Das ist nicht schlimm, aber ich wollte nicht jedes Mal das Gespräch verlangsamen. Deswegen habe ich mich ein bisschen zurückgenommen und war eher passiv und habe zugehört. Ich hatte nur in sehr wenigen Situationen das Gefühl, dass die Menschen gerade keine Lust hatten, mit mir zu kommunizieren. Bei ein paar Personen habe ich gemerkt, dass sie ein bisschen genervt sind. Ich habe versucht, komplizierte Gespräche mit diesen Menschen zu vermeiden. Es war für mich auch anstrengend, dass ich für eine Idee so viel erzählen musste, bis der Gedanke verstanden wurde. Das hat sich in den ersten Monaten ereignet. Und dann habe ich mir gedacht, dass ich jetzt mehr sprechen kann, und habe mir das Sprechen in der Gruppe bewusst vorgenommen, und dann ist es langsam auch anders geworden. Im ersten Semester hatte ich ein wenig Schwierigkeiten, aber es wurde sehr schnell besser. Das Studieren auf Deutsch hat mir echt geholfen.

Ich habe die Erfahrung im Libanon gemacht: Ich kann nicht so gut Arabisch. Ich kann es verstehen, aber nicht so gut sprechen. Ich hatte das Gefühl, dass ich von den anderen deshalb als dümmer gesehen werde. Es hat mich genervt, weil ich nicht dagegen ansprechen konnte. Hattest du auch mal so ähnliche Erfahrungen?

Ich hatte das Gefühl, dass ich nicht ernst genommen werde, vor allem, wenn wir über ernste Themen gesprochen haben. Ich kann dieses Verhalten aber auch verstehen. Am Anfang habe ich eher eine Kindersprache gesprochen. Man benutzt die einfachsten Wörter und kann sich nicht so kompliziert ausdrücken. Wenn du ein richtig ernstes Gespräch hast oder über ein kompliziertes Thema sprichst und dann nur das Verb „machen" sagen kannst, klingt das auch eher kindlich. Das war nicht schön und es hat mich echt genervt. Aber irgendwann war es dann besser.

> „Häufig wird davon ausgegangen, dass ich nur darauf warten würde, zurückgehen zu können. Das ist nicht so. Ich habe hier ein neues Leben angefangen. Für mich fühlt es sich hier wie ein Zuhause an."

Wie sehen deine Träume für die Zukunft aus?
Diese Frage wurde mir oft gestellt. Ob ich mir vorstellen kann, hierzubleiben. Oder ob ich zurückgehen möchte. Ich kann mir sehr gut vorstellen, hierzubleiben. Häufig wird davon ausgegangen, dass ich nur darauf warten würde, zurückgehen zu können. Das ist nicht so. Ich bin mit 19 Jahren nach Deutschland gekommen. Das war vor vier Jahren. Seitdem habe ich mich sehr verändert. Ich habe hier ein neues Leben angefangen. Für mich fühlt es sich hier wie ein Zuhause an. Vor allem Gießen. Wenn ich zu meiner Familie hier in Deutschland fahre, fühle ich mich zu Hause, aber nur, weil es meine Familie ist. Die Stadt, in der sie leben, bedeutet mir nichts. Hier fühle ich mich aber zu Hause und es

gibt viele schöne Sachen hier, die mich binden. Von hier wegzugehen, bedeutet für mich, wieder eine Heimat zu verlassen. Ich kann mir sehr gut vorstellen, dass ich mein Leben hier einfach weiterführen werde.

Du meintest, du hättest dich verändert. Wie kann ich mir das vorstellen?
Mit 19 Jahren verändern sich die Menschen, ob sie in ihrer Heimat bleiben oder an einen anderen Ort gehen. Das ist eine normale Entwicklung, man wird erwachsener. Du machst neue Erfahrungen. Ich bin sehr unabhängig geworden. Ich weiß nicht, ob es nur daran liegt, dass ich in Deutschland bin. Oder ob in dieser Lebensphase, in der ich mich befinde, sich die Dinge so verändern. Ich habe das Gefühl, mein Leben ist jetzt einfach hier.

Hast du noch andere Träume bezüglich deiner Zukunft?
Ich bin für alles offen. Ich weiß nicht, wo ich nach dem Studium hingehen werde. Wo ich später arbeiten und leben werde. Ich habe kein festes Bild im Kopf. Das ist sehr schön, denn es kann alles passieren.

Hast du Ängste oder auch Sorgen auf die Zukunft bezogen?
Keine, die jetzt speziell mit meiner Situation zusammenhängen. Ich bin nur gespannt, was das Leben mir bringt. Es hat nichts damit zu tun, dass ich in Deutschland bin oder im Ausland. Das sind einfach die Gedanken, die jeder Mensch hat, der noch studiert. Es sind eher Erwartungen, aber keine Sorgen. Es ist einfach die Frage, wo ich im Endeffekt landen werde. Was ich mit meinem Studium machen werde, in welche Richtung ich mich spezialisiere. Welcher Facharzt, ob Arbeiten in der Klinik oder in einer Praxis. Ob ich in einer kleinen oder großen Stadt leben werde.

Gibt es Erfahrungen, die dich sehr geprägt haben?
Die Summe von vielen Dingen hat mich geprägt. Ich habe zum Glück keine Person in Syrien während des Krieges verloren, die sehr nah zu mir war, keiner meiner engen Familie oder meiner engen Freunde.

Aber ich kenne mehrere, die im Krieg gestorben sind. Das hat mich eine Zeit lang sehr erschrocken, dass du jederzeit sterben kannst. Das kann aber auch hier passieren. Ich kann jeden Tag durch einen Unfall sterben. Darüber habe ich kürzlich mit einer Person gesprochen. Sie ist 49 Jahre alt. Sie befindet sich gerade in einer schwierigen Situation; ihr fehlt sehr viel Hoffnung. Sie hat mir in diesem Zusammenhang gesagt: „Was weißt du denn. Du hast ja so viel Zeit." Es kann aber auch sein, dass die 49-jährige Person viel mehr Zeit hat als ich. Ich denke, diese Erkenntnis kam durch meine Erlebnisse in Syrien zustande. Es fühlt sich für mich nicht danach an, als hätte ich ewig Zeit, weil ich 23 Jahre alt bin. Ich weiß es einfach nicht. Es kann sein, dass ich noch ein Jahr, einen Monat oder fünfzig Jahre lebe. Ich glaube, wenn man diese Lebensansicht teilt, verhält man sich anders. Oder sieht die Dinge ein bisschen anders. Diese Einstellung bringt mich dazu, die Dinge, die ich tun möchte, jetzt zu tun. Nichts zu verschieben. Natürlich kann ich jetzt nicht alles machen. Aber ich möchte nichts aus dem Gedanken heraus verschieben, dass ich noch Zeit hätte. Denn ich weiß nicht, ob ich noch viel Zeit habe oder nicht.

Und du bist gerade im Prozess zu gucken, was du machen willst, oder hast du schon Gedanken im Kopf?
Ich will leider viel zu viel machen. Anfänglich wollte ich einfach sehr viele Sachen machen und war fast nur enttäuscht, weil ich es nicht geschafft habe. Mittlerweile versuche ich, realistischer zu denken, ein bisschen ruhiger mit allem umzugehen. Ich mache auch sehr viel. Aber ich bin trotzdem nicht zufrieden. Für mich sind der Sport und die Musik sehr wichtig. Diese Dinge brauchen Zeit. Ich möchte sie zwar gerne machen, aber das schaffe ich nicht immer. Es sind halt so viele Dinge, die mich interessieren. Ich bin dabei, sie nach und nach auszuprobieren, denn alles gleichzeitig zu machen, funktioniert nicht.

Sport und Musik sind für dich wichtig?
Ja, sehr. Ich spiele selbst Klavier. Noch nicht sehr gut. Ich habe sehr spät angefangen und dann wegen der Uni, des Abis und der Reise nach

Deutschland abgebrochen. Das mache ich weiter. Es kommt immer wieder ein bisschen unter, wegen des ganzen Alltagsstresses. Aber unter dem Semester gehe ich dem regelmäßig im Musizierhaus nach. Ich habe den Wunsch, etwas anderes zu lernen – und zwar Ukulele. Aber das habe ich bis jetzt noch nicht geschafft. Ich habe mir dieses Semester überlegt, dass ich mehr Zeit für das Klavier spielen investieren und nicht mit einem neuen Instrument anfangen möchte. Aber Lust habe ich auf jeden Fall. Und wegen des Sports: Ich habe das letzte Semester versucht, in den Kletterkurs reinzukommen. Das hat leider nicht geklappt, weil alles voll war. Direkt am Anfang war alles ausgebucht. Ich gehe ab und zu mal bouldern. Aber ich werde es dieses Semester noch mal versuchen, in den Kletterkurs reinzukommen. Und ich tanze Salsa. Ich gehe zum Schwimmen. Das mache ich total unregelmäßig. Es gibt Phasen, in denen ich jede Woche zwei- oder dreimal schwimmen gehe, und es gibt Phasen, in denen ich gar nicht schwimmen gehe.

Und beim Klavier machst du da auch selbst Musik?
Ich habe früher Musik selbst gemacht. Ein bisschen ausprobiert. Ich habe mir keine komplizierten Sachen ausgedacht. Ich kann leider nicht so gut Noten lesen. Ich habe es zwar am Anfang gelernt. Aber das habe ich wieder total verlernt. Ich konnte das damals auch nicht gut. Ich mache das jetzt ohne. Ich gucke mir meistens die Sachen im Internet an, so wie die anderen das spielen, und spiele das ein paar Mal nach und dann ist es drin. Oder ich spiele es vom Hören aus. Das finde ich schön, so macht es mir mehr Spaß als mit Noten. Und ich bin auch viel schneller. Aber es hat den Nachteil, dass man es auch schnell verlernt. Wenn ich die Stücke lange nicht mehr spiele, dann vergesse ich sie. Von den Sachen, die ich früher konnte, kann ich jetzt gar nichts mehr. Da muss man halt dranbleiben und es immer wieder wiederholen. Aber es klingt schön.

Welche Musik hörst du am liebsten?
Das ist auch eine schwierige Frage, weil ich sehr unterschiedliche Sachen höre, je nach Laune. Es läuft bei mir meistens Musik im Hintergrund

oder aktiv im Vordergrund. Es ist einfacher, wenn ich sage, was ich nicht so oft höre. Das ist zum Beispiel Rap. Das ist eine Sache, die kaum bei mir läuft. Ich höre eigentlich sehr gerne Jazz. Heavy Metal höre ich auch nicht so gerne. Sobald die Melodie nicht mehr zu erkennen ist, habe ich keine Lust mehr. Wenn das nur noch Geschrei ist. Rock mag ich aber sehr gerne. Ich höre auch sehr oft instrumentale Musik von für mich unbekannten Künstlern. Sehr oft höre ich auch über *YouTube* irgendetwas, auch immer wieder arabische Musik. Aber nicht die ganz aktuelle, welche im Radio läuft. Ich habe vor kurzem einen Künstler aus Israel entdeckt. Und er spielt Kamancheh. Das ist ein Instrument, das das gleiche Prinzip hat wie eine Geige. Aber es sieht ganz anders aus. Es ist auch ein Streichinstrument. Der macht richtig gute Musik. Klassik höre ich auch manchmal. Ich würde auch gerne singen. Ich war früher in einem Chor und da hieß es auch immer, dass ich gut singen kann. Ich weiß nicht, ob ich gut singen kann, aber ich singe gerne.

Hast du noch andere Leidenschaften oder Interessen, denen du in deiner freien Zeit nachgehst?
Ja, ich habe mehr Sachen im Kopf, die ich gerne machen würde. Ich würde auch gerne malen. Es gab eine Phase vor zwei oder drei Jahren, da habe ich das auch gemacht. Und leider auch wieder aufgehört. Ich bastle unglaublich gerne. Ich habe jetzt schon mehrere Sachen im Kopf, die ich in meinem Zimmer machen werde. Handarbeit mache ich sehr gerne. Lesen. Das kommt eigentlich auch sehr oft zu kurz. Dadurch, dass ich für die Uni oft sehr viel lesen muss und mir auch nicht so viel freie Zeit zur Verfügung steht, geht es eigentlich in der letzten Zeit sehr oft unter. Früher als Kind habe ich sehr viel gelesen. Meine Eltern waren nur am Bücher kaufen. Sie haben immer gleich zehn Bücher auf einen Schlag gekauft.

Du hast gesagt, dass du nach Deutschland gekommen bist und dann hattest du sehr viele Sachen zu tun. Es hat sich für mich so angehört, als wäre es ein Berg voller Sachen, die noch zu erledigen sind. Wie war es für dich, mit diesem Berg klarzukommen?

Es hat zum Glück gut funktioniert. Es hat nur ein bisschen Zeit in Anspruch genommen, bis die Dinge erledigt waren. Ich habe auf der einen Seite gemerkt, dass ich noch viel für die Sprache lernen muss, auf der anderen Seite habe ich aber auch die Verbesserung gespürt. Jeden Tag wurde es ein bisschen besser. Und danach kam die Prüfung, die allergrößte Prüfung. Davor hatte ich Angst. Doch dann war sie schnell vorbei. Es waren nicht viele Sachen, die ich bewältigen musste, aber dafür recht große. Allein das Deutsch lernen. Und es auch so gut zu können, dass ich mich im Alltag wohlfühle. Ich wollte es nicht nur für die Uni oder für den Sprachkurs lernen, sondern auch so sprechen können, dass mein Alltag gut funktioniert. Ich wollte mich mit Menschen so unterhalten können, wie ich das möchte, und nicht das Gefühl haben, dass ich wegen der Sprache eingeschränkt bin. Das war mein Ziel. Als ich dieses Ziel erreicht hatte, kam auch schon das nächste: Studieren auf Deutsch. Es war sehr schwierig für mich, weil ich sehr langsam war. Ich musste erst mal die Texte übersetzen, um sie zu verstehen. Und erst danach konnte ich mit dem Lernen beginnen. Zum Glück habe ich immer weitergemacht, obwohl es schwierig war. Ich habe auch mit anderen gelernt, deren Muttersprache Deutsch ist, und dabei habe ich gemerkt, dass ich viel langsamer bin als sie. Das war schon nervig. Aber es hat dennoch funktioniert.

Wie hat sich die Schwierigkeit gezeigt?
Ich musste viel mehr Zeit investieren. Ich erinnere mich noch gut an meine allererste Prüfung. Das war die Anatomieprüfung im letzten Semester. Wir hatten ungefähr 25 Minuten. Das war zeitlich sehr knapp, und die Fragen und Texte waren sehr lang. So lange Sätze konnte ich nicht gut verstehen, und man ist in Prüfungssituationen sowieso sehr gestresst. Es war nicht einfach. Wovor ich auch viele Sorgen hatte, waren mündliche Prüfungen. Ich hatte auch in der Anatomie mein erstes mündliches Testat. Aber das lief super. Ich merkte aber dabei auch, dass ich viel mehr Fehler mache, wenn ich aufgeregt bin. Der Prüfer war gut drauf. Er hat mir nicht gezeigt, dass ihn meine Verzögerung beim Sprechen nervt. Er hat mir viel Zeit gegeben. Aber ich musste erst mal

die Erfahrungen mit Prüfungssituationen machen, um mir zu beweisen, dass ich das auch kann.

Wünschst du dir, dass die Gesellschaft hier in bestimmten Dingen anders wäre?
Du weißt, wie das in Gießen ist. Hier ist alles so studentisch, offen und bunt. Das hat gut zu mir gepasst. Ich habe nicht das Gefühl, dass es hier in Gießen anders sein soll. Es war total gut so. Es gibt gute und schlechte Seiten. Aber es gab nichts, mit dem ich überhaupt nicht leben konnte. Ich bewege mich aber immer noch im studentischen Milieu. Alle kommen aus anderen Orten. Wenn ich später zu arbeiten anfange, kann ich mir vorstellen, dass es anders werden könnte, aber das wird sich noch zeigen. Gerade fühle ich mich sehr wohl.

> „Ich finde es nicht schön, dass ich in eine Schublade gesteckt werde, wenn ich erzähle, dass ich aus Syrien komme. Man geht dann automatisch von einer Religionszugehörigkeit aus oder dass ich keinen Alkohol trinke."

Ich bin immer irritiert, wenn mich Menschen auf meinen Migrationshintergrund ansprechen. Wie ist das bei dir?
Das passiert mir auch häufig. Ich werde häufig gefragt, wo ich herkomme, wo meine Wurzeln sind. Viele gehen davon aus, dass, vor allem weil ich Hanna heiße, meine Eltern immigriert sind, aber wir schon lange in Deutschland leben. Ich finde das Fragen nicht schlimm. Vor allem am Anfang empfand ich es nicht als schlimm, weil es für mich klar war, dass man bei mir einen Unterschied sieht. Diesen Unterschied sieht man und spricht ihn an. Ich fand es schön, dass mein Gegenüber aufmerksam ist und offen nachfragt. In der letzten Zeit hat es mich ein wenig gestört, weil sehr viele gefragt haben. Das ist aber nicht schlimm. Ich finde es jedoch nicht schön, dass ich in eine Schublade gesteckt werde, wenn ich erzähle, dass ich aus Syrien komme. Man geht dann

automatisch von einer Religionszugehörigkeit aus oder dass ich keinen Alkohol trinke. Am Anfang dachte ich eben, dass viele sich mit Syrien nicht auskennen. Aber mittlerweile leben hier so viele Menschen aus Syrien, dass es klar sein müsste, dass auch in Syrien sehr unterschiedliche Menschen leben. Mittlerweile sollte man einen differenzierteren Blick gelernt haben.

Spielt Religion für dich persönlich überhaupt eine Rolle?
Ich bin in einer christlichen Familie groß geworden. Aber so religiös ist meine Familie eigentlich nicht. Ich war mit ungefähr 14 Jahren sehr oft in der Kirche. Das war für mich eine Freizeitaktivität. Es gab Jugendgruppen. Ich habe selbst für vier Jahre Kinder betreut. Das habe ich sehr gerne gemacht. Und das war für mich auch eine Gelegenheit, Zeit mit meinen Freunden zu verbringen. Als ich nach Deutschland gekommen bin, ist mein Engagement komplett verschwunden, weil dieser Rahmen nicht mehr da war. Jetzt bin ich überhaupt nicht mehr religiös. In meinem Alltag ist das gar nicht mehr vorhanden. Weil ich damals so gläubig war und Religion eine große Rolle für mich gespielt hat, frage ich mich: Ist das Thema für mich nicht mehr wichtig? Oder müsste ich mich später damit beschäftigen? Aber aktuell spielt Religion für mich überhaupt keine Rolle.

Und – trinkst du Alkohol?
Ja.

Vermutlich hat Alkohol in der deutschen Gesellschaft eine ganz andere Bedeutung als in Syrien, oder? Wie hast du das erlebt?
Mit meinen Eltern habe ich mal einen Schluck Alkohol getrunken oder auch mal ein Bier. So wie man das hier auch kennt. Ich kenne das einfach von meiner Familie, dass man beim Feiern oder Essen gehen auch Alkohol trinkt. In meiner Familie war das zumindest so und ist es immer noch. In Syrien hängt das von dem Rahmen ab, in dem du dich befindest. Bei offiziellen Treffen wird nie Alkohol getrunken. Es gibt zum Beispiel auch Restaurants, in denen kein Alkohol angeboten wird.

Je nachdem, in welcher Region du bist. In der Umgebung, in der ich groß geworden bin, ist es sehr ähnlich wie hier.

Und wie ist das mit anderen Rauschmitteln? Kiffen usw. Sind die deiner Erfahrung nach in Deutschland anders verbreitet als in Syrien?
Ich habe das in Deutschland viel öfter mitbekommen als in Syrien. Ich habe es selber noch nie probiert. Ich war zwar zwei Semester in der Uni in Syrien, habe aber trotzdem zu Hause bei meiner Familie gewohnt. Damals habe ich kaum etwas mitbekommen. Es ist in Syrien auf jeden Fall nicht so locker wie hier. Ich glaube schon, dass in Syrien auch Rauschmittel genommen werden. Es ist hier häufiger und du kriegst es mit. Man versucht hier nicht, es zu verstecken.

Deine Eltern waren vor zwanzig Jahren schon in Deutschland, deine Tante lebt ebenfalls hier – ist das Zufall oder hat deine Familie eine besondere Beziehung zu Deutschland?
Meine Eltern waren als Studenten im Rahmen der Ausbildung hier. Das war einfach ein universitäres Austauschprogramm zwischen Damaskus und Deutschland. Dadurch ist der Kontakt überhaupt entstanden. Der Kontakt wurde von meinen Eltern aufrechterhalten. Sie waren auch immer wieder in Deutschland. Die Freunde und Bekannten, die sie damals kennengelernt haben, sind immer noch Freunde und Bekannte von meinen Eltern.

Haben Syrien und Deutschland Gemeinsamkeiten?
Ich empfinde diese Frage als schwierig. Die Menschen sind so unterschiedlich. Ich kann Syrien nicht in einem Wort beschreiben und Deutschland auch nicht. Vielleicht war das früher anders, das weiß ich nicht. Aber mittlerweile ist es so bunt hier. Es gibt Gemeinsamkeiten und Unterschiede. Beide Länder sind sehr bunt. Ich möchte es nicht einordnen, was ich zu Deutschland zähle und was zu Syrien.

Zum Beispiel Freundschaften. Ist es dir leicht gefallen, hier in Deutschland Freund*innen zu finden?
Ja, es hat sehr gut funktioniert. Ich hatte in der Hinsicht gar keine Probleme. Es sind sehr schnell Kontakte entstanden und daraus auch sehr enge Freundschaften, die immer noch vorhanden sind, auch wenn die Menschen nicht mehr in Gießen leben. Aber die Freundschaft ist immer noch so innig, wie sie davor auch war.

Du hast erzählt, dass du eine Philosophie hast, auf jeden Tag zu achten und nicht alles auf die Zukunft zu verschieben, weil man nie weiß, wann das Leben vorbei ist. Was ist für dich ein erfülltes Leben?
Das weiß ich nicht. Das hängt von der Betrachtungsebene ab. Man kann für sich feststellen, dass noch lange nicht alles erreicht ist, was man erreichen wollte, und sich viele Sachen wünschen, die man noch nicht besitzt. Oder man kann der Ansicht sein, dass man zu diesem Zeitpunkt glücklich mit dem ist, was man erreicht hat. Oder man kann auch das Gefühl besitzen, dass man ein anderes Leben führen möchte. Ich denke, man kann den Zustand erreichen, dass man für sich glücklich ist und das Leben in eine Richtung läuft, die man sich wünscht. Aber ich kann mir nicht vorstellen, dass man wunschlos glücklich ist. Ich denke, es gibt immer irgendetwas, das man sich wünscht. Ein erfülltes Leben bedeutet für mich, dass man akzeptiert, dass man bestimmte Sachen nicht erreicht hat oder nicht erreichen kann. Ich kann mir schlecht vorstellen, dass man keine Wünsche besitzt. Es ist sinnvoller zu sagen, dass Ziele erreicht wurden. Dass andere Ziele auch nicht erreicht wurden. Und dass man beides akzeptiert. Vielleicht hat man dann ein erfülltes Leben.

Deema aus DeirAlzour, 15 Jahre

„In Deutschland kann ich mich endlich unabhängig bewegen, ohne Hijab."

Wie geht es dir, Deema?
Mir geht es momentan nicht gut. Wir benötigen eine Unterstützung von der Nordkirche, aber wir haben bis jetzt niemanden gefunden, der uns unterstützen kann.

Wofür brauchst du die Unterstützung?
Das deutsche Gericht hat unseren Fingerabdruck in Rumänien herausgefunden und sie sagten meiner Mutter, dass wir nach Rumänien zurückkehren müssen. Wir haben aber große Angst, dorthin zurückzukehren. Der Anwalt hat uns gesagt, dass wir, wenn wir sechs Monate bei der Kirche unterkommen, hier in Deutschland bleiben können.

Wo wohnst du?
Ich wohne momentan mit meiner Mutter und meinen drei jüngeren Geschwistern in einem Heim mit vielen Syrern und Afghanen zusammen.

Gehst du zur Schule?
Eigentlich bin ich jetzt in der neunten Klasse, aber ich bin seit einem Jahr nicht mehr zur Schule gegangen, da es mir nicht möglich war, eine Schule zu besuchen.

Warum nicht?
Wir mussten Saudi-Arabien im September 2016 verlassen und sind im Februar 2017 nach Deutschland gekommen, und seitdem haben wir keine Papiere bekommen, um zur Schule zu gehen. In der letzten Woche haben wir einen Bescheid vom Gericht bekommen, dass wir zurück nach Rumänien gehen sollen.

Warum hast du Saudi-Arabien verlassen müssen? Kannst du mir die Geschichte erzählen?
Der Hauptgrund war, weil der Direktor meines Vaters mich heiraten wollte. Da war ich 14 Jahre alt! Als wir uns entschieden haben, das abzulehnen, hat dieser Direktor meinen Vater aus der Firma entlassen.

Woher kannte der Direktor dich denn überhaupt?
Wir wurden von seiner Familie viele Male in den letzten Jahren während des Ramadan und zu anderen Anlässen eingeladen und wir spielten mit seinen Kindern. Ich glaube, er hat mich dabei ohne Hijab gesehen. Mein Vater hat jedenfalls beschlossen, eine Frau in Rumänien zu bezahlen, damit sie uns nach Bukarest einlädt. Er hatte Kontakt zu ihr via *Facebook* und hat ihr 3.500 Euro dafür gegeben. Ich verließ Saudi-Arabien also mit meiner Mutter und drei Geschwistern im September 2016 und diese Frau brachte uns zu einer sehr entfernten kleinen Stadt. Und sie zwang meine Mutter, mehr Geld zu bezahlen, um eine kleine Wohnung zu mieten, insgesamt 6.000 Euro. Dort hat meine Mutter realisiert, dass diese Frau nichts Gutes für uns will und eigentlich nur den größtmöglichen Profit für sich bekommen möchte. Als sie dann 7.000 Euro verlangte für jemanden, der uns illegal nach Deutschland bringen sollte, hat meine Mutter sich geweigert. Da hat sie sich in ein echtes Monster verwandelt. Sie griff meine Mutter an und drückte mich gegen die Wand. Unter dem Schock war mein jüngster Bruder für eine Woche nicht sprachfähig, und jetzt spricht er kaum noch etwas und stottert dann. Im Februar 2017 konnte meine Mutter mit jemandem reden, der uns nach Bukarest bringen konnte, und von dort aus konnten wir mit dem Zug nach Hamburg fahren.

Wir waren alle müde, als wir ankamen. Ich war weniger in Mitleidenschaft gezogen, aber meine Schulter war noch von der Frau verletzt und ich konnte acht Nächte nicht schlafen, bevor ich hier in Deutschland medizinische Unterstützung erhalten konnte. Meine Situation ist nicht stabil und die Ärzte benötigen weitere Untersuchungen über mein Nervensystem. Deswegen sind wir nach Berlin gekommen, da wir hier Bekannte haben, die uns einen Kontakt zu einem Arzt vermitteln konnten. Ich brauche dringend medizinische Unterstützung, und meine Mutter fürchtet, wenn wir nach Rumänien zurückgehen, dass diese Frau uns verfolgen und eine von uns Geschwistern wegnehmen wird, wie sie es gesagt hat. Unser Bekannter versucht, die Flüchtlings-Kirche zu überzeugen, uns zu schützen. Wir werden nicht wieder nach Rumänien zurückkehren und wir werden nicht zurück nach Saudi-Arabien gehen.

Dein Vater ist nicht mit euch gekommen? Ist er immer noch in Saudi-Arabien?
Er ist noch in Riad und sucht immer noch einen Job, weil unser Geld weg ist. Ich fühle mich sehr schuldig, denn alles, was passiert ist, war wegen mir. Ich habe gesagt, dass es mir leidtut, und er begann zu weinen und sagte mir, dass er verantwortlich ist und er mich immer beschützen wird. Ich liebe ihn und ich vermisse ihn so sehr …

Was arbeiteten deine Mutter und dein Vater?
Meine Mutter war Lehrerin in Syrien, und sie gab alles für ihre Studenten. Wir zogen nach Saudi-Arabien, um als Familie weiter zusammenzuleben. Denn mein Vater ist vor langer Zeit aus Syrien weggegangen, um eine bessere Chance zu bekommen, und war dort ein Verwaltungsbeamter in einer großen Firma und konnte uns so ernähren. Aber jetzt ist er arbeitslos, weil er nicht wollte, dass ich mit einem alten Mann verheiratet werde. Mein Vater wollte uns nicht verlieren, und er versuchte sein Bestes zu tun, um unsere Familie zu schützen, aber wir haben kein Geld mehr, keine Sicherheit in Saudi-Arabien oder Rumänien, und wir haben eine große Hoffnung, dass die Kirche in Deutschland uns helfen wird.

Denkt dein Vater nicht daran, nach Deutschland als Flüchtling zu kommen?
Wir wollen wieder als eine Familie leben. Aber unsere offiziellen Papiere sind noch nicht bearbeitet und wir haben nicht das Recht, ihm eine offizielle Einladung zu schicken.

Wie wichtig ist Religion für dich und deine Familie?
Wir sind Muslime, aber nicht sehr religiös. Religion ist einfach und braucht nicht ein kompliziertes Verständnis. In Syrien ist die Mehrheit sehr moderat, nicht wie in Saudi-Arabien. Sogar als Kind in Saudi-Arabien war es mir nicht möglich, ohne Hijab aus dem Haus zu gehen, ebenso zur Schule. In Saudi-Arabien ist es für Mädchen nicht erlaubt, auf öffentliche Spielplätze zu gehen. Mein Vater hat uns immer zur Schule gebracht oder ins Einkaufszentrum oder in ein Restaurant. In Deutschland jetzt kann ich mich endlich unabhängig bewegen ohne Hijab. Die Natur ist auch sehr anders hier in Deutschland, es gibt viele Parks und grüne Plätze, das gefällt mir. Leider gibt es in Saudi-Arabien nur Wüste und Sand und die Temperaturen sind tagsüber sehr sehr hoch.

Hast du ein Hobby?
Zeichnen. Ich zeichne vor allem Blumen. Ich liebe Blumen, besonders die Orchidee.

Du bist seit fünf Monaten in Deutschland. Hast du Kontakte mit der syrischen Gesellschaft in Deutschland?
Ja, wir haben ein paar Familienfreunde, aber die wohnen nicht in Hamburg wie wir, sondern in Berlin und Frankfurt am Main. Wir telefonieren jeden Tag und sprechen über unsere Situation. Sie sind auch Flüchtlinge aus Syrien, aber sie haben ihre Aufenthaltsgenehmigung bekommen.

Hast du Pläne oder Wünsche, Träume für die Zukunft?
Ich würde gerne Ärztin werden und den Leuten helfen, die kein Geld oder keine Versicherung haben.

Adam, 26 Jahre

„Über Religion, Politik und Sport spreche ich ungern. Jeder hat seine Meinung und ändert sie nie."

Wie lange bist du in Deutschland?
Ich bin seit drei Jahren hier.

Was hast du aus Syrien mitgebracht?
Nichts. Ich war in Algerien für vier Jahre, bevor ich nach Deutschland gekommen bin. Aus Syrien habe ich gar nichts.

Was von deiner Kultur hast du mitgebracht?
Das ist eine sehr allgemeine Frage, ich weiß nicht … Eigentlich nicht so viel, ich habe nur die arabischen Lieder mitgebracht. Ich mag manchmal die arabischen Lieder singen mit Freunden. Das war's, als Kultur habe ich nur Lieder mitgebracht. Ich spiele gern Musik – und mag Musik hören und mitsingen.

Welches Ziel hast du in Deutschland?
Erfolgreich sein. Ich arbeite und lerne gleichzeitig, aber ich möchte noch ein gutes Berufsleben haben. Also es geht nur um Lernen und Geld und Spaß haben im Alltag, kein definiertes Ziel, nicht so richtig. Vielleicht irgendwann auch Kinder haben, ich weiß es noch nicht.

Möchtest du heiraten oder nur Kinder haben?
Vielleicht bekomme ich Kinder, ohne zu heiraten. Heiraten ist nicht mein Ziel.

Ist die deutsche Kultur sehr anders als deine?

Ja, natürlich. Zum Beispiel … alles hier ist ein bisschen mehr Technologie. Im Leben hast du mehrere Möglichkeiten. Ja, es ist anders. Unsere Kultur ist mehr verbunden mit dem Islam, und die Regeln kommen aus dem Islam. Alle Regeln oder Traditionen bei uns sind verbunden mit der Religion, obwohl nicht alle in Syrien so leben, als Muslime. Es gibt auch Christen und die, die keine Religion haben, und noch viel mehr kleine Gruppen. Aber die Mehrheit sind Muslime.

Wie wichtig ist Religion für dich?
Nicht so viel. Ich hab's einfach verschoben. Jetzt lebe ich einfach so. Mach meinen Spaß. Also arbeiten, lernen, an Religion denke ich gerade nicht. Vielleicht später, vielleicht auch nicht, weiß ich noch nicht.

Warum ist das so bei dir momentan?
Weil ich keine Ahnung habe, ob das richtig ist oder nicht. Also ich war in einer muslimischen Gesellschaft und die muslimischen Regeln waren die Regeln für die Gesellschaft. Und sie haben immer gesagt, so ist es richtig und nur so ist es richtig, immer und überall. Aber wenn man hier in Deutschland andere Leute sieht, andere Religionen, und mit ihnen darüber spricht, dann merkt man, dass es nicht immer richtig ist. Und es ist nicht so einfach, alles zu entscheiden. Deswegen habe ich das einfach verschoben. Es ist nicht so einfach zu verstehen, wie die Religionen funktionieren.

Aber du glaubst an Gott?
Weiß ich noch nicht. Vielleicht von innen ja, aber ich sage nicht, dass ich dran glaube, weil es keinen Beweis gibt, dass Gott da ist. Man kann nicht sagen, ich glaube an eine Sache, wofür es keinen Beweis gibt. Das macht keinen Sinn, finde ich.

Wie fühlst du dich in Deutschland?
Hmm … wohl gut, nicht so schlimm wie manche anderen. Ich kenne Leute aus Syrien, deren Familien in Syrien sind und in Gefahr, weißt du. Deswegen können sie hier nicht gut leben, sich nicht gut integrie-

ren. Sie denken die ganze Zeit an ihre Familien. Aber ich habe keinen Stress, meine Familie ist schon hier, und ich lebe normal wie alle Menschen, nicht wie die Leute, deren Familie im Krieg ist.

Seid ihr zusammen gekommen, du und deine Familie?
Nein, mein Vater und mein Bruder waren hier. Dann haben sie diesen „Familiennachzug" gemacht. Sie haben meine Mutter und meinen kleinen Bruder von Algerien hierhergebracht, legal, mit Visum und allem. Bei mir hat es nicht geklappt. Ich habe es versucht, so zu machen, aber dann bin ich illegal gefahren.

Interessierst du dich für Politik?
Nein. Solche allgemeinen Sachen wie Politik, Religion und vielleicht auch Fußball sind die Themen, über die alle Leute sprechen, die ganze Zeit – Religion, Politik und Sport. Und darüber spreche ich ungern, weil es macht keinen Sinn. Jeder hat seine Meinung und ändert sie nie.

Hattest du schon mal was mit Drogen zu tun?
Ja, ich rauche Haschisch und Marihuana, immer.

Ist das gut? Warum nimmst du das?
Um Spaß zu haben. Also ... du bist so auf der Arbeit und musst noch acht Stunden arbeiten – wenn du so ein bisschen kiffst, wird die Zeit kürzer. Du denkst, dass du nur eine halbe Stunde gearbeitet hast, und dann guckst du auf die Uhr, und du hast fünf Stunden gearbeitet.

Und das schadet dir auch nicht?
Es schadet der Gesundheit, aber nicht so viel, wie die Leute behaupten, aber ich bin mir nicht sicher.

Und jetzt bist du süchtig?
Ich habe für vier Monate aufgehört Anfang dieses Jahres, dann habe ich wieder angefangen. Also Sucht ist es vielleicht, aber nicht so schlimm.

Hast du schon mal Rassismus oder Ablehnung erlebt?
Ja klar, natürlich. Also ich erzähle dir nur die schlimmste Geschichte, die mir hier in Berlin passiert ist. Es gab so eine türkische Frau, und ich wollte sie heiraten. Ihr Vater hat ihr dann gesagt, dass er die Leute aus Syrien und Afghanistan hasst. Sie hat ihn gefragt, warum. Dann hat er so geantwortet: „Das sind alles Terroristen, die werfen alle Bomben in der Türkei, und ich akzeptiere nicht, dass der Mann meiner Tochter ein Syrer oder Afghane ist." Das fand ich das Schlimmste, was mir passiert ist. Aber er hat es nicht direkt zu mir gesagt. Er hat es zu seiner Tochter gesagt, und sie hat es mir erzählt. Und dann haben wir uns getrennt nach zwei Wochen.

Schade.
Ja, aber egal. Sie ist gut vielleicht, aber immer wenn du Angst vor jemandem hast … also wenn eine Frau zu mir sagt, dass sie mich liebt, und mich dann wegen ihres Vaters verlässt, das ist dann von Anfang an keine richtige Liebe.

Hast du nicht zu ihr gesagt, „aber deine Familie kann nicht über dein Leben entscheiden" oder so?
Ja, ich habe ihr viel erzählt, dass Freiheit die Hauptsache ist im Leben und dass viele Menschen wegen Freiheit gestorben sind. Sie wollten Freiheit und sind gestorben – mehr als sieben Milliarden, mehr als die Leute, die jetzt leben, sind nur für Freiheit gestorben in der Welt. Sie war ein bisschen motiviert, aber nach einer halben Stunde war alles weg, was ich erzählt habe. Sie hatte Angst, sich für mich zu entscheiden.

Wie wichtig ist Musik für dich?
Schon wichtig – wenn ich arbeite, muss ich Musik hören, und auch zu Hause. Motivation kommt aus Musik. Du kannst schneller arbeiten oder härter trainieren zum Beispiel.

Man hat Hoffnung, meinst du?
Nein, es geht nicht um Hoffnung. Es geht um Motivation. Wenn du arbeiten musst, und du hast schnelle Musik, dann bist du dabei.

Wie bleibst du in Kontakt mit anderen, Freunden oder Familie?
Facebook. Wenn du bei *WhatsApp* deine Nummer änderst, ist alles weg, aber mit *Facebook* bist du mit allen Freunden aus Syrien, Algerien, Spanien verbunden … bist du mit allen immer in Kontakt.

Was hast du vom Krieg erlebt?
Eine Bombe. Ich habe geschlafen zu Hause, mit meiner Familie. Alle waren zu Hause. Und dann gab es eine Explosion vor dem Nachbargebäude. Ein Auto ist vor dem Haus explodiert. Alles war … wie ein Erdbeben von der Bombe. Die Bäume in der Nähe haben alle gebrannt. Es wurde geschossen. Und dann kamen die Polizei und die Feuerwehr.

Wie viele sind da gestorben?
Niemand. Es war in der Nacht um drei Uhr. Aber wegen dieser Bombe haben wir uns entschieden, nach Algerien zu fliegen.

Wann war das?
Vor sechs Jahren. Also normalerweise bin ich da auf der Straße mit Freunden um drei Uhr. In der Nacht davor war ich zu der Zeit an dem Ort. Also wenn ich am nächsten Tag genau das Gleiche gemacht hätte, dann wäre ich gestorben. Es ist ein Risiko, in einer Stadt zu bleiben, in der es so Bomben gibt.

Kannst du was von der Flucht erzählen?
Mit dem Flugzeug nach Algerien, normal, nicht illegal. Dann habe ich vier Jahre in Algerien gelebt, und dann bin ich illegal nach Marokko gefahren, dann nach Spanien, dann nach Frankreich, dann hier. Von Algerien bis Deutschland hat es zwei Monate gedauert und 1.200 Euro gekostet. Und es war nicht so gut. Es gab auch gute Tage, aber nicht alle Tage waren gut.

Wie war es an der Grenze?
Nicht einfach, illegal durchzukommen, aber ich habe nur 50 Euro bezahlt – von Marokko bis Spanien für den Polizisten in Marokko.

Haben Syrien und Deutschland Gemeinsamkeiten?
Ja, viele. Es ist vieles gleich, aber in Syrien kann man nicht so frei leben wie hier, das ist ein großer Unterschied. Hier kann man alles tragen und auf die Straße gehen. Bei uns ist es ein bisschen kontrollierter. Auch wenn etwas nicht direkt verboten ist, die Leute gucken und sagen: „Warum trägst du so was, warum machst du so was?" Wenn du an manchen Orten kurze Hosen trägst, dann sagen sie dir: „Es ist verboten wegen dem Islam." Dein Knie darf man nicht sehen.

Wie findest du das?
Voll scheiße.

> „Sie sagen, dass das Leben in Deutschland
> ‚haram' ist, und leben trotzdem hier."

Und wie ist das hier? Sagt man dir hier auch öfter, „das ist verboten"?
Also die Leute sind sehr unterschiedlich. Es gibt die Leute, die richtig integriert sind in Deutschland, und es gibt die Menschen, die sich gar nicht integrieren. Es gibt die Religiösen und Unreligiösen. Die sind auch unterschiedlich. Du kannst religiös sein, aber du akzeptierst trotzdem alles. Und du kannst religiös sein und immer sagen: „Das ist verboten. Das ist verboten." Und gerade die klagen dann immer: „Ich will nicht mehr hier leben." Sie erzählen solchen Quatsch und bleiben trotzdem hier. Sie sagen, dass das Leben in Deutschland „haram" ist, und leben trotzdem hier. Und wenn du sie fragst warum, geben sie dir darauf keine Antwort oder jeder erzählt dir eine andere Geschichte.

Und was denkst du über die Leute, die nicht religiös sind?
Normal, cool. Du kannst mit solchen Leuten freier sein als mit Religiösen.

Wie unterscheiden sich die Menschen in Syrien und Deutschland?
Die haben einfach einen total anderen Hintergrund. Die haben alle was

anderes gelernt. Zum Beispiel „Nacktkultur" haben wir nicht in Syrien. Das lernt man hier in Deutschland, dass das normal ist. So was im Sportverein zu machen oder im Schwimmbad. Aber bei uns ist das gar nicht normal. Man macht es einfach nicht.

Was ist typisch syrisch?
Typisch? Weiß nicht. Es gibt so viel. Einfach im Café sitzen und Shisha rauchen. Aber hier kann man die Zeit mehr investieren. Dort ist nur Arbeit und Rumsitzen – überall, im Café, draußen. Aber hier investiert man die Zeit besser, man lernt, arbeitet und macht viel mehr gleichzeitig an einem Tag. In Syrien ist es nicht so häufig, solche Menschen zu finden, die das machen.

Hast du dich verändert, seitdem du in Deutschland bist?
Ja, viel, meine Gedanken und alles hat sich verändert. Ich war richtig Muslim, aber seitdem ich hierhergekommen bin, hat der Islam keine Bedeutung mehr für mich. Vielleicht war ich kein richtiger Religiöser, vielleicht war es nur einfach normal, Muslim zu sein. Ich habe daran geglaubt, dass das, was sie sagen, richtig ist, aber jetzt sage ich, dass ich es nicht weiß. Vielleicht ist manches richtig, vielleicht auch nicht. Ich kann nicht sagen, dass alles falsch war, aber ich sage auch nicht, dass alles richtig war. Vielleicht denke ich später darüber nach, aber jetzt möchte ich gar nicht daran denken. Ich lebe mein Leben einfach.

Möchtest du noch was sagen?
Man muss sich entwickeln die ganze Zeit, Sport machen, lernen, Geld verdienen und weiterleben – also fleißig sein, nicht faul. Das ist das größte Problem, wenn man faul ist, nichts lernt, nicht arbeitet. Man muss einfach aktiv sein, als Flüchtling oder als Mitbewohner. Wenn man viel macht, ist das besser für deine Laune, wenn man Sport treibt, arbeitet und lernt. Man fühlt die Entwicklung, weißt du. Und wenn man das Gefühl hat, dass es sich entwickelt, dann wird man glücklich.

Ahmad aus Hama, 28 Jahre

„Faulheit ist auf jeden Fall nicht gewollt im Ramadan."

Ahmad, ist es eigentlich schlimm, dass ich dich mitten im Ramadan interviewe?
Nein. Das Wetter ist bei uns, wenn der Ramadan auf den Sommer fällt, viel schlimmer als hier. Wenn du in Syrien fastest und dabei in die Uni gehst bei 45 Grad Celsius im Schatten, dann bist du kaputt. Aber wir Syrer sind das gewohnt, ich faste seit 22 Jahren …

Du hast mit sechs Jahren mit dem Fasten angefangen?
Mit sieben. Eigentlich sollten Kinder nach muslimischem Gesetz nicht fasten, aber du kannst ja nicht einfach zu jemandem sagen: „Hey, du bist jetzt zwölf Jahre alt und musst daher fasten." Deshalb sagt man traditionell bei uns, dass Kinder „auf den Treppen der Moschee fasten", das heißt, die Fastenzeit wird jeden Tag ein bisschen verlängert. Ich durfte am Anfang nur bis zum Vormittagsgebet fasten, am nächsten Tag eine Stunde länger und so weiter … und bis zum Ende des Ramadan ging es dann bis zum Iftar, dem Fastenbrechen bei Sonnenuntergang. Wobei damals der Ramadan im Winter war, die Tage gingen also bis 16 Uhr, 16 Uhr 30, das ist nicht lange.

Und ein Interview geben, in die Uni gehen und so ist okay während des Fastens?
Faulheit ist auf jeden Fall nicht gewollt im Ramadan. [lacht] Du sollst fasten, aber nicht deswegen die ganze Zeit zu Hause bleiben und nichts tun. Gottesdienst ist nicht nur Beten und Fasten, sondern dabei sein normales Leben leben. Viele Leute verstehen nicht, dass Arbeiten im Islam auch Gottesdienst ist. Genauso wie in die Uni gehen, die Katze füttern, Blumen gießen, deinen Kindern Geld bringen und so weiter.

Hier in Deutschland kann man es seinem Arbeitgeber sagen, wenn man eine bestimmte Arbeit während des Ramadan nicht machen kann; in Syrien gibt es das nicht. Nur in den Schulen werden die Unterrichtsstunden verkürzt, um das für Schüler und Lehrer einfacher zu machen. Aber die meisten Leute arbeiten während des Ramadan ganz normal. Nur manche, die ganz harte Arbeiten machen müssen, fasten gar nicht. Das ist aber nicht korankonform, eigentlich musst du, wenn du das Fasten aussetzt, die entsprechenden Stunden nachholen oder Zakat, die islamische Almosensteuer zahlen. Das gilt auch, wenn du auf einer Reise bist. Die einzige echte Ausnahme vom Fasten sind sehr alte Menschen und Kinder.

Ich habe früher viel Leichtathletik gemacht, auch während des Ramadan. Im letzten, den ich in Syrien erlebt habe, blieben uns nur zwei Stunden zum Essen, und wir haben trotzdem trainiert. Am Schluss konnten wir zwar fast nicht mehr sehen [lacht], aber das hat uns nicht gestört. Jetzt heißt es überall, der jetzige wäre der längste Ramadan überhaupt. Das ist doch Quatsch! Fasten sollte man mit dem Herzen; wenn man das nicht kann, ist es besser, es ganz zu lassen.

Wann war dein letzter Ramadan in Syrien?
Das war 2014. Damals habe ich mich auf die Reise nach Deutschland vorbereitet. Ich war in Hama, meiner Herkunftsstadt. Ich hatte vorher schon einmal versucht, auf illegalem Weg nach Deutschland zu kommen, über die Türkei und Griechenland. Aber das hat nicht geklappt. 2014 habe ich dann entschieden: Jetzt muss ich wirklich raus. Und dann habe ich begonnen, alle nötigen Papiere vorzubereiten für den Antrag zur Einreise als Student, den ich bei der deutschen Botschaft im Libanon stellen wollte.

Die ersten 15 Tage des Ramadan war ich in Hama. Ich habe dort Papiere organisiert, Geld überwiesen und was sonst noch nötig war für den Antrag. In der dritten Woche bin ich dann nach Tartus gefahren, das ist eine Stadt an der Küste. Dort musste ich einige meiner Zeugnisse beim Außenministerium beglaubigen lassen.

Zu diesem Zeitpunkt herrschte schon drei Jahre Krieg ...
Ja, seit drei Jahren und drei oder vier Monaten. Und in dieser Zeit musste ich durch ganz Syrien reisen, um alle Papiere zu kriegen, die die deutsche Botschaft für mein Visum wollte. Damals kontrollierte das Regime die ganze Stadt. Es gab zwar auch Rebellen, aber nur versteckt. Aber den Weg nach Homs kontrollierte die Freie Syrische Armee. Man musste also um Homs herumfahren, um auf dem Gebiet des Regimes zu bleiben. Ich bin also mit dem Bus in ein Bergdorf namens Mashta Al Helou gefahren, dort gibt es eine christliche Wallfahrtstätte für die Heilige Maria, zu der viele Christen pilgern. Dort mussten wir übernachten, weil im Dunklen reisen zu gefährlich war.

Warum? Gilt in Syrien eine Sperrstunde?
Eine Sperrstunde nicht, du kannst dich nach wie vor frei bewegen, aber auf deine eigene Gefahr. Heute kannst du dich in Hama zum Beispiel innerhalb deines Stadtteils nachts frei bewegen – aber es ist gefährlich, in andere Stadtteile zu gehen oder zu fahren; die sind oft durch breite Straßen voneinander getrennt und dort sind Checkpoints, wo überprüft wird, wer wohin fährt. Außerdem gibt es dort Scharfschützen. Wenn du zu Fuß versuchst, Straßen zu überqueren, an denen die sitzen, dann bist du tot.

Reisen zwischen verschiedenen Orten nachts kannst du völlig vergessen. Auf dem Weg nach Tartus gab es Gegenden, wo die Al-Nusra-Miliz aktiv war, in anderen war die Freie Syrische Armee unterwegs, in noch anderen alawitische oder schiitische Milizen. Und dazu auch noch ganz gewöhnliche Diebe. Deshalb musste ich in diesem Dorf übernachten, wo eigentlich nur Christen leben. Aber als ich da war, gab es auch viele Muslime, die vor dem Krieg dorthin geflohen waren. Dort habe ich begriffen, wie unterschiedlich das Leben in verschiedenen Teilen Syriens ist. Mashta Al Helou ist völlig von alawitischen Dörfern umgeben. Auf der Straße hingen überall Fotos von Soldaten, die „für Assad" gestorben sind. „Er hat Assad sein Leben gegeben" stand da drauf oder „Er gab seine Seele für Assad". Und unten drunter im Namen der Eltern „Unser zweiter Sohn geht denselben Weg".

Diese jungen Alawiten sterben – und ihre Eltern bleiben allein! Auch die Christen haben viele Leute in die Armee geschickt! Ich musste da schnell weg.

In Tartus war es aber noch schlimmer. Das ist die Hauptstadt der Alawiten, dort gibt es niemanden, der nicht für das Regime ist. Um die Stadt herum liegen mehrere Checkpoints von Assads Armee. An einem von ihnen mussten wir unsere Ausweise abgeben. Dann haben sie uns 20, 25 Minuten lang warten lassen, bis sie zurückkamen und zwei Namen aufriefen, darunter meinen. Es stellte sich heraus, dass der andere Mann aus Homs war und ich aus Hama. Alle anderen Fahrgäste kamen aus den Dörfern um Tartus herum.

Ich habe mit dem anderen Mann ausgemacht, dass er für den Fall, dass ich verhaftet werde, meinen Eltern Bescheid sagt – und umgedreht, falls er verhaftet wird. Zudem habe ich vorsichtshalber eines der beiden Handys, die ich dabeihatte, beim Aussteigen in das Gras am Straßenrand fallen lassen. Ich hatte extra ein gutes und ein Scheißhandy dabei, das habe ich behalten – in der Hoffnung, dass sie es bei einer Kontrolle finden und sagen: „Was für ein Scheißhandy, das kannst du behalten."

So standen wir also an der Straße und warteten darauf, dass die Assad-Soldaten zurückkamen. Das dauerte eine Stunde, und in dieser Stunde dachte ich, ich kriege Diabetes. Es ist furchtbar dort in Tartus, alle reden alawitisch, das ist der Dialekt, den die Alawiten überall in Syrien reden, aber vor allem in Tartus, weil dort nur Alawiten sind. Dieser Dialekt ist vor allem sehr laut. Wer in Syrien so spricht, gehört zur Macht. Und wir standen da, hörten diese Sprache … und warteten darauf, ob wir verhaftet wurden oder nur einer von uns und wenn ja, wer … Als die Soldaten endlich zurückkamen, sagten sie, es läge zwar nichts gegen uns vor, wollten aber doch wissen, warum wir aus unseren Städten nach Tartus reisen. Ich habe gesagt, dass ich meine Zeugnisse beglaubigen lassen will. Daraufhin fragte der Soldat, warum ich nicht nach Damaskus gefahren sei. Ich sagte, weil Tartus näher ist als Damaskus. Und er antwortete: „Aber das Außenministerium hier ist nur für Alawiten zuständig."

Gibt es in Syrien Institutionen, die nur für einzelne Konfessionen oder Religionen zuständig sind?
Nein, aber das Ministerium in Tartus wurde nur eröffnet, damit Alawiten nicht nach Damaskus müssen – denn sonst müssten Leute aus Tartus durch Gebiete fahren, die vom Assad-Regime befreit sind oder wo ständig bombardiert wird. Der Soldat hat das zu mir gesagt, um mich zu ärgern. Er hatte wohl auch schlechte Laune wegen der Hitze. Dann musste ich zwei Stunden laufen in dieser Hitze vom Checkpoint bis zum nächsten Bus. Den haben wir dann genommen, das war ungefähr um 8 Uhr 30, wir waren um 6 Uhr aus dem Dorf losgegangen. Kurz danach sind wir dann endlich in Tartus angekommen und zum Außenministerium gegangen; ich habe alles beglaubigen lassen und wollte mir Tartus ansehen, weil ich dort noch nie war. Ich war überrascht: Niemand fastete, alle Leute aßen, sogar auf der Straße. Schon nach kurzer Zeit war mir klar: Ich kann das nicht ertragen! Diese Hitze. Und dann die ganzen Leute, die essen. Viele waren zudem fast nackt, dabei darf man beim Fasten auch keine Frauen angucken. Überall hingen Bilder von Assad, an jeder zweiten Ecke war ein Checkpoint. Ich konnte sie nicht ertragen, diese Stadt. Deshalb fuhr ich so schnell wie möglich zurück nach Hama.

Was hast du mit den nun beglaubigten Papieren gemacht?
Mit denen bin ich kurz danach in den Libanon gereist. Die Fahrt von Hama nach Beirut dauerte 10 Stunden, normalerweise sind das 4, 4 ½, aber wir mussten ja wieder nur über Regimeterritorium fahren, weil das Regime die Grenzübergänge kontrolliert. Legal kann man also nur dort aus- und einreisen.

Regimeterritorium – sind das Korridore durch Rebellengebiet?
Ja, und auch wenn du Syrien verlassen hast und im Libanon bist, bist du immer noch nicht sicher. Da gibt es die schiitische Miliz Hisbollah, die mit Assad verbündet ist, und andere, noch schlimmere Gruppen. Ich blieb nur eine Woche dort, genauso lange, wie ich brauchte, um meinen Antrag bei der deutschen Botschaft zu stellen, weil ich zum Fest am Ende des Ramadan zurück bei meinen Eltern sein wollte.

Aber vorher musste ich noch zum Interview in die Botschaft. Das war interessant, ich hatte immer wieder gehört: Pünktlichkeit ist europäisch! Deshalb war ich auch um Punkt 9 Uhr 30 dort, wie mir das gesagt worden war. Das Interview fand dann aber erst um 15 Uhr statt. Geführt hat es eine Frau, die wahrscheinlich halb deutsch und halb libanesisch war. Sie hat komische Fragen gestellt, nach meiner religiösen und politischen Einstellung gefragt – dabei wusste ich schon damals, dass das nach deutschem Gesetz verboten ist. Intimsphäre, Privatsphäre, politische und religiöse Haltung sind unberührbar. Ich habe aber trotzdem geantwortet, ich wollte ja das Visum haben. Ich habe ein Formular ausgefüllt, wo unter anderem gefragt wurde: „Warst du bei einer politischen oder militärischen Gruppe, bei den Islamisten, hast du was gegen das Regime getan …?" Ich habe zu allem „Nein" gesagt. Trotzdem war die Frau irgendwie voller Hass gegen mich. Einen Freund von mir, der ebenfalls einen Antrag auf ein Studentenvisum gestellt hatte, hat sie bei seinem Interview genauso behandelt.

Dann haben sie mir eine E-Mail geschickt, in der stand, dass ich sie am Tag drauf um 13 Uhr anrufen sollte. Das habe ich gemacht, eine Deutsche, die schlecht Arabisch sprach, antwortete, hat mich nach der Nummer meines Antrags gefragt und dann gleich gesagt: „Du bist der Sportler!" Ich war total überrascht. Und dann hat sie gesagt, dass ich ihnen alle Abschnitte meines Lebenslaufs nachweisen müsse, wenn ich das Studentenvisum haben will. Das hieß für mich: 22 Zeugnisse übersetzen, beglaubigen und so weiter. Und das in der Situation in Syrien. Furchtbar. Aber am Ende des Telefonats hat sie gesagt: „Wenn du das bringst, dann kriegst du das Visum."

Warum 22 Zeugnisse?
So viele Aktivitäten und Abschlüsse hatte ich in meinem Lebenslauf bei der Bewerbung für das Studentenvisum angegeben; neben dem Abiturzeugnis und dem von der Uni, das ich ja schon in Tartus beglaubigen ließ und mit nach Beirut gebracht hatte, wollten sie jetzt auch noch Bestätigungen für alle Zusatzqualifikationen und Praktika, die ich gemacht habe. So habe ich neben dem Studium der Sportwis-

senschaften bzw. Sport auf Lehramt auch Physiotherapie gelernt. Ich habe viele Praktika zum Beispiel im Bereich Rehabilitation und Ernährung gemacht und auch Sport mit Behinderten. Dann hab ich als Sportlehrer gearbeitet, als Dozent an der Uni, als Trainer und Richter bei der IAAF, dem Internationalen Leichtathletikverband; und ich hab zwei Jahre Englisch-Übersetzen studiert, neben der Sport-Uni, aber das nicht abgeschlossen wegen dem Krieg. Und ich habe in Damaskus eine Ausbildung im Medienbereich gemacht und darf mich deshalb „Senior Journalist" nennen; da hat mich mein Sportclub hingeschickt, weil ich immer die Berichte über die Wettkämpfe geschrieben habe. Alles in allem sind das eben 22 Stationen.

Das alles hast du mit 28, also damals 26 Jahren schon gemacht?
Ja. Ich habe 2006 Abitur gemacht, mit 17. Und ich bin jetzt seit zwei Jahren und drei Monaten in Deutschland. Also hatte ich neun Jahre Zeit, das ist ganz schön viel.

Wir führen dieses Interview auf Deutsch. Hast du echt gar kein Deutsch gesprochen, bevor du hierhergekommen bist?
Nein.

Hast du Militärdienst geleistet?
Nein, ich bin Einzelkind und Einzelkinder müssen in Syrien nicht zum Militär. Bzw. Einzelkind heißt: Ich habe keinen Bruder. Darum geht es.

Was machen deine Eltern?
Mein Vater ist Chef des Sportverbandes in Hama. Er ist ein einflussreicher Mann, hat viele Beziehungen, das hat sehr beim Kriegen der Papiere für das Studentenvisum geholfen. Meine Mutter ist Schneiderin. Sie arbeitet von zu Hause aus mit elf Mitarbeiterinnen. Sie können alles schneidern, von Kinderkleidung über Brautkleid bis Herrenanzug. Ich habe vier Schwestern. Die älteste ist 25, sie hat zwei Kinder, ihr Mann hat früher als LKW-Fahrer zwischen Syrien und dem Irak gearbeitet, aber das geht jetzt nicht mehr wegen dem Krieg. Meine zweite

Schwester ist gerade 18 geworden und macht Abitur, und die beiden Kleinen sind in der siebten und vierten Klasse.

Seid ihr eine reiche Familie?
Wir sind mittel. In Syrien gibt es viele soziale Unterschiede zwischen den Leuten; es gibt ganz Arme, Arme, Mittelreiche, Reiche ... und wir sind irgendwo in der Mitte. Mein Vater kommt aus einer armen Familie bzw. eigentlich nicht mal so arm, aber er muss neben seiner Frau und seinen Kindern noch drei Schwestern mit versorgen. Die Großeltern meiner Mutter sind reich, einer ihrer Brüder lebt in einer Villa und kann einfach so eine Million ausgeben. Mein Vater hat sich nie völlig von seinem staatlichen Gehalt abhängig gemacht, sondern nebenbei alles Mögliche gearbeitet. Unter anderem hat er mit Immobilien gehandelt. Früher hatte er einen Stand, wo man Waren verkaufen kann. Dieser Stand lag vor einer Moschee unserer Wohnung gegenüber. Da hab ich auch eine Zeit lang gearbeitet. Da haben wir Pilze, Spaghetti und Teller, die nicht zerbrechen, wenn man sie runterwirft, verkauft, also Sachen, die es in Syrien nicht gibt und die wir im Libanon geholt haben. Schwarz natürlich. So hat meine Familie Geld zum Gehalt meines Vaters und den Einnahmen meiner Mutter dazuverdient. Heimlich hat er Devisen getauscht. Das war und ist immer noch gefährlich, aber es bringt viel Gewinn.

Du hast gesagt, dein Vater ist Sportfunktionär und hat gute Kontakte. Ist er für oder gegen Assad?
Du hast deinen Finger auf die Wunde gelegt. Wenn mein Vater rechtzeitig Mitglied in Assads Partei, der Baath-Partei geworden wäre, dann wäre er heute Minister für Sport. Aber er kommt aus Hama, ist Sunnit und erst beigetreten, als es nicht mehr anders ging. Deshalb blieb er immer lokaler Sportfunktionär. Mir hat er von Anfang an gesagt: „Wenn du Mitglied der Partei wirst, bringe ich dich um." Er musste beitreten, weil er beim Staat arbeitet. Ich hatte andere Möglichkeiten und musste deshalb nie. In Hama hassen alle das Regime. Erstens war das – zusammen mit Aleppo – die reichste Stadt des Landes. Die meisten syrischen

Präsidenten vor den Assads kamen aus Hama. Außerdem waren wir wirtschaftlich quasi autark, exportierten alles Mögliche, mussten aber kaum etwas außerhalb einkaufen. Und dann hat das Regime in Hama bereits 1982 ein Massaker verübt. Dabei hat der alte Assad, der Vater unseres heutigen Diktators, 75 Prozent der Stadt zerstört. Mit den Ruinen der Häuser, die damals kaputtgingen, bin ich aufgewachsen. Das sind ganze Stadtteile, von denen man nur Trümmer sieht. Viele Leute aus Hama sind danach ausgewandert, in den Libanon, nach Ägypten, in die USA … auch nach Deutschland und Europa; ich habe zum Beispiel auch Verwandte, die in Italien leben.

> „Ihr habt keine Kinder mehr. Bringt uns eure Frauen, dann machen wir euch neue."

Wie begannen der aktuelle Krieg und die Revolution bei euch in Hama?
Wir waren die erste Stadt, die vom Regime angegriffen wurde. Gleich am Anfang wurden 600 Menschen getötet. Wir wurden furchtbar bombardiert, meine jüngste Schwester hat bis heute Probleme deswegen, Konzentrationsschwierigkeiten, Panikattacken und Schwierigkeiten mit dem Sprechen. Das Regime hasst uns Leute aus Hama. Sie haben uns nie dieselben Rechte gegeben wie anderen Syrern. Weil dort vor allem Sunniten leben und Christen. Und weil die Stadt reich ist. Das, was wir immer nur „Die Ereignisse von Hama" nannten, hat uns geprägt. Als ich 16 war, habe ich meinen Vater das erste Mal gefragt, was damals eigentlich passiert ist – und er hat nur „Sch…!" gesagt. Darüber durfte man überhaupt nicht reden. Als ich später das erste Mal im Libanon war, bin ich in ein Internet-Café gegangen und habe nachgesehen. Dann habe ich wieder mit meinem Vater gesprochen und er hat gesagt: „Wenn du das irgendwem erzählst, mache ich dich einen Kopf kürzer. Das ist besser, als wenn die das machen."

Der alte Assad hat damals gesagt, er will die Stadt in einen Kartoffelacker verwandeln. Sie haben Hama tagelang mit Kanonen beschossen. Es gibt dort heute noch Gebäude, aus denen die Toten nie geborgen wurden. Die liegen bis heute unter den Trümmern. Als die Revolution in Hama anfing, war deshalb unsere Parole: „Hama bleibt – und du bist weg." Das hat sie wahnsinnig gemacht! Offiziell ist der Beginn der Revolution der 15. März 2011. Aber es gab schon vorher Demos, die erste fand am 28. Februar 2011 in Damaskus statt, gegen die Festnahme einer Studentin aus Homs. Vor dem Parlament protestierten ein paar Leute auf einem Platz, vielleicht 25. Ich war damals in Damaskus und hab das gesehen. Dann haben in Daraa Schüler die Wände einer Schule mit Parolen gegen Assad beschmiert. Dafür wurden sie von der Geheimpolizei verhaftet und gefoltert. Unter ihnen waren auch Kinder von Beduinen. Deren Eltern sind auf die Polizeiwache gegangen und haben sie zurückverlangt. Und weißt du, was der Assad-Polizeichef zu ihnen gesagt hat? „Ihr habt keine Kinder mehr. Bringt uns eure Frauen, dann machen wir euch neue." So was sagt man bei uns gar nicht und insbesondere nicht in Daraa. Die Leute dort sind sehr stolz und so was verletzt ihren Stolz. Am nächsten Tag waren die Leute massenhaft auf der Straße und haben demonstriert. Nicht nur in Daraa, auch in Hama und Homs ... und dann in allen Städten. Das war am 13. März. Am 15. gab es dann auf *Facebook* die ersten Aufrufe zur Revolution, vor allem wegen der Verhängung des Ausnahmezustandes, denn ab jetzt konnte das Regime jeden verhaften. Und eine Woche später gab es die ersten Toten.

Wo warst du zu diesem Zeitpunkt?
Ich war in Hama und habe alles über das Internet verfolgt.

Wurde das in Syrien nicht zensiert?
Nein, wir hatten damals noch eine sehr altmodische Zensur: In der Zeitung stand nichts, aber im Internet war alles zugänglich. Außerdem hat der junge Assad ja das Internet nach Syrien gebracht. Er hat Handys erlaubt. Vorher durften wir nicht mal Satellitenschüsseln

haben. Deshalb habe ich auch lange nichts gegen den jungen Assad gehabt. Gegen seinen Vater: ja. Gegen die Alawiten: ja. Aber nicht gegen ihn. Erst seine Reaktion auf die ersten Toten hat dazu geführt, dass ich begann, ihn zu hassen. Er hat überhaupt kein Bedauern gezeigt, sondern nur betont, dass man Terroristen bekämpfen müsse. Aber die Toten waren ja keine Terroristen. Wir haben die Aufrufe gesehen: Wir machen jetzt eine Revolution in Syrien. Und dann bin ich auf die ersten Kundgebungen gegangen. Und wurde verhaftet. Und bei der Demo gab es auch Tote.

Was ist aus den Schülern geworden, die verhaftet wurden, den Kindern der Beduinen?
Manche sind zurückgekommen, manche sind bis heute verschwunden.

Deine Eltern und deine Geschwister sind noch in Syrien?
Ja, mein Vater darf das Land als Staatsangestellter ja nicht verlassen.

Wie geht er damit um, dass er für ein Regime arbeitet, das er hasst?
Er redet nicht gerne darüber.

Wann hast du dich entschieden, Syrien zu verlassen?
Ich war seit Beginn der Revolution Aktivist und habe genau beobachtet, wie sich das alles entwickelt hat. Ich gehörte zu einer Gruppe von militanten, bewaffneten Revolutionären; die meisten von uns waren Studenten, aber es haben sich uns dann auch desertierte Soldaten angeschlossen, auch Offiziere aus Hama. Manche waren desertiert, manche arbeiteten noch nominell für das Regime, gehörten aber eigentlich zu uns. Ich war einer der wenigen Aktivisten der Gruppe, die nicht gesucht wurden. Ich konnte mich also frei bewegen, Essen und Trinken kaufen, Nachrichten übermitteln – zum Beispiel, wenn die Nachricht sehr wichtig war und wir sie deshalb nicht per Internet schicken wollten. Außerdem habe ich Aktionen der Gruppe gefilmt, auch militante, zum Beispiel, wenn wir einen Checkpoint der Armee in der Stadt angegriffen haben.

Mit Waffen?
Klar, wir hatten alles, von handgemachten Bomben bis zu Panzerfäusten. Viele davon hatten die Aufständischen von Assads Leuten bekommen, weil die wollten, dass wir damit gesehen werden, damit sie einen Grund haben, uns anzugreifen. Es war ein großer Fehler, diese Waffen anzunehmen, denn einerseits funktionierten viele davon nicht und deshalb wurden viele Leute getötet; andererseits war es aber auch ein Fehler des Regimes, die Waffen zu verteilen und die Leute dann zu töten, weil das hat die Revolution weiter angeheizt.

Womit hast du eure Aktionen gefilmt, was hast du mit den Aufnahmen gemacht?
Zuerst mit einem Handy, dann mit einer Videokamera. Die Aufnahmen habe ich, wenn sie uns besonders wichtig erschienen, an die großen Fernsehsender wie Al Jazeera und Al Arabia geschickt. Die anderen haben wir auf *Youtube* und *Facebook* gestellt.

Bist du jetzt, hier in Deutschland, auch politisch aktiv?
Ja, ich unterstütze weiter die freie Studentengruppe, die ich mit gegründet habe; wir haben Filialen in der Türkei, Ägypten und hier in Deutschland. Wir sind vor allem im Internet aktiv. Ich versorge Leute in Hama mit Technik und Programmen, die sie dort nicht kaufen können. Manchmal schreibe ich auch Nachrichten für die Chatrooms, die zum Beispiel die Leute aus Daraa oder Homs oder Hama auf *Skype* für sich selbst eingerichtet haben. Da gibt es immer wieder Nachrichten, die die normalen Medien nicht interessieren, aber für die Leute vor Ort extrem wichtig sind. Zum Beispiel: Es steht ein Panzer an der und der Ecke in dem und dem Stadtteil. Solche Nachrichten bringe ich dann auf *Facebook* in die Gruppen, die die Leute in Hama lesen, die diese Information brauchen. Ich arbeite auch daran mit, sichere Wege in Syrien zu finden und bei den Leuten bekannt zu machen, die reisen müssen.

Wie habt ihr verhindert, dass Spione in die Komitees kamen?
Das konnten wir nicht verhindern. Aber wir haben bei der Kommunika-

tion nicht unsere richtigen Namen verwendet; ich zum Beispiel hatte seit Beginn der Revolution mindestens vier verschiedene Namen. Zu Treffen mit Fremden haben wir immer nur Leute geschickt, die bereits vom Regime gesucht wurden, damit die anderen nicht gefährdet werden. Das war alles weder besonders sicher noch einfach; ich musste zudem vor meinen Eltern verstecken, dass ich aktiv bin. Wenn mich meine Mutter per Handy angerufen hat, wenn ich auf einer Demonstration war oder etwas für die Revolution gemacht habe, dann bin ich immer so schnell es ging zu einem Freund in unserer Nachbarschaft gefahren und habe sie von dort zurückgerufen. Und dabei natürlich gelogen und gesagt, dass ich vorher kein Netz hatte und ihren Anruf eben erst bemerkt habe.

Du hast deine Aktivität vor deinen Eltern geheim gehalten?
Ja, bis zum Jahr 2014, dann hat mein Vater meine Kamera und andere Geräte zu Hause gesehen und gefragt: „Junge, was machst du?" Dann stellte sich auch heraus, dass meine Mutter schon längst wusste, dass ich etwas gegen das Regime machte. Sie weiß einfach, wen sie erzogen hat.

Haben dich deine Eltern ab dann unterstützt in dem, was du gemacht hast?
Meine Mutter hatte Angst um mich. Mein Vater nicht, aber er hat einige kluge Sachen gesagt, zum Beispiel: „Klatschen wird dieses Regime nicht stürzen." Oder als die ersten Waffen kamen: „Wenn ihr kämpfen wollt, braucht ihr nicht ein paar Waffen, sondern eine Armee." Ich habe ihm gesagt: „Ich muss was tun, ich kann nicht gar nichts machen." Und er hat gesagt: „Wenn du stirbst, bist du nicht der Einzige, deine Mutter stirbt mit." Und am Ende habe ich gemerkt, dass er recht hat: Viele Leute sind gestorben – aber die syrische Opposition kämpft noch immer gegeneinander, nicht zusammen.

Wann war der Punkt, als du beschlossen hast, Syrien zu verlassen?
Je länger der Aufstand lief, desto mehr hatte ich das Gefühl, dass wir nicht siegen können. Nachdem das Regime Hama wieder erobert hatte, im Juni 2011, bin ich das erste Mal geflohen, zusammen mit meiner Fa-

milie nach Damaskus und von da aus ins Dorf meiner Mutter. Aber dort habe ich es nicht ausgehalten, alles war voller Regimesoldaten und überall waren Checkpoints. Deshalb bin ich nach Beirut weiter, zu unseren Verwandten. Dort blieb ich einen Monat. Dann bin ich zurück nach Hama. Und dort habe ich rausgefunden, dass uns jemand gefilmt hat, als wir einen Checkpoint eingerichtet hatten. Dann stellte sich heraus, dass meine Mediengruppe die ganze Zeit aus der Wohnung eines Verräters heraus gearbeitet hatte, der Berichte über Teilnehmer von Demonstrationen an das Regime geliefert hat. Und gleichzeitig mit uns. Also er hat immer für die Seite gearbeitet, die ihm mehr gezahlt hat. Als er keine Lust mehr auf uns hatte, hat sein Bruder die Polizei angerufen und die haben fast die ganze Gruppe verhaftet. Da habe ich beschlossen, dass ich Hama verlassen muss. Ich habe meinen Eltern erzählt, ich gehe in die Türkei und suche mir eine Uni. Aber in Wirklichkeit habe ich nur drei, vier Tage dort verbracht – und Tausende Fotos von mir gemacht, alle mit verschiedenen Klamotten an verschiedenen Orten zu verschiedenen Tageszeiten. So konnte ich meiner Mutter, wenn sie fragte, wo ich bin, immer wieder Fotos aus der Türkei schicken, obwohl ich in Wirklichkeit auf dem Territorium war, dass die Freie Syrische Armee kontrollierte. Dort war ich auch Medienaktivist, habe Aktionen gefilmt, zum Beispiel, wenn unsere Gruppe Armeeposten angegriffen hat. Aber dabei habe ich gemerkt, dass auch oppositionelle Gruppen lügen. Sie behaupteten zum Beispiel, sie hätten einen Armeeposten angegriffen und sammelten dafür Lob ein und auch Geld – dabei hatten wir das in Wirklichkeit gemacht und ich hatte es gefilmt.

Die Revolution spaltete sich immer mehr. Immer mehr neue Organisationen und Parteien tauchten auf. Anfang 2012 gab es immer mehr Leute, die aus Afghanistan zurückkamen, Syrer, die dort bei Al Qaida waren. Assad hatte sie in den Jahren zuvor amnestiert und sie lebten ganz normal im Land, wie normale Leute; aber nach Beginn der Revolution schlossen sich immer mehr von ihnen dem Kampf gegen Assad an. Und begannen, ihn zu bestimmen.

Ich habe immer mehr das Gefühl gehabt, wir hassen uns alle gegenseitig, die Revolution spaltet sich. Die islamistischen Gruppen, ISIS und so weiter, haben auch Druck auf uns Medienaktivisten ausgeübt, wollten bestimmen, was wir filmen und was wir damit machen. Die wollten, dass wir auf ihrer Seite stehen, nicht liberal sind. Und wenn du nicht gemacht hast, was die wollten, sondern einfach das gefilmt hast, was du wolltest, dann haben sie dich genauso verfolgt wie das Regime.

Ich konnte die Lügen und das Misstrauen nicht mehr ertragen. Also ging ich wieder zurück in die Türkei, wo mich meine Eltern ja sowieso die ganze Zeit vermuteten. Das war im September 2013, und ich wollte sie überraschen und mich aus Deutschland melden: „Hallo, ich bin hier!" Ich habe vier Wochen gebraucht, bis ich einen Schmuggler gefunden habe – es gibt dort viele Betrüger, die dein Geld nehmen und dann weg sind. Ich hatte mein ganzes Geld, ungefähr 6.000 Euro, in Dollar umgetauscht und in einen Gürtel gesteckt, den mir meine Mutter genäht hatte. Den trug ich immer um den Bauch. Der Schmuggler hat gesagt, du musst nach Istanbul kommen, von da aus geht's weiter.

Sprichst du Türkisch?
Nein, aber Türken sind bei den Schmugglern immer nur Makler, die Arbeit machen Syrer. Die Makler bringen Leute und kriegen Geld dafür. Wenn du direkt mit dem Schmuggler redest, wird es also billiger. Dieser Schmuggler hatte einem Freund geholfen, der schon zuvor sicher in Schweden angekommen war und mir die Nummer von seinem Schmuggler gegeben hat. So bin ich an den rangekommen. Dann bin ich 24 Stunden von Antakya bis Istanbul mit dem Bus gefahren, habe den Schmuggler getroffen, ihm das Geld gegeben und er hat mir eine Schwimmweste und einen Rettungsring gegeben und gesagt: „Wir reisen nach Izmir." Dorthin sind wir in einem Kleinbus gefahren, der für 11 oder 12 Leute Platz hatte – wir waren 45. Wir sind 18 Stunden nach Izmir gefahren, ich war also mit den 24 Stunden nach Istanbul zusammen 42 Stunden wach. Wir gingen zum Strand, von dort konnten wir schon die erste griechische Insel sehen. Aber am Strand war ein Angler, der uns hätte verraten können. Deshalb haben wir uns schlafen gelegt bis zur Dämmerung. Irgendwann kam einer und sagte, er habe jetzt das Geld für das Boot bezahlt und wir könnten fahren.

Zuerst ging alles gut. Aber dann, keinen Kilometer von der Küste entfernt, wurden wir von der griechischen Küstenwache gestoppt. Die hatten Waffen und ihre Gesichter waren vermummt. Eigentlich wollten wir das Schlauchboot kaputtmachen, aber wir hatten vier Frauen und sechs Kinder an Bord und auch eine Schwangere. Das ging also nicht. Die Küstenwache hat uns dann zurück Richtung Türkei gebracht, und dann aber nicht in türkische, sondern in internationale Gewässer zurückgelassen – ohne Motor, den haben sie mitgenommen, und die Ruder auch. Dann bin ich mit ein paar anderen Richtung Türkei geschwommen, 10 Stunden hat es gedauert, bis wir endlich Handyempfang hatten. Die anderen blieben im Boot.

Du hattest ein Handy beim Schwimmen dabei?
Ja, in meiner Gürteltasche in so einer wasserdichten Plastiktasche.

Wer hat die Leute im Boot gerettet?
Die türkische Küstenwache. Die kamen mit ihrem Boot in die internationalen Gewässer. Und sie haben auch noch ein paar von den Flüchtlingen aus griechischen Gewässern gezogen, die versucht hatten, auf die Insel zu schwimmen, aber nur noch in ihren Rettungsringen hingen. Die Türkei hat uns sehr gut behandelt, wir bekamen Essen und einen Schlafplatz, nicht in einem Gefängnis, das war eine Art Heim. Ich habe 30 Stunden geschlafen. Dann bin ich zurück zu meinem Schmuggler und habe gesagt: „Ich will mein Geld zurück." Und er hat es mir auch wirklich gegeben. Mir war klar: Das mache ich nicht noch mal. Und ich bin über Antakya zurück nach Syrien gefahren. Ich war kaum über die Grenze, da sprengte sich eine Selbstmordattentäterin in die Luft und der Übergang wurde geschlossen.

Dann bin ich zuerst wieder ins befreite Gebiet zurückgegangen, zu meiner Gruppe. Aber ich habe es dort nicht mehr ausgehalten und habe beschlossen: Ich gehe zurück nach Hama. Alle haben gesagt, du bist verrückt, du wirst gesucht. Und noch dazu hatte ich türkische Einreise- und Ausreisestempel im Pass – aber keine syrischen. Aber ich habe gesagt: „Ist mir egal, ich gehe nach Hama." In der Türkei war es einfach, nicht an zu Hause zu denken. Aber zurück in Syrien war Hama wie um die Ecke – und da sollte ich nicht hingehen. Das konnte ich nicht aushalten. Und ich habe einen Busfahrer gefunden, der mich für viel Geld – für syrische Verhältnisse richtig viel Geld – über die Linien nach Hama gefahren hat.

Wie viel Geld?
40 Euro. Eine Stange Zigaretten kostet in Syrien 8 Euro. Daran kannst du sehen, wie viel 40 Euro dort sind. Aber es war auch gefährlich. Unterwegs haben wir dann noch vier Frauen mitgenommen. Als wir an dem Checkpoint zwischen freiem Territorium und Regime ankamen, standen da etwa 1.000 Autos. Jedes von denen sollten die Regimesoldaten Schraube für Schraube untersuchen. Und ich hatte eine Kamera, jede Menge Sticks und zwei externe Festplatten dabei …

„Mein Syrien gibt es nicht mehr."

Bist du wahnsinnig, das ist doch in so einer Situation lebensgefährlich …
[lacht] Ich bin verrückt. Ich mache Sachen, die sonst niemand macht. Und der Busfahrer war auch verrückt, er hat mir geholfen und meine Sachen versteckt. Für Geld. Und wir hatten Glück: Ein Soldat hat uns einfach durchgelassen – ohne meinen Pass anzuschauen. Mein Vater hat mir dann in Hama einen zweiten Pass besorgt. Dann habe ich ein Jahr in Hama gewartet. Ich war sieben Monate weg gewesen, aber die Situation war noch schlimmer geworden. Alawiten aus allen Teilen des Landes sind nach Hama gekommen, die kontrollierten alles; überall waren Soldaten, und wenn du etwas Falsches gemacht hast, dann warst du weg. Es gab Entführungen, für Geld kamen die Leute wieder frei oder auch nicht. Ich habe kapiert, ich konnte nicht bleiben.

Was hast du in Deutschland vor, willst du hier bleiben?
Mein Ziel ist, mein Informatikstudium abzuschließen. Damit ich, falls der Krieg in Syrien weitergeht, meinen Lebensunterhalt sichern kann und auch den meiner Eltern. Die will ich auch herholen. Wenn der Krieg vorbeiginge, wäre ich am nächsten Tag in Syrien. Aber nicht, um ewig dort zu bleiben. Ich will hier in Deutschland leben. Ich glaube, alle Syrer, die sagen, ich will zurück, lügen. Sie wollen nicht zurück, Syrien gefällt ihnen nicht mehr. Syrien ist jetzt ein anderes Land. Ich kann Syrien nicht mehr ertragen, weil es nicht mehr mein Syrien ist. Es gibt nur noch das Syrien des Regimes, der Alawiten und Russlands; und das Syrien der Islamisten, wo die Religion mit dem Stiefel verbreitet wird. Mein Syrien gibt es nicht mehr.

Warum sprichst du – nach nur zwei Jahren hier im Land – so gut Deutsch?
Aus Interesse. Am Anfang habe ich viel ferngesehen und versucht, die Sätze nachzusprechen. Und dabei darauf geachtet, dass ich den richtigen Satzbau verwende, damit ich keine falschen Formulierungen lerne. Dann habe ich angefangen, mit Obdachlosen zu sprechen. Die wollen auch mit Leuten reden, weil niemand mit ihnen redet, und die korrigierten mich gerne, indem sie mich auslachten; immer, wenn sie mich ausgelacht haben, wusste ich, dass ich einen Fehler gemacht habe. Deswegen habe ich nach sechs Monaten auch eine Stelle als Sportlehrer bekommen. Die haben mich angestellt, weil sie so überrascht waren, dass ich nach sechs Monaten sprechen konnte. Es gab nur deutsche Lehrer, ich war der einzige Syrer. Aber sie haben mich gemocht, auch die Kinder. Das habe ich ein Jahr lang gemacht, bis ich mit dem Studium anfangen konnte.

Du willst in Deutschland bleiben. Wie siehst du die Ähnlichkeiten und Unterschiede zwischen Deutschen und Syrern, stört dich da nichts?
Ich war auch in Syrien, in meiner Stadt, in Hama eine Ausnahme. In Hama ist es ungewöhnlich, dass eine weibliche und eine männliche

Person miteinander unterwegs sind, wenn sie keine Beziehung haben. Ich fand das schon immer inakzeptabel, weil ich wusste, dass die Leute in Wirklichkeit alle verbotenen, schlimmen, unmoralischen Sachen die ganze Zeit machen. Mein Onkel trinkt jeden Tag einen Liter Arak – aber er ist ein großer Muslim. Dieses Außenbild: Die Leute aus Hama sind alle konservativ, sie sind Muslimbrüder, all das fand ich schon immer verlogen. Warum soll ich mich verstecken, wenn ich mit einem Mädchen spreche. Oder: In Hama sagte man schon lange vor der Revolution, wenn du kurze Hosen hast und man kann deine Knie sehen, dann ist das haram. Dabei gibt es in Hama natürlich Lesben und Schwule, es gibt Leute, die außerehelichen Sex haben – aber alles heimlich. Ich habe das nicht gemocht und ich war immer mit Frauen unterwegs, ich habe auch Touristinnen allein in der Gegend rumgefahren. Warum? Vielleicht, weil meine Mutter aus einem sehr freien Dorf stammt und ich deshalb noch etwas anderes kannte außer Hama. Jedenfalls hat mich in Deutschland wenig schockiert. Ich habe mich vorher informiert, habe gelesen, Filme geguckt. Was mich wirklich überrascht hat: Die Kinder hier wissen mehr als unsere Kinder. Ich denke, weil sie gemischt aufwachsen. Bei uns werden die Geschlechter früh getrennt, es gibt kaum gemischte Schulen, ab der siebten Klasse gar nicht mehr. Ab diesem Alter hast du gar keinen Kontakt mehr mit Frauen. Das ist schlimm.

Was mich stört, ist, dass die Deutschen manche Sachen nicht gut akzeptieren können, zum Beispiel unser Essen, oder dass es bei uns ganz normal ist, dass man manchmal bis 11, 12 Uhr schläft, wenn man nicht arbeiten muss. Oder erst um 3 Uhr schlafen geht. Oder Wasser im Bad. Da wirst du ausgelacht, wenn du dir den Arsch abwaschen willst. Vieles wissen die Deutschen auch einfach nicht. Zum Beispiel, dass wir im Ramadan tagsüber nicht nur nicht essen, sondern auch nicht trinken. Dabei tun sie oft sehr gebildet. Ich sehe in der S-Bahn nur Leute, die Romane lesen.

Ali aus Daraa, 25 Jahre

„Sie haben mit uns an der Militärakademie eine systematische Gehirnwäsche gemacht."

Wer bist du, wo kommst du her?
Meine Familie stammt aus der Alghaab, einer Region in der Umgebung von Hama, genauer aus einem kleinen Dorf, das in dieser Gegend liegt. Ich selbst habe dort aber nie gelebt, sondern bin in der Stadt Daraa aufgewachsen. Aber ich war oft dort bei Familienfesten. In Daraa habe ich alle Schulen besucht, also Grundschule, Sekundärschule und das Gymnasium. Meine Abiturnoten waren gut genug, um mich an der Universität für Landwirtschaft einzuschreiben. Dort habe ich acht Monate studiert. Dann hat mich meine Familie überzeugt, auf die Militärakademie in Homs zu wechseln. Dort habe ich drei Jahre studiert und als Oberleutnant abgeschlossen. Als ich in den aktiven Dienst eintrat, hatte der Krieg bereits begonnen. Ich wurde verletzt und habe während der Genesung ein Jahr Jura studiert.

Wenn man auf einer Militärakademie studiert, braucht man da nicht besonders gute Kontakte und eine gewisse Nähe zum Regime?
Um zugelassen zu werden, muss man einen Aufnahmetest machen. Es geht hier um die Gesundheit, ob der Student fit genug für die Akademie ist, aber auch um die politische Meinung; man wird interviewt und nach seinen politischen Meinungen gefragt. Einen psychischen Test gibt es auch. Die Kontakte spielen hier eine wichtige Rolle. Wenn man einen guten Kontakt zu dem Arzt hat oder ihn bestechen kann, kann man den Aufnahmetest bestehen und als Student in der Militärakademie aufgenommen werden. Aber das Regime hat es gut gespielt. Es gibt

bestimmte Testtage, in denen bestimmte Konfessionen getestet werden, also am Samstag zum Beispiel werden nur Alawiten oder Sunniten getestet. Die Alawiten haben mehr Tage als die anderen und sie haben den größten Anteil in der Akademie.

Wie kam es zu deiner Verletzung?
Nach der Militärakademie wurde von den verantwortlichen Offizieren bestimmt, welcher Absolvent in welches Kampfgebiet geschickt und vor welche Aufgabe gestellt wird. Diese Auswahl basierte auf unseren Noten auf der Akademie und unserer körperlichen und sportlichen Leistung. Mich haben sie in ein Spezialkommando abkommandiert. Dafür bekamen wir ein spezielles Training, das bereits an sich sehr schwer war. Mir wurde unter anderem Fallschirmspringen beigebracht.

Als 2011 die Revolution ausbrach, war ich noch auf der Akademie. Im August 2012 habe ich die Ausbildung dort abgeschlossen, also anderthalb Jahre nach Beginn der Revolution. Ich war sehr verwirrt, weil ich gar nicht wusste, was in meinem Land passiert. Es war, als ob eine Decke über meinen Augen läge. Ich hatte einfach keine Vorstellung vom Krieg, da man in der Akademie ganz isoliert lebt und keinen Kontakt mit dem normalen Leben hat. Das ist eine geschlossene Gesellschaft. Vom Leben draußen haben wir nur merkwürdige Geräusche mitbekommen, zum Beispiel Schüsse und Explosionen. Aber was wirklich passiert, wussten wir nicht.

Zudem hat man in den drei Jahren der Ausbildung auf der Militärakademie wenig Kontakt zu seinen Eltern und zu seiner Familie. Seit Beginn der Revolution wurden die Außenkontakte noch stärker eingeschränkt. Im ersten Jahr durfte ich meine Eltern noch zweimal in Daraa besuchen, nachher gar nicht mehr.

Dann bekam ich den Befehl, nach Aleppo zu gehen. Dort herrschte damals noch kein richtiger Krieg, im Vergleich zu anderen Städten war es ziemlich ruhig. Aber Ende 2012 begann auch in Aleppo der richtige Krieg und ich habe echte militärische Aufgaben bekommen und musste kämpfen. Mein Leben wurde zu einem Alptraum. Ein ganzes Jahr lang war ich in Aleppo und Umgebung unterwegs. Eine Schlacht hier, eine

dort – bis ich am 11. April 2014 mit meiner Einheit unter „friendly fire"
kam, also von unseren eigenen Truppen beschossen und dabei schwer
verletzt wurde.

Wie konnte das passieren?
Entweder gab es ein Missverständnis oder unsere Armee hatte falsche
Informationen. Irgendwie ging der Kontakt zu unserer Basis verloren,
wir hatten also keine Verbindung mehr zu unserem Kommando. Die
Offiziere dort dachten wohl, dass meine Leute und ich desertiert wären – und fingen an, uns zu bombardieren. Von der anderen Seite feuerten die Revolutionäre ebenfalls auf uns, wir wurden also gleichzeitig
von beiden Seiten angegriffen. Dabei traf mich ein Granatsplitter in
mein Bein.

Als unsere Basis endlich kapierte, dass sie einen Fehler gemacht
hatten, wurden meine Kameraden und ich in das Militärkrankenhaus
in Aleppo gebracht. Aber die Ärzte dort haben sich geweigert, uns zu
behandeln, da es hieß, wir seien Deserteure. Die Ärzte hatten Angst,
dass man sie ins Gefängnis schickt oder sogar töten würde, wenn sie
uns helfen. Ich habe das Problem mit ein paar Telefonaten mit ein paar
Spitzenleuten gelöst; mein Vater hatte gute Beziehungen zum Regime.
Aber es dauerte drei Tage, bis ich das erledigt hatte und endlich operiert
wurde. Währenddessen sind mehrere meiner Soldaten neben mir auf
dem Boden gestorben, weil sie nicht behandelt wurden. Ihre Verletzungen waren schlimmer als meine.

Nach der Operation und der Klarstellung, was wirklich passiert war,
durfte ich zu meinen Eltern fahren, um mich weiter behandeln zu lassen. Die waren in der Zwischenzeit wegen der schwierigen Lage aus
Daraa nach Damaskus umgezogen. Dort blieb ich sieben Monate, bis
ich wieder einigermaßen laufen konnte – und dann bin ich in die befreiten Gebiete geflohen.

**Warum? Bisher wirkten deine Erzählungen so, als wärst du kein
Regimegegner gewesen, sondern im Gegenteil dort gut angesehen und mit guten Kontakten. Immerhin konntest du mit ein paar**

Anrufen eure Behandlung in der Klinik bewirken.
Im Prinzip hat meine Familie gute Kontakte und Beziehungen zum syrischen Regime. Aber warum ich so spät geflohen oder überhaupt geflohen bin, ist eine lange Geschichte. Als Militärstudent durfte man bei uns keinen anderen Sender außer den syrischen Sendern anschauen. In diesen Sendern konnte man nur manipulierte Nachrichten sehen. Sie haben mit uns einfach eine systematische Gehirnwäsche gemacht. Ich habe 2,5 Jahre in der Akademie verbracht. Ich habe in der Zeit die Akademie gar nicht verlassen. Ich durfte auch nicht! Deshalb wusste ich auch gar nicht, was draußen abgeht. Man durfte kein Handy haben, keinen Besuch bekommen und kein Radio haben. Kein Kontakt mit der Welt. Ich wusste in diesen drei Jahren nur, dass es in Syrien viele Terroristen gibt, die nur Horror im Land verbreiten. Nachdem ich zum ersten Mal auf einem bestimmten Gebiet eingesetzt wurde, konnte ich nicht mehr alles glauben, ob das, was ich mit eigenen Augen sah, richtig war oder nicht. Es gab einen großen Unterschied zwischen der Akademie und den Nachrichten dort und der Realität. Das Regime hatte uns angelogen und ich musste fliehen, weil ich mein Volk nicht töten möchte.

> „Man durfte kein Handy haben, keinen Besuch und kein Radio. Kein Kontakt mit der Welt. Ich wusste nur, dass es in Syrien viele Terroristen gibt, die nur Horror im Land verbreiten."

Was ist dein familiärer Hintergrund?
Ich habe einen Bruder und eine Schwester, wir sind also für syrische Verhältnisse eine kleine Familie. Ich stamme wie gesagt aus einer ländlichen wohlhabenden Familie, meine Urgroßeltern lebten schon in dem Dorf, aus dem ich stamme. Wir haben Bauernhöfe, auf denen wir auch selbst arbeiten. Zudem handeln mein Vater und meine Onkel mit Autos, deshalb war unsere finanzielle Situation mein ganzes Leben lang bis zum

Kriegsbeginn eher sehr als mittel gut. Wir hatten ein schönes, modernes Haus und viele Autos; es war alles vorhanden, was man zu einem guten Leben braucht. Dafür wurden wir von vielen Leuten beneidet. Ich selbst hatte ein sehr gutes Leben – bis ich zur Armee gegangen bin.

Und woher hatte dein Vater die guten Beziehungen zum Regime?
Mein Vater arbeitet für das Regime, seine Arbeit hat einen hohen Wert für es.

In welchem Bereich arbeitet dein Vater für das Regime?
Ich möchte das nicht ausführlich beantworten. Ich möchte nur sagen, dass mein Vater ein Offizier ist.

Und deine Mutter? Was hat sie gelernt und arbeitet sie auch?
Meine Mutter hat das Abi gemacht und danach hat sie meinen Vater geheiratet.

„Entweder musste ich sterben oder jemanden töten."

Wann hast du dich entschlossen, Syrien zu verlassen?
Auf der Militärakademie hat man uns Soldaten immer wieder gesagt, dass es außerhalb dieser Einrichtung nur Terroristen gibt, die Menschen angreifen und erschießen und auch alle syrischen Soldaten töten wollen. Aber nachdem ich die Akademie zum ersten Mal verließ und direkten Kontakt mit den normalen Leuten auf der Straße hatte, fand ich heraus, dass man uns angelogen hatte. Das war für mich sehr schockierend und ich entschloss mich, dass ich aus der Armee desertieren, den Leuten beistehen und für sie kämpfen muss.

Aber auf dem Weg dorthin gab es ein paar Hindernisse, vor allem meine Eltern und ganz besonders mein Vater. Der hat wie gesagt gute Beziehungen zur Regierung und seine Interessen sind verbunden mit den Interessen des Regimes. Es war klar: Sowohl seine finanzielle Lage als auch die meiner Familie wird auf jeden Fall davon beeinflusst werden, wenn ich desertiere. Vielleicht würde das Regime meine Familie auch vernichten wegen meinem Verhalten. Ich steckte also jeden Tag, jede Stunde und jede Sekunde in einem inneren Konflikt: Entweder muss ich sterben oder jemanden töten.

Tatsächlich habe ich auch an dem Tag, als ich verletzt wurde, an Desertieren gedacht. Aber sie waren schneller und haben uns bombardiert. Ich wurde nach dem langen Leid im Krankenhaus behandelt und operiert. Während des Aufenthalts war ich im Kopf ständig bei meinen Eltern. Nach sechs Monaten bei ihnen bin ich dann in die befreiten Gebiete geflohen. Ich hatte mich entschlossen, dass ich ab jetzt die Leute gegen die Regierung verteidigen muss, weil ich nun die Wahrheit über den Krieg und das Regime wusste.

Ich bin dann zuerst nach Daraa gegangen, da ich aus dieser Stadt komme und wusste, dass das Regime dort nicht die Kontrolle hatte. Außerdem hatte ich dort viele Freunde und Verwandte. Ich wurde sehr freundlich empfangen, für die Leute in Daraa war ich der desertierte Held. Ich habe mich der Revolution angeschlossen, wurde Soldat der Freien Syrischen Armee. Aber dort fand ich ziemlich schnell heraus, dass ähnliche Leute das Sagen hatten wie auf der Seite des Regimes. Es gab viel Korruption und es wurde ständig geplündert. Ich merkte, dass die Freie Syrische Armee von den Zielen der Revolution abgewichen war.

Zudem wurde ich gemobbt: Die anderen Soldaten wollten, dass ich entweder mit ihnen kämpfe auf die Art, wie sie das wollen und mit von ihnen bestimmten Waffen – oder das von ihnen kontrollierte Gebiet verlasse. Ich habe mich geweigert; ich hatte vorher nicht die Vorstellung, dass in den freien Gebieten die Lage genauso oder noch schlimmer ist wie auf der Seite des Regimes und man auch dort nicht frei seine Meinung äußern kann; dass es auch dort Unterdrückung gab. Außerdem war meine Verletzung noch immer nicht komplett verheilt. Letztendlich habe ich mich entschlossen, Syrien zu verlassen, weil dieses Land nicht mehr meins ist. Wenn man dort leben möchte, muss man zu einem Monster werden; man muss sich verhalten wie im Dschungel, nicht wie in der Zivilisation.

Und wie bist du nach Deutschland gekommen?
Um nach Europa zu kommen, musste man zuerst in die Türkei gehen. Daraa liegt im Süden Syriens, und in den Norden führen zwei Routen, nämlich die durch das vom Regime kontrollierte Gebiet – durch Damaskus, Homs, Hama und Aleppo in die Türkei – oder die durch von anderen Kriegsparteien kontrollierte Gebiete. In die Regimegebiete zu fahren wäre Selbstmord gewesen, deshalb musste ich die andere Route nehmen. Aber die war auch sehr gefährlich, weil es unterwegs verschiedene Kräfte gibt, etwa den Islamischen Staat und Al Nusra.

Mit Hilfe vieler Schlepper habe ich es in die Türkei geschafft. Zuerst bin ich in eine Stadt, die As-Suwayda heißt, gefahren, danach ging es in Richtung der syrischen Wüste bis nach Al Mayadin nahe der irakischen Grenze. Dort blieben wir vier Tage, dann sind wir nach Al Bab in der Nähe der türkischen Grenze gefahren und danach über die Grenze. In der Türkei fand ich eine Gruppe von Leuten, die auch nach Europa wollten. Wir sind zusammen nach Izmir gefahren. Von da aus gab es zwei Möglichkeiten, nach Europa zu kommen: entweder den Landweg über Istanbul oder den über das Meer. Ich habe mich für die zweite Variante entschieden und bestieg ein Schlauchboot nach Griechenland. Auf der Fahrt haben wir viel gelitten, bis wir auf der ersten griechischen Insel ankamen. In dieser Zeit gab es in Griechenland ein paar Erleichterungen, zum Beispiel ein Schiff, mit dem wir nach Athen gefahren sind. Von dort aus sind wir mit schon auf uns wartenden Bussen oder mit Zügen gefahren. 20 Tage später bin ich in Deutschland angekommen.

Haben Syrien und Deutschland mehr Gemeinsamkeiten oder mehr Unterschiede?
Ehrlich gesagt, ich habe immer gedacht, in Deutschland wäre das Leben ganz einfach und viel schöner als in Syrien. Aber anscheinend ist das so nicht. Klar sieht man sofort, wie fortschrittlich Deutschland ist. Aber das beeindruckt nur in den ersten paar Monaten, dann gewöhnt man sich daran und entdeckt die negativen Seiten des Lebens hier.

Gemeinsamkeiten gibt es kaum – aber viele Unterschiede. Das deutsche Denken ist anders als unseres. Viele Sachen verstehe ich nicht und sie gefallen mir auch nicht, zum Beispiel, wie komisch die Menschen hier miteinander umgehen. Zum Beispiel sind die Essensgewohnheiten anders und man muss seine eigenen Getränke mit zur Party nehmen, obwohl man eingeladen wurde. Bei uns wird jedem Gast ständig Essen angeboten, hier nur einmal. Bei uns trifft man sich jeden Tag mit Freunden. Hier ist es schwer, einen Deutschen zweimal in der Woche zu treffen. Ich habe in Deutschland viele Syrer kennengelernt und syrische Freunde gefunden und sie haben mir das Leben vereinfacht. Aber man findet kaum deutsche Freunde.

Eine wichtige Gemeinsamkeit sind die staatlichen Behörden und ihre Routinen. Die Bürokratie in Deutschland ist sehr schlimm, und das ist auch so in Syrien, aber dort kann man die Bürokraten bestechen, wenn man will, dass Dinge schneller bearbeitet werden sollen. Diese Korruption hat uns in Syrien sehr geholfen – aber hier gibt es das nicht und deshalb muss man ewig in der Schlange warten und am Ende sagt der Sachbearbeiter trotzdem: „Das geht nicht, sie müssen sieben Millionen Dokumente ausfüllen." Die Bürokraten übertreiben viel bei der Bearbeitung unsere Anträge.

Mein privates Leben unterscheidet sich auch stark von dem in Syrien. Hier habe ich keine seelische Ruhe, die große Entfernung von der Familie und den eigenen Leuten und meine finanzielle Lage ist schlecht im Vergleich zu Syrien. Dort konnte ich alles kaufen, ich hatte mein eigenes Auto, mein eigenes Zimmer. Hier schlafe ich im Flüchtlingsheim neben fünf Leuten aus ganz verschiedenen Teilen der Welt und habe kein Privatleben. Wir erhalten staatliche Hilfe, die beträgt 400 Euro, und mit dieser Summe muss man den ganzen Monat überleben, woran ich aus Syrien gar nicht gewöhnt bin. Auch, dass ich die ganze Verantwortung allein tragen muss, ist nicht schön.

Ich bin auch nicht daran gewöhnt, dass ich selbst kochen muss, da früher zu Hause meine Mutter gekocht hat; und auf der Akademie und während des Krieges hatten wir natürlich Köche. Meine Klamotten hat auch meine Mutter gewaschen. In den befreiten Gebieten haben die Leute dort sich um uns gekümmert. Solche Sachen fallen mir hier schwer.

Und natürlich ist das Wetter in Deutschland beschissen. Die Kälte ist unerträglich. Ich würde im Winter am liebsten einfach zu Hause bleiben und gar nicht ausgehen. Schon auf die Straße zu gehen ist eine Qual.

Was ist für dich typisch syrisch? Was ist typisch deutsch?
Ich finde das Gejammer sehr typisch für die Syrer. Sie übertreiben das manchmal. Du kommst zu jemandem und sagst, ich habe die und die Probleme und ich bin müde und erschöpft. Der Typ muss dann auf jeden Fall sich vorstellen, als ob er an einem Rennen teilgenommen hätte, und muss nachweisen, dass er mehr Probleme hat und müder und erschöpfter ist. Hey Brüder!! Hört auf mit diesem Jammerwettkampf!

Die Shisha ist auch sehr typisch bei uns. Wenn die Freunde sich auf eine Shisha treffen, ist es immer hervorragend.

Typisch deutsch? Da fallen mir zwei Sachen ein: Das Erste ist das Bier. Oh Mann, ich hatte ja schon davon gehört, dass es hier viel Bier gibt – aber nicht, wie gut es ist. Die Deutschen trinken mehr Bier als Wasser. Sie kaufen sechs Flaschen Bier und nur vier Flaschen Wasser, das ist hier normal. Das andere sind die Autos. Wir wussten natürlich, dass die besten Autos der Welt aus Deutschland sind, und ich dachte deshalb, hier fahren alle Leute BMW, Audi, Mercedes oder Volkswagen. Aber die meisten Deutschen haben ganz normale Autos, manchmal sogar sehr schlechte. Vielleicht sind sie materialistisch und rechnen sehr genau, was sie kaufen.

Wie stellst du dir deine Zukunft vor? Hast du schon Pläne?
Ich muss spätestens in einem Jahr die deutsche Sprache lernen und in die Uni gehen, nachdem ich den Aufenthalt bekommen habe.

Und privat? Möchtest du heiraten, eine eigene Familie gründen?
Ich denke jedenfalls nicht ans Heiraten; ich muss erst meine Zukunft aufbauen, danach werde ich an eine Familiengründung denken.

Möchtest du in Deutschland bleiben oder eines Tages wieder zurück nach Syrien?

Ich kann nicht mehr nach Syrien zurückkehren; meine Familie sagt, dass ich ein Terrorist bin, da ich desertiert bin. Aber wenn das Regime morgen stürzt, kehre ich übermorgen zurück.

Deine eigene Familie sagt, dass du ein Terrorist bist? Das heißt, du hast auch gar keinen Kontakt mehr zu ihnen?
Nachdem die Revolution ausgebrochen war, entstanden in Syrien zwei Parteien: das Regime und die Regimegegner. Mein Vater wurde von den Regimegegnern gehasst und er hasst sie auch. Die Regimegegner haben meinem Vater sozusagen geschadet, weil er ein Offizier ist, und sie haben seiner Meinung nach das Land kaputtgemacht und die Lebenssicherheit bedroht. Mein Vater hat all seine Interessen bei dem Regime verwirklichen können, ebenso meine Onkel, die auch dem Regime beistehen. Für meinen Vater und die ganze Familie war es nicht akzeptabel, dass ich dem Sagen meines Vater nicht mehr gefolgt bin und zur anderen Partei gegangen bin; deshalb haben sie mich für einen Terroristen gehalten, da die Regimegegner bei dem Regime so gesehen werden. Wenn der Sohn das Sagen seines Vaters ignoriert und macht, was er will, ist das traditionell und auch religiös schlecht angesehen und bringt Schande mit sich für die ganze Familie. Deshalb hat mein Vater der ganzen Familie befohlen, dass sie mit mir nicht sprechen dürfen. Ich habe seit drei Jahren keinen Kontakt mehr zur Familie. Ich wurde nur einmal indirekt von meiner Schwester durch einen Cousin gefragt, wie es mir geht, und nicht mehr. Keine Person von meiner Familie redet mit mir, auch alle Bekannten und Verwandten nicht.

Fast alle Syrer, die von uns interviewt wurden, haben betont, wie wichtig die Familie und deren Zusammenhalt für sie ist. Was bedeutet das dann, wenn man von der eigenen Familie ausgeschlossen, geächtet wird?
Darüber will ich gar nicht reden, das bringt mich sonst zum Weinen oder manchmal zum böse werden.

Berivan aus al-Hasaka, 27 Jahre

„Die Revolution ist tot. Wir haben verloren."

Wer bist du, woher kommst du?
Ich komme ursprünglich aus al-Hasaka im Nordosten Syriens. National gesehen bin ich Kurdin. Ich habe in Damaskus englische Literatur studiert, wo ich auch die letzten acht Jahre vor meiner Flucht verbracht habe. Wegen der Ereignisse des Jahres 2011 – also wegen der Revolution und dem darauf folgenden Beginn des Krieges – konnte ich mein Studium nicht beenden. Seitdem war ich als zivile Aktivistin an der Revolution beteiligt. Ich habe keinen Beruf ausgeübt. Manchmal habe ich als Englisch- oder Arabischlehrerin oder als Übersetzerin gearbeitet.

Wie sah dein Alltag als Aktivistin aus?
Von 2011 bis Mitte 2012 habe ich an vielen Demonstrationen teilgenommen. Ich war Mitglied diverser friedlichen Bewegungen, die zum Beispiel Flyer veröffentlichten oder Banner mit Aufschriften wie „Frieden und Demokratie" aufspannten – denn das sind die Ziele, für die wir kämpften. Unsere Aktionen waren top secret, die Vorbereitungen für die Demos oder auch nur die Organisation von Treffen zur Vorbereitung nahmen viel Zeit in Anspruch. Schließlich war Assads Geheimpolizei damals total hyperaktiv. Durch das Bombardement der aufständischen Gebiete durch Assads Armee im Jahr 2012 wurden viele von unseren Leuten getötet und verletzt. Es gab viele Flüchtlinge und die überlebenden Bewohner besaßen nach den Bombardierungen nichts mehr. Also begannen wir, diesen Menschen zu helfen, ihnen ein neues Zuhause zu finden oder wenigstens einen Raum, wo sie sich aufhalten und schlafen konnten. Wir hatten keine Wahl – wir stellten die politische Arbeit ein und leisteten stattdessen humanitäre Arbeit.

Die Unterdrückung durch das Assad-Regime war brutal. Sie verhafteten und töteten viele von uns. Das wurde mit der Zeit immer schlimmer, 2012 war viel härter als 2011. Das Regime hat neue, moderne Waffen getestet. An Zivilisten. An uns. Es ist sehr einfach für sie, Menschen umzubringen, das ist kein großer Aufwand für eine Diktatur wie die in Syrien.

Ende 2012 befand ich mich auf dem befreiten Territorium. Aber sicher war es dort auch nicht mehr. Die Zeit war gekommen, unsere Ziele neu zu überdenken. Wir wollten die Region, das befreite Land für uns haben. Natürlich hatten wir Angst, aber nicht jeder Stein war gleich verdächtig. Auf dem Gebiet unter Assads Kontrolle war man permanent in einem Angstzustand, fürchtete Verhaftung, Misshandlung und Tötung. Auf der anderen Seite herrschte innerhalb der befreiten Gebiete der Krieg, dauernd gab es heftige Bombardements, ständig rollten irgendwo Panzer. Und mit dieser Auswahl sollten wir uns arrangieren: Auf der einen Seite die mordende Regierungsarmee in den von Assad kontrollierten Gebieten, die jederzeit wahllos Menschen verhaftete. Und auf der anderen in den befreiten Territorien: Krieg.

Ich lebte im Flüchtlingscamp Jarmuk. Ich arbeitete dort erst mal im Notfallbereich. Ich hatte etwas medizinische Erfahrung und wir eröffneten eine Apotheke und eine Klinik. Damals hatten achtzig Prozent der Bevölkerung die Gegend schon verlassen. Damit meine ich nicht nur das Camp, sondern den ganzen Sektor südlich von Damaskus, quasi alle Viertel, die an Jarmuk grenzen. Trotzdem eröffneten wir einige Schulen, denn seit Kriegsbeginn waren die wie die meisten anderen staatlichen Institutionen geschlossen. Als im Sommer 2013 die Belagerung anfing, entstanden ökologische Nischen, die wir Aktivisten kultivierten. Das war ein sehr erfolgreiches Projekt. Wir organisierten auch einige Konzerte, auch, um uns selbst zu beweisen, dass wir noch am Leben sind und dass wir das Gefühl der Freude nicht vergessen haben.

Wann wurdest du zum ersten Mal verhaftet?
Das erste Mal wurde ich 2013 von einer islamischen Gruppe verhaftet – und wenig später wieder freigelassen. Das waren damals schon

extrem schwierige Zeiten. Die Islamisten unterscheiden sich in ihrem Verhalten nicht von Assads Truppen. Als sie mich verhafteten, unterstellten sie mir einfach, ich hätte dies und das getan; meine Antwort warteten sie nicht ab. Trotzdem habe ich Glück gehabt: Ich wurde weder misshandelt noch getötet, sondern sie ließen mich wieder laufen.

„Das Regime hat neue, moderne Waffen getestet. An Zivilisten. An uns."

Was ist dein familiärer Background?
Meine Eltern sind Kurden und leben auch in einem mehrheitlich kurdischen Viertel. Aber genauso wie unsere ganze Stadt ist auch dieses kurdische Viertel eigentlich ethnisch gemischt, und das half mir, immer offen gegenüber anderen Ethnien zu sein. Außerdem ist meine Familie religiös gesehen nicht besonders streng und offen gegenüber Menschen aus anderen Religionen. Sie haben mich nicht so erzogen, dass ich nur mit Kurden etwas zu tun haben will. In unserer Straße leben Christen, Muslime, Araber und Kurden friedlich zusammen.

Viele Mitglieder meiner Familie waren und sind Aktivisten. Die Kurden haben wenig Rechte in den Ländern, in denen sie leben, in Syrien, Iran, Irak und in der Türkei. Ich spreche von elementaren Menschenrechten. Das trifft auch für viele Syrer zu, aber die Kurden wurden in Syrien noch stärker unterdrückt als sie. Meine Familienangehörigen konnten sich keine Ausbildung leisten, sie konnten nicht studieren und ihre finanzielle Situation war nicht gut. Letztendlich hat meine Familie auch nie Assads Partei, die Baath-Partei unterstützt. Wenn du in Syrien lebst und nicht mit der Baath-Partei verbunden bist, dann hast du praktisch keine Rechte. Meinem Bruder haben sie offen auf seiner Arbeit gesagt: „Wenn du nicht unsere Partei unterstützt, wirst du entlassen."

Gab es vor dem Krieg keine Schwierigkeiten zwischen den Ethnien und Religionen?
Schon Hafiz Assad, der Vater des heutigen Diktators Baschar Assad, arbeitete daran, das Land zu spalten. Er setzte sich dafür ein, dass die Alawiten oder die Christen unter sich blieben und in geschlossenen Gemeinschaften lebten. So sollte ein Bewusstsein von Feindschaft entstehen, in dem sich die Bürger voreinander fürchteten und jederzeit dazu bereit wären, gegeneinander zu kämpfen. Dazu wäre die syrische Bevölkerung nämlich niemals bereit, wenn es keine Probleme und Spannungen gäbe, die von der Regierung hochgepuscht werden. Hafiz Assad formte Syrien nach diesem Vorsatz: Er wollte die verschiedenen Ethnien nicht einander annähern, sondern ganz im Gegenteil voneinander trennen.

In meiner Straße in al-Hasaka leben Araber mit Christen und Kurden seit langer Zeit zusammen. Trotzdem wurde auch bei uns schon vor 40, 50 Jahren vom Regime eine Stimmung provoziert, in der viele Leute meinten, dass wir jederzeit zu Feinden werden könnten. In der Schule wurde oft stigmatisiert, zum Beispiel wurde behauptet, die Christen seien besser als die Araber. Und die Kurden haben sowieso nichts zu melden, sie haben gar keine Rechte. Als ich dann älter wurde, verstand ich, dass es für Kurden und Araber nicht möglich war, Häuser oder Wohnungen im christlichen Viertel zu kaufen oder zu mieten. Während des kurdischen Aufstands 2004 spitzte sich die Situation zu. Die Fronten verliefen plötzlich zwischen Kurden, Arabern und Christen, die sich gegenseitig zu Feinden erklärten. Dass es dazu kommen konnte, dazu hat Hafiz Assads Politik der Spaltung einiges beigetragen.

Das ist die Geschichte meiner Stadt. Aber die Spaltungspolitik der Baath-Partei funktioniert überall im Land so, auch in Damaskus oder in Aleppo. Sie teilen Syrien auf, um ihren Teil des Landes zu kontrollieren. Diese Politik ist für eine Diktatur wie das Assad-Regime äußerst nützlich.

Gab es einen bestimmten Augenblick, in dem dir klar wurde, dass du Syrien verlassen musst?
Die Belagerung von Jarmuk war sehr intensiv – und es gab zuerst gar keine Möglichkeit, diesen Ort zu verlassen. Nachdem mich die Isla-

misten aus der Haft entlassen hatten, wollten sie mich erneut verhaften, weil ich nicht aufhörte, Aktivistin zu sein. Es gelang mir zwar, mich zu verstecken, bevor sie mich wiederfinden konnten – aber wirklich sicher war ich in Jarmuk nicht. Ich war schon so verzweifelt, dass ich darüber nachdachte, zu kapitulieren und mich dem Regime zu stellen. Aber dann, als die erste humanitäre Aktion der UN anlief und endlich Nahrungsmittel Jarmuk erreichten, lernte ich meinen zukünftigen Mann kennen. Er arbeitete als Arzt in der Nähe des Camps, auf dem Gebiet unter der Kontrolle der Regierung. Ich saß total verzweifelt am Checkpoint zwischen Jarmuk und dem Assad-Territorium, als er mich sah. In meinem Gesicht war wohl all die Wut und Verzweiflung über die Ergebnisse des Krieges und die aktuelle Situation geschrieben: Ich war voller Enthusiasmus nach Jarmuk gekommen und ziemlich sicher gewesen, dass wir gemeinsam Syrien von der Diktatur befreien würden. In der Zwischenzeit war die Lage in dem Flüchtlingslager so miserabel geworden, dass die Menschen nur noch um das nackte Überleben kämpften. Schließlich sind viele vor Hunger gestorben, es war schrecklich. Der UN-Arzt sah auf jeden Fall meine Verzweiflung und fragte mich, wer ich sei und was ich dort bei dem Checkpoint mache. Ich erklärte ihm alles und er sagte: „Okay, ich helfe dir, das Lager zu verlassen. Sei unbesorgt, die Soldaten werden dich nicht töten, aber du wirst erst mal verhaftet. Ich werde mich aber dann um dich kümmern." Und tatsächlich: Obwohl ich keine Papiere hatte, verließ ich gemeinsam mit meinem zukünftigen Mann das Flüchtlingscamp – mit Erlaubnis der Soldaten. Es ist surreal: Der Kommandant, der mich aus Jarmuk rausließ, ist direkt für den Tod vieler Menschen dort verantwortlich. Im Nachhinein fragte ich mich oft, warum er gerade meine Ausreise erlaubte. Bis heute finde ich keine Antwort.

Ein Freund, ein Anwalt aus Damaskus, half mir, einen Pass zu bekommen. In den ersten Tagen dort kam in mir auch noch mal ein Hoffnungsschimmer hoch; für einen Moment dachte ich, es sei doch noch nicht alles verloren. Aber alle meine Freunde sagten: „Es ist vorbei, die Revolution ist tot. Wir haben verloren." Das habe ich eingesehen. Das Ziel der Revolution – der Sturz der Regierung – ist in weite Ferne gerückt. Es war nicht einfach, all seine Hoffnungen und Träume zu begraben und offen zu sagen: „Okay, wir haben verloren. Wir werden den Diktator nicht stürzen und nicht die Demokratie einführen." Ich erinnere mich noch jetzt genau an den Augenblick, als ich im Taxi auf dem Weg in den Libanon war und der Fahrer sagte: „Du befindest dich jetzt im Niemandsland, du bist jetzt sicher. Drehe dich zum Abschied um, schau nach hinten, wenn du es möchtest." Aber ich konnte mich einfach nicht umdrehen.

Seitdem ich Syrien verlassen habe, will ich nicht mehr zurück. Wozu auch? Die Revolution ist gescheitert, jetzt herrscht nur noch Krieg. Und ich möchte an keinem Krieg teilnehmen. Ich habe mich immer nur mit der Idee der Revolution verbunden gefühlt, nicht mit einer einzelnen Gruppierung. Sturz der Diktatur und Aufbau der Demokratie und eines Systems, welches die Menschenrechte respektiert. Das war mein Ziel. Und ich habe es nicht erreicht.

Wie bist du nach Deutschland gekommen?
Im März 2014 bin ich im Libanon angekommen. Von dort aus reiste ich weiter in die Türkei, wo ich fast zwei Jahre verbrachte. Hauptsächlich in Gaziantep an der Grenze zu Syrien. Aber dort fühlte ich mich überhaupt nicht sicher. Mein Freund und ich suchten während dieser Zeit einen Weg, um legal nach Europa zu kommen. Aber das klappte nicht und deshalb erreichten wir schließlich Griechenland in einem aufblasbaren Boot. Geografisch gesehen verließen wir die Türkei in der Nähe von Izmir und fuhren in Richtung der griechischen Insel Lesbos. Es war nicht einfach, wir befanden uns zwei Stunden auf unruhigem Wasser im Plastikboot und die türkische Grenzpolizei versuchte, uns zu stoppen. Aber wir schafften es. Natürlich nur mit Hilfe von Schmugglern, einer ganz unangenehmen Menschensorte. Aber es blieb uns ja nichts anderes übrig und wir zahlten denen viel Geld für die Fahrt. Ich scherze heute oft mit meinen deutschen Freunden, wie lukrativ es für die deutschen Behörden wäre zu sagen: „In Ordnung, zahlt uns die gleichen Geldsummen, die die Schmuggler von euch verlangen – und dafür kommt ihr mit einem Direktflug nach Deutschland."

Lesbos erreichten wir am 12. März 2016. Wir blieben drei Monate in Griechenland, weil die Grenze nach Mazedonien dicht war. Einmal versuchten wir es zu Fuß über die albanische Grenze, aber die griechische Polizei entdeckte uns. Dann lernten mein Mann und ich wieder einen Schmuggler kennen, über den wir mit einem gefälschten Ausweis für mich im dritten Versuch von der Insel Rhodos aus einen Direktflug nach Mailand besteigen konnten. Von da aus ging es weiter mit dem Flugzeug nach München. Auf dem Münchener Flughafen wartete eine Freundin auf uns. Als wir landeten, konnte ich es immer noch nicht begreifen, dass wir es geschafft hatten; ich drehte meinen Kopf ständig um und wunderte mich, dass keine Polizisten auf uns warteten. Ich umarmte unsere Freundin und sagte: „Ich möchte erst mal einfach nur ruhig atmen."

Dann verbrachten mein Mann und ich zehn Tage in Augsburg, um die Fahrt nach Berlin zu planen. Wir waren gewarnt worden, dass die Polizei die öffentlichen Verkehrsmittel kontrolliere, deshalb fuhren wir mit einem Privatwagen nach Berlin. Die Freundin, die uns fuhr, sagte, als wir ankamen, nur: „Willkommen in Berlin!" Ich konnte es einfach nicht glauben.

Jetzt bist du seit acht Monaten in Deutschland. Kannst du schon sagen, was für dich typisch deutsch ist?
Ich spreche ungern in Stereotypen; wenn man das macht, hat das meistens einen politischen Hintergrund. Außerdem führen sie meistens zu negativen Verallgemeinerungen. Die Deutschen sind so oder so oder so … Nein! Das stimmt nicht, wer sagt das denn? Oder die Araber oder die Kurden sind so oder so … Nein! Menschen sind unterschiedlich, egal aus welchem Land sie kommen. Nicht alle Menschen aus dem Mittleren Osten sind unpünktlich und nicht alle Deutschen pünktlich. Vielleicht stimmen einige dieser Klischees, aber ich möchte die Menschen nicht in solchen Kategorien beschreiben.

Vielleicht nicht die Menschen, aber gibt es für dich nichts, was „typisch syrisch" ist oder „typisch deutsch"?
Nein.

Du warst in Syrien sehr aktiv und engagiert. Bist du es hier wieder? Oder fehlt dir derzeit die Energie dafür?
Eigentlich will ich mich auch hier engagieren, aber nicht so wie in Syrien, weil die Situation hier ganz anders ist. Hier geht es nicht darum, eine Diktatur zu stürzen, sondern um die Frage, wie man die Gesellschaft verbessern kann, wie der Unterschied zwischen den Klassen verkleinert und überhaupt wie gegen gesellschaftliche Spaltungen angearbeitet werden kann. Wie Gerechtigkeit und Gleichheit für alle Einwohner verbessert werden können, welche Chancen Neuankömmlingen geboten werden, um sie gut zu integrieren. Bildung und Kultur sind hier die Schlüssel, um die Lage zu verbessern. Junge Leute zum Mitmachen im politischen Leben zu ermutigen ... und so weiter. Ganz anders als in Syrien.

Wie sieht hier dein Alltag aus, deine Freizeit? Gehst du viel raus?
Mein Alltag besteht aus Lernen. Und Anträge richtig auszufüllen. Aber ich gehe auch viel aus, zu Musikveranstaltungen, Ausstellungen, in Museen, zu Lesungen, ins Theater, die Stadt entdecken usw. Und ich habe viele Freundinnen und Freunde mit sehr unterschiedlichen Hintergründen.

Hast du Zukunftspläne in Deutschland?
Zuerst möchte ich studieren, weil ich mich weiterbilden möchte. Zurzeit lerne ich Deutsch und nehme Privatunterricht in Musik. Ich möchte die deutsche Sprache beherrschen, um dann Sozialwissenschaften zu studieren. Gerade ist mein größter Wunsch, etwas Stabilität in meinem Leben zu haben. Sich wieder stabil zu fühlen. Keine Flucht mehr, keine Hektik. Ich brauche innere Ruhe und das Gefühl, dass ich mich in Berlin wohlfühle. Ich möchte, dass Berlin meine Stadt wird, denn ich werde hier auf jeden Fall einige Jahre verbringen.

Möchtest du eines Tages nach Syrien zurückkehren?
Nicht wirklich. Vor allem aber denke ich nicht darüber nach. So lange der Krieg andauert, werde ich nicht zurückkehren. Nach dem Krieg

folgen die Rache und der Hass. Auch dann möchte ich nicht in Syrien sein. Eines Tages aber, wenn sich die Menschen wieder gegenseitig respektieren, wenn Demokratie, Gerechtigkeit und Recht herrschen, dann könnte ich zurückkehren. Oder wenn der friedliche Aufbau des Landes beginnt. Ich bin mir aber nicht sicher, wann das soweit sein wird. Zuerst möchte ich auf mich achten und mich heilen. Wir sind die Opfer des Krieges, es steckt viel Zerstörung in uns.

Nur aus Jarmuk, 31 Jahre

„Meine Zukunft liegt hier in Deutschland."

Nur, du lebst seit zwei Jahren und sieben Monaten in Deutschland und bist noch immer nicht als Kriegsflüchtling anerkannt. Deine letzte Anhörung beim Bundesamt für Migration und Flüchtlinge war vor drei Monaten, seitdem wartest du wieder mal auf eine Rückmeldung. Wie geht es dir?
Ich bin irgendwie immer traurig. Und außerdem dauernd müde. Dabei mache ich alles, was zu machen ist, habe aber zu nichts wirklich Lust. Obwohl ich Bier trinken gehe, in die Disco, auf arabische Partys … nichts davon macht mir wirklich gute Laune. Ich wohne jetzt seit über zweieinhalb Jahren im Flüchtlingsheim. Bis vor kurzem immer mit mindestens einer weiteren Person und manchmal auch mit sieben oder acht in einem Zimmer. Jetzt habe ich immerhin einen Raum für mich allein. Aber ich habe noch immer keine Perspektive, keine Zukunft. Das ist sehr belastend.

Erzähl mir deine Geschichte, wo kommst du her …?
Ich bin 1986 in Damaskus geboren und habe dort im Stadtteil Jarmuk gelebt, bis ich Syrien verlassen habe. Jarmuk war eigentlich einmal eine Art wildes Flüchtlingslager, und wie fast alle Bewohner dort kam meine Familie vor zwei Generationen aus Palästina, aus Safed im heutigen Israel. Seitdem sie dort vertrieben wurden, leben wir in Jarmuk, das sich in den Jahrzehnten seit der Vertreibung zu einem ganz normalen Stadtteil von Damaskus entwickelt hatte. Der im aktuellen Syrienkrieg zerstört wurde.

Wie habt ihr vor dem Krieg in Jarmuk gelebt?
Das klingt jetzt komisch, aber im Vergleich dazu, wie ich zurzeit hier in

Deutschland lebe, ging es mir vor dem Krieg dort echt super. In Jarmuk hatte ich zwar auch keine Zukunft – aber meine Gegenwart war für mich dort viel besser zu ertragen als die hier in Deutschland als nicht anerkannter Flüchtling.

In Jarmuk bin ich bis zur zwölften Klasse in die Schule gegangen und dann arbeiten, als Maler. Das habe ich nicht von einem Meister oder auf einer Schule gelernt wie hier bei euch, sondern mir praktisch beibringen lassen. Und ich habe mir auch viel selbst beigebracht. Ich habe für eine kleine Firma gearbeitet, da gab es immer was zu tun. Und außerdem habe ich manchmal, etwa bei Festen, auf einem der Marktplätze von Jarmuk einen Stand gehabt. Da habe ich mit Klamotten gehandelt und mir so noch etwas dazuverdient. Meine Mutter ist Hausfrau, mein Vater hat alles Mögliche gemacht; er war lange Autolackierer, hat aber auch Leute in einem Minibus gefahren, den er gemietet hat. Dann hat er mit Autos gehandelt und auch welche vermietet.

Ich habe fünf Brüder und eine Schwester. Drei von meinen Brüdern arbeiten mittlerweile auch; einer ist Pizzabäcker, einer macht Süßigkeiten; aber letztendlich sind meine Brüder genau wie ich das, was man bei uns „Besserwisser" nennt; bei euch würde man wohl „Allround-Handwerker" dazu sagen: Wir machen einfach alles. Meine beiden kleinsten Brüder und meine Schwester gehen in die Schule. Das heißt: Sie gingen, bis der Krieg anfing. Jetzt sind sie im Libanon in einem Flüchtlingslager für Palästinenser, da gibt es keine Schulen und Arbeit auch nur sehr, sehr selten. Und sie wird auch noch miserabel bezahlt, wenn du Palästinenser aus Syrien bist.

Vor dem Krieg lebten wir alle zusammen mit meinen Eltern in einer Drei-Zimmer-Wohnung. Das war natürlich auch ein bisschen eng, deshalb habe ich schon lange vor dem Krieg immer mal wieder darüber nachgedacht, Syrien zu verlassen. Aber gemacht habe ich es nie, einmal, weil man schon als Syrer nur sehr schwierig Visa für andere Länder bekommt und als palästinensischer Syrer noch schwieriger; außerdem kostet Reisen ja auch viel Geld.

Was für einen Status haben in Syrien geborene Palästinenser dort?
Also ich habe ein syrisches Reisedokument, eine Art Pass – aber mit dem kann ich nicht wie die syrischen Syrer einfach in den Libanon reisen, sondern muss ein Visum bei der libanesischen Botschaft beantragen. Und in andere Länder kann ich mit diesem Pass gar nicht. Es ist eine Art Pass zweiter Klasse.

> „In Syrien gab es vor dem Krieg keine richtige Armut. Niemand litt unter Hunger, auch die sehr, sehr Armen nicht. Essen war immer genug da, Obdachlose wie hier in Berlin gab es überhaupt nicht."

Ist deine Familie – gemessen an den Verhältnissen in Syrien und Jarmuk – reich oder eher arm?
Wir sind irgendwo in der Mitte. In Syrien gab es vor dem Krieg keine richtige Armut. Es gab Leute, die wenig verdienten, und Leute, die viel verdienten – aber auch die armen Leute gingen in öffentliche Schulen oder zum öffentlichen Krankenhaus. Niemand litt unter Hunger, auch die sehr, sehr Armen nicht. Essen war immer genug da, Obdachlose wie hier in Berlin gab es überhaupt nicht.

Wann und wie begann bei euch in Jarmuk der Aufstand gegen Assad?
Es begann Ende 2012, genauer am 12. Dezember. Um unseren Stadtteil herum wurde damals schon seit Langem gekämpft und das Regime hat die Gegenden, wo Rebellen die Oberhand gewonnen hatten, aus der Luft bombardiert. Jarmuk beherrschte bis dahin immer die Volksfront zur Befreiung Palästinas – Generalkommando, die mit Assad verbündet war. Eines Tages hieß es, dass Soldaten der Freien Syrischen Armee nach Jarmuk eingedrungen seien. Daraufhin ließ Assad den entsprechenden Teil unseres Stadtteils bombardieren, dabei kamen über 400 Menschen ums Leben. Aber das war erst der Anfang: Als Leute aus

der Nachbarschaft dort eingetroffen waren, um Überlebende zu bergen und Verletzten zu helfen, hat das Regime noch einmal bombardiert und Hunderte weitere getötet. Am selben Tag begann in Jarmuk der Aufstand. Kurz darauf griff das Regime eine Moschee an, in der Flüchtlinge aus dem Umland untergebracht waren; neben der Moschee war eine Schule, beide Gebäude wurden getroffen.

Der Krieg in Syrien begann viel früher, im März 2011. Wie seid ihr in Jarmuk seit Beginn der Kämpfe an Informationen gekommen, woher wusstet ihr, was um euch herum los war?
Die Kämpfe um Jarmuk herum haben wir gesehen und vor allem gehört. Und auch die in anderen Teilen von Damaskus, das kriegt man alles mit. Außerdem haben wir die ganze Zeit alle möglichen Fernsehsender empfangen, Al Jazeera, Al Arabia, CNN und so, dazu Radiostationen, das Internet lief und es gab mehrere *Facebook*-Seiten aus Jarmuk selbst, wo berichtet wurde, was passierte. Als die ersten Bomben direkt auf unseren Stadtteil fielen, brach natürlich trotzdem Panik aus. Ich habe das erste Mal einen richtigen Schock bekommen, als die Moschee und die Schule vom Regime bombardiert wurden, weil diese Gebäude ganz in der Nähe der Wohnung meiner Eltern liegen, vielleicht drei Minuten zu Fuß. Ich war zu diesem Zeitpunkt ca. 15 Minuten entfernt und bin wie irre zu unserem Haus gerannt. Es war zum Glück nicht betroffen von dem Angriff, aber die ganze Nachbarschaft war in heller Aufregung.

Zwei Tage nach dem Angriff sind wir alle in die Innenstadt von Damaskus geflohen. Dort sind wir neun Monate geblieben, aber die Situation war unerträglich. Es wurde zwar nicht bombardiert, aber wir konnten keine Wohnung finden und mussten bei Verwandten und Freunden schlafen; jede Bewegung in der Stadt war gefährlich, weil überall Checkpoints der Armee und der Polizei waren. Deshalb haben wir uns entschlossen, in den Libanon zu gehen. Illegal natürlich. Dazu musste ich erst einmal bei der syrischen Armee ein Papier organisieren, das bestätigt, dass ich mich überhaupt innerhalb Syriens bewegen darf, schließlich bin ich im wehrpflichtigen Alter. Und ich habe Brüder, die sich um meine Eltern kümmern können. Eigentlich müsste ich also zur Armee. Im Armeeamt haben wir jemanden bestochen, der mir einen Passierschein ausgestellt hat. Dann haben wir einen Taxifahrer gefunden, der bereit war, uns zu fahren. Und an der Grenze selbst habe ich dann die Posten bestochen, damit sie mich aus Syrien ausreisen und in den Libanon einreisen lassen.

Das heißt, seit 2013 ist deine Familie illegal im Libanon?
Nein, erst mal bin ich nur mit meinem Bruder dorthin; der musste schnell aus Syrien raus, weil Assads Soldaten ihn gesucht haben, damit er in ihre Armee geht. Die anderen Familienmitglieder kamen später nach. Und ja, sie sind bis heute alle illegal dort und können das Flüchtlingslager, in dem sie leben, deshalb nicht verlassen.

Warum bist du nicht geblieben?
Ab Mitte 2013 gab es immer mehr Checkpoints der Hisbollah im Libanon. Die Hisbollah ist mit Assad verbündet und kontrolliert weite Teile des Landes, besonders die Regionen an der syrischen Grenze. In diesen Gebieten ist die Hisbollah das Gesetz, sie kontrollieren alles vom Drogenanbau bis zum Handel mit Obst und Gemüse. An den Checkpoints haben die Hisbollah-Leute besonders darauf geachtet, wer aus Syrien kam, und alle Männer, die keinen gültigen libanesischen Aufenthaltstitel hatten, zurück nach Syrien geschickt – in die Armee von Assads Soldaten.

Warum hast du keinen Aufenthalt im Libanon beantragt?
Weil ich Palästinenser bin. Als Syrer konnte man bis vor kurzem einfach in den Libanon reisen und dort bis zu sechs Monaten bleiben; bis vor ein paar Jahren durften die dort sogar arbeiten, die richtigen Syrer. Heute brauchen sie entweder Arbeit dort oder eine Verpflichtungserklärung eines libanesischen Staatsbürgers, wenn sie legal außerhalb der Flüchtlingslager leben wollen. Für uns Palästinenser aus Syrien aber war das alles nicht möglich, und für meinen Bruder und mich als Wehrflüchtige schon gar nicht.

Wie bist du auf die Idee gekommen, nach Europa zu fliehen?
Wohin denn sonst?

Du wolltest nicht gleich nach Deutschland?
Nein, weil die Leute in Syrien und später im Libanon alle ganz unterschiedliche Sachen über die verschiedenen europäischen Länder erzählen; manche sagen, am besten wäre Schweden, andere Frankreich, andere die Niederlande.

Wie kommt es dann, dass du hier gelandet bist?
Nachdem uns die italienische Polizei gezwungen hatte, unsere Fingerabdrücke abzugeben, haben mir Anwälte gesagt, dass Deutschland Flüchtlinge auch dann annimmt, wenn sie ihre Fingerabdrücke in Italien abgegeben haben. Deshalb bin ich nach Deutschland gekommen.

Deine Fingerabdrücke wurden in Italien aufgenommen? Wie kamst du aus dem Libanon nach Italien?
Im Libanon hat ein Schleuser mir und ein paar anderen Leuten gefälschte Visa für den Sudan besorgt, mit denen wir das Land verlassen konnten. Wir flogen in die Vereinigten Arabischen Emirate, aber da sind wir nur zwölf Stunden im Flugzeug auf dem Flughafen von Schardscha geblieben und dann in den Sudan weitergeflogen. Dort blieben wir drei Tage und dann sind wir sieben Tage lang mit dreißig Leuten auf der Ladefläche eines Toyota-Jeeps durch die sudanesische Wüste bis nach Libyen gefahren. Dort fuhren wir weitere vier Tage durch die Wüste, bis wir die Küste erreicht hatten. Dort warteten schon viele andere Flüchtlinge. Denen und uns erzählten die Schleuser immer wieder, dass wir bald nach Europa losfahren würden, aber in Wirklichkeit haben sie darauf gewartet, bis wir 450 Leute waren, und uns erst dann auf einen alten Holzkahn geschickt, der dann Richtung Italien losfuhr. Nach drei oder vier Tagen brach ein Stück von diesem Boot ab, seitdem waren die Leute völlig verängstigt, die Stimmung auf dem Boot war ganz schrecklich. Die Leute beruhigten sich erst, als ein großes Schiff in Sichtweite kam, das uns nach ein

paar Stunden auch wirklich aufnahm. Zwei Tage später landeten wir in Italien, in einem Hafen irgendwo auf Sizilien. Dort kamen wir, vielleicht 1.000 Flüchtlinge, in eine Art Flüchtlingslager, das von bewaffneten Leuten, Soldaten oder Spezialpolizisten, bewacht wurde; die hatten sogar ein gepanzertes Fahrzeug mit einem Geschütz darauf. Als die Bewacher kamen, um unsere Fingerabdrücke aufzunehmen, haben sich viele von uns geweigert. Daraufhin haben sie uns mit Gewalt gezwungen. Wer sich weiter weigerte, wurde geschlagen. Dann wurden wir mit Bussen in einen Militärflughafen gebracht. Außenrum waren überall Zäune; ich dachte, dass wir jetzt im Gefängnis gelandet waren. Stattdessen wurden wir in ein Flugzeug verfrachtet. Als wir fragten, wohin wir fliegen, wurde uns gesagt, nach Mailand. Aber in Wirklichkeit sind wir in Rom gelandet, und dort wurden alle Leute aufgefordert auszusteigen – außer zehn Palästinenser aus Syrien und zwei Männer aus Bangladesch. Sie flogen uns nach Sardinien. Ein Bus kam, in den wir einsteigen mussten, er fuhr dann los mit zwei Polizeiautos vorne und zwei hintendran. Wir hatten keine Ahnung, wo man uns hinbringt und uns wurde auch nichts gesagt außer: „Einsteigen!" Ich begann mich zu fragen, ob die uns vielleicht für Terroristen halten. Dann wurde unsere Gruppe geteilt und ich, drei weitere Palästinenser und die zwei Männer aus Bangladesch wurden in ein Hotel gebracht. Dort gab es keine Wachen – aber auch kaum jemanden, der arabisch konnte, nur Leute aus Afrika. Als wir endlich einen Mann fanden, der ein bisschen Arabisch sprach, hat der uns gesagt: „Ihr wollt nach Mailand? Das ist nicht besonders schwierig: Ihr könnt euch einfach im Reisebüro Tickets für die Fähre kaufen und zum Festland fahren." Genau das haben wir gemacht und es hat auch niemand versucht, uns aufzuhalten. Am Festland haben wir ein Taxi zum nächsten Bahnhof genommen, dort mit Hilfe eines Arabers Karten nach Mailand gekauft und sind in den Zug gestiegen. Alles ohne Probleme. In Mailand haben wir eine Nacht in einem großen Zelt für Flüchtlinge geschlafen und sind dann zu einem Ort, von dem man uns gesagt hatte, dass sich dort Schleuser treffen. Das war auch so, wir fanden einen Schleuser und sind mit dem durch das Aostatal nach Frankreich gelaufen. Dort sind wir in einen Zug gestiegen und nach Deutschland gefahren, nach Köln. Dort habe ich einen alten Freund aus Jarmuk angerufen, der in Berlin wohnt, und der hat mir über *BlaBalCar* eine Mitfahrgelegenheit dorthin klargemacht. So bin ich mit drei deutschen Mädchen im Auto nach Berlin gekommen und habe unterwegs mein erstes deutsches Wort gelernt: „Katze". In Berlin bin ich erst mal zu meinem Freund und habe zwanzig Stunden geschlafen. Dann bin ich zur Polizei gegangen und habe mich dort als Flüchtling gemeldet. Das war am 14. August 2014. Seitdem warte ich auf meine Anerkennung.

Wie viel Geld hat deine Flucht gekostet?
Um die 6.000 Dollar.

Wenn du als Flüchtling in Deutschland anerkannt bist, wirst du dann versuchen, deine Familie nachzuholen?
Das ist mein größter Wunsch, aber es geht nicht. Vielleicht irgendwann später einmal. Realistisch ist, dass ich hier endlich anfangen kann zu arbeiten und dann mit dem Geld, das ich hier verdiene, meine Familie unterstützen kann. Dazu muss ich aber erst mal eine Ausbildung machen, hier kann man ja nicht einfach arbeiten. Ich möchte Maler und Dekorateur lernen.

Nach über zweieinhalb Jahren in Deutschland, wo siehst du Ähnlichkeiten, wo Unterschiede zwischen Deutschen und Syrern?
Der Hauptunterschied ist die Tradition. Die bedeutet bei den Syrern alles, bei euch Deutschen nichts. Das gefällt mir. Überhaupt finde ich es toll, dass man hier so viele Leute aus anderen Ländern kennenlernen kann, aus Frankreich oder Spanien oder Amerika. Die Syrer haben bestimmte Regeln, bestimmte Traditionen, von denen sie nicht loskommen. Wenn bei uns zum Beispiel ein Gast nach Hause kommt, dann müssen wir uns die ganze Zeit um den kümmern. Das ist bei allen Syrern so. Hier dagegen gibt es verschiedene Mentalitäten. Zwischen verschiedenen Leuten gibt es riesige Unterschiede, wenn man als Gast

zu ihnen kommt. Bei manchen wird man richtig bewirtet, bei anderen muss man um ein Glas Wasser bitten.

Oder der Umgang mit Zeit. Wenn ich einen Deutschen anrufe und frage, ob wir eine Shisha zusammen rauchen sollen, weil ich gerade Lust darauf habe, dann hat der Deutsche nie Zeit.

Und dann gibt es noch das Problem, dass viele Leute hier Araber hassen. Das ist mir schon x-mal passiert, dass ich in einer Disco ein Mädchen kennengelernt habe und wir haben uns auch schon eine ganze Zeit unterhalten – und als ich sage: Ich bin Araber aus Syrien, ist das Mädchen weg. Ein paar Mal bin ich auch schon nicht in einen Klub gekommen, weil ich Araber bin.

Kannst du dir vorstellen, nach Syrien zurückzugehen?
Wenn es dort wieder so wäre wie vor dem Krieg: vielleicht. Aber so wird Syrien nie wieder werden. Meine Zukunft liegt hier in Deutschland. Ich sage oft zu meinen Freunden, dass ich schon längst dabei bin, ein Deutscher zu werden.

Von der Revolution zum Stellvertreterkrieg

Kristin Helberg

Anfang 2011 begann in der arabischen Welt ein historischer Umwälzungsprozess, der Jahrzehnte andauern wird – so wie sich gesellschaftliche Umbrüche schon immer und überall innerhalb von Generationen vollzogen und nicht binnen weniger Jahre oder gar Monate (weswegen der Begriff „Arabischer Frühling" irreführend ist). In Europa etwa dauerte es 200 Jahre von den Ideen der Aufklärung bis zur gesetzlichen Gleichberechtigung aller Gesellschaftsmitglieder.

Die Tatsache, dass das Assad-Regime auch Jahre nach dem Ausbruch der Revolution noch an der Macht ist, bedeutet also nicht, dass diese gescheitert ist. Hunderttausende Syrer sind tot, Millionen vertrieben – nicht wegen der Revolution, sondern wegen Assads Reaktion darauf. Systematisch Menschen zu massakrieren, um sich am Ende als einzig wahre Alternative zu präsentieren, funktioniert nicht. Genauso wenig wie einen Krieg gegen die Zivilbevölkerung zu beginnen und sich dieser dann als Schutzpatron und Friedensstifter anzudienen. Nein, Assads Überlebenskampf um jeden Preis zeigt nur, wie notwendig der Aufstand gegen seine Herrschaft war und immer noch ist. Denn Totalitarismus kann keine echte Stabilität hervorbringen, er lebt von der Unterdrückung der Menschen und wird deshalb zwangsläufig irgendwann Widerstand auslösen.

In Tunesien und Ägypten, im Jemen, in Bahrain, Libyen, Syrien und anderswo war dieser Moment 2011 gekommen. Jahrzehntelang hatten kleptokratische pseudo-säkulare Herrscher die Länder wirtschaftlich ausgebeutet, ihre Bürger erniedrigt, sich mit Hilfe von Militär, Geheimdiensten und Polizei an der Macht gehalten und die Jugend chancen- und perspektivlos gelassen. Das Fass war voll, deshalb reichten einzelne Tropfen, um es zum Überlaufen zu bringen.

In Tunesien zündete sich ein junger Gemüsehändler an, in Ägypten verabredeten sich zivilgesellschaftliche Gruppen in den sozialen Medien zum Demonstrieren – Massenproteste waren die Folge, die innerhalb von Tagen beziehungsweise Wochen die verhassten Despoten Ben Ali und Mubarak stürzten. Das motivierte auch Syrer. Am 28. Januar 2011 übergoss sich Hasan Ali Akleh in der nordöstlichen Stadt al-Hasaka mit Benzin und zündete sich an. Für Anfang Februar riefen Aktivisten auf *Facebook* und *Twitter* zu „Tagen des Zorns" auf – doch große Demonstrationen blieben aus. Syrien, das „Königreich des Schweigens", hielt den Atem an, so kam es mir vor, als ich im Februar 2011 zu Besuch in Damaskus war. Alles war möglich, aber die Zeit schien noch nicht reif für einen Aufstand.

Kleinere, eher spontane Proteste in der Altstadt von Damaskus, vor einzelnen Botschaften zur Unterstützung der Demonstranten in Ägypten und Libyen oder vor dem Innenministerium, wo am 16. März 2011 etwa 200 Oppositionelle und Angehörige die Freilassung von politischen Gefangenen forderten, konnte das Regime mit den bewährten Methoden – Schlagstöcke, Verhaftungen, Assad-treue Gegendemonstranten – auseinandertreiben. Der Tropfen, den das volle Fass in Syrien brauchte, fiel woanders: in der südsyrischen Stadt Daraa. Dort ist Anfang 2011 vieles so wie anderswo in Syrien. Daraa, Hauptstadt der gleichnamigen Provinz, hat 80.000 Einwohner, die überwiegend konservativ und traditionell eingestellt sind. Viele leben von der Landwirtschaft. Die Geheimdienste gängeln Bauern und Geschäftsleute, indem sie Saatgut und Genehmigungen nur gegen Schmiergelder verteilen, und bereichern sich schamlos. Verantwortlich für Korruption und Willkür ist Geheimdienstchef Atef Najib, Assads Cousin und Statthalter im Süden. Arrogant und skrupellos geht er im März 2011 den entscheidenden Schritt zu weit.

Angeregt durch die Umbrüche in Tunesien und Ägypten malen Schulkinder regimekritische Parolen an die Mauern ihrer Schule, werden verhaftet und gefoltert. Die Familien gehen zu Najib, um die Freilassung ihrer Kinder zu fordern – vergeblich. „Vergesst diese Kinder, geht nach Hause und macht neue, und wenn ihr Hilfe braucht, schickt uns eure Frauen", soll der gesagt haben. Zuviel der Erniedrigung. Am

18. März tragen Hunderte Bewohner von Daraa ihre über Jahre angestaute Wut auf die Straße.

Das Regime reagiert mit Gewalt. Vier Demonstranten werden erschossen, ihr Beerdigungszug wird zum nächsten Protestmarsch, in den folgenden Wochen solidarisieren sich Städte und Dörfer in ganz Syrien mit dem Widerstand: Hama und Homs, Sarakeb, Jableh und Baniyas an der Küste, Amuda im Norden, al-Raqqa und Deir al-Zor im Osten. Auch im Umland von Damaskus und Aleppo ertönen Protestrufe zur Unterstützung von Daraa. Die Bewegung umfasst alle Konfessionen und Ethnien, sie kennt keine sozialen und religiösen Unterschiede – Junge und Alte, Frauen und Männer, Muslime, Christen und Alawiten, Araber und Kurden marschieren zusammen. Sie rufen „Das syrische Volk ist eines" und „Friedlich, friedlich". Auf den von Assad-Anhängern gebrauchten Slogan „Gott, Syrien, Bashar und sonst nichts" antworten sie mit „Gott, Syrien, Freiheit und sonst nichts".

Einzelne Aktivisten, die sich untereinander schon kennen (durch kleinere Aktionen in Damaskus oder gemeinsame Haftzeiten), organisieren in ihren Heimatorten den lokalen Widerstand. Unter der Leitung der Menschenrechtsanwältin Razan Zaitouneh gründen sie lokale Koordinationskomitees, denen sich immer mehr Gruppen anschließen. Die syrische Revolution wird zu einem Flickenteppich des Widerstandes, getragen von überwiegend jungen Aktivisten unterschiedlicher sozialer Herkunft, die sich zunehmend vernetzen. Wichtigster Protesttag ist der Freitag (der Beginn des syrischen Wochenendes), weil das Freitagsgebet in den Moscheen die einzige Möglichkeit zur Versammlung bietet und deshalb als Ausgangspunkt für Proteste genutzt wird. Die Demonstrationen stehen Woche für Woche unter einem Motto. Diese zeigen meist deutlich, worum es den Demonstranten geht, und entwickeln sich im Laufe der Zeit zu politischen Statements und Botschaften des zivilen Widerstandes.

Die ersten beiden Freitage (am 18. und 25. März 2011) heißen jeweils „Freitag der Würde", denn genau darum geht es den Demonstranten anfangs: Veränderungen und Reformen, die ihnen ein Leben in Würde erlauben, also ohne Angst und wirtschaftliche Sorgen. Es folgen Freitage „der Wut", „des Widerstandes", der „Freien Frauen" und immer wieder Slogans, die sich an bestimmte Gesellschaftsgruppen richten. Einmal wird unter dem Motto „Azadi", dem kurdischen Wort für Freiheit, demonstriert, ein anderer Freitag ist nach einem alawitischen Helden benannt, der Karfreitag 2012 heißt „Eine Revolution für alle Syrer". Daneben gibt es politische Parolen, die sich mal an die eigenen Landsleute richten („Nein zum Dialog", „Einheit der Opposition", „Recht zur Selbstverteidigung" oder „Gefangene der Revolution"), mal an die internationale Gemeinschaft („Euer Schweigen tötet uns", „Flugverbotszone", „Syrer sterben an euren roten Linien", „Die Lösung liegt in Den Haag, nicht in Genf", „Wir brauchen Waffen, keine Erklärungen"). Die Motti sind zwar nicht repräsentativ und zum Teil durchaus umstritten, werden aber immerhin in Online-Abstimmungen ausgewählt und bilden Themen und Stimmungen ab, die den zivilen Widerstand beschäftigen.

Auf diese friedliche und breite gesellschaftliche Protestbewegung reagiert das Regime mit einer Dreifach-Strategie: Brutale Gewalt gegen jeden, der mitmacht, gezielte Diskreditierung und Unterwanderung der Bewegung und scheinbare Reformen in Kombination mit leeren Versprechungen. Assads Gewalt ist vielfältig: Demonstrationen werden von Scharfschützen beschossen, das Militär rückt mit Panzern in Gebiete ein, die als Zentren des Widerstandes gelten, verschleppt Verletzte aus Krankenhäusern und sucht nach Anführern und Oppositionellen. Soldaten und Milizionäre gehen von Haus zu Haus, beschimpfen, verhaften und misshandeln Anwohner. Ist ein Gesuchter rechtzeitig untergetaucht, nehmen sie stattdessen einen Bruder mit oder vergewaltigen eine Tochter vor den Augen der Familie. Vor größeren Militäroffensiven werden gezielt Strom- und Telefonleitungen der jeweiligen Stadt gekappt, damit keine Informationen nach außen dringen.

Verfolgt werden alle, die sich am Aufstand beteiligen – das sind bis zum Sommer 2011 ausschließlich und danach überwiegend Zivilisten: Menschen, die Plakate malen, Proteste organisieren, Medikamente schmuggeln, Demonstrationen filmen, Aktivisten verstecken, Verletzte versorgen, Revolutionslieder komponieren und Sprechchöre anführen.

Wer verhaftet wird, muss Schreckliches erleiden. Die von ehemaligen Gefangenen geschilderten Folterpraktiken des Regimes sind in Berichten internationaler Organisationen, Interviews und Büchern nachzulesen und menschlich kaum fassbar. Häftlinge werden an den Füßen aufgehängt und mit Kabeln geschlagen, an waagrechten Stangen befestigt, gedreht und mit Knüppeln verprügelt, sie werden gegen die Wand geschmettert, mit Wasser übergossen und unter Strom gesetzt, auf den sogenannten „deutschen Stuhl" geschnallt, der den Körper überdehnt, bis die Wirbelsäule bricht. Ihre Haut wird mit Zigaretten versengt, mit Nagelbürsten blutig gekratzt, mit Rasierklingen zerschnitten. Finger- und Zehennägel werden ausgerissen und verschiedene Körperteile, darunter Genitalien, mit Elektroschocks misshandelt. Jeden Tag sterben in den Haftzentren des Regimes fünf Gefangene unter Folter, zwischen März 2011 und März 2018 dokumentierte das Syrische Netzwerk für Menschenrechte 13.029 Todesfälle dieser Art. Noch immer sitzen mehr als 100.000 Syrer aus politischen Gründen in Assads Gefängnissen.

Ermittler der Vereinten Nationen werfen dem Regime die „Vernichtung der Zivilbevölkerung" vor – doch der Westen handelt nicht.

Trotzdem geben die meisten Folteropfer an, das Schlimmste sei nicht das körperliche Martyrium gewesen, sondern die psychologische Folter – Schlafentzug, andauernde Foltergeräusche, Scheinhinrichtungen und zusehen zu müssen, wie Mitinsassen sterben, wie der eigene Bruder, Vater oder Sohn gequält, die Schwester oder Tochter vergewaltigt wird.

Hinzu kommen die Haftbedingungen: Die Zellen sind so überfüllt, dass Gefangene sich nicht hinsetzen oder -legen können, sondern aufrecht stehen müssen. Das Essen ist nicht ausreichend, das Trinkwasser verschmutzt, Toiletten sind kaum vorhanden oder in katastrophalem Zustand, Infektionskrankheiten breiten sich aus. Medikamente gibt es nicht, Krankheiten und Verletzungen werden nicht medizinisch behandelt, sodass Häftlinge einen langsamen, grausamen Tod sterben. Ermittler der Vereinten Nationen werfen dem Assad-Regime in diesem Zusammenhang die „Vernichtung der Zivilbevölkerung" vor.

Mit der systematischen Folter in seinen Haft- und Verhörzentren will das Regime nicht nur seine Feinde bestrafen und ausschalten, sondern auch deren Umfeld einschüchtern und abschrecken. Beides klappt jedoch nicht. Nach ihren Erlebnissen im Gefängnis sind syrische Aktivisten in der Regel motivierter denn je – einige schließen sich dem bewaffneten Widerstand an. Freunde und Verwandte, die mitbekommen, was in Assads Kerkern passiert, wenden sich vom Regime ab. Gewarnt vom Geheimdienst, verlassen viele ehemalige Häftlinge das Land, weil sie davon ausgehen, dass sie eine weitere Verhaftung nicht überleben würden.

Assad weiß, dass seine Folter- und Gewaltmaschinerie nur funktioniert, wenn sie mit entsprechender Propaganda angeheizt wird. Der Gegner muss entmenschlicht werden, er stilisiert ihn zum abstrakten Todfeind, der eine unmittelbare Bedrohung darstellt und deshalb liquidiert werden muss. In seiner ersten Rede nach Ausbruch der Proteste am 30. März 2011 vor dem Parlament spricht er von einer ausländischen Verschwörung und ihren Agenten, von Verrätern, Terroristen und Feinden Syriens, die das Land destabilisieren wollten. Keine Entschuldigung für die Toten, kein Wort der Versöhnung, stattdessen albernes Kichern des Präsidenten und peinliche Zwischenrufe von hysterischen Abgeordneten. Assad weigert sich, die Realität im Land anzuerkennen, und entwirft von Anfang an ein Gegenszenario, in dem er Syrien vor dem Terror rettet. Sein oberstes Ziel wird es, dieses Narrativ wahr werden zu lassen und so viele Menschen wie möglich – innerhalb und außerhalb Syriens – davon zu überzeugen.

Zunächst erntet er allerdings Spott. Mit absurden Äußerungen und grotesken Inszenierungen machen sich Regimevertreter und staatliche Medien lächerlich – die sozialen Netzwerke sind voller Parodien auf die peinlichen Lügengeschichten der Loyalisten. Assad selbst verliert mit dieser Rhetorik viele, die zunächst an ihn geglaubt und sich im Umgang mit den Protesten eine versöhnliche Reaktion und echte politische Reformen erhofft hatten – vor allem Vertreter der Mittelschicht, die in der Privatwirtschaft gut verdienen und deshalb kein Interesse an einem Aufstand haben.

Mittelfristig geht Assads Rechnung jedoch auf. Es gelingt ihm, den Verlauf der Ereignisse in seinem Sinne zu beeinflussen. Die friedliche Revolution militarisiert sich, der bewaffnete Aufstand radikalisiert sich und wird schließlich von Islamisten und ausländischen Dschihadisten dominiert. Verstärkt wird diese Entwicklung durch die Unfähigkeit der internationalen Gemeinschaft, eine einheitliche Antwort auf den Syrien-Konflikt zu finden, und die daraus folgende Strategie ausländischer Staaten und Akteure, sich zur Wahrung eigener Interessen direkt in Syrien einzumischen: der Iran, die libanesische Hisbollah und Russland auf Seiten des Regimes, Saudi-Arabien, die Türkei und Qatar als Sponsoren islamistischer Brigaden und Parteien und der Westen mit viel Rhetorik und halbherziger, unkoordinierter Hilfestellung für gemäßigte Rebellen und die politischen Oppositionsbündnisse. Wenig Unterstützung finden im Vergleich zivilgesellschaftliche Gruppen und lokale Verwaltungsstrukturen, die für die Menschen vor Ort oft die wichtigste Rolle spielen. So wird aus einem friedlichen Volksaufstand ein regionaler und internationaler Stellvertreterkrieg und ein Krieg gegen den Terror des IS, der den bis heute entscheidenden Grundkonflikt zwischen dem Assad-Regime und Teilen der Bevölkerung überdeckt und in den Hintergrund treten lässt.

Zurück zur Militarisierung: Deserteure der syrischen Armee, die sich weigern, auf ihre Landsleute zu schießen, und die fliehen können, bevor sie selbst hingerichtet werden, gründen im Sommer 2011 die Freie Syrische Armee (FSA). Viele der ehemaligen Soldaten kehren in ihre Heimatorte zurück und schließen sich dort mit frustrierten Aktivisten und freiwilligen Kämpfern zu lokalen Brigaden zusammen. Aus dem Flickenteppich des zivilen Widerstandes wird ein Flickenteppich des bewaffneten Widerstandes. Indem das Regime die Proteste lokal mit aller Härte bekämpft, verhindert es eine nationale Dynamik. Das Besetzen öffentlicher Plätze gelingt nur vorübergehend in Städten wie

Homs und Hama, der Marsch in die Hauptstadt wird zum unerreichbaren Traum. Die lokalen Komitees sind schon bald mit dem eigenen Überleben und der Versorgung ihrer Kommunen beschäftigt, die jeweiligen Rebellengruppen mit der Abwehr der Regimeangriffe und der Beschaffung von Waffen. Den Demonstranten fehlt eine politische Führung, den Rebellen ein zentrales Kommando. So ist das Assad-Regime seinen Gegnern vor Ort stets überlegen.

Aber es kann nicht überall gleichzeitig sein. Ab Herbst 2011 gelingt es den Oppositionellen, das Regime mancherorts zu vertreiben. Im Verlauf der Jahre 2012 und 2013 gelten immer mehr Gebiete als „befreit" – vor allem das Umland von Damaskus und Gebiete im Nordosten und Süden des Landes. Bilder von Baschar und Statuen seines Vaters werden zerstört und niedergerissen, die Strukturen des Widerstands entwickeln sich zu Lokalen Räten, die zum Teil in demokratischen Prozessen gewählt werden und im Laufe der Zeit staatliche Funktionen übernehmen. Es herrscht Aufbruchstimmung. Anwälte planen den Aufbau eines unabhängigen Justizsystems und einer eigenen Polizei, an Grenzübergängen heißt es nun „Willkommen im freien Syrien". Aktivisten veranstalten Kulturfestivals, Technokraten ziehen in die Verwaltung ein, Lehrpläne werden umgeschrieben, unabhängige Zeitungen veröffentlicht, Radiosender gegründet. Studierende, Anwälte, Frauen und Journalisten schließen sich zu neuen unabhängigen Unionen und Verbänden zusammen.

Assad reagiert mit noch mehr Gewalt, er erweitert seine Kriegsstrategie. Ab Februar 2012 lässt er Stadtteile und Ortschaften aus der Luft bombardieren und militärisch abriegeln, um Rebellen und Zivilisten auszuhungern und zur Aufgabe zu zwingen. „Verhungert oder ergebt euch" steht an den Eingängen belagerter Stadtteile nahe der Checkpoints. Den Spruch „Assad für immer oder wir brennen das Land nieder" hinterlassen Milizionäre und Soldaten des Regimes an Hauswänden, wenn sie ein Dorf überrannt oder ein paar Straßenzüge zurückerobert haben. Dahinter steckt jedoch mehr als reine Zerstörung. Überall, wo Assad die Kontrolle verliert, werden die Menschen kollektiv bestraft. In den „befreiten" Gebieten soll auf keinen Fall eine Alternative zu seiner

Herrschaft entstehen, stattdessen sollen Tod und Verzweiflung herrschen, nichts soll funktionieren, damit die Regimegegner als unfähig, schwach und korrupt dastehen. Assads Raketen zerstören deswegen gezielt die Infrastruktur dieser Gegenden: Krankenhäuser, Schulen, Marktplätze, Bäckereien, Umspannwerke, Getreidesilos, Katasterämter. Unpräzise Fassbomben, die aus Helikoptern über Wohngebieten abgeworfen werden, verbreiten zusätzlich Terror und Panik. Die Videos von den Folgen dieser Angriffe sind das Grausamste, was einen aus Kriegsgebieten erreichen kann. Sie dokumentieren Assads Bombenterror so detailliert, dass sie kaum ihren Weg in westliche Medien finden.

> Die Folgen der Fassbomben, die aus Helikoptern über Wohngebieten abgeworfen werden, sind so grausam, dass die Videos in westlichen Medien nicht gezeigt werden.

Um an der Macht zu bleiben, muss Assad Einigkeit verhindern und die Gesellschaft spalten. Er denkt und handelt deshalb von Anfang an in konfessionellen und ethnischen Kategorien, spielt Sunniten, Christen und Alawiten, Araber und Kurden gegeneinander aus. „Divide et impera", „teile und herrsche" – diese Strategie beherrschen die Assads seit jeher meisterhaft, und sie funktioniert auch dieses Mal. Ihre Geheimdienste provozieren und manipulieren, sie wiegeln auf und begehen im Namen anderer Verbrechen, sie streuen Gerüchte, erfinden Geschichten und säen in der Gesellschaft so viel Hass, dass der Konflikt zunehmend entlang konfessioneller und ethnischer Linien verläuft.

Zum Zweck der Spaltung bedient sich Assad ausgerechnet seiner beiden langjährigen internen Feinde – der Islamisten und der Kurden. Islamische Extremisten sollen den Volksaufstand kapern und einen Dschihad daraus machen. Die Kurden sollen sich heraushalten und eigene nationalistische Interessen verfolgen. Dadurch schaden beide Gruppen der Revolution, denn statt ihre Kräfte zu bündeln und gemeinsam den Sturz des Regimes zu betreiben, bekämpfen sich Islamisten und Moderate, Kurden und Araber irgendwann gegenseitig – und Assad ist der lachende Dritte.

Zwischen Frühjahr und Herbst 2011 entlässt das Regime Hunderte Salafisten und al-Qaida-Anhänger aus dem Gefängnis. Sie sollen die Revolution islamisieren und in ein radikales Licht rücken und werden dabei von Geheimdienstmitarbeitern unterstützt, die mit den Radikalen schon im Irak zusammengearbeitet haben. Einige gründen islamistische Brigaden und entwickeln sich in den folgenden Jahren zu einflussreichen Rebellenführern, andere landen bei ausländischen dschihadistischen Gruppen. Mit den Freilassungen infolge mehrerer Amnestien schafft das Regime Platz in seinen Haftanstalten – saßen dort vor dem Aufstand vor allem Islamisten, Kurden und ein paar linke, säkulare Oppositionelle, werden nun massenhaft Aktivisten, Demonstranten und unbeteiligte Zivilisten eingesperrt.

Während das Regime alle gemäßigten und zivilen Kräfte brutal verfolgt, lässt es die Salafisten bewusst gewähren – sowohl die syrischen als auch die beiden aus dem Ausland nach Syrien drängenden al-Qaida-Ableger: die Nusra-Front, die seit 2012 aktiv ist, und den Islamischen Staat im Irak und in der Levante (ISIS), der sich im Sommer 2013 von al-Qaida lossagt und unter dem Namen Islamischer Staat (IS) ein Kalifat in Teilen des Iraks und Syriens ausruft. Die Dschihadisten sind die Einzigen, die Assad neben sich duldet, denn er braucht sie, um sich als „geringeres Übel" zu präsentieren. Als der IS in die befreiten Gebiete vorrückt, um dort die FSA-Rebellen und den zivilen Widerstand zu bekämpfen und alternative Regierungsstrukturen zu übernehmen, kommt das Assad sehr gelegen. Mancherorts in der Provinz Aleppo lässt sich nachweisen, dass das Regime und der IS ihre Angriffe koordiniert haben – der IS am Boden, Assad aus der Luft. Einheiten der FSA kämpfen deshalb an zwei Fronten: gegen Assad und gegen den IS.

Gleichzeitig schürt Assad konfessionellen Hass. Provokateure der Geheimdienste mischen sich unter die Demonstranten und verbreiten Parolen, die sich gegen Minderheiten richten (zum Beispiel den Spruch „Alawiten ins Grab, Christen nach Beirut", mit dem die Protestbewegung als radikal sunnitisch diffamiert werden soll). An der Küste rufen alawitische Shabiha-Milizen zu Racheaktionen auf und erzeugen mit Gerüchten gesellschaftlichen Unfrieden, um Sunniten und Alawiten zu spalten. Im Sommer 2012 begehen sie in mehreren Dörfern zwischen Homs und Hama grausame Massaker, die eine wachsende Wut auf die Alawiten insgesamt erzeugen (das bekannteste ist das von al-Hulaam am 25. Mai 2012, bei dem 108 Bewohner ermordet werden, fast die Hälfte davon Kinder). Die Armee beschießt von christlichen Dörfern aus Stellungen der Rebellen und nutzt christliche Würdenträger als Sprachrohre der eigenen Propaganda. Das Kalkül dahinter ist einfach: Je größer der Hass der Aufständischen auf Alawiten und Christen, desto größer deren Angst – und die braucht Assad, um sie zu manipulieren und für seinen Machterhalt zu vereinnahmen.

Religiöse Bezüge nehmen ab 2013 deutlich zu – sowohl bei den Protesten als auch bei den Rebellen. Die Menschen sind verzweifelt, fühlen sich im Stich gelassen und suchen deshalb Zuflucht im Glauben. Gott wird für viele Syrer zum einzigen Beistand. Sprechchöre, die sich auf Gott oder den Propheten Mohammed beziehen, sind deshalb nicht automatisch als politische Forderungen oder ideologische Überzeugungen zu verstehen. Dass immer mehr Brigaden islamistisch auftreten, hat zwei Gründe. Erstens kommt das meiste Geld für den Kampf gegen Assad von reichen Golfarabern, die Wert auf eine islamische Gesinnung legen. Viele Brigaden ändern deshalb ihr Erscheinungsbild und tragen in ihren Propaganda- und Werbevideos schwarz-weiße Fahnen und Stirnbänder mit dem islamischen Glaubensbekenntnis, manche geben sich sogar einen neuen Namen. Zweitens erweisen sich die Islamisten als besser organisiert, erfolgreicher im Kampf und effektiver bei der Versorgung der Bevölkerung. Während sich unterfinanzierte FSA-Einheiten mit Korruption, Entführungen oder Erpressung das Geld für ihre Waffen beschaffen, erscheinen international gut vernetzte Islamisten als ehrliche und unbestechliche Wohltäter.

Erfolgreich ist Assad auch bei der „Neutralisierung" der Kurden. Obwohl es in Städten wie Amuda, Qamishli und al-Hasaka durchaus Proteste gibt und sich junge Kurden dort dem Aufstand anschließen und vor Ort revolutionäre Komitees gründen, verhalten sich die meisten syrischen Kurden zunächst abwartend. Anfang April 2011 bürgert das Regime mehr als 200.000 staatenlose Kurden ein und erfüllt damit eine langjährige Forderung kurdischer Oppositionsparteien. Diese beobachten die Organisationsversuche der syrischen Regimegegner im Ausland mit Skepsis. Viele Oppositionelle tragen einen seit Jahrzehnten fest verwurzelten arabischen Nationalismus in sich, der sich mitunter in chauvinistischem Auftreten und rassistischen Kommentaren gegenüber den Kurden äußert. Hinzu kommt, dass sowohl der im Sommer 2011 gegründete Syrische Nationalrat als auch das im November 2012 gebildete breitere Oppositionsbündnis Nationale Koalition der Syrischen Revolutions- und Oppositionskräfte ihre Hauptsitze in der Türkei haben und deshalb unter starkem Einfluss des türkischen Präsidenten Recep Tayyip Erdoğan stehen. Dieser will ein Erstarken der Kurden in Syrien auf jeden Fall verhindern, denn er fürchtet, ein weiteres autonomes Kurdengebiet in der Nachbarschaft (wie jenes im Nordirak) könnte die geschätzt 18 Millionen in der Türkei lebenden Kurden in ihrem Kampf für Selbstbestimmung weiter mobilisieren. Er setzt im Norden entlang der Grenze zur Türkei deshalb auf islamistische Kräfte. Zeitweise lässt er sogar den IS gewähren – eine Strategie, die sich rächt, wie Terroranschläge in der Türkei zeigen. Die Abhängigkeit der Nationalen Koalition – in der auch kurdische Politiker vertreten sind – von der türkischen Regierung ist so groß, dass sie sich in vielen Punkten dem Diktat Erdoğans beugt und syrische Interessen dabei zum Teil aus den Augen verliert. Kritik äußert sie nicht – weder am gewaltsamen Vorgehen der türkischen Armee gegen die Kurden in der Osttürkei noch an der Verfolgung und Diskreditierung kurdischer Politiker in Ankara. Auch bei Erdoğans Kampf gegen die einflussreichste kurdische Partei Syriens, die Partei der Demokratischen Union (PYD) und deren bewaffnete Volksverteidigungseinheiten (YPG), die der PKK nahestehen und in Nordsyrien ein autonomes Gebiet kontrollieren, stehen syrische Oppositionelle an seiner Seite. Die Vertreter der Nationalen Koalition gelten deshalb als Lakaien Erdoğans, sollten sie auch noch Kurden sein, werden sie von ihren Landsleuten als Verräter beschimpft.

Jahrzehntelang befeuerte das Assad-Regime das Misstrauen zwischen Arabern und Kurden. Schon vor der Revolution sorgten Geheimdienstler dafür, dass junge kurdische Aktivisten als gewaltbereite Separatisten wahrgenommen werden, und hetzten arabische Bewohner gemischter Nachbarschaften entsprechend auf. Mit Ausbruch der Revolution fürchtet das Regime einen kurdisch-arabischen Schulterschluss. Sollten sich weite Teile der kurdischen Bevölkerung an Massenprotesten beteiligen, käme landesweit eine schwer zu stoppende Dynamik in Gang.

Gleichzeitig wird Assad klar, dass er die kurdisch geprägten Gebiete im Nordosten nicht unter seiner direkten Kontrolle halten kann, da er Armee und Polizei an anderen Orten in Syrien braucht. Er sucht sich deshalb einen pragmatischen Partner, der es nicht auf einen Machtwechsel in Damaskus abgesehen hat, sondern in erster Linie für kurdische Ziele kämpft: die erwähnte PYD. Als Schwesterpartei der PKK (die Assad Senior in den 1990er Jahren gegen die Türkei unterstützt hatte) hat sie die Rechte und Interessen der Kurden insgesamt im Blick – nicht nur die der syrischen Kurden. Wo immer sich das Regime ab Sommer 2012 zurückzieht, füllt die PYD die Lücke. In den folgenden Jahren baut sie entlang der Grenze zur Türkei eine autonome Verwaltungsregion auf, die von den Kurden als Rojava oder Westkurdistan bezeichnet wird und aus den drei Kantonen Cizîrê (in der Provinz al-Hasaka), Kobanê (in der Provinz al-Raqqa) und Afrin (in der Provinz Aleppo) besteht.

Dort wird Kurdisch offizielle Amts- und Unterrichtssprache. Sämtliche Bereiche der öffentlichen Verwaltung – Bildung und Gesundheit, Justiz, innere Sicherheit und verschiedene Dienstleistungen – werden von demokratisch gewählten Räten und Institutionen verwaltet, die besonderen Wert auf lokale Selbstverwaltung und dezentrale Entscheidungsprozesse legen. Andere ethnische Gruppen der Region – Araber, Assyrer und Jesiden – werden mit eingebunden, vierzig Prozent der kommunalen Räte mit Frauen besetzt, Religion spielt in Politik und Verwaltung keine Rolle. So schön das alles klingt, als Demokratiemodell taugt die Herrschaft der PYD trotzdem nicht. Denn sie basiert auf den autoritären und zentralistischen Strukturen einer Partei, die zwar Kritik duldet, aber als Regierungsmacht nicht grundsätzlich infrage gestellt werden will. Wer sich dem System der PYD nicht unterordnet, wird verfolgt. Als einzige kurdische Partei verfügt die PYD über bewaffnete Kräfte, neben den Volksverteidigungseinheiten unterhält sie auch einen eigenen Sicherheitsdienst, die Asayish. Politische Gegner werden verhaftet und mundtot gemacht, zivilgesellschaftliche Gruppen außerhalb der Partei klagen über Einschüchterungsversuche, Schikanen und gewaltsame Übergriffe, die die deutsche Organisation kurdwatch dokumentiert. Proteste gegen das Assad-Regime in Qamishli, Amuda und Afrin werden von der PYD entweder verhindert oder gewaltsam aufgelöst. Vielerorts bestehen Regime- und PYD-Strukturen nebeneinander, Absprachen und Übereinkünfte der Kurdenpartei mit der Führung in Damaskus gelten als sicher.

Revolutionäre, Oppositionelle und Rebellen werfen der PYD deshalb Opportunismus und Verrat an ihren eigenen Werten (Demokratie, Freiheit, Recht auf Selbstbestimmung, Gleichberechtigung und Respekt vor den Menschenrechten) vor. Die meisten arabischen Syrer gehen davon aus, dass die PYD Rojava irgendwann abspalten und unabhängig machen will, und betrachten sie folglich als Gefahr für die Einheit des Landes. International wird die Gruppe wahlweise als Verbündeter und Speerspitze im Kampf gegen den IS genutzt (von den Regierungen der USA und Europas), für ihren zukunftsweisenden Demokratie- und Gesellschaftsversuch gepriesen (von linken Gruppen und Parteien im Westen) oder als Terrororganisation beschimpft und bekämpft (von der türkischen Führung). Nüchtern betrachtet hat die PYD ein autoritär geführtes basisdemokratisches Einparteiensystem aufgebaut, das Stabilität garantiert, die Region effektiv regiert, Frauenrechte fördert, die Menschen versorgt und schützt, dafür aber Loyalität erwartet und keine Fundamentalopposition duldet.

Der Alleinherrschaftsanspruch von PYD und YPG im Norden Syriens ist allerdings taktisch unklug, denn die Türkei unter Erdoğan wird sich mit der Präsenz einer PKK-nahen Partei und Miliz an der Grenze nicht abfinden. Im Januar 2018 startet Erdoğan einen Angriffskrieg gegen Afrin, den westlichsten der drei kurdischen Kantone in Syrien. Er will die YPG von der türkischen Grenze vertreiben und das Gebiet mit Hilfe syrischer Rebellen unter türkischen Einfluss bringen. Einheiten der FSA, die seit Jahren von Ankara ausgebildet, finanziert und bewaffnet werden, kämpfen nicht länger gegen ihren eigentlichen Feind Assad, sondern als Söldner Erdoğans gegen die eigenen kurdischen Landsleute. In diesem kritischen Moment klingen syrische Oppositionelle zum Teil wie Pressesprecher Erdoğans und verlieren dadurch weiter an Glaubwürdigkeit. Da den kurdischen Kämpfern in Afrin kein Verbündeter zur Seite steht (weder die USA noch Russland), bitten die YPG das Assad-Regime ganz offiziell um Hilfe bei der Sicherung der syrischen Grenzen. Ohne Erfolg. Westliche Regierungen lassen den NATO-Partner Türkei gewähren, Mitte März 2018 nehmen türkische Truppen und extremistisch auftretende syrische Kämpfer Afrin ein. Aus dem jahrzehntealten Misstrauen zwischen Arabern und Kurden wird offener Hass.

Assad wendet also größtmögliche Gewalt an und dividiert die Revolution auseinander – bleibt als letztes Element der Dreifach-Strategies ein öffentliches Auftreten und das von ihm übermittelte Bild, das ihn bereit zu Dialog und Versöhnung, entschlossen zu Reformen und nationaler Einheit zeigen soll. In den ersten Monaten nach Ausbruch der Revolution erfüllt Assad scheinbar die wichtigsten Forderungen der Opposition. Er hebt den Ausnahmezustand auf, schafft das Oberste Staatssicherheitsgericht ab (vor dem jahrzehntelang unter Ausschluss der Öffentlichkeit militärische Schauprozesse stattfanden), erlaubt angemeldete Demonstrationen und erlässt ein neues Parteiengesetz. Doch alle diese Maßnahmen erweisen sich als reine Makulatur.

Die Notstandsgesetze werden durch Anti-Terror-Gesetze, das Staatssicherheitsgericht durch ein Anti-Terror-Gericht ersetzt. Versuche, eine Demonstration offiziell genehmigen zu lassen, enden mit Verhaftungen und die Neugründung von Parteien ist wegen vielfältiger Auflagen so gut wie unmöglich. Lokale Waffenstillstände, die vom 2012 erschaffenen Ministerium für nationale Versöhnung als Beginn eines Aussöhnungsprozesses gelobt werden, entpuppen sich in der Realität als Kapitulation der Opposition und dienen der Wiederherstellung der alten Regime-Ordnung. Was Assad in Damaskus erklärt und beschließt, scheint völlig abgekoppelt von den Ereignissen im Land.

Ausländischen Journalisten gegenüber leugnet und verkehrt Assad Tatsachen mit einer Dreistigkeit, die viele Kollegen verstummen lässt. Anstatt seiner Darstellung der Dinge mit Fakten und Details entgegenzutreten, spulen die Korrespondenten vorgefertigte Fragen ab und lassen Baschar reden – und liefern ihm damit unfreiwillig eine internationale Bühne für seine Propaganda. Ein Interview mit Assad macht jedoch nur Sinn, wenn man es dazu nutzt, ihn sich selbst entlarven zu lassen. Denn in vielen Punkten sind seine Aussagen widersprüchlich, ja geradezu abstrus. Assad verbittet sich zum Beispiel jede Einmischung von außen, kann sich jedoch selbst nur dank ausländischer Söldner an der Macht halten und hat iranische Militärs, libanesische Hisbollah-Kämpfer und russische Kampfjets ins Land geholt. Er will allein das syrische Volk über die Zukunft des Landes und sein eigenes Schicksal entscheiden lassen, betont er immer wieder, dabei vertreibt und vernichtet er Teile genau dieses Volkes. Syrer, die gegen ihn demonstrieren, kämpfen oder vor seinen Massenvernichtungswaffen fliehen, existieren in Assads Parallelwelt nicht. Genauso wenig wie die Schulkinder in Daraa, deren Verhaftung und Folter Assad gegenüber der ARD als „Lügengeschichte" bezeichnet. Oder die 112 von der Weltgesundheitsorganisation (WHO) dokumentierten Angriffe auf Gesundheitseinrichtungen und medizinisches Personal im Jahr 2017. „Wir tun diese Dinge mit Sicherheit nicht", lautet Assads regelmäßige Antwort auf solche Zahlen. Von der BBC mit dem massenhaft dokumentierten Abwurf international geächteter Fassbomben konfrontiert, erwidert Assad lächelnd: „Ich habe nicht gehört, dass die Armee Fässer benutzt oder vielleicht Kochtöpfe." Das konsequente Verleugnen von Tatsachen ist eine seit Jahrzehnten eingeübte Strategie des syrischen Regimes, die auch im aktuellen Konflikt ihren Zweck erfüllt: Zweifel an der Wahrheit zu säen, bis diese als eine von mehreren möglichen Versionen erscheint.

Der Sarin-Angriff auf Khan Sheikhoun am 4. April 2017 mit 74 Toten und Hunderten Verletzten ist dafür ein gutes Beispiel. In ihrem siebten Bericht kommt die gemeinsame Untersuchungskommission der Vereinten Nationen und der Organisation für das Verbot chemischer Waffen (OPCD) mit dem sperrigen Namen „Organisation for the Prohibition of Chemical Weapons – United Nations Joint Investigative Mechanism (JIM)" am 25. Oktober 2017 zu dem Schluss, dass die syrische Regierung für den Giftgasangriff verantwortlich ist. Alle ermittelten Fakten – Uhrzeit, Einschlagkrater, Luftangriff, Symptome der Opfer, Art des Sarins – sprechen für diese Erkenntnis, die sich auf Zeugenaussagen, Satellitenbilder, behandelnde Ärzte, Bodenproben, Blutproben der Opfer, Expertenanalyse, Videos von vor Ort und anderes stützt. Weil aber Russland die internationalen Ermittlungen als unseriös abtut und bis heute abstruse Behauptungen aufstellt, halten sich andere Versionen des Angriffs hartnäckig.

Am Ende bleibt das Gefühl, „wir wissen es nicht genau" – und das Regime hat erreicht, was es wollte: Die Leute sind verunsichert und trauen niemandem mehr. Schlimmer noch. Eine wachsende Zahl vermeintlich kritischer Bürger vertraut im Internet kursierenden Verschwörungstheorien mehr als einer unabhängigen UN-Untersuchung, deren Methoden international anerkannte wissenschaftliche und juristische Standards erfüllen müssen. Der Bericht zu Khan Sheikhoun ist der letzte der gemeinsamen Untersuchungskommission JIM. Russland verhindert Ende Oktober 2017 im Weltsicherheitsrat eine Verlängerung des Joint Investigative Mechanism.

Dennoch hört man in Europa zunehmend Stimmen, die angesichts des sich abzeichnenden militärischen Sieges Assads, der Gräueltaten des IS, der terroristischen Bedrohung für Europa und des dringenden Wunsches, syrische Geflüchtete so bald wie möglich nach Hause zu schicken, eine Zusammenarbeit mit Damaskus fordern. Diese Politiker und Experten übersehen, dass Assad zwar bis auf Weiteres an der Macht bleiben wird, diese Macht aber bereits an seine Unterstützer verloren hat. Er ist ein Gefangener seiner Verbündeten. Ohne Russland und Iran als ausländische Schutzmächte und ohne die syrischen Milizenführer, die für ihn vielerorts kämpfen, könnte Assad nicht überleben. Diese lokalen

Kriegsherren wollen finanziell und personell am Sieg beteiligt werden, sie führen sich zum Teil auf wie Gangster. Assad muss sie deshalb mit Geld und Einfluss ruhigstellen. Daneben wollen syrische Geschäftsleute, die dem Regime nahestehen und am Krieg verdient haben, jetzt ihre Dividende kassieren. Sie wollen den Wiederaufbau dominieren und einen Großteil der ausländischen Finanzhilfe einstreichen, sobald diese fließt. Assad ist also abhängig von Leuten, die Syrien lediglich zur persönlichen Bereicherung und Machterweiterung benutzen. Was vordergründig wie Stabilität aussieht – weil keine Bomben mehr fallen, Schutt von den Straßen geräumt wird und Händler ihre Läden öffnen –, ist in Wirklichkeit Grabesruhe. Die Menschen sind zwar sicher vor Luftangriffen, aber nicht vor dem Einfluss der Milizen und Geheimdienste, nicht vor der Verhaftungs- und Vernichtungsmaschinerie des Regimes und nicht vor Enteignung. Ein Syrien unter Assad wird weiterhin zentralistisch, totalitär und von Willkür geprägt sein, wobei sich Klientelismus und Vetternwirtschaft durch die Kriegsökonomie und den Einfluss des Auslands noch verschärft haben. Die Ursachen des Aufstands bestehen folglich fort und haben sich zum Teil verschlimmert. Das, was die syrische Gesellschaft eigentlich bräuchte – Stabilität ohne Angst, Aussöhnung, Mitsprache, Gerechtigkeit und Chancengleichheit –, ist mit Assad und den Garanten seiner Macht nicht vorstellbar.

Außerdem fallen manche Politiker noch immer auf die jahrzehntealte Propaganda des syrischen Regimes herein. Sämtliche Narrative, auf die sich Damaskus bis heute beruft – vom säkularen, die Minderheiten beschützenden, den islamistischen Terror bekämpfenden antiimperialen Widerstandsregime –, stammen von Vater Assad. Und alle erweisen sich bei näherer Betrachtung als Kulissen, die beliebig hin- und hergeschoben, auf- und abgebaut werden – je nachdem, wer im Publikum sitzt. Dabei lassen sie sich leicht umwerfen und entlarven.

Das Regime ist säkular? Keineswegs. Laut syrischer Verfassung muss der Präsident Muslim sein, das islamische Recht ist die Hauptquelle der Gesetzgebung. Personenstands- und Erbrecht werden von den verschiedenen Glaubensgemeinschaften geregelt; es wird folglich geheiratet, geschieden und geerbt, wie es die katholische Kirche, die drusischen Scheichs oder die islamische Geistlichkeit in Syrien vorsehen. Rein standesamtlich kann man nichts regeln, Syrer brauchen für alle persönlichen Dinge Gottes Segen. Religion dient dem Assad-Regime zur Legitimierung und Verfestigung von Macht, alle offiziellen Religionsvertreter – ob Mufti, Patriarch, Bischof oder drusischer Scheich al-Aql – sind vom Geheimdienst abgesegnet und fungieren nicht selten als indirekte Sprecher des Regimes.

Assad schützt die Minderheiten? Falsch. Sunniten, Christen, Alawiten, Drusen und Ismaeliten lebten in Syrien seit Jahrhunderten gut zusammen, dafür brauchten sich nicht die Assads. Diese beschützen die Minderheiten nicht, sie benutzen sie. Das trifft insbesondere auf Alawiten und Christen zu. Das Regime schürt Ängste und Hass unter den Konfessionen, um sie im eigenen Interesse zu manipulieren.

Da offizielle Kirchenvertreter aus den genannten Gründen auf Seiten des Regimes stehen, fällt vielen syrischen Christen in dem aktuellen Konflikt eine eindeutige Positionierung schwer. Einerseits lehnen sie das Regime und seine Gewalttaten ab, andererseits fürchten sie eine radikal-islamische Alternative, die sie bedrängen oder rechtlich schlechterstellen könnte. Die größte Gefahr besteht für die Christen jedoch darin, wegen der Äußerungen ihrer Patriarchen und der Geheimdienstzusammenarbeit mancher Bischöfe, Priester und Nonnen als Nutznießer des Regimes oder Verräter der Revolution wahrgenommen zu werden. Europäische Politiker sollten syrischen Kirchenoberhäuptern entsprechend skeptisch begegnen.

Bei den Alawiten ist die Mobilisierung durch das Regime noch stärker. Sie befinden sich in einer Art Geiselhaft der Assads. Vater Hafiz hat den Alawiten ihre konfessionelle Identität genommen, indem er sie im Laufe der Jahre auf ihre Rolle als Helfershelfer einer Diktatur reduziert hat. Unter seiner Herrschaft fanden Alawiten Anstellung im öffentlichen Dienst, im Militär und in den Geheimdiensten, wo sie deutlich überrepräsentiert sind. Auf diese Weise wurden sie Stützen des Systems – und damit der Macht der Assads, über die sie sich selbst zunehmend definierten. Deshalb werden die Alawiten in Syrien weniger als eigenständige Religionsgemeinschaft, sondern als herrschende Minderheit wahrgenommen. Ein falscher Eindruck, denn bis heute leben viele Alawiten in großer Armut. Neben dem Assad-Clan und der angeheirateten Verwandtschaft profitierten auch treu ergebene Sunniten, Christen und Drusen vom Klientelismus der Präsidentenfamilie. Nach dem erwähnten Loyalitätsprinzip haben Vater und Sohn Vertreter aller Konfessionen für den eigenen Machterhalt vereinnahmt. Die Alawiten hat Assad junior in den vergangenen fünf Jahren ganz konkret für den eigenen Überlebenskampf benutzt. Sie treten als Soldaten, Shabiha-Milizionäre und Folterknechte in Erscheinung, wodurch sie den Hass der Regimegegner auf sich ziehen und die alawitische Gemeinschaft insgesamt in Verruf und Gefahr bringen. Im Kampf gegen die Rebellen dienen alawitische Soldaten als Kanonenfutter, viele junge Männer aus den Küstengebieten sind deshalb vor einer Zwangsrekrutierung geflohen.

Ein weiteres Märchen ist das von Assad als Bollwerk gegen die Extremisten. Der syrische Präsident kämpft gegen internationale Dschihadisten und radikale Islamisten? Schön wäre es. In Wahrheit braucht Assad Gruppen wie den IS als Schreckgespenst, um selbst zivilisiert auszusehen. Er selbst hat die Dschihadisten in Syrien großgemacht, denn diese gingen in die von der Opposition kontrollierten Gebiete und griffen dort die gemäßigten Rebellen an – ganz im Interesse des Regimes, das diese gleichzeitig aus der Luft bombardierte. Assad bekämpft vor allem den gemäßigten Widerstand, während er die Extremisten lange Zeit verschonte. Die Syrer und die Welt sollen sich zwischen ihm und dem IS entscheiden müssen und sich im internationalen Kampf gegen den Terror hinter das Regime stellen.

Damaskus leistet tapfer Widerstand gegenüber den imperialistischen Ambitionen und Wirtschaftsinteressen des Westens? Reine Rhetorik. Die Assads haben immer mit den USA und Europa zusammengearbeitet – wenn es ihren Interessen diente. Vater Hafiz unterstützte im Zweiten Golfkrieg 1990 die US-geführte Koalition gegen Saddam Hussein mit syrischen Truppen. Wichtigste Außenhandelspartner für den Export von Rohöl und Baumwolle waren über viele Jahre europäische Länder wie Deutschland, Frankreich und Großbritannien. Nach dem 11. September 2001 kooperierten Syriens Geheimdienste mit US-Behörden, Terrorverdächtige wurden nach Syrien gebracht und dort unter Folter verhört. Pläne für einen Regimewechsel von außen, wie sie dem Westen im aktuellen Konflikt gerne unterstellt werden, gibt es spätestens seit Barack Obamas Einzug ins Weiße Haus 2009 nicht mehr.

Verlassenes Volk, zerfallendes Land – Syrien heute

Wo stehen die Syrer heute? Weit unten, verlassen, in tiefer Dunkelheit. Eine halbe Million Menschen sind wahrscheinlich tot – sie haben Glück gehabt, meinen viele, die noch leben. Zwölf Millionen, mehr als die Hälfte der Bevölkerung, sind Vertriebene, schutzlos, schlecht versorgt und ohne Perspektive, verletzt, versehrt und traumatisiert. Fünfeinhalb Millionen von ihnen sind über die Grenzen geflüchtet, die meisten in die Nachbarländer, wo sie in improvisierten Verschlägen oder feuchten Kellern (Libanon), in Wüstencamps (Jordanien) oder in abgeschotteten Lagern und auf der Straße (Türkei) vor sich hinvegetieren, ausgebeutet und erniedrigt werden. Millionen syrische Kinder gehen seit Jahren nicht zur Schule, Mädchen werden früh verheiratet aus Angst vor Vergewaltigungen, Jungen zum Betteln und Arbeiten geschickt. Wer gespart hat, gibt sein letztes Geld den Schleppern für das Versprechen auf eine Zukunft in Europa – und endet auf dem Grund des Mittelmeers, an einem Zaun, unter einer dünnen Zeltplane oder in einem überfüllten Abschiebezentrum am Rande eines Kontinentes, der für sich in Anspruch nimmt, zivilisiert zu sein, die Menschenrechte zu achten und Schutzbedürftigen zu helfen.

Unterdessen löst Syrien sich auf – in multiple Realitäten und Einflussgebiete, deren Grenzen dynamische Frontverläufe sind. Vereinfacht gesagt ist das Land unter vier Kriegsparteien aufgeteilt: Assad, der kurdischen PYD, verschiedenen islamistischen und gemäßigten Rebellengruppen und Überresten des IS.

Das Zentrum von Damaskus, die Provinzen Homs und Hama, die Küste sowie Teile der Provinzen Idlib und Aleppo im Norden und

Quneitra, Daraa und Sweida im Süden befinden sich in den Händen des Regimes. Dort ist es sicherer als anderswo, auch wenn Rebellen entlang der Front Raketen auf Wohngebiete der anderen Seite feuern und der IS Selbstmordanschläge in Damaskus und den Küstenstädten Tartus und Latakia verübt. Die Menschen halten still und ziehen die Köpfe ein. Sie haben noch immer einiges zu verlieren – einen Job, ein Einkommen, relative Sicherheit, ein einigermaßen funktionierendes Bildungs- und Gesundheitssystem, eine Wasser- und Stromversorgung, die zwar zwischendurch zusammenbricht, aber nicht in Trümmern liegt, und Nahrungsmittel, die teuer, aber verfügbar sind, auch weil der allergrößte Teil der UN-gesteuerten humanitären Hilfe in Regime-kontrollierten Gebieten landet. Die Syrer dort haben deshalb Angst – vor dem Sicherheitsapparat des Regimes und vor der Rache ihrer Landsleute, deren Leid sie seit Jahren stillschweigend hinnehmen. Manche haben sich in Assads Parallelwelt eingerichtet, andere kritisieren seine Abhängigkeit vom Ausland. Darunter sogar Vertreter des Regimes, die sich von iranischen Generälen und russischen Militärs bevormundet fühlen. Immer weniger Bewohner dieser Gebiete sind bereit, sich für Assads Machterhalt zu opfern, weswegen dem Regime die syrischen Soldaten ausgehen und es seinen Krieg inzwischen weitgehend mit ausländischen schiitischen Söldnern führt.

Die Lage in der autonomen Kurdenregion Rojava droht sich zu verschlechtern. Bisher gab es dort relative Sicherheit und Stabilität, eine recht gut funktionierende öffentliche Ordnung mit Schulen und medizinischer Versorgung zum Preis eines autoritär geführten Einparteiensystems, das Unterordnung verlangt. Seit Anfang 2018 herrscht im Westen Rojavas Krieg, den die Türkei begonnen hat und im schlimmsten Fall bis an die Grenze zum Irak ausweiten will. Hunderttausende Kurden und Araber, darunter viele Binnenflüchtlinge, wären betroffen.

Am schlimmsten ist die Lage zweifellos in den letzten von der Opposition gehaltenen Gebieten. Nach der rücksichtslosen Rückeroberung, politischen Säuberung und Unterwerfung von Ost-Aleppo Ende 2016 und Ost-Ghouta Anfang 2018 erwartet die Provinz Idlib im Nordwesten und Daraa im Süden das gleiche Schicksal. Sie stehen zum

Teil unter Dauerbeschuss, täglich gibt es Tote und Verletzte, die Infrastruktur ist weitgehend zerstört. Manche Gebiete werden über Monate oder Jahre belagert, UN-Hilfskonvois nicht genehmigt, Verletzte und chronisch Kranke können nicht versorgt werden.

Meist konkurrieren mehrere bewaffnete Gruppen um Macht, Nachschub und Legitimität in der Bevölkerung. Feindseligkeiten untereinander führen zu Entführungen und Verhaftungen, Rebellen sind mit internen Kämpfen beschäftigt, Einheiten der FSA gelten als korrupt, islamistische Brigaden drangsalieren zivilgesellschaftliche Gruppen. Mancherorts demonstrieren die Bewohner deshalb nicht mehr nur gegen das Assad-Regime, sondern auch gegen lokale Machthaber wie die Hayat Tahrir al-Sham (HTS), ein von der ehemaligen Nusra-Front dominiertes Bündnis. In diesem Umfeld haben die Lokalen Räte und Basiskomitees einen schweren Stand. Sie sind aber umso wichtiger, da sie Nahrungsmittel verteilen, Untergrundkliniken und Schulen betreiben, die Gewalttaten und deren Opfer dokumentieren, kaputte Strom- und Wasserleitungen reparieren und gesellschaftliches Engagement wie Bibliotheken, Workshops und Freizeitaktivitäten für Kinder ermöglichen.

Der IS, der einst im Osten des Landes Teile der Provinzen al-Raqqa, Deiral-Zor, Aleppo, al-Hasaka und Homs kontrollierte, gilt seit Herbst 2017 als militärisch geschlagen. Im Oktober eroberten die von den kurdischen YPG dominierten und von Washington unterstützten Syrian Democratic Forces (SDF) die IS-Hauptstadt Raqqa, die nach monatelangen Luftangriffen der US-geführten internationalen Koalition in Trümmern liegt. Seitdem kontrolliert der IS nur noch kleine, vereinzelte Gebiete nahe der Grenze zum Irak, allerdings tauchen IS-Kämpfer auch in anderen Regionen immer wieder auf. Der Umgang mit gefangenen Führungspersonen, Mitgliedern und Sympathisanten des IS wird darüber entscheiden, ob die Organisation nachhaltig geschwächt ist oder ideologisch weiterlebt. Was es braucht, ist Resozialisierung: die Auseinandersetzung mit der eigenen Radikalisierung, eine gedankliche Umerziehung und soziale Rehabilitation.

Das Assad-Regime tötete bisher mindestens 195.491 Zivilisten, darunter 22.037 Kinder – acht Kinder pro Tag.

Alle bewaffneten Konfliktparteien in Syrien begehen Verbrechen, viele sind bereits als Kriegsverbrechen oder Verbrechen gegen die Menschlichkeit identifiziert worden. Auch Rebellen misshandeln Gefangene, richten ihre Feinde hin und töten mit willkürlichem Granatbeschuss Zivilisten. Die Grausamkeiten des IS – Köpfen, bei lebendigem Leibe verbrennen, Erhängen, Erschießen, Auspeitschen und Hand abhacken – sind bekannt. Die PYD rekrutiert Minderjährige für ihren Kampf, verhaftet politische Gegner und hat einzelne von ihnen getötet.

Und doch müssen wir die Gewalt in Syrien in den richtigen Maßstab setzen, um den Konflikt zu verstehen. Das Syrische Netzwerk für Menschenrechte dokumentiert (neben einigen anderen Nichtregierungsorganisationen, die zu ähnlichen Ergebnissen kommen) sämtliche getöteten Zivilisten des Konflikts, bei denen der Name des Opfers sowie Zeitpunkt und Ort seines Todes bestätigt sind – es handelt sich folglich um Mindestzahlen. Monat für Monat führen sie ihre Statistik des Grauens; geordnet nach verantwortlicher Kriegspartei. Das Assad-Regime ist demzufolge zwischen März 2011 und März 2018 für 89,7 Prozent der getöteten Zivilisten verantwortlich. Es tötete 195.491 Zivilisten, darunter 22.037 Kinder – acht Kinder pro Tag. Im Vergleich dazu töteten syrische Rebellen im gleichen Zeitraum 4.039 Zivilisten (938 Kinder), der IS 4.328 Zivilisten (781 Kinder), die Nusra-Front 431 Zivilisten (89 Kinder) und die PYD 835 Zivilisten (134 Kinder). Auch die internationalen Kriegsparteien werden statistisch erfasst. Bei russischen Angriffen starben bis zum 1. März 2018 insgesamt 6.019 Zivilisten (1.708 Kinder). Das bedeutet, Russland tötete in zweieinhalb Jahren fast doppelt so viele syrische Kinder wie der IS und die Nusra-Front zusammen in sechs Jahren. Die US-geführte internationale Koalition gegen den IS ist verantwortlich für den Tod von 2.673 Zivilisten (817 Kinder).

Unsere Wahrnehmung, dass der IS in Syrien der Hauptfeind und der Inbegriff des Bösen war, passt folglich nicht mit der Realität im Lande zusammen. Für uns mag der IS die größere Gefahr darstellen – denn sein Terror betrifft uns unmittelbar und Assad tötet „nur" Syrer – aber für die meisten Syrer ist das Assad-Regime der schlimmste Verbrecher und sein Luftkrieg gegen die Zivilbevölkerung der wichtigste Grund für ihre Flucht. Gäbe es keine Raketenangriffe und Bombenabwürfe, wären sie geblieben, bestätigen viele.

Füllen wir die Zahlen mit Bildern: Weite Teile Syriens liegen in Schutt und Asche, das Umland von Damaskus, Aleppo, Homs und viele kleinere Städte sind Trümmerlandschaften, die an das zerstörte Deutschland nach dem Zweiten Weltkrieg erinnern. Wer überlebt, ist oft für immer gezeichnet – mit schweren Verbrennungen, dem Verlust einer Hand oder eines Auges, notamputierten Armen oder Beinen. Die Fotos und Aufzeichnungen, mit denen der Fotograf Kai Wiedenhöfer die Schicksale syrischer Kriegsopfer in Jordanien und im Libanon dokumentiert, lassen erahnen, was der syrischen Gesellschaft noch bevorsteht.

Hunderttausende Syrer wurden zum Teil jahrelang ausgehungert, Kinder waren chronisch unterernährt, mehr als 900 Menschen sind an Unterernährung und mangelnder medizinischer Versorgung infolge der Blockadepolitik des Regimes gestorben. Zwischenzeitlich war diese ein lukrativer Zweig der Kriegswirtschaft geworden, von dem Regierungsvertreter, Militärs und Soldaten an Checkpoints sowie Assad-loyale Geschäftsleute, lokale Händler und Rebellenführer profitieren. Was mehr als 100.000 Häftlinge in Assads Gefängnissen erleiden, habe ich bereits geschildert, etwa 60.000 sind dort bereits qualvoll gestorben.

Der Staatsterror ist ausführlich dokumentiert – von internationalen Nichtregierungsorganisationen wie Human Rights Watch, Amnesty International, Ärzte ohne Grenzen, Physicians For Human Rights, Siege Watch und verschiedenen UN-Organisationen (vor allem der Unabhängigen Internationalen Untersuchungskommission für Syrien), aber auch von syrischen Gruppen wie dem Syrischen Netzwerk für Menschenrechte, The Syria Campaign, der Union Syrischer Medizinischer Hilfsorganisationen (UOSSM), dem Violations Documentation Center (VDC), der Syrian American Medical Society (SAMS) und anderen. Außerdem gibt es einige mehrsprachige und professionell arbeitende Online-Medien, die mit syrischen Korrespondenten vor Ort arbeiten oder Interviews mit Verantwortlichen führen. Und auch westliche Journalisten waren in den vergangenen Jahren immer wieder in Syrien und bestätigen mit ihren Berichten und Reportagen, was wir jeden Tag im Internet sehen können.

Staubbedeckte Kinder rennen in Panik aus Explosionswolken oder bitten die Leichen ihrer Väter und Mütter unter Tränen, nicht zu gehen. Ein Mann steht auf den Trümmern eines Hauses und zeigt verzweifelt auf die Stelle, an der das Bett mit seinen vier Kindern stand – alle vier und seine Frau werden leblos aus dem Schutt gezogen. Rettungskräfte befreien unter Betonplatten eingeklemmte Babys, bevor deren Wimmern verstummt. Mütter wiegen ihre in weiße Tücher gewickelten Kinder, als würden sie nur schlafen. Männer sammeln nach Explosionen Überreste menschlicher Körper ein, Frauen suchen auf Gemüsemärkten nach Körperteilen ihrer Söhne, die sie zum Einkaufen geschickt hatten. Am Straßenrand halten Rettungskräfte kurz nach einem Bombeneinschlag eine Großmutter fest, die nach ihren Enkeln in dem zerstörten Haus suchen will, sich aber selbst in Gefahr bringen würde, weil auf den ersten Angriff oft ein zweiter folgt, der die Helfer treffen soll. In Syrien sterben Mediziner nicht, WÄHREND sie Leben retten, sondern WEIL sie Leben retten. Und schließlich das etwa dreijährige Kind in Duma bei Damaskus. Es liegt unter Geröll begraben, nur sein Kopf schaut heraus – es ist Nacht, die Mutter versucht es zu beruhigen. Niemand ist da, um die schweren Steine wegzuräumen, das Kind schließt die Augen und dreht das Gesicht weg, der Film bricht ab. 27 Sekunden, die sich nicht löschen lassen.

In Syrien findet der am besten dokumentierte Völkermord in der Geschichte der Menschheit statt.

Das alles entspringt nicht einem übertriebenen Drehbuch zu einem zweistündigen Horrorfilm, sondern ist Alltag für Hunderttausende Syrer – Tag für Tag, Woche für Woche, Monat für Monat, Jahr für Jahr. Wir schauen weg, schauen zu, schalten ab, fühlen uns schlecht. In jedem Fall wissen wir genau, was passiert, denn in Syrien findet der am besten dokumentierte Völkermord in der Geschichte der Menschheit statt. Die Beweislast gegen Assad und seine engsten Vertrauten ist erdrückend. Nicht zuletzt durch die von dem Militärfotografen mit Decknamen Caesar außer Landes geschmuggelten Fotos getöteter Gefangener, von denen Strafjuristen und Ankläger früherer Kriegstribunale sagen, sie hätten noch nie so schlagende Beweise für Kriegsverbrechen und Verbrechen gegen die Menschlichkeit gesehen.

Assads Verbrechen sind systematisch, sie werden von offiziellen Stellen befohlen, ausgeführt und dokumentiert. Ein ganzer Staatsapparat ist mit der Vernichtung von Menschen beschäftigt und setzt dazu sämtliche ihm zur Verfügung stehenden Mittel ein: Kampfjets, Raketen, Chemiewaffen, Soldaten, Milizen, Geheimdienste, Inhaftierung, Folter und Belagerung.

Investieren in die Syrer bei uns, nicht in den Wiederaufbau unter Assad.

Angesichts von mehr als 700.000 nach Deutschland geflüchteten Syrern, den damit einhergehenden innenpolitischen Debatten und gesellschaftlichen Verwerfungen hat kein Land Europas ein größeres Interesse an einem Ende des Syrienkrieges als die Bundesrepublik Deutschland. Der absehbare militärische Sieg des Regimes bringt jedoch keinen Frieden, sondern eine Fortsetzung des Krieges mit anderen Mitteln. Assads Gegner werden weiter verfolgt, vertrieben, enteignet und getötet werden, Aufständische werden ihren Kampf aus dem Untergrund mit Anschlägen und Autobomben weiterführen. Geflüchtete Syrer können nicht zurückkehren, weil ihnen Repressalien des Regimes drohen, sie nicht erwünscht sind oder weil sie angesichts der Zerstörung ihres Besitzes keine Perspektive für sich sehen. Der Konflikt in Syrien ist deshalb nicht zu Ende, sondern tritt in eine neue Phase. Wer als geflüchteter Syrer an einem sicheren Ort ein erträgliches Dasein fristet, wird vorerst nicht zurückgehen. Sollte die Rückkehr von syrischen Geflüchteten ein erklärtes Interesse Deutschlands sein, müsste sich die Bundesregierung für ein anderes Syrien einsetzen. Fünf Dinge wären dabei hilfreich:

Erstens sollte Berlin seine Beziehungen zum syrischen Regime nicht normalisieren.

Zweitens sollte sich Europa nicht an Assads Wiederaufbau beteiligen – er dient der Belohnung seiner Anhänger, der Bestrafung seiner Gegner (die zum Teil enteignet werden) und der Verfestigung demografischer Veränderungen. Jeder Euro, den wir in bester Absicht nach Damaskus schicken, landet beim Regime und stärkt Strukturen, die Frieden verhindern.

Drittens sollte die Bundesregierung die deutsche Militärintervention beenden und das dadurch gesparte Geld in die Integration von Syrern sowie die Bundesanwaltschaft in Karlsruhe investieren. Denn diese sollte

viertens eine Führungsrolle bei der juristischen Aufarbeitung von in Syrien begangenen Kriegsverbrechen übernehmen.

Fünftens sollten wir zivilgesellschaftliches Engagement noch mehr unterstützen – den zivilen Widerstand in Syrien und Aktivisten, die nach Deutschland geflohen sind. Sie sind die Zukunft Syriens.

Was Syrien jetzt braucht, ist folglich eine klare Haltung. Da das Land mit diesem Regime keinen Frieden finden wird, sollten wir es mindestens ächten. Dabei geht es nicht um die Person Assads, sondern um das System dahinter. Erst wenn der Sicherheitsapparat entmachtet und die Hauptverantwortlichen für die Verbrechen angeklagt sind, werden Syrer Hoffnung schöpfen und zurückkehren. Bis dahin sollten wir ihre Integration in Deutschland vorantreiben, auch indem wir ihnen ermöglichen, ihre Familien zu sich zu holen. Denn vieles, was sie hier lernen, könnte in einem Post-Assad-Syrien von Nutzen sein.

Literatur

Kristin Helberg: Der Syrien-Krieg. Lösung eines Weltkonflikts. Herder, Freiburg 2018.

Die Ursprungsversion des vorliegenden Textes stammt aus dem Buch:
Kristin Helberg: Verzerrte Sichtweisen – Syrer bei uns. Von Ängsten, Missverständnissen und einem veränderten Land. Herder, Freiburg 2016.
und wurde für dieses Buch aktualisiert und überarbeitet.

Mirjam, 21 Jahre, aus Aleppo

„Ich habe keine Angst. Nie."

Hallo Mirjam, schön, dass wir heute miteinander sprechen können. Magst du dich einmal vorstellen?
Ich komme aus Syrien und möchte hier in Deutschland Medizin studieren. Aber ich arbeite jetzt in einem Praktikum, bevor Ende April der B2-Sprachkurs anfängt. Anfang Mai habe ich ein Interview in Stuttgart, und dann warte ich, ob ich einen Platz an der Universität bekomme. Ich kann dir meine Zeugnisse zeigen, die habe ich dabei. Das da ist von meiner Schule, das ist das Zeugnis vom Sprachkurs und das ist vom Jobcenter.

Wie lange bist du jetzt in Deutschland?
Seit eineinhalb Jahren. Beim ersten Mal wurde mein Asylantrag nicht anerkannt, beim zweiten Mal habe ich eine Aufenthaltserlaubnis für drei Jahre bekommen. Und dann habe ich erst mal keinen Platz für den Sprachkurs bekommen. Dann habe ich zu Hause gelernt. Und irgendwann habe ich zu Frau L. gesagt: „Ich glaube, ich bin jetzt besser in der Sprache, ich will mich testen." Und sie sagt zu mir: „Geh zu dem Sprachkurs in dem Schulungszentrum für drei Monate und dann machen wir den B1-Test." Und dann war alles gut.

Kannst du noch ein bisschen mehr zu dir erzählen, wie dein Leben hier ist, was du so machst?
Jetzt mache ich ein Praktikum bei einem Verein. Da gehe ich den ganzen Tag ins Büro, jeden Tag. Wenn ich nach Hause zurückkomme, lerne ich ein bisschen Deutsch, dann essen, schlafen. Seit zwei Monaten. Im Büro arbeite ich als Dolmetscherin, ich gehe mit Leuten zum Arzt oder zum Jobcenter für die Anmeldung, zur AOK. Ich helfe mit, Formulare auszufüllen. Oder wenn Leute sagen, wir

wissen nicht, was wir machen müssen, dann kann ich auch helfen und erklären.

Lebt deine Familia auch hier mit dir?
Ja, meine Familie ist hier. Ich habe eine große Familie. [lacht] Wir sind zehn Personen, und ich habe noch weitere Familienmitglieder in Syrien. Wir leben jetzt alle zusammen in der Wohnung. Aber als wir gekommen sind, gab es so viele Probleme hier. Wir haben acht Monate in der Halle gewartet, mit so vielen Leuten. Da habe ich das erste Mal gesagt: Ich will zurück nach Syrien. Aber jetzt ist alles gut; seit letzten August haben wir eine Wohnung genommen, und da ist das Leben gut, mit allen zusammen. Meinen Geschwistern geht es auch gut, sie gehen zur Schule, alle. Ich habe vier Schwestern und drei Brüder. Zwei sind in der Realschule und nächstes Jahr kommen noch mal zwei in die Realschule. Ein Bruder, der 19 Jahre alt ist, geht zur Berufsschule und macht nachmittags einen Sprachkurs. Und meine Eltern warten auch darauf, dass ein Kurs anfängt.

Du hast vorhin von der Halle erzählt. Hast du da schon angefangen, Deutsch zu lernen?
Ja, in der Halle. Alle Leute meinten: Warum? Warum willst du sofort anfangen? Aber ich kann nicht warten. Jetzt musste ich zwei Monate warten, bis B2 anfängt. Da hab ich zu Frau L. gesagt: „Ich kann nicht zu Hause bleiben und warten, ich muss arbeiten!" Da hat sie zu mir gesagt: „Das kannst du, du kannst hier ein Praktikum machen."

Und das gefällt dir gut hier?
Ja, ich bin sehr zufrieden. Es ist viel Arbeit am Tag.

Das heißt, du brauchst immer eine Aufgabe?
Ja! [lacht] Auch wenn ich zurück nach Hause komme, ich kann nicht sitzen und warten. Ich will immer etwas machen. Selbst so was wie kochen oder putzen oder so! Mein Vater sagt mir immer: „Mirjam, setz dich!" Aber es geht nicht.

Hast du Ideen für deine Zukunft?
Ich möchte Medizin studieren. Das ist mein Traum! Weil: Meine Mutter ist vor 16 Jahren gestorben. Sie hatte Krebs. Und seitdem war es mein Traum: Wenn ich groß bin, studiere ich Medizin. Onkologie.

Ich finde es immer sehr spannend, wenn Menschen genau wissen, was sie für einen Beruf machen wollen. Und du hast seit fünfzehn Jahren diesen Wunsch, das ist ganz schön lange!
Ja, schon in der ersten Klasse, als wir gefragt wurden, was wir später werden möchten, habe ich gesagt: Ich möchte Medizin studieren. Mein Vater sagt immer, Ingenieur ist sehr gut. Aber ich sage nein, das ist mein Traum. Ich arbeite so viel für meinen Traum. Auch im Jobcenter wurde ich gefragt: „Was möchtest du *auch*, nicht nur Medizin. Mach erst eine Ausbildung, dann kannst du später an eine Universität gehen." Ich sage: „Ich denke nicht. Nur Medizin." [lacht]
    Und ich sage noch eine Sache: Ich denke immer, mein Kopf arbeitet immer. Ich habe gar nicht so viel Zeit, viel zu studieren, zu lesen. Ich kann auch nicht so lange lesen und schreiben. Aber wenn ich bei etwas gut bin, dann im Kopf. Ich kann mir alles merken.

Das ist beeindruckend! Du machst jetzt noch den B2-Sprachkurs. Kannst du dann anfangen zu studieren?
Der B2-Sprachkurs dauert drei Monate. Und dann muss ich auch C1 machen. Und ich muss immer warten. Mein Zeugnis von B1 kam im Januar, und dann musste ich vier Monate warten, bis B2 anfing. Immer muss ich warten. Und ich kann nicht warten, ich suche immer Arbeit. [lacht] Jetzt lerne ich gerade nicht so viel, aber ich bin nicht zufrieden mit meinem Sprechen, das ist nicht so gut.

Aber da hilft auch das Praktikum, oder?
Ja! Ich habe so viele Wörter gehört und kann sie jetzt auch sagen. Und auch ein bisschen den Akzent hier! Weil Deutsch bringt nicht so viel auf der Straße. Sie reden dort Badisch, da verstehe ich nicht viel. Sie re-

den viel schneller. Auch das ist schwer. Ich habe gehört, dass der Akzent hier besonders schwierig ist.

Ja, das stimmt. Ich verstehe ihn auch nicht. [alle lachen] Und was findest du in Deutschland besonders spannend, was vielleicht in Syrien nicht so war? Gibt es Unterschiede?
In Syrien studieren ist sehr schwer. Weil im Abitur haben wir dreizehn Bücher, die wir alle sehr gut lernen müssen. Und wenn ich nur die Note drei bekomme, dann habe ich verloren, dann ist mein Traum weg. Und es gibt noch eine Sache, die nicht so gut war: Wenn ich studieren möchte, muss ich Geld bezahlen an jemanden.

Jemanden bestechen?
Ja. Wer Geld bezahlt, kann sein Studium machen und seinen Traum erfüllen. Aber es gibt viele Leute, die kein Geld haben.

Du hast jetzt schon sehr viel erzählt. Aber vielleicht kannst du uns noch etwas darüber sagen, was für dich hier in Deutschland schwierig ist?
Hier ist nur ein Problem: dass ich so lange warten muss.

Du hilfst ja mit deinem Praktikum anderen Menschen ganz viel. Wer hilft dir, wenn du Hilfe brauchst?
Alle haben ja verschiedene Probleme. Manche von ihrer Familie, manche von der Arbeit oder auch damit, dass Deutsch reden so schwierig ist. Und alle haben sehr schwierige Situationen. Probleme gibt es bei einer Frau mit ihrem Mann oder mit ihren Kindern, oder die Kinder haben Probleme mit ihren Eltern oder so. Manche brauchen auch, dass die Polizei kommt, zum Beispiel, wenn die Frau Probleme mit ihrem Mann hat.

Und du übersetzt, wenn es solche Probleme gibt?
Ja. Und eines ist auch wichtig: Man braucht immer einen Rechtsanwalt.

Ich kann mir vorstellen, dass du ganz schön viele Informationen brauchst, um die Arbeit zu machen. Woher hast du diese Informationen oder das Wissen, dass du dort und dort was erledigen kannst?
Ich kann das immer selber suchen. Immer mit dem Internet. Welche Adresse ich brauche, kann ich bei *Google* sehen. Ich suche, suche, bis ich das finde, was ich brauche. Und wegen Papieren, wenn ich überlege, was braucht dieser Mann oder die Frau, dann kann ich das im Büro sehr gut sehen, was Frau L. macht. Ich merke mir das. Frau L. hat schon zu mir gesagt: „Nächsten Monat sitzt du hier, nicht mehr ich, glaube ich!" [alle lachen] Ich kann sehr gut lernen. Und ich habe auch keine Angst. Nie. Ich merke jetzt schon, wenn sie viel Arbeit hat, kann ich auch einen Menschen für sie übernehmen. Ich bereite dann alle Papiere für ihn vor.

Hast du bisher nur gute Erfahrungen mit den Menschen hier gemacht? Weil es ja auch Menschen in Deutschland gibt, die sagen, sie wollen keine Geflüchteten hier …
Ja, unser Nachbar ist so! Unser Haus hat drei Wohnungen. Im Erdgeschoss gibt es einen Mann, er lebt allein, und dann gibt es noch für uns zwei Wohnungen, weil wir so eine große Familie sind. Und er mag uns nicht. Immer macht er Probleme. Er schmeißt Sachen auf unseren Balkon. Oder er wirft seinen Abfall in unsere Mülltonne. Und wenn wir unseren Abfall bringen, sehen wir, oh, das ist schon voll. Oder er schmiert Schokolade oder so was auf unsere Treppen. Er ist allein und nicht jung. Ich glaube, er ist 50, 55 Jahre alt.

Spricht er auch mit euch?
Ja. Er sagt immer: Ich spreche mit dem Landratsamt, und dann gehst du nach Syrien zurück. [lacht]

Macht dir das Angst?
Ich hab keine Angst. Mein Vater will in ein anderes Haus umziehen, aber wir sagen nein. Wir wollen hier bleiben. Für uns ist das Haus sehr gut, warum sollen wir umziehen? Das ist nur ein Mensch.

Was machst du denn so im Alltag, hast du auch Hobbys?
Nein, nicht sehr viel. Ich mag gerne Kulturbücher und Tennis spielen. Aber eigentlich habe ich dafür keine Zeit.

Und wenn du mit Freundinnen, Freunden Kontakt hast, was macht ihr dann?
Hier hab ich keine Freunde.

Und von deinen Freunden ist keiner hier in der Nähe?
Nein, hier gibt es niemanden.

Amir aus Hasaka, 17 Jahre

„Wir können in Deutschland viel Gutes machen."

Wie bist du in Syrien aufgewachsen und wie bist du nach Deutschland gekommen?
Ich bin in einer normalen Familie in Syrien aufgewachsen. Mit meinem Vater, meiner Mutter, drei Schwestern und einem Bruder. Meine Familie besaß viele Flächen für die Landwirtschaft. Der Staat, damals noch Assads Vater, hat uns unser Eigentum einfach weggenommen. Das war für meinen Vater schwierig. Daraufhin ist er nach Italien gegangen und hat dort studiert. Nach dem Studium ist er wieder nach Syrien geflogen. In Syrien hat er meine Mutter kennengelernt und sie geheiratet. Wir hatten ein großes Haus mit unserer Großfamilie. Das Haus war sehr alt und wir mussten es renovieren. Drei meiner Onkel haben auch in dem Haus gewohnt. Das Haus gehörte nämlich meinem Opa und deswegen haben wir uns alle das Haus geteilt. Mit dem Renovieren haben wir 2006 angefangen. Bis das Haus fertig wurde, mussten wir in anderen Wohnungen unterkommen. Deswegen war ich auch in vielen unterschiedlichen Wohnungen in Syrien. Bis zum Kindergarten war ich ein Einzelkind. Ich hatte weder eine Schwester noch einen Bruder. Als ich fünf Jahre alt wurde, kam meine älteste Schwester auf die Welt. Das war sehr schön. Nach einem Jahr kam dann die nächste Schwester. Und danach kamen Zwillinge, ein Bruder und eine Schwester.

Ich war in vielen Schulen und habe in vielen Orten in Syrien gewohnt, aber in der gleichen Stadt. Dann kam der Krieg. Und das war schwierig für meine Familie. Sie haben sich gefragt, wie unsere Zukunft aussehen wird. Wir sind dann mit dem Auto nach Jordanien geflohen. Mein Vater war bei uns. Aber an der Grenze in Jordanien haben sie uns gesagt, es sei verboten, dass mein Vater mit einreist. Er durfte nicht in das Land immigrieren, nur ich und meine Geschwister. Mein Vater ist dann ausgestiegen und wir Kinder und meine Mutter sind weiter nach Jordanien gefahren. In Jordanien habe ich die Schule besucht. Ein halbes Jahr der achten Klasse, die neunte und die zehnte Klasse. Das war dort auch schwierig. Das waren für mich ein neues Land und andere Leute. Es gab dort auch viele Probleme, wie sie Flüchtlinge behandelt haben. Wie sie hier in Deutschland über die Ausländer und Flüchtlinge schimpfen, das war dort auch so. Ich hatte dort auch Freunde, aber das Leben war für mich sehr anstrengend. Dann habe ich mir gesagt, dass ich nicht mehr dort bleiben kann und weg möchte. Ich konnte da nicht mehr leben. Dann bin ich in die Türkei geflohen. Die Schule in Jordanien war auch sehr schlecht. Aber trotzdem habe ich dort ein bisschen gelernt. In der Türkei habe ich ein Jahr verbracht, danach war ich in Griechenland, Mazedonien, Serbien, Ungarn, Österreich und dann in Deutschland. Das war mein Weg. Es war schwer für mich, vor allem weil ich ganz allein war. Ich war fünfzehn Jahre alt. Am schlimmsten ging es mir in Ungarn. Dort haben mich drei Leute beklaut. Gott sei Dank hatte ich mein Handy bei mir. Ich habe versucht, es ganz eng bei mir zu halten, damit sie mir nicht auch noch mein Handy klauen. Die haben mein Geld, die haben mir einfach alles weggenommen.

Dann bin ich viel gelaufen, um nach Deutschland zu kommen. Ich bin wirklich sehr viel gelaufen. Ich war allein. Ich habe angefangen zu weinen und habe mich gefragt: „Was soll ich jetzt machen?" Ich habe mit einem Mann geredet. Dazu bin ich auf eine Übersetzerseite gegangen, die Arabisch auf Ungarisch übersetzt hat. Ich habe ihm gesagt, dass ich zum Hauptbahnhof nach Budapest muss. Er hat mich in seinem Auto zum Bahnhof gebracht. Aber in Budapest gibt es viele Bahnhöfe und wir sind zum falschen Bahnhof gefahren. Dann habe ich mit der Polizei geredet. Ich habe ihnen erzählt, dass ich Hilfe brauche. Dass ich nicht ganz allein bleiben kann. Es war acht Uhr abends. Sie haben mir nicht geholfen. Sie haben einfach nur „GEH WEG" gesagt. Dann hat mich eine deutsche Frau gesehen. Sie ist zu mir gekommen und hat mit mir Englisch gesprochen. Ein bisschen habe ich verstanden. Sie hat mir gesagt, ich soll mit ihr mitkommen. Sie würde mir helfen. Sie hat mir auch geholfen. Ich war richtig krank, mir ging es nicht so gut. Ich bin sehr viel gelaufen in Griechenland. Meine Füße waren ganz stark angeschwollen. Die Frau hat mich ins Krankenhaus gefahren. Wenn ich sie nicht getroffen hätte, weiß ich wirklich nicht, was passiert wäre. Ich war ganz allein. Keine Menschen, die arabisch sprechen konnten. Ich konnte nicht so gut Englisch sprechen und ich hatte kein Geld. Nur mein Handy hatte ich dabei.

Ich habe einen Tag bei ihr zu Hause geschlafen. Danach sind wir mit ihrem Auto nach Österreich gefahren. Sie hat mir auch Geld gegeben. Das hat mir sehr geholfen. Sie hat mich in Wien auch wieder ins Krankenhaus gefahren. Danach bin ich mit dem Zug nach München gefahren. Dort habe ich nur einen Tag geschlafen und bin danach mit dem Bus nach Gießen gefahren. Sie haben mich dort nach meinem Namen gefragt und meinen Fingerabdruck genommen. Danach bin ich in das Flüchtlingscamp nach Stadtallendorf gekommen. Dort war ich 23 Tage. Danach bin ich nach Wolfshausen, dann nach Weidenhausen, danach Wetter und dann Cölbe, wo ich jetzt wohne. Ich habe hier neue Freunde gefunden und sie sind wie meine Familie. Wie zum Beispiel Sami und die anderen Jungs, die du hier gesehen hast. Bis zum heutigen Tag habe ich auch Kontakt zu meinen alten Betreuern. Sie sind richtig nett. Sie gehen gut mit mir um. Sie waren bei mir und haben mich gefragt: „Was machst du in deinen Sommerferien?" Ich hatte nichts vor und es wäre mir langweilig geworden, wenn ich die ganzen Tage zu Hause rumgesessen hätte. Und dann haben sie zu mir gesagt, dass ich bei ihnen ein Praktikum machen kann bei den Ferienspielen. Sami und ich sind zu zweit zu den Ferienspielen gegangen. Sami und ich waren schon zusammen in Wolfshausen und in Wetter.

Meine Betreuer momentan sind auch nett. Manchmal habe ich das Gefühl, dass ein paar der Lehrer in meiner Schule gegen uns sind. Gegen Ausländer. Manche Schüler aus Syrien, das sind ein oder zwei, die machen immer Scheiße im Unterricht. Sie sind nicht gut. Die Lehrer kommen zu mir oder zu meinen Freunden, also zu uns, beschuldigen ständig uns: „Ihr habt das gemacht. Warum habt ihr das gemacht?"

Meine Freunde und ich, wir machen aber nichts. Ich habe mich letztens mit meiner Klassenlehrerin unterhalten und ihr mein Problem erläutert. Die Klassenlehrerin hat mir angeboten, dass wir mehr darüber reden, wenn ich das möchte. Und wir haben uns daraufhin ein bisschen unterhalten. Ich habe ihr gesagt, dass es unangenehm ist, wenn du nichts machst und jemand dich die ganze Zeit beschuldigt. Das ist eine schwierige Situation. Bis heute haben wir ein Problem mit diesen Lehrern, und ihr Umgang mit uns hat sich nicht geändert. Sie unterrichten uns noch. Es gibt auch viele Deutsche in unserer Schule, die bauen auch Scheiße. Aber die Lehrer sagen nichts. Oder sie sagen, das sei nicht so schlimm. Aber wenn wir etwas Ähnliches machen, heißt es gleich: „Guck mal, was die machen!". Das ist ärgerlich.

Passieren solche Situationen nur in der Schule?
Manchmal auch im Zug oder am Bahnhof. Aber wenn ich über alles nachdenke, was Menschen über mich behaupten, dann werde ich immer wütend und genervt bleiben. Wenn ich zu mir sage, dass es egal ist, was andere über mich behaupten, solange ich weiß, was ich gemacht habe und wer ich bin, lebe ich entspannter. Ich habe mit vielen deutschen Menschen Kontakt. Sie sagen zu mir, dass ich ein guter Mensch bin. Meine Klassenlehrerin und meine Lehrerin aus der Intensivklasse, die ich besucht habe, haben zu mir gesagt, ich sei gut, ich sei nett. Aber auf alles, was ich von anderen Menschen höre zum Beispiel am Bahnhof oder auf der Straße, reagiere ich nicht. Viele Menschen behaupten einfach Dinge über Ausländer; ich versuche es zu ignorieren.

Hast du ein Beispiel für mich?
Ein Freund von mir hat mir erzählt, vielleicht werden er und seine Familie wieder zurück nach Syrien fahren. Ich habe ihn gefragt, warum. Er hat mir dann gesagt, dass er am Tag davor im Zug saß. Er hatte mit seiner Familie einen Tag in Marburg verbracht. Als sie auf dem Rückweg im Zug saßen, kam ein fremder Mann und hat ihn und seine Familie beschimpft und ganz schlimme Worte verwendet. Ich weiß

nicht warum, vielleicht war er betrunken. Oder sauer. Er hat mir gesagt, dass seine Familie und er überlegen, nach Syrien zu fahren, weil sie es schwer finden, überall, egal wo sie hingehen, auf solche Menschen zu treffen. Ich habe zu ihm gesagt, wenn du jedem dieser Menschen zuhörst, dann wirst du verrückt. Wenn ich das machen würde, dann würde ich auch verrückt. Ich vergesse einfach, was die Leute sagen. Ich weiß, wer ich bin und was ich gemacht habe. Das war eine schwierige Situation für ihn. Aber ich habe mich dann länger mit ihm unterhalten. Ich glaube, sie leben noch in Cölbe. Wir haben uns jetzt etwas länger nicht gesehen.

Ich habe noch ein paar Fragen zu dem, was du erzählt hast. Habe ich es richtig verstanden, dass sie deinem Vater Land weggenommen und es neu aufgeteilt haben?
Meine Familie ist eine große Familie und wir haben große Flächen zum Ackerbau. Das gehörte nicht nur meinem Vater, sondern der ganzen großen Familie. Dann gab es ein neues Gesetz von dem Vater von Assad, das bewirkte, dass wir die meisten unserer Flächen nicht mehr behalten durften. Sie haben behauptet, dass sie uns dafür Geld geben würden. Sie haben uns aber kein Geld gegeben. Sie haben uns auch die Flächen nicht zurückgegeben. Sie haben zu uns gesagt, wir hätten zu viel und dürfen nicht so viel haben. Viele meiner Verwandten, die gegen Assad sind, sind im Gefängnis. Sie sind vor dem Krieg ins Gefängnis gekommen. Wir konnten nichts dagegen machen.

Du hast auch erzählt, dass ihr oft umgezogen seid. Wie kam das eigentlich?
Wir hatten das Haus von meinem Opa. Und das war sehr alt. Es war das älteste Haus in unserer Stadt. Mein Vater und seine Geschwister haben sich besprochen, dass sie ein neues Haus bauen wollen. Wir sind dann oft umgezogen, weil wir oft neue Wohnungen mieten mussten. Unser Haus war noch nicht fertig. Ich habe immer die Schule besucht, die unserer Wohnung am nächsten war. Ich musste nämlich immer zur Schule laufen. In Syrien ist es anders als hier in Deutschland. Dort gibt

es keine Busse. Meine Geschwister mussten auch zur Schule laufen und wir haben immer gemeinsam eine Schule besucht. Deswegen war ich in vielen Schulen. Und in unserem neuen Haus habe ich nur sieben bis acht Monate gelebt und dann mussten wir fliehen.

Wie alt warst du, als ihr nach Jordanien gegangen seid?
Das war Ende 2012. Ich war 12 Jahre alt.

Warum wolltest du aus Jordanien wieder fort?
Zunächst einmal war die Schule nicht gut. Man konnte dort nicht gut lernen. Und die Menschen dort sind schwierig. Wir hatten zwar Nachbarn, aber mit denen hatten wir gar keinen Kontakt. Wir haben in der Hauptstadt gewohnt. Und in der Stadt war das einfach so. Sie gehen zur Arbeit, sie kommen wieder nach Hause. Und die Menschen dort haben immer über Flüchtlinge und Ausländer negativ gesprochen. Es gab viele Probleme. Zwar nicht mit mir, aber meine Freunde hatten viele Probleme. Und dann bin ich weggegangen. Aber ich bin nur weggegangen, um eine bessere Schulbildung genießen zu können. Ich konnte dort in Jordanien auch keine Zukunft aufbauen. Das hätte nicht funktioniert. Und so bin ich nach Deutschland gegangen. Ich möchte hier meine Schule beenden und meine Zukunft sichern.

Wer hat es entschieden, dass du nach Deutschland gehen willst?
Das war ich ganz allein.

Mit 15 Jahren?! Was hat deine Familie dazu gesagt?
Zuerst haben sie nein gesagt, weil ich sehr klein war. Ich habe ihnen gesagt, ich kann nicht mehr. Damals gab es viele Menschen, die nach Deutschland gehen wollten. Ich habe ihnen gesagt, wenn ich hierbleibe, kann ich nicht mehr lernen. Ich habe zwei Monate mit meiner Mutter verhandelt. Und ich habe sie jeden Tag angebettelt. Ich habe zu ihr gesagt: „Mama, bitte. Ich möchte nicht hierbleiben!" Dann hat sie irgendwann ihr Okay gegeben.

Und dein Vater?
Der musste wieder zurück nach Syrien. Er ist nicht mehr zurückgekommen. Ich weiß nicht, wo mein Vater gerade ist. Der ist Ende 2013 wieder zurückgefahren – und seitdem ist er verschwunden. Ich habe meine Cousine gefragt, meinen Onkel, viele Menschen dort gefragt. Bis heute frage ich meine Cousine, meine Verwandten, wo er ist. Sie wissen es nicht. Ich vermisse ihn.

Wie fühlst du dich jetzt hier in Deutschland?
Momentan fühle ich mich gut. Ich besuche die Schule. Ich muss ganz viel lernen. Ich möchte meinen Hauptschulabschluss hier machen. Und dann die Realschule besuchen oder eine Ausbildung machen. Das Wichtigste in meinem Leben ist im Moment meine Schule und meine Zukunft. Ich habe hier Freunde. In Deutschland gibt es Vor- und Nachteile. Es gibt viele Leute, die schlecht sind, und es gibt viele Menschen, die sind richtig nett. Man kann hier viel machen. Bis jetzt bin ich glücklich.

Wie stellst du dir deine Zukunft vor?
Ich hoffe, dass alles klappt, was ich mir vorgenommen habe. Ich habe den Entschluss gefällt, dass ich Erdölingenieur sein möchte. Dafür muss ich studieren. Wenn die Schule wieder anfängt, werde ich mit einer Lehrerin nach Kassel fahren. Da gibt es eine Universität, die zum Thema Erdöl Seminare anbietet. Und ich möchte da fragen, wie ich dort einen Studienplatz bekommen kann. Welche Ausbildung ich machen soll, damit ich dort studieren kann. Das habe ich mir vorgenommen. Bald habe ich auch einen Termin beim Arbeitsamt. Ich möchte sie auch fragen, was ich für mein Berufsziel des Ingenieurs machen soll. Das organisiere ich gerade. Ich lerne viel. Gerade schreibe ich auch eine Hausarbeit über die Schule und das Leben in Syrien. Wie die Menschen dort sind, wie die Schulen genau aufgebaut sind. Hier ist es anders als in Syrien.

Was gibt es dort anderes?
In Deutschland muss man die Realschule und die Hauptschule ma-

chen. Es gibt so etwas auch bei uns, aber man kann mit dem Hauptschulabschluss viel mehr machen als hier in Deutschland. Wenn jemand einen Hauptschulabschluss in Syrien hat, kann er gute und viele Arbeitsmöglichkeiten finden. In Deutschland ist das mit dem Hauptschulabschluss nicht möglich. Meistens braucht man dafür mindestens einen Realschulabschluss. Ich werde auch über die Grundschule, Mittelstufe und Hauptschule schreiben. Bei uns ist die neunte Klasse sehr wichtig. Wenn jemand bei uns nach der neunten Klasse aufhört und gearbeitet hat und dann mit 30 oder 32 Jahren beschließt, die Schule doch noch zu beenden, ist das möglich. Er kann sofort auf das Gymnasium und seinen Abschluss machen. Man kann bei uns auch zu Hause lernen. Und dann kommt man nur für die Prüfung. Und wenn man die Prüfung besteht, kann man auch studieren. Ich muss ganz viel in der Hausarbeit berichten. Wenn bei uns jemand sechs Jahre alt wird, besucht er die Schule. Wenn Eltern ihre Kinder nicht zur Schule schicken, bekommen sie eine Strafe. In Syrien halten wir einen engen Kontakt mit unserer Familie. Wir verbringen immer Zeit zusammen. Das gibt es hier in Deutschland nicht. Es ist gut, wenn man hier in Deutschland Freunde hat, wie ich zum Beispiel jetzt. Es ist mir egal, ob sie aus arabischen Ländern kommen oder nicht. Ich habe viele deutsche Freunde und auch aus anderen Ländern: Kroatien, Polen, Rumänien zum Beispiel. Meine Freunde sind mir sehr wichtig. Ich habe hier keine Familie. Wenn meine Familie hier leben würde, wäre sie mir bestimmt am wichtigsten. Meine Freunde sind für mich jetzt hier in Deutschland meine Familie. Wir verbringen immer Zeit zusammen. Wir unternehmen viel. Wir fahren immer nach Marburg, setzen uns an die Lahn und unterhalten uns. Wenn es so schönes Wetter wie heute ist, dann gehen wir in das Schwimmbad. Ich mag es zu schwimmen. Manchmal gehen wir in die Shisha Bar, manchmal ins Kino. Oder wir gehen einfach spazieren und reden über das, was wir gestern gemacht haben. Was wir in der Woche vorhaben. Was unser Deutsch macht. So verbringen wir unsere Zeit. Oder meine Freunde besuchen unsere WG. Manchmal koche ich oder Sami oder wir kochen zusammen. Manchmal übernachtet ein Freund auch bei mir, wie heute zum Beispiel. Er kommt auch aus Syrien. Wir haben ihn in Wolfshausen kennengelernt. Er war auch mit uns in Stadtallendorf und in Wetter. Wir treffen uns sehr oft und reden.

Gibt es Dinge, die dir Sorgen machen oder vor denen du Angst hast?
Ich mache mir große Sorgen um meine Familie. Meine Geschwister sind alle jünger als ich. Und ich war für sie wie ein Freund, wie ein Vater. Egal, was sie wollten, ich war dabei und unterstützte sie. Und jetzt sind sie allein. Ich rede oft mit meinen Geschwistern. Sie sagen mir, dass sie mich vermissen. Manchmal finde ich das schwierig, dass ich so weit weg von meiner Familie lebe und nicht mit meiner Familie leben kann.

Und um meine Zukunft mache ich mir auch große Sorgen. Wie kann ich weitermachen? Was muss ich tun, um meine Ziele zu erreichen? Auch die deutsche Sprache ist schwer und ich muss die ganze Zeit lernen. Ich hoffe, es klappt alles. Zuerst die Hauptschule beenden, dann die Realschule und dann weitermachen.

Du investiert viel Zeit ins Lernen?
Ich lerne immer viel. Ich habe immer Angst, dass ich nicht so viel gelernt habe, wie ich sollte, dass es nicht genug war. Oder, dass ich falsch gelernt habe. Das bereitet mir Sorgen. Ich muss lernen, damit ich mir eine Zukunft aufbauen kann. Ich bin allein hier. Deswegen möchte ich alles richtig lernen, damit ich alles, was ich mir vornehme, auch allein erreichen kann.

Du hast die ganze Flucht allein gemacht. Hat sich diese Erfahrung auch auf dein Leben ausgewirkt?
Ich finde es sehr toll, dass ich das geschafft habe. Ich war echt ganz allein und ich habe viel geschafft, ich habe große Strecken zu Fuß gemeistert. Ich war in verschiedenen Ländern mit verschiedenen Menschen und anderen Sprachen. Es waren sehr viele Eindrücke. Ich habe mich dadurch verändert. Ich bin in der Lage, mehr und besser zu lernen. Ich weiß, wenn ich etwas machen möchte, dann kann ich

das allein machen. Ich brauche keine anderen Menschen dafür. Aber die Sprache ist sehr entscheidend, deswegen brauche ich für alles die deutsche Sprache.

Hast du etwas erlebt, das dich sehr geprägt hat?
Es war sehr schwer in Ungarn. Das werde ich niemals vergessen. Und auch die Flucht auf dem Mittelmeer ist eine Erfahrung, die ich nicht vergessen werde. Ich war fast tot. Ich war im Meer fast fünf Stunden mit einem ganz kleinen Boot. Ich habe gedacht, dass wir im Meer sterben müssen. Es gab viele hohe Wellen. Ungarn und das Meer. Das werde ich niemals vergessen. Dort habe ich den Tod vor meinen Augen gesehen.

Haben Syrien und Deutschland Gemeinsamkeiten?
Das weiß ich nicht. Es gibt schon Gemeinsamkeiten, aber wenige. Wir haben anderes Essen, andere Häuser und viele andere Dinge, die anders sind. Die Menschen hier sind anders. Manche Menschen wollen hier nur eine Frau finden. Als wir in Marburg in der Kirche waren, ist unsere Betreuerin auf uns zugekommen und hat uns gefragt: „Warum macht ihr immer alles zusammen und wollt den Kontakt zu eurer Familie haben?" Hier in Deutschland möchte man nur 18 Jahre alt sein, damit man von seiner Familie wegziehen kann. Ich finde das schade, wenn sich jemand seiner Familie gegenüber so verhält. Meine Familie ist mein Leben. Wenn meiner Familie etwas Schlechtes passiert und ich helfen kann, es aber nicht tue, das finde ich schade. Meine Mutter, mein Bruder, meine Schwestern, mein Vater sind mir sehr wichtig. Aber hier in Deutschland habe ich gemerkt, dass die Menschen immer mit ihren Freunden unterwegs sein wollen. Wenn ich in Syrien wäre und du fragst mich, ob wir etwas unternehmen möchten, dann würde ich sagen, ich muss erst mal schauen, was meine Familie plant.

Gibt es auch Eigenschaften, die anders sind?
Es gibt viele Menschen hier, die nett sind und auch gut sind. Und es gibt auch in Syrien viele Menschen, die gut und nett sind. Es gibt hier

auch viele Menschen, die werden sehr schnell sauer. Sie werden schnell böse oder wütend. Das gibt es auch bei uns. Wenn du mit jemandem redest und ihm gefällt nicht, was du sagst, dann wird er schnell wütend. Aber hier in Deutschland hört derjenige, der wütend wird, einfach auf. Er möchte das Gespräch beenden und einfach weggehen. Aber in Syrien will er noch mehr reden und diskutieren. Er sagt dann zu dir: „Warum hast du so was gesagt?"

„Ich lerne immer viel. Ich habe immer Angst, dass ich nicht so viel gelernt habe, wie ich sollte. Ich muss lernen, damit ich mir eine Zukunft aufbauen kann. Ich bin allein hier."

Was ist für dich typisch syrisch?
Ramadan. Bis jetzt habe ich hier nur einen Ramadan erlebt. Das war richtig schwer. Bei uns in Syrien sind die Schulen während des Ramadan geschlossen. Hier musst du zur Schule gehen. Hier ist der Ramadan nicht so schön, es schmeckt nicht so gut. Das ist schon logisch. Es gibt hier nicht so viele muslimische Menschen. Aber in Syrien sind während des Ramadan die Straßen immer voll. Der eine möchte etwas kaufen, der andere möchte etwas verkaufen. Viele Menschen sind unterwegs. Bei Sonnenuntergang siehst du niemanden auf der Straße. Alle sind zu Hause und essen. Eine Stunde später sind die Straßen voll. Viele Menschen sind in der Moschee. Hier in Deutschland gibt es das nicht. Hier ist das Wochenende auch Samstag und Sonntag, bei uns ist es der Freitag und Samstag. Am Freitag konnten wir in Syrien in die Moschee gehen. Hier geht das nicht. Wir sind immer in der Schule. Ich vermisse Ramadan. Aber wenn Ramadan kommt, haben wir Schule und nicht so viel Zeit.

Und was ist für dich typisch deutsch?
Weihnachten finde ich gut. Es sind viele Menschen unterwegs. Die Weihnachtsmärkte sind schön. Ich war in Gießen und in Marburg auf

dem Weihnachtsmarkt. Es gibt andere Dinge zu essen, andere Süßigkeiten. Manchmal gibt es auch einen Weihnachtsmann. Das finde ich auch gut. Silvester würde ich auch zu typisch deutsch zählen. Wir feiern auch Silvester in Syrien, aber hier sind viele nicht religiöse Menschen, die viel mehr Silvester feiern. Bei uns in Syrien wird nicht so viel gefeiert.

Wie sieht dein Kontakt zu deiner Familie gerade aus?
Ich rede jeden Tag mit meiner Mutter. Nur manchmal, wenn ich lernen muss oder Hausaufgaben habe, die ich dringend machen muss, dann klappt das nicht. Wenn ich nicht kann, schreibe ich eine *WhatsApp*-Nachricht, dass ich nicht kann.

Wie geht's deiner Familie?
Sie bleiben in Jordanien. Ich habe versucht, dass sie nach Deutschland kommen. Aber das geht nicht. Ich versuche es weiter.

Hast du noch etwas, das du sagen möchtest?
Was ich betonen möchte: Es gibt Menschen, die gut sind, und Menschen, die nicht gut sind. Wenn jemand mit mir redet, was nicht gut ist oder mir nicht gefällt, das geht ins eine Ohr rein und zum anderen wieder raus. Ich vergesse das sofort. Ich brauche so was nicht. Ich möchte hier meine Schule schaffen. Ich möchte hier etwas gut machen. Damit die Deutschen sagen: Ja, es gibt gute Ausländer. Ich gebe es auch zu, dass es Ausländer gibt, die nicht gut sind. Aber es gibt auch welche, die gut sind. Ich habe ein Elektrotechnik-Praktikum gemacht bei einer Familie. Sie haben gedacht, ich sei deutsch. Und das habe ich aufgeklärt. Ein Kollege hat mir später erzählt, dass sie gedacht hätten, die Flüchtlinge und Ausländer seien nicht gut, aber ich hätte ihnen das Gegenteil bewiesen. Ich hätte ihnen durch mein Verhalten im Praktikum etwas anderes aufgezeigt. Sie haben gesagt, ich sei immer nett und zuverlässig. Ich habe mir vorgenommen, auch andere Menschen davon zu überzeugen. Die Ausländer sollten einfach vergessen, was man Schlechtes von ihnen erzählt, sondern stattdessen etwas Gutes machen. Ich versuche

auch, mich gut zu verhalten, damit ich mit meinem Verhalten die Meinungen anderer Menschen über Ausländer verändern kann. Wir sind Menschen. Wir können auch in Deutschland viel Gutes machen. Wir haben auch Ziele, die wir uns setzen. Wenn jemand Scheiße macht, das bedeutet nicht, dass alle Ausländer nicht gut sind.

Anis aus Homs, 31 Jahre

„Dort hatte ich ein Leben, hier habe ich ein Ziel."

Wie lange bist du schon in Deutschland?
Ich bin Ende 2013 gekommen.

Wo wohnst du in Deutschland?
Manchmal arbeite ich in Osnabrück, in Berlin, Kiel, Kleve, Heidelberg, Mannheim, Münster. Aber ich lebe in Berlin.

Was machst du in den verschiedenen Städten?
Was ich mache, ist kompliziert. Ich mache manchmal viel und manchmal nichts. Ich schreibe Theater und mache Regie dafür. Dann schreibe ich Stücke für andere Theater, zum Beispiel für Osnabrück oder Göttingen, und die nehmen einen Regisseur dafür. Ich mache manchmal Workshops, zum Beispiel habe ich Integrationskurse gegeben und Deutsch unterrichtet. Ich habe auch Filme gemacht.

Erzähl doch mal von deinen Theaterstücken. Sind das viele bisher?
Nicht so viele, drei bis jetzt, und ich schreibe noch eines im Februar. Ist immer mit dem syrischen Thema gemischt.

Schreibst du darüber, wie es den Syrern in Deutschland ergeht – Geschichten, Erfahrungen?
Nein, nicht so simpel. Die Locations sind in Deutschland. Manchmal sind die Protagonisten Syrer, Griechen, Deutsche. Zum Beispiel das vorletzte Stück war *Die Odyssee*, unsere Version von der *Odyssee* – ich habe die Grundlage des Stückes geschrieben, Maria Schneider hat dramaturgisch dazugeschrieben. Es handelt von einem Syrer, der eine große, wichtige Entscheidung erwartet, vielleicht in der Ausländer-

behörde. Und während des Wartens ergreift er ein Buch und liest, und das war *Die Odyssee*. Er ist in das Buch so versunken und erlebt diese Geschichte.

Die alte griechische Geschichte von einem, der über das ganze Mittelmeer fährt und immer sucht und immer flüchtet und immer ankommt und wieder weiter muss.
Das war eine coole Handlung, glaube ich.

Welches Ziel hast du in Deutschland?
Ich möchte hier als Theaterregisseur, als Künstler erfolgreich sein.

Bist du schon auf dem Weg?
Weiß nicht, hoffentlich. Ich bin nach Berlin umgezogen. Bis jetzt habe ich hier aber fast nichts gemacht. Ich habe bei einem Film mitgemacht als Kameramann. Der andere Film, den ich gemacht habe, war in einer anderen Stadt. Ich möchte meinen Platz in Berlin finden. Ich möchte ein neues Abenteuer.

Aber die andere Stadt – wie bist du denn nach Osnabrück gekommen?
Keine Ahnung, wer das warum entschieden hat – ich bin mit dem Visum gekommen. Es gab so ein Kontingent von der UN, eine kleine Zahl von Syrern durfte kommen, und da war ich dabei. Dann haben sie die Leute verteilt in Deutschland, und mein Platz war eben Osnabrück. Ich mag die Stadt. Ich habe viele Freunde dort. Ich mag die Menschen, viele kennen mich.

Ist die deutsche Kultur sehr anders als deine?
Für mich persönlich … ich war da, ich bin hier Theatermacher. Meine Freunde waren da Künstler und sie sind hier Künstler, da Aktivisten, hier Aktivisten. Der Unterschied ist, dass es dort tödlich war, hier nicht.

Was kannst du denn hier als Aktivist machen in Deutschland?
Viel. Ich bevorzuge, dass ich immer mit der Kunst arbeite. Es gibt viele

Probleme in Deutschland. Industriesklaven, die jeden Tag wie Tiere arbeiten und wenig verdienen im Vergleich zu den anderen, den Firmenbesitzern. Oder dass Deutschland viele Waffen verkauft. Assad hat von Deutschland chemische Waffen gekauft. Deutschland verkauft Waffen an Diktatoren, an verrückte Menschen, die Macht haben.

Und da engagierst du dich?
Ein bisschen, nicht so viel. Mein Hauptbereich ist Theater, Film. Ich versuche, mehr Filme zu machen als Theater gerade. Ich möchte immer wechseln, ein bisschen hier, ein bisschen da, ein Workshop hier ... ich hasse Routine.

„Ich möchte ein neues Abenteuer. Ich hasse Routine."

Aber du willst auch ganz viel machen, glaube ich.
Ja, ich möchte, dass ich keine Zeit habe. Ich brauche immer ein bisschen Stress. Heute war langweilig. Ich war verabredet mit dem Mechaniker von meinem Auto, diesen TÜV zu machen. Er hat diesen TÜV gemacht, muss aber noch etwas reparieren. Er hat angerufen und gesagt: „Heute schaffe ich das nicht, morgen." Und dann war so viel frei heute.

Wie fühlst du dich in Deutschland?
Anfang Januar war ich in Madrid für vier Tage. Und dann bin ich nach Berlin zurückgeflogen, und da hatte ich das Gefühl, ich gehe nach Hause.

Das ist das richtige Gefühl, glaube ich.
Ich glaube, ja.

Wie wichtig ist Religion für dich?
Ich bin nicht religiös. Religiös zu sein ist manchmal nicht so schlau, manchmal sehr sehr dumm.

Warum dumm?
Weil es ist nicht wissenschaftlich. Ich habe Chemie studiert, ich bin säkular. Ich mag Wissenschaft. Religion ist manchmal so blind für die Realität, für die Fakten.

Interessierst du dich für Politik?
Ich bin kein Politiker, weil ich ein guter Mensch bin. Aber man muss auf die Politiker achten, weil sie unseren Hals in der Hand haben. Man muss immer aufpassen, immer wach bleiben.

Hast du schon mal Rassismus oder Ablehnung erlebt?
Der Weg ist immer schwierig für die neuen Menschen in einem Land, so wie ich oder du. Man muss immer kämpfen. Erst mal, weil ich Ausländer bin, ich habe also eine kleine Behinderung. Mit mir umzugehen ist nicht so leicht. Ich habe meine Kriterien: Wenn ich sage, „nein", dann bedeutet es nein, wenn ich sage „ja", dann ja. Vielleicht habe ich manche Ablehnung bekommen, wahrscheinlich sogar. Aber wenn man stark ist und sagt, „don't fucking care", dann ist es echt egal, weil das Leben sowieso nicht so einfach ist.

Wie wichtig ist Musik für dich?
Sehr wichtig! Ich habe zwei Leidenschaften, die erste ist Musik, die zweite ist das Theater. Jeden Tag höre ich Musik, klassische syrische, klassische arabische, klassische deutsche Musik. Ich bin eigentlich süchtig nach Musik. Wenn jemand auf der Straße läuft und singt und hat eine schöne Stimme, folge ich ihm oder ihr unabsichtlich, wie ein Zombie. Ich habe eine Oper gemacht, dramaturgisch, Theater geführt – *Fidelio* von Beethoven. Ich bin ein Musikfreak.

Was ist denn deine Lieblingsmusik?
Gibt es keine, ich mag sehr viel von der arabischen Seite, kennst du Fairuz, OumKalsoum, Asmahan? Asmahan ist die Beste. Mit 26 Jahren wurde sie getötet, und sie war, glaube ich, die Beste.

Was fehlt dir in Deutschland?
Syrien fehlt mir. Die Ruhe dort fehlt mir, weil jeden Tag das ganze Land in Gefahr ist. Jeden Tag wird das Land von der iranischen, russischen, syrischen Regierung bombardiert – Ruhe, Peace, Frieden.

Was wünschst du dir?
Ich wünsche mir erst mal, dass wir keine diktatorische Regierung mehr haben und dass Syrien bald in Frieden lebt. Und persönlich immer neue Abenteuer, Action, immer Action.

> „Ich bin kein Politiker, weil ich ein guter Mensch bin. Aber man muss auf die Politiker achten, weil sie unseren Hals in der Hand haben. Man muss immer aufpassen, immer wach bleiben."

Brauchst du Action, damit du nicht denkst?
Ja klar, aber manchmal ist Action verwirrend, weil ich immer mit den Themen Syrien, Frieden, Freiheit arbeite; also wenn ich arbeite, arbeite ich mit den Themen, von denen ich mich entfernen möchte.

Du arbeitest so viel, damit du davon wegkommst und nicht daran denkst …
Aber ich kann nicht, mit dem Thema möchte ich mich beschäftigen.

Weil es dann doch so sein muss. Es drängt dich dahin.
Ja.

Würdest du auch mitarbeiten für Flüchtlinge?
Habe ich gemacht, ich war neun Monate in einer Schule teilzeitangestellt für ein Programm für Jugendliche von 16 bis 22. Ich habe eine Theater-AG gemacht und Deutsch für Anfänger. Ich finde das wichtig. Ich will das machen. Ich muss das machen.

Wie hast du denn so schnell so gut Deutsch gelernt, dass du auch Deutschunterricht geben kannst?
Nicht so schnell. Ich hatte mein C1 erst 18 Monate, nachdem ich angekommen bin, fertig. Und ich war auch Lehrer in Syrien. Ich habe Englisch unterrichtet und Drama. Wenn man im Theater arbeitet, kriegt man mehr Kontakt mit Menschen, mit Texten.

Was hast du vom Krieg erlebt?
Welchen Krieg meinst du?

In Syrien.
Damals hieß das nicht Krieg, sondern Revolution. Das ist ein Unterschied. Für mich war das eine Revolution. Der Anfang, ein Jahr, zwei Jahre – aber nichts ist passiert. Deutschland hat nichts gemacht. Europa hat nichts gemacht. Die Welt hat nichts gemacht. So kam es zu einem Krieg am Ende.

An was erinnerst du dich von deiner Kindheit?
Kindheit war cool. Sommer ist cool. Ich erinnere mich, damals war es einfacher, nicht kompliziert. Ich war so ein kleiner Streber. Ich war immer zufrieden, wenn ich mit einem Buch dasaß und las und mit meinem Vater darüber sprach oder mit meinem Großvater. Oh Gott, damals war es so ruhig. Ich arbeitete nicht. Ich habe nur Spaß gehabt und mit Kindern gespielt, meinen Eltern, mit meinem Vater Basketball gespielt, geschwommen, herumgefahren, immer easy, keinen Stress … und jetzt ist alles dort zerstört.

Kannst du was von der Flucht erzählen?
War easy, ich bin mit dem Flugzeug nach Kairo geflogen. Nach meiner Verletzung. Ich war in Syrien sehr aktiv in der Revolution, habe da Theater gemacht. Ich habe als Demonstrant mitgemacht. Mit Journalisten gearbeitet, mit Filmemachern. Leider wurde ich angeschossen. Der Versuch war, mich zu erschießen, aber ich wurde nur angeschossen. Es war eine große Verletzung am Auge, und ich musste aus Syrien fliehen.

Du hast in Syrien auch als Journalist gearbeitet?
Ja, teilweise. Ich bin kein Journalist, aber ich habe Artikel geschrieben über Theater, ein bisschen politisch orientiert, über Wissenschaft, Green Energy ...

Haben Syrien und Deutschland Gemeinsamkeiten?
Wir alle mögen Mercedes zum Beispiel und BMW. Beide Seiten mögen das syrische Essen, glaube ich. Das ist meine Erfahrung. Wir alle sind Menschen. Beide Seiten mögen Arbeit. Die Syrer jetzt auch hier in Deutschland wollen immer arbeiten. Musik, Essen, Kultur ... – keine Ahnung, ich kann diese Frage nicht beantworten. Das politische System jedenfalls, das Regime ist anders. Hier gibt es mehr Räumlichkeiten, um Kunst, Aktivismus zu schaffen. Die Regierung fördert die Kunst, die Wissenschaft, die Verrückten. Bei uns ist es umgekehrt. Bei uns ist alles verboten. Man muss sehr schlau sein, ein Theaterstück zu machen – natürlich ohne Geld zu bekommen, nichts wird bei uns gefördert – und gleichzeitig nicht die zahlreichen roten Linien zu betreten. Die Handlungsspielräume sind so verdammt klein, dass man sich irgendwie ohne Raum zum Bewegen befindet.

Aber ich finde, alle Länder sind manchmal so gleich. In jedem Land gibt es Menschen, die eifersüchtig sind, hungrig, die Bier mögen, Wein mögen. Es geht um die Freiheit, um das System. In Syrien ist „Freiheit" ein verbotenes Wort, hier ist es normal. Hier kannst du auf die Straße gehen und „Freiheit" sagen, niemand guckt dich an. In Syrien würdest du dafür erschossen. Das bedeutet, dass die Regierung da nicht für das Volk funktioniert. Hier arbeitet die Regierung für das Volk. Bei uns arbeitet die Regierung nur für sich und gegen das Volk. Das bedeutet, alles ist verboten, wovon die Regierung nicht profitieren kann. Hier kannst du alles machen, was nicht die Regeln verletzt. Wenn du diese Regeln beachtest, dann ist es okay. Bei uns ist alles verboten. Wir gehen davon aus, dass alles verboten ist, und müssen Wege finden.

Und immer mit dem Gefühl, dass alles heimlich sein muss ...
Und wir sind ungeschützt. Wenn ich dir in Syrien dein Handy klaue,

gehst du zur Polizei, dann bezahle ich der Polizei 100 Euro und du verbringst eine Nacht im Gefängnis. Ich sehe, dass manche Syrer so super hier sind, so schnell, weil dort haben wir keinen direkten Weg zu unserem Ziel. Bei uns muss man alles um die Ecke machen. Aber hier, okay, wenn ich was kann, mache ich es weiter, verdiene ich etwas. Dort, auch wenn du gut wärst, kannst du manchmal nichts erreichen.

Was ist typisch syrisch?
Gutes Essen. Typisch syrisch ist, morgens Musik von Fairuz zu hören, manchmal zu spät zu kommen, typisch syrisch …? Was ist typisch deutsch für dich?

Die Frage „Was hast du heute gemacht?"
Das frage ich auch. Typisch deutsch ist für mich Bier trinken. Sie trinken sehr viel Bier. Ich trinke ein, zwei, der andere trinkt so sieben. Die trinken Bier statt Wasser. Ich glaube, Bier ist ein Teil von der deutschen Kultur.

Hast du dich verändert, seitdem du in Deutschland bist?
Ich glaube, hier bin ich schon schärfer geworden.

Du meinst in deinen Gedanken?
Ja, dort hatte ich ein Leben, hier habe ich ein Ziel. Leben hat mehrere Aspekte. Ziel hat nur einen Aspekt: nach vorne zu gehen.

Aber du hast ja dein Leben noch. Du bist ja nicht allein.
Ich weiß nicht … Ich bin hier seit drei Jahren, habe es gut gemacht bisher, alle sagen das. Für mich habe ich es nicht gut gemacht, nicht gut genug gemacht. Deswegen muss ich mehr machen, um mehr zu erreichen. Aber ich bin neu, Ausländer. Meine Sprache ist nicht so „wow", ich sehe nicht so gut aus. Das bedeutet, ich muss stärker sein als die anderen. Stärke kommt nicht vom Leben, sondern vom Sich-Konzentrieren. Vielleicht mache ich eine Pause, eine Reise, komme wieder zu dem Ziel. Aber so ist es: Wenn du einen Flüchtling siehst, der erfolgreich ist,

versuche mit ihm zu sprechen, und dann siehst du es selber. Er musste, was er in Syrien sein ganzes Leben gemacht hat, hier in drei oder vier Jahren machen.

Was erzählst du deiner Familie von dir? Hast du noch Familie in Syrien?
Ich habe noch Familie in Syrien, so sechs, sieben Tanten, fünf Onkel, Freunde. Ich versuche über meine Arbeit zu reden, aber manchmal ist es gefährlich für die, weil ich rede immer über die Regierung. Ihnen geht es nicht so gut. Ich frage immer: „Wie geht es dir? Was ist mit … ? Wer ist wo?" So was.

Was erzählen sie dir?
Ich frage eigentlich nicht so viele Details. Ich frage: „Seid ihr sicher?", aber nicht mit so vielen Worten.

Hast du mit allen Kontakt?
Über *Facebook*, ja, weil ich immer gucke, was in der Welt passiert. Wir sind gut verbunden.

Wenn du drei Wünsche frei hättest, was würdest du dir wünschen?
Persönlich oder dieses World-Peace-Ding?

Persönlich.
Es wäre unglaublich super, wenn ein Meteorit die Erde schlägt und wir alle gleichzeitig in einem Moment sterben. Eine Sekunde, niemand fühlt es, weil alle gleichzeitig sterben.

Dann ist niemand mehr da.
Das wäre supergut, guck mal, was haben wir mit der Erde gemacht.

Wer passt auf, auf die Welt? Die Tiere?
Die werden es schaffen. Sie haben es schon einmal geschafft, nach den Dinosauriern. Kennst du diese Bucht von Mexiko? Das war auch ein

Meteorit, vor etwa 56 Millionen Jahren. Da kam ein Meteorit und hat alles bombardiert. Das war cool.

Einfach Ende von allem.
Nee, von dieser Scheiß-Menschheit.

Bleiben dir noch zwei Wünsche …
Nach dem ersten Wunsch gibt es nichts mehr … vielleicht im Lotto gewinnen. Ich möchte immer 28 Millionen Euro gewinnen. Und immer Abenteuer, immer neue, gute Menschen treffen, immer easy – diese drei.

Was gibt's noch?
Theater, eigentlich ist Theater nicht ein Beruf für mich. Es ist eine Leidenschaft. Ich denke immer in Szenen, in Wörtern. In meinem Kopf ist Theater. Ich komme aus einer Theaterfamilie. Ich habe nur Theater gemacht in meinem Leben. Ich bin auf der Bühne, neben der Bühne aufgewachsen.

Was haben deine Eltern, Großeltern gemacht?
Mein Großvater Farhan Bülbül ist einer der bekanntesten Theaterwissenschaftler, Schriftsteller, Regisseure und Forscher in den arabischen Ländern. Und er hat seine Gruppe 1967 gegründet. Meine Mutter ist Schauspielerin. Mein Onkel ist Filmschauspieler. Meine Tante ist Opernsängerin. Deswegen ist Theater in mir integriert.

„Bülbül" heißt Nachtigall auf Türkisch.
Sprichst du arabisch?

Nein, türkisch. Ich bin hier in Kreuzberg zur Schule gegangen. Ich habe viele türkische Freunde und habe das einfach ein bisschen gelernt mit der Zeit.
Cool. Theater ist mein Mittel, mich zu zeigen, mich auszudrücken. Theater, Szenen, Filme.

Wie nehmen die Leute das auf, das deutsche Publikum?
Ich denke, die mögen meine Theaterstücke. Mit einem Theaterstück habe ich einen Preis gewonnen. Und meine beiden letzten Theaterstücke als Regisseur waren immer ausverkauft. Ich wünsche, dass es weitergeht.

Hazem, 38 Jahre, und Lama, 36 Jahre

„Es ist falsch, mit Gewalt für den Frieden zu kämpfen."

Stellt ihr euch bitte vor? Was habt ihr in Syrien gemacht?
Lama: Ich komme aus der kleinen Stadt Tartus am Mittelmeer. Mein Vater arbeitet als Ingenieur, meistens für die Regierung. In Syrien war es nicht wirklich möglich, privat tätig zu sein. Meine Mutter arbeitet als Assistentin eines Elektroingenieurs. Ich bin das älteste Kind meiner Eltern. Ich habe zwei Brüder und eine Schwester. Der ältere Bruder lebt seit einem Jahr in Bonn, dort arbeitet er als Arzt. Seit Kurzem lebt meine Schwester in Österreich. Sie hat ein Master Stipendium bekommen. Der jüngste Bruder studiert Elektronik in Syrien. Das ist meine Familie.

Ich habe in Syrien Pharmazie studiert und dann als Apothekerin gearbeitet. Ich habe auch einen Master in klinischer Chemie, nach syrischem Recht dürfte ich damit mein eigenes Labor leiten. In Deutschland ist das leider nicht möglich. Bevor ich hierher kam, habe ich als Vertreterin für internationale Firmen gearbeitet. Nebenbei habe ich an der Universität in Damaskus unterrichtet, unter anderem im Chemielabor. In Deutschland sind die Gesetze kompliziert. Hier darf ich nicht mal im Chemielabor arbeiten, geschweige denn es leiten. Deshalb ist es für mich am besten, als Apothekerin zu arbeiten. Ich lebe seit mehr als zwei Jahren in Deutschland und habe inzwischen die entsprechende Lizenz.

Hazem: Meine Eltern kommen aus der Stadt Salamiyah in der Nähe von Hama. Ich bin in Damaskus auf die Welt gekommen. Mein Vater ist Journalist und schreibt vor allem für Literatur-Zeitschriften. Meine Mutter hat nicht studiert, sie ist Hausfrau. Meine Familie ist überall verteilt: Mein Bruder lebt seit 15 Jahren in Abu Dhabi. Eine Anekdote über ihn: Sein letzter Wunsch, bevor er Syrien verließ, war, auf die Toilette zu gehen. Er tat es auch, ich habe es gesehen. Er wollte etwas aus seinem Leben machen, Geld verdienen und heiraten. Meine Schwester lebt ganz gut, sie hat studiert. Aber ich denke, dass sie, wie auch meine Mutter und viele andere syrische Frauen, Unterstützung braucht.

So lange ich denken kann, beeinflusste die Assad-Diktatur nicht nur unser Leben außerhalb unseres Hauses, sondern auch in der Familie. Vielleicht lag das nicht an meinem Vater, er hat sein Bestes versucht. Aber er hat das Assad-Regime oft zu Hause kritisiert, und das brachte Nervosität ins Haus. Unsere Gegenmittel gegen diese Nervosität waren Kunst und Wissenschaft. Wir fühlten, dass es ohne die keine Hoffnung und Kraft gab. Darüber unterhielten wir uns zu Hause ständig. Und wie könnten wir uns in diese Richtung entwickeln ohne Geld? Das fragten wir uns dauernd. Aber in welche Richtung die Antwort gehen würde, blieb dabei immer klar: Kunst und Wissenschaft, das ist, was wir machen wollen, damit wollen wir unser Brot verdienen. Ich arbeite als Dokumentarfilmer und Künstler. Kunst und Theaterwissenschaften habe ich zuerst studiert, Dokumentarfilm später. Seit 2,5 Jahren lebe ich in Berlin und lerne Deutsch. Gerade habe ich die B1-Prüfung und den Orientierungskurs hinter mich gebracht, jetzt weiß ich einiges mehr über Deutschland als vorher. Aber während der Vorbereitungen auf die Prüfungen hat mir die Malerei und die Arbeit an meinem nächsten Film „Childhood of the Place" auch sehr gefehlt.

In Deutschland fühlen wir uns willkommen. Die meisten von uns Syrern waren auf Hilfe angewiesen – und hier haben wir sie gefunden. Die Regierung gab uns die Chance, Deutsch zu lernen. Aber ich erlebe eine emotionale Achterbahn zwischen dem Gefühl des Schmerzes und der Machtlosigkeit bezüglich des Krieges in unserem Land und der Hoffnung auf einen Neustart in Deutschland. Ein Hin und Her. Das Positive daran ist unsere Hoffnung. Wir leben in einem Land, das Menschenrechte und Gesetze respektiert. Daran sind wir nicht gewöhnt. Die Gesellschaft wird hier nicht durch Angst und Diktatur kontrolliert. Ich persönlich entdeckte hier eine für mich ganz neue

Art, die Strukturen einer Gesellschaft zu betrachten. Hier hat man die Möglichkeit, dies zu tun. Überhaupt kann man hier machen, was man will. Und um herauszufinden, was man machen will, braucht man Zeit.

Das Problem mit dem Aufwachsen in einer Diktatur ist der Verlust der Sehnsucht und Freude. Eine Diktatur trägt die Farbe Grau. So empfinde ich das zumindest. Neulich habe ich zu Lama gesagt: Der Einfluss der Baath-Partei auf unser Leben ist, wie wenn man ein Festmahl zubereitet – und dann in jeden Teller kleine Tropfen Benzin gießt. Du schmeckst das leckere Tabbouleh, aber irgendetwas schmeckt nicht gut. Aber alle tun so, als ob das Essen schmeckt. So war das in der Realität: Wir wurden trainiert, uns mit einem Lächeln zu verstellen und so zu tun, als wäre alles gut.

Ihr seid beide Ismailiten. Wie ist euer Verhältnis zu anderen Religionen in Syrien?
Hazem: In Syrien haben wir unterschiedliche Religionen, Ethnien und Kulturen. Lange Zeit lebten wir friedlich miteinander. Die Diktatur hat uns abgeschirmt von der Außenwelt, so als ob wir nicht wussten, was dort passiert. Dadurch fühlten wir uns sogar irgendwie geschützt. Die Frage ist jedoch, wie das heute aussieht in Syrien. Ich weiß es nicht. Es gibt zu viele Akteure mit unterschiedlichen Interessen.

Lama: Ich bin nicht religiös, aber ich komme aus einer religiösen Familie, vor allem meine Mutter ist sehr gläubig. Aber unsere Religion ist offen gegenüber anderen Religionen. Wir wurden nicht dazu erzogen zu denken, dass die Zugehörigkeit zu einer anderen Religion ein Problem darstellt. Im Gegenteil: Uns wurde beigebracht, andere Glaubensrichtungen zu respektieren. In Tartus gibt es viele Religionen: Alawiten, Sunniten, katholische und orthodoxe Christen, Ismailiten. Wir lebten im gleichen Viertel, besuchten die gleiche Schule. Unter meinen Freunden waren alle diese Religionen vertreten und keiner fragte nach dem ethnischen oder religiösen Hintergrund. Die Mehrheit meiner Freunde hat einen anderen Glauben.

Wann kam der Moment, als euch klar wurde, dass ihr das Land verlassen wollt?
Lama: Für mich steht die Entscheidung seit langer Zeit. Soll ich es erzählen? Hazem wollte Syrien nicht verlassen, ich wollte es. Meine Eltern wünschten sich das auch. Sie wollten ein anderes Leben für ihre Kinder. Ohne Diktatur. Die Option, etwas im Land zu verändern, existierte nicht. Der einzige Ausweg war zu gehen.

Bereits 2005 wollte ich Syrien verlassen, in meinem letzten Studienjahr. Ich lebte damals im Studentencampus der Universität Damaskus. Damals entschied Assad den Rückzug der syrischen Armee aus dem Libanon. Um 7 Uhr morgens wurde wild an unsere Tür geklopft. Wir mussten rauskommen. Dort standen Assad-Unterstützerinnen und umzingelten uns Studentinnen, damit keine entkommen konnte. Es war ein heißer Sommertag. Wir sollten an die syrisch-libanesische Grenze gebracht werden. Die Möglichkeit, nein zu sagen, gab es nicht. An der Grenze sollten wir der syrischen Armee entgegenlaufen, um sie zu empfangen.

Das Ganze diente nur dem Zweck, für die heldenhafte syrische Armee einen begeisterten Empfang in der Heimat zu inszenieren?
Lama: Ja, das war der Sinn der Sache. Ich fühlte mich so gedemütigt. Aber durch einen glücklichen Zufall konnte ich fliehen: Eine Freundin von der nationalen Studentenvereinigung schickte mich zum Campus zurück. Am Eingang sagte ich dann, ich musste etwas aus meinem Zimmer holen, auf Befehl der Studentenvereinigung. Die Tür öffnete sich nur für mich, ich war so glücklich.

Da es sehr heiß war und die Studentinnen den ganzen Tag ohne Wasser unterwegs waren, kamen viele erschöpft und krank zurück. Am Abend stand mein Entschluss fest: Ich muss hier weg. Und ich habe es nie bereut, dass ich Syrien verlassen habe.

Du bist aber erst Jahre später weggegangen?
Lama: Ja, mein Plan ging nicht sofort auf. Nach Beginn der Revolution blieb ich erst mal da, weil ich dachte, der Moment ist gekommen für eine neue Regierung. Die Hoffnung war da.

Hazem: Ich war in Frankreich mit dem Schnitt meines Films „My Syrian Room" beschäftigt. Ich war zu ängstlich oder es war einfach unmöglich, das Regime direkt zu kritisieren. Besonders weil mein Vater – trotz aller Kritik – nun Assad unterstützte …

> „Viele Menschen waren im Gefängnis, wurden gefoltert. Ich kann ihre Gefühle verstehen – aber Rache führt nicht zum Wiederaufbau des Landes."

Wie kam es zu dem Meinungswechsel?
Hazem: Mein Vater war schon immer gegen die Extremisten und seine Ablehnung ihnen gegenüber ist größer als die gegen Assad. Da herrschte in Syrien schon richtig Krieg. Ein Bruderkrieg. Viele Leute dort waren für diesen Krieg prädestiniert, weil sie bereits vorher viel Hass in sich trugen, Lust hatten zu töten. Die Sehnsucht nach dem Leben verloren hatten. Dieser Mix ist sehr gefährlich. Er führt zum Verlust der Achtung vor anderen. Und das führt in jeder Gesellschaft zum Anstieg von Gewalt.

Auch die soziale Ungleichheit zwischen arm und reich, zwischen den Mächtigen und Schwachen haben mit zur syrischen Katastrophe geführt. Dort konnte – und kann – man nur ein gutes Leben führen, wenn man Verbindungen zu den Mächtigen hat. Und das sind mafiöse Strukturen. Wenn du mit dem Geheimdienst im guten Kontakt bist, erlauben sie dir, deine Filme zu machen. Aber wer kann so ein Schwein sein, dass er sich mit dem Geheimdienst einlässt?

Zurück zu deiner Frage: In dem Moment, als ich in Frankreich, wo ich mich übrigens nicht willkommen fühlte, am Schnitt arbeitete … das war ein weiterer Schock: Die syrische Revolution nahm eine falsche Richtung an, die islamistische. Daher blieb ich in Frankreich. Aber dort einen sicheren Aufenthaltsstatus zu erhalten, erwies sich als sehr schwierig. Davon war ich sehr enttäuscht. Besonders weil ich die französische Kultur sehr schätze.

Als ich die jubelnden Massen vor den abgebrannten Panzern der syrischen Armee sah, wusste ich, dass die Revolution eine falsche Richtung nahm. Die Leute sagen, es sei gut, die Armee anzugreifen. Ich denke aber, dass das Werkzeug dem Ziel entsprechen muss. Es ist falsch zu behaupten, man könne für den Frieden mit Gewalt kämpfen. Das ist eine Lüge. In der Regel kommt die Gewaltbereitschaft in Syrien von der Seite der Baath-Partei oder von Israel.

Von Israel?
Hazem: Die Art, in der Israel im Nahen Osten agiert, liefert den Regimes in der Region Argumente dafür, warum sie an der Macht bleiben müssen; sie füttert die Regime-Propaganda und stabilisiert den Glauben der Unterstützer der Regimes an die Regimes. Die syrische Opposition meinte, Assad mit Gewalt stürzen zu können, um danach ein neues Syrien aufzubauen. Doch dazu ist es nie gekommen.

Nach dem Schock in Frankreich war ich jedenfalls froh, in Berlin angekommen zu sein. Ich fühle mich jetzt besser. Reifer. Und irgendwie auch gesünder. Vor allem, nachdem ich die kindische Weltanschauung, die wir in Syrien eingetrichtert bekommen haben, abgelegt hatte. Wenn du unter einem Regime wie in meinem Land lebst, fühlst du dich wie im Gefängnis. Deshalb denkst du auch, außerhalb läge das Paradies. Leider ist das nicht so. Hier in Deutschland heißt der Schock Kapitalismus. Behalte deine Ideen für dich und zeige deine Qualifikationen auf dem Arbeitsmarkt. Wie viel Geld kannst du machen? Wie viel Geld kannst du ausgeben? Das ist, was zählt!

In dem Moment, als mir klar wurde, dass ich nicht nach Syrien zurückkehre, befand ich mich in Montpellier im Schnittraum. Aufgrund der Anti-Assad-Aussagen einiger Protagonisten in meinem Film war ich gezwungen, einige Szenen zu entfernen. Ich wollte kein Leben in Gefahr bringen. Es ging mir nicht darum, mich am Regime zu rächen. Der Film sollte auch nicht zur Rache gegen Assad ermutigen. Das Problem mit der Opposition ist doch: Rache führt nicht zum Wiederaufbau des Landes. Persönliche Rache am Assad-Regime wird keine Lösung für Syrien bringen. Viele Menschen waren im Gefängnis, wurden gefoltert, manche haben bleibende Schäden davongetragen. Ich kann ihre Gefühle verstehen – aber ich kann nicht akzeptieren, dass sie ihre persönlichen Rachegelüste für Beiträge zum Aufbau Syriens halten.

Übrigens sind wir Syrer alle etwas „beschädigt": Im Alter von 18 Jahren ging ich nicht ins Fitnessstudio, sondern zum Psychiater. Falls wir nicht bald anfangen, neue Ideen, wie Syrien in der Zukunft aussehen könnte, auszutauschen, wird diese Region keine Fortschritte machen.

Worin bestand die „kindische Weltanschauung", die ihr in Syrien eingetrichtert bekommen habt? Nur in der bedingungslosen Verehrung des Diktators oder gab es auch inhaltliche Essentials?
Hazem: Das Regime und vor allem die Präsidenten Assad wurden uns von klein auf immer als einzige Garanten von Frieden, Stabilität, Wohlstand, Gerechtigkeit und so weiter präsentiert. Sie wurden als absolut alternativlos dargestellt und uns wurde eingetrichtert, dass Krieg die einzige Alternative zu ihrer Macht sei.

Wie bist du nach Berlin gekommen?
Hazem: Mit Visum im Pass und einem Flug aus Montpellier. Dort musste ich mich dann als Flüchtling registrieren. Meine Freunde beneideten mich um den Status, ich war aber nicht sehr erfreut darüber. Meine Frau kam nach.

Lama: Nachdem Hazem seine Aufenthaltserlaubnis bekam, klappte es mit Familienzusammenführung. Ich kam mit dem Flugzeug aus Beirut.

Hazem: In der ersten Zeit war ich ziemlich verrückt, ich zeichnete permanent. Es war eine schwere Zeit und nur die Kunst hat mich gerettet. Berlin ist eine der schönsten Städte weltweit, die Stadt hat eine starke und warme Energie. Berlin ist die Mutter von Damaskus.

Ist es nicht umgekehrt? Damaskus ist viel älter …
Hazem: Dafür ist Berlin größer! Und in Damaskus gibt es viele Aus-

länder, wie in Berlin. Viele Iraker. Berlin und Damaskus sind in der arabischen Sprache weibliche Städte. Amman ist männlich.

Lama: Beirut ist in der arabischen Sprache auch männlich. Die Stadt ist nicht einladend. Wenn du kein Geld hast, bist du nicht willkommen. Die Städte, die Weiblichkeit prägen, sind aufnahmefähiger. Deshalb ist Berlin so leidenschaftlich. Ich vermisse Damaskus. Die Stadt hat einige Probleme mit der Umweltverschmutzung und mit dem Verkehr. Trotzdem, Damaskus ist unwiderstehlich. Ich liebe Berlin – aber ich würde doch Damaskus bevorzugen.

„Mehr als 95 Prozent meiner Bilder in Syrien waren schwarz-weiß. Hier sind meine Bilder voller Farben."

Was ist typisch deutsch?
Lama: Die Bürokratie, die Schreibarbeit! Die Pünktlichkeit. So viele Gesetze, die es hier gibt. Vieles ist zu kompliziert.

Hazem: Irgendwie fühlst du hier überall den Perfektionismus. Mercedes ist hier entstanden. Falls ein Wagen für einen Deutschen zu unbequem ist, dann schmeißt er ihn weg. Diese Einstellung kommt von der Tatsache, dass Deutschland ein Industriestaat ist. Ich denke, das deutsche Gehirn ist wie eine kleine Fabrik. Die Fabrik kann nicht funktionieren, wenn sie nicht weiß, was sie wann produziert.

Ich möchte dir widersprechen. Ich bin in Kreuzberg zur Schule gegangen und habe viele junge Leute getroffen, deren Gehirn nicht gerade wie eine Fabrik arbeitete ...
Lama: Das ist ein internationales Problem, kein deutsches. Die neue Generation und die neue Technologie. Sie sind nicht gewöhnt, hart zu arbeiten, die jungen Leute denken, dass ihnen alles in den Schoß fällt.

Was ist typisch syrisch?
Hazem: Typisch syrisch ist der enthusiastische Beginn. Egal, was man anfängt, alle sind erst mal begeistert dabei. Aber relativ schnell überwiegt die negative Energie. Ganz anders als bei den Deutschen: Die sind bei neuen Ideen anfangs misstrauisch. Sie schauen sich alles sehr detailliert an und sind zuerst negativ gegenüber Neuem eingestellt. Bei den Syrern sind die Begeisterung und die Energie oft am Anfang einer Idee oder einer Diskussion vorhanden. Dann aber setzt man sich hin zum Mittagessen, trinkt noch einen Tee und Kaffee, man diskutiert viel und am Ende kommt nichts raus. Hier in Deutschland ist es anders, die Menschen haben eine protestantische Mentalität und leben nicht in der Armut. Ich entdecke gerade, dass die Einstellung zum Geld und zu Armut und Reichtum mit der Religion verbunden ist. Die protestantische Einstellung sagt, dass du Geld sparen sollst. In Italien zum Beispiel ist es eher wie in Syrien. Wenn die Leute etwas Geld haben, dann geben sie es auch schnell aus. Freunde laden Freunde zum Essen ein. In Deutschland spart man das Geld. Oder investiert in etwas. Die Lage ist ähnlich in Holland. Dort sparen die Menschen, damit sie flexibel bleiben, um jederzeit vor dem Anstieg des Meeresspiegels fliehen zu können.

Die Deutschen sind stark in der Teamarbeit, da kann man eine Menge von ihnen lernen. Wieder das komplette Gegenteil von uns Syrern. Fast jeder von uns möchte in der Kunst oder Ökonomie ein kleiner Assad sein. Jeder möchte der Boss sein. Ich möchte von den Deutschen die Fähigkeit zur Zusammenarbeit lernen.

Das klingt jetzt wahrscheinlich etwas merkwürdig: Je mehr ich die deutsche Sprache lerne, desto mehr verstehe ich die deutsche Vorliebe für Mechanik. In der Mechanik hat jede Kleinigkeit ihre Funktion, ist für etwas zuständig; die deutsche Sprache ist ebenso präzise.

Noch ein Beispiel für einen Unterschied der Mentalitäten ist die Schreibarbeit: Hier kommunizieren Menschen durch das geschriebene Wort. Wir Syrer reden viel mehr miteinander und einigen uns dann mündlich: Du hast mir dies versprochen, ich habe dir jenes versprochen.

Lama: Typisch syrisch ist gutes Essen! Im Ernst, wie sind einfach nicht so gut organisiert wie die Deutschen. Wir drücken uns gerne sehr vage aus. In Deutschland bedeutet ja ja und nein nein. In Syrien hält man sich nicht so streng an die Gesetze – falls zum Beispiel jemand zu mir in die Apotheke kommt und nach einem Medikament verlangt, für das man ein Rezept benötigt, wird diese Person sagen: „Ah, komm schon. Gib mir bitte das Medikament. Du kannst das machen." Das wäre in Deutschland undenkbar. In Syrien denkt man nicht daran, sich an die Gesetze zu halten. Es geht mehr darum, die Gesetze zu brechen.

Andererseits versuchen die Menschen bei uns, mitfühlend zueinander zu sein. Das hat etwas mit der Abwesenheit von Staat zu tun. In Deutschland gibt es viele soziale Institutionen, die sich um die Menschen sorgen, deshalb gehen die Menschen hier weniger sozial miteinander um. In Syrien existieren solche Institutionen nicht. Trotzdem stimme ich dem zu, was Hazem gesagt hat: Bei uns spielt sich jeder auf, als sei er der Boss.

Die Menschen in Syrien tun vieles, nicht weil sie das möchten, sondern weil sie ein bestimmtes Verhaltensmuster gelernt haben. In einem bestimmten Alter sollte man heiraten und Kinder kriegen, also tut man es. Nicht unbedingt, weil man es möchte, sondern weil es alle tun.

Haben die Syrer und die Deutschen auch gemeinsame Eigenschaften?
Hazem: Was sie gemeinsam haben, sind ihre Emotionen zum Thema Krieg: Die Syrer wegen des aktuellen und die Deutschen wegen des Zweiten Weltkrieges. Das ist eigentlich eine Steilvorlage für Diskussionen, gegenseitiges Verständnis und Zusammenarbeit, besonders was kreative Aktivitäten wie Kino, Theater und Literatur angeht.

Könnt ihr euch vorstellen, nach Syrien zurückzukehren?
Lama: Diese Frage stelle ich mir täglich. Aber ich habe noch keine klare Antwort. Die Stellung der Frau ist nicht so gut in Syrien, es gibt viele Gesetze gegen die Rechte der Frauen. Als ich in Deutschland angekommen bin, konnte ich endlich aufatmen und meine Freiheit genießen. Wenn ich mich an die Vergangenheit als Frau in Syrien erinnere,

möchte ich hier bleiben. Ich möchte mich aber um meine Eltern und meinen Großvater kümmern, sie sind allein und werden älter. Es macht mich traurig, dass ich sie nicht sehen kann.

Hazem: Ich kann mir leider nicht vorstellen zurückzukehren. Ich raffe meine Kräfte zusammen, um hier einen Neustart zu wagen. Es steckt viel Hoffnung in dieser Idee. Ich akzeptiere, dass mich das Leben hier verändert. Ich werde auch meiner zukünftigen Tochter erlauben, einen Freund oder eine Freundin zu haben, wenn sie volljährig ist. Wir müssen uns bewusst sein, volle Verantwortung für unsere Kinder zu übernehmen.

Wenn sie volljährig ist, braucht sie deine Erlaubnis eigentlich nicht mehr. Aber mit 15, 16 oder 17 Jahren …
Hazem: … ja, aber ohne Überwachung durch uns. Wir respektieren die deutschen Gesetze auch an dieser Stelle. Ich möchte nicht schlecht über meine Familie reden, aber was mit mir in meiner Kindheit passierte, war nicht gut. Meiner Erfahrung nach zerstören Familie und Schule im Nahen Osten die jungen Menschen! Sie arbeiten zusammen, um die Wünsche und die Wut der Jugend zu unterdrücken. Hier in Berlin kann ich wieder fühlen. Schritt für Schritt empfinde ich wieder Gefühle. Früher fühlte ich mich oft wie betäubt. In meiner Jugend durfte ich meine Wut nicht artikulieren.

In Berlin fühle ich mich wohl. Hier bin ich in der Lage, meine Beziehung frei zu gestalten. Verlangen statt Druck. Mehr als 95 Prozent meiner Bilder in Syrien waren schwarz-weiß. Hier sind meine Bilder voller Farben. Meine Emotionen sind aktiv und sie steuern in die richtige Richtung. Ich säubere mich von meinem Machotum. Früher fühlte ich Widerstand in mir gegen meine Mutter, gegen meinen Vater, gegen die ganze Gesellschaft. Meine Schwester ähnelt mir, sie wollte frei sein, frei leben und frei lieben. Ich war aber gezwungen, für sie eine Art Bodyguard zu sein und ihr hinterherzuspionieren. Ich musste darauf achten, mit wem sie sich traf, obwohl ich diese Rolle ablehnte. Hier kann ich frei atmen, weil ich die Vergangenheit hinter mir lassen kann.

„Es fehlt Forschung, die den urbanen Alltag zum Sprechen bringt."

Umfrage unter Wissenschaftler*innen zum Thema Flucht

Klaus Farin

Was wissen wir eigentlich wirklich über die Geflüchteten in Deutschland, die Ursachen ihrer Flucht, ihre biografischen und kulturellen Hintergründe? Gibt es Forschung darüber, ob die Maßnahmen zu ihrer Unterstützung überhaupt wirken, welche Auswirkungen die politischen Entscheidungen haben, wo Bedarf an Korrekturen besteht? Gibt es Untersuchungen dazu, ob die vor allem 2015 proklamierte Willkommenskultur auch im Alltag Bestand hat oder Geflüchtete ständig mit Vorurteilen, Ablehnungen und Hass konfrontiert sind? Und: Wie ändert sich die deutsche Gesellschaft in Folge der neuen Mischung ihrer Bevölkerung?

Um Antworten auf diese Fragen zu finden, haben wir eine qualitative Umfrage unter Wissenschaftler*innen durchgeführt, die selbst zum Bereich Migration/Flucht geforscht haben oder in entsprechenden Forschungszusammenhängen und Netzwerken engagiert sind, etwa dem Netzwerk Flüchtlingsforschung http://fluechtlingsforschung.net/mitglieder/. Von 579 angefragten Wissenschaftler*innen haben immerhin 252 geantwortet. Von diesen haben 63 mitgeteilt, dass sie nicht (mehr) zum Thema Flucht forschen bzw. zu Aspekten, die keinerlei Aussagekompetenz zu unserem Projektthema geben, oder einfach aus Zeitgründen die Fragen nicht beantworten können. 189 Wissenschaftler*innen haben den Fragebogen (und zum Teil weitere Nachfragen) beantwortet, zum Teil umfangreiches zusätzliches Material (Veröffentlichungen, Manuskripte, Material zu eigenen Studien) geschickt. Mit neun Wissenschaftler*innen haben darüber hinaus längere Telefoninterviews und -hintergrundgespräche stattgefunden. Eine ausführlichere Dokumentation der Antworten enthält die E-Book-Version dieses Buches. Hier können nur die zentralen Ergebnisse berichtet werden.

Die Mehrzahl der befragten Wissenschaftler*innen ist der Ansicht, dass wir sehr viel wissen. Immerhin gibt es eine jahrzehntelange Tradition der Migrationsforschung, auf der die Fluchtforschung aufbauen kann. Zudem sind ab 2015 ungezählte Forschungsprojekte zum Thema Flucht entstanden – Geld dafür aufzutreiben, war offenbar plötzlich kein Problem mehr.

Prof. Dr. Cinur Ghaderi, Bochum: „Als jemand, der sich biografisch und wissenschaftlich immer für diese Themen interessiert und dazu gelesen hat, war es interessant zu beobachten, wie sich der Fokus und die Art und Weise, wie wir auf das Thema blicken, verändert. Es ist vom Rand ins Zentrum der Aufmerksamkeit gerückt, vom marginalen Forschungsinteresse (irgendwo in Somalia …) zu: Wie verändert es Deutschland, die ‚deutsche' Identität und Kultur; es gibt mehr Berührung und Betroffenheit. Die Veränderungen werden wahrgenommen, die Antworten bleiben teils aus."

Dennoch gibt es noch relevante Lücken.

Dr. Karin Cudak: Hamburg: „In der lebensweltlich- und quartiersbezogenen Forschung; Forschung, die möglichst viele Perspektiven einfängt und den urbanen Alltag zum Sprechen bringt."

Dr. Tim Elrick, Erlangen: „Das Themenfeld Migration wird bereits seit Jahrzehnten im deutschen Wissenschaftssystem intensiv erforscht, insbesondere in der Soziologie und Geografie, zuerst mit dem Fokus auf Gastarbeiter*innen, dann in den 1990er Jahren mit Fokus auf die damals Geflüchteten und ab den 2000er Jahren dann eher im Hinblick auf Integration und Teilhabe. Das Thema Flucht, insbesondere in seiner neuesten Ausprägung, ist aber noch deutlich unterrepräsentiert."

Prof. Dr. Maria Hallitzky, Leipzig: „Eine der größten Lücken sehe ich in der Forschung zur Aufnahmebereitschaft und zu Aufnahmebedingungen in der Aufnahmegesellschaft. Dazu gehört auch das Aufdecken von Schwierigkeiten, die nur so überwunden werden können. Aber auch da bedarf es im Anschluss an die Forschung einer intensiven Kommunikation in die gesellschaftlichen Bereiche hinein."

Prof. Dr. Schahrzad Farrokhzad, Köln: „Es gibt viel Forschung zu Migration und auch zu Flucht – oft aber kleinere Studien und keine flächendeckenden Forschungsarbeiten. Daher gibt es weiterhin deutliche Wissenslücken – z. B. zur Situation Geflüchteter mit Behinderung, zur Qualifikationsstruktur und ihrer Teilhabe am Arbeitsmarkt oder zur Situation geflüchteter Frauen. Gleichzeitig sind einige der kleineren Studien sehr differenziert und aussagekräftig, sie werden in den Medien jedoch kaum angemessen aufgegriffen – vielmehr halten sich hartnäckige Vorurteile (z. B. die Annahme des geringen Bildungsgrades vieler Flüchtlinge)."

Hosay Adina-Safi, Hamburg: „Die Forschung vor allem im erziehungswissenschaftlichen Bereich hat sich dem Thema Flucht noch nicht umfassend gewidmet."

Prof. Dr. Tahereh Agha, Dortmund: „Die Migrationssoziologie beschäftigt sich zurzeit weniger mit der Theoriebildung als mit der Überprüfung der gesellschaftspolitischen Relevanz der Einwanderung für die Aufnahmegesellschaften. Das sind in der Regel ‚Auftragsforschungen'."

Dr. Sebastian Prediger, Hamburg: „Die Relevanz verschiedener Fluchtursachen ist nicht gut erforscht. Allgemein ist die Datenlage zu Migrationsbewegungen schlecht. Die ökonomischen und sozialen Folgen der Migration für Ursprungs- und Zielland sind ebenfalls nicht gut erforscht."

Matthias Schneider, Frankfurt a. M.: „Die größte Lücke sehe ich bei der Erforschung von geschlechtsspezifischen Fluchtursachen und der Lebensrealität von geflüchteten Männern in Deutschland."

Dr. Simon Goebel, Eichstätt: „Meines Erachtens sind die allermeisten Diskussionen und die Arbeit mit Geflüchteten durch die ‚Zuständigen' von drei grundfalschen Perspektiven geprägt.

1. Kultur: Kulturen werden meist als große homogene Blöcke, als Container, verstanden, die abgeschlossen sind und unvereinbar. Tat-

sächlich sind Kulturen aber prozesshaft, immer im Fluss, und in sich wiederum überaus heterogen. Deshalb lohnt es sich, Gemeinsamkeiten zu entdecken, statt Unterschiede zu suchen.

2. Nation/‚Wir': Meistens geht es um ‚uns', also um die deutsche Gesellschaft. ‚Deutsch' wird dabei sehr unterschiedlich konzipiert, meist aber exklusiv. Deshalb sind seltsamerweise die Geflüchteten das Problem, nicht die Fluchtursachen. Deshalb ist seltsamerweise von ‚Flüchtlingskrise' die Rede und nicht von einer Krise der globalen Konfliktlösung oder einer Krise der globalen Gerechtigkeit oder einer Krise der europäischen Verantwortung oder ähnliches.

3. Globale Perspektive: Globale Zusammenhänge werden oft ausgeblendet. Man kann Flucht jedoch nicht diskutieren, ohne die globalen Zusammenhänge mitzudenken. Man kann bsw. die Frage, ob Geflüchtete allein aus wirtschaftlichen Gründen nach Deutschland geflohen sind (womit in der Regel eine flüchtlingsfeindliche Agitation verbunden ist), nicht diskutieren, ohne die Wirtschaftspolitik der BRD, der EU, der Weltbank, des IWF, Chinas, der USA usw. zu diskutieren."

Kritisch gesehen wird vor allem immer wieder, dass die Geflüchteten selbst zumeist nur Objekt der Begierde sind, aber nicht aktiv an der Forschung beteiligt werden und ihre eigene Perspektive eher selten abgefragt wird:

Dr. André Bank, Hamburg: „Was fehlt, sind biografische Informationen und Geschichten von Geflüchteten selbst."

Prof. Dr. Stefan Borrmann, Landshut: „Was zu kurz kommt, ist, die biografischen Erfahrungen von Menschen auf der Flucht aufzuzeichnen und hier zu mehr qualitativer Forschung zu kommen."

Dr. Benjamin Etzold, Bonn: „Es wird sehr viel Wissen über Flüchtlinge produziert, aber nicht genug auf die Perspektive der Geflüchteten selbst gehört und auf ihr eigenes Wissen vertraut."

Prof. Dr. Dr. h. c. Josef Held, Tübingen: „Es gibt viele Studien, aber kaum eine, die die Perspektive der Geflüchteten in den Mittelpunkt stellt."

Samia Aden, Kassel: „Nur selten werden die Lebenswelten von jungen geflüchteten Menschen vor der Flucht miteinbezogen; somit werden wesentliche biografische Erfahrungen ausgeklammert."

Prof. Dr. Barbara Schramkowski, Villingen-Schwenningen: „Nicht über, sondern mit Geflüchteten forschen."

Probleme sehen Wissenschaftler*innen auch in der Vermittlung der Erkenntnisse:

Dr. Julia Schulze Wessel, Dresden: „Die derzeitige Diskussion hat den bis dahin erreichten Kenntnisstand leider oftmals wieder in die 1990er Jahre zurückgeworfen."

Pascal Bächer, Vechta: „Aktuell ist viel Bewegung in dem Thema, was sicherlich positiv zu bewerten. Es gibt aber durchaus Nachholbedarf im wissenschaftlichen Diskurs, noch viel mehr allerdings im gesellschaftlichen Diskurs. Hierzu muss die scientific community sich aber auch darum bemühen, ihre Ergebnisse zugänglicher zu machen – auch in der von ihr benutzten Sprache."

Christoph Bongert, Bremerhaven: „Es besteht eine – im Allgemeinen nicht ungewöhnliche, in diesem besonderen Fall jedoch problematische – Diskrepanz zwischen der gut vernetzten, historisch und systematisch umfassend spezialisierten, recht abstrakt-theorielastigen Forschung auf der einen und der oft hilflosen, teils unbelehrten, teils lernunwilligen Alltagserfahrung auf der anderen Seite. Hier liegt eine mögliche Aufgabe und Chance von Museen und ähnlichen Kultureinrichtungen – die sie nur nutzen können, wenn sie verstärkt ihre Besucher (und Nicht-Besucher) erforschen: Wo liegen deren Interessen, wo ihre Abneigungen? Wie bringt man sie ins Nachdenken? Wie bringt man ihnen bei, was sie nicht interessiert? Wie bringt man sie von Irrtümern ab? Wie bringt man sie ein? Wie bringt man sie zum (Miteinander-)Sprechen?"

Dr. Serhat Karakayali, Berlin: „Und vielleicht, dass wir noch mal mehr lernen über die Geschichte der eigenen Migration."

Nicole Saile, Stuttgart: „Integration und eine Aufnahme in die Gesellschaft können nur erfolgen, wenn diese auch bereit dazu ist. Verständnis und Akzeptanz erreiche ich nur über eine Basis von Wissen über die Thematik. Zwingend notwendig sehe ich hier auch den Brückenschlag zur Demokratiebildung und zur Grundlage der Menschenrechte. Wie kann (muss) diese Demokratiebildung über verschiedenen Schienen erfolgen (Bildungseinrichtungen als Wissensvermittler, Offene Jugendarbeit mit stärkerem Fokus auf jugendpolitische Bildung und als Experimentierfläche und Ort des Dialogs)."

Dr. Hendrik Fenz, Freiburg: „Es bräuchte einen stärkeren Austausch zwischen Forschung und Anwendung. Die Umsetzung von Forschungsergebnissen in praktische Arbeit sollte schneller erfolgen. […] Es gibt auf der Bevölkerungsseite eine hohe (postfaktische) Meinungsdichte. Das vorhandene Expertenwissen findet nicht das Gehör, das es bräuchte."

Dr. Marcel Berlinghoff, Osnabrück: „Generell ist bereits viel Wissen vorhanden, das jedoch über Disziplinen und Institutionen noch sehr isoliert vorhanden ist und stärker zusammengebracht und der Öffentlichkeit zugänglich gemacht werden muss."

Dr. Benjamin Etzold, Bonn: „Sehr viel Wissen ist vorhanden und die Wissensbestände wachsen weiter. Abgesehen von Statistiken öffentlicher Stellen (wie z. B. Asylzahlen des BAMF) sind viele relevante Fakten, Narrative und Inhalte aber nicht immer gut zugänglich bzw. aufbereitet, um über die Wissenschaft hinaus zu wirken."

Prof. i. R. Dr. Franz Hamburger, Mainz: „Das Wissen ist nicht das Problem, es wird zu wenig gelesen. Die Muslime beispielsweise sind die am besten untersuchte Personengruppe in Deutschland. Aber das interessiert niemanden. Es wird vor allem herumschwadroniert."

Dr. Stefanie Föbker, Bonn: „Die Herausforderung besteht derzeit vor allem darin, das Wissen in die öffentliche und politische Debatte einzuspeisen."

Prof. Dr. Nora Markard, Hamburg: „Insbesondere in den Rechtswissenschaften ist das ein Problem, da aktuell eine Reihe von Kollegen mit solidem Halbwissen und teils haarsträubenden rechtlichen Argumentationen in der öffentlichen Debatte großen Raum einnehmen und nur wenige beurteilen können, was an ihren Argumenten dran ist."

Dr. Sebastian Prediger, Hamburg: „Im öffentlichen Diskurs fehlt teilweise die Bereitschaft, Fakten anzuerkennen und vor allem die Ambivalenz des Themas Migration hinzunehmen und auszuhalten. Zu schnell wird nach vermeintlich einfachen Lösungen für ein hochkomplexes Thema gesucht."

Aber die Wissenschaftler*innen sehen auch durchaus selbstkritisch die eigenen Schwächen:

Dr. Ulrike Selma Ofner, Witten: „Es gibt inzwischen unglaublich viele Studien zu dem Themenkomplex, aber bedauerlich viele Forscher*innen machen sich nicht die Mühe, sich mit vorangegangenen Untersuchungen vertraut zu machen (wie ich zu meinem ungläubigen Erstaunen schon öfter feststellen musste)."

Dr. Simon Goebel, Eichstätt: „Wissen wird meistens selbstreferentiell weitergegeben. Das heißt, in den verschiedenen Gruppen gibt es einen Wissensaustausch, der aber jeweils nur das in der jeweiligen Gruppe bereits vorhandene Wissen reproduziert oder um neues Wissen ergänzt, das ins bestehende Bild passt."

Dr. Ulrike Krause, Marburg: „Die Flüchtlingsforschung etabliert sich aktuell erst, sodass ich hier viel Bedarf sehe – strukturell wie forschungsbezogen. Zur Unterstützung der Etablierung habe ich den FlüchtlingsforschungsBlog (http://fluechtlingsforschung.net/blog) wie auch die Zeitschrift für Flüchtlingsforschung (http://fluechtlingsforschung.net/zflucht/) gegründet, die ich mit Kollegen herausgebe."

Prof. Dr. Carola Richter, Berlin: „Die Vernetzung wird immer besser. Die politische Implementierung dieses Wissens ist aber unbefriedigend."

In der Tat hat sich in den letzten Jahren sehr viel getan. Vor allem das neu entstandene Netzwerk Flüchtlingsforschung (http://fluechtlingsforschung.net/) oder die Forschungslandkarte eines BMBF-geförderten Projektes an der Universität Osnabrück (https://flucht-forschung-transfer.de) ermöglichen nicht nur den Forscher*innen und anderen Expert*innen, sondern auch interessierten Laien einen soliden Überblick darüber, wer gerade mit welchem Fokus zum Thema Flucht forscht, und präsentieren in der Tat eine beeindruckend vielfältige Forschungslandschaft.

Vorhandenes Wissen muss auch abgerufen werden

Das Expert*innenwissen ist also vorhanden, es müsste nur abgerufen werden – von den Medien, die statt Expert*innen lieber sachunkundige Politiker*innen und andere Promis zu Wort kommen lassen, aber auch von „der" Politik selbst, die offenbar gar keinen Wert auf die Fakten, auf sachkundige Argumente und Lösungsvorschläge zu legen scheint.

Prof. Dr. Clemens Dannenbeck, Landshut: „Es handelt sich vor allem um ein politisches Problem."

Susanne Bücken, Aachen: „Das Wissen auf politischer und medialer Ebene verbindet sich sehr häufig mit Stereotypisierungen, Kulturalisierungen und problematischen Vereinfachungen. Postkoloniales Wissen, differenziert historische Kontextualisierung, übernationalstaatliche Perspektiven und ein Hinterfragen der eigenen Privilegierung fehlen zumeist."

Dr. Cordula Dittmer, Berlin: „Das Wissen ist vielleicht sogar mehr vorhanden als man denkt, die extreme Politisierung dieses Themas sehe ich als zentrales Problem."

Sophie Hinger, Osnabrück: „Das Problem ist nicht, dass wir nicht wissen, sondern die Frage, was wir mit diesem Wissen machen. Das ist eine politische Frage."

Prof. Dr. habil. Albert Scherr, Freiburg: „An keiner einzigen deutschen Hochschule gibt es einen Lehrstuhl für Flüchtlingsforschung, dagegen gibt es in Oxford zum Beispiel ein eigenständiges Zentrum für Flüchtlingsforschung. Zweifellos aber müsste Flüchtlingsforschung in Deutschland ausgebaut und institutionell abgesichert werden. Ob dies geschehen wird, hängt aber nicht zuletzt davon ab, ob politische Akteure dann interessiert sind, eine unabhängige und kritische wissenschaftliche Forschung über Flüchtlinge zu ermöglichen."

Pascal Bächer, Vechta: „Mittlerweile zeigt sich für viele immer deutlicher, dass es sich dabei seitens staatlicher Institutionen um absichtlich erzeugte Reibungspunkte auf struktureller Ebene handelt, die eine eigentlich gar nicht gewollte ‚Integration' von Beginn an verhindern. Die Konsequenz davon ist ein Verschüttgehen der oft hochgradig vorhandenen Motivation auf Seiten der Geflüchteten und der Freiwilligen."

Prof. Dr. Stefan Borrmann, Landshut: „Es bedarf erheblicher politischer Korrekturen, die Flüchtlinge nicht länger als Problem definiert."

Dr. Hendrik Fenz, Freiburg: „Wenn man sich vor Augen hält, welche enormen Leistungen haupt- und ehrenamtliche Akteure, politische und kommunale Institutionen in den letzten 1,5 Jahren geleistet haben, um der Situation, den Geflüchteten und der Aufnahmegesellschaft ein hohes Maß an Sicherheit zu geben, dann darf sich diese unsere Gesellschaft auch mal freuen und begeistert sein über das Geleistete. Gleichzeitig gab es seit Beginn des Syrien-Krieges die Warnung vor einem Ansteigen von Flüchtlingszahlen. Hier haben die politischen Stakeholder eklatant versagt bzw. aus politischem Kalkül heraus keine Vorkehrungen getroffen (treffen wollen). Mit den Erfahrungen der Balkankriege hätte das nicht passieren dürfen. Insofern braucht es eine Nachhaltigkeit in der ‚Erfahrungssicherung' für zukünftige ähnliche Ereignisse."

Dr. Regina Polak, Wien: „Ich erwarte nicht, dass man diese Jahrhundertherausforderung in fünf Jahren ‚bewältigt' – aber die Politik sehe ich versagen, fahrlässig und gezielt. Die Zivilgesellschaft wiederum beeindruckt mich."

Prof. Dr. Ingrid Gogolin, Hamburg: „In der Politik fällt mir immer wieder auf, wie kurz das Gedächtnis der Handelnden ist. Meine größte Befürchtung ist, dass jetzt wieder Maßnahmen ohne Nachhaltigkeit ergriffen werden – so, wie dies seit den 1960er Jahren schon mehrfach der Fall war."

Die „Zuständigen" sind wir alle

Dabei geht es nicht nur um eine Versachlichung des Themas, sondern auch um die Einbeziehung großer Teile der Bevölkerung. Echte Partizipation – das Gefühl, die gesellschaftliche Entwicklung wie die eigene

Lebenswelt beeinflussen und mitgestalten zu können – war stets der wichtigste Immunisierungsfaktor gegen rechtspopulistische Vereinfacher und Xenophobien.

Nicole Saile, Stuttgart: „Die Bewältigung des Fluchtthemas und damit die große Herausforderung an die Gesellschaft muss auch von einer gestärkten und stabilen Gesellschaft getragen werden. Demokratiebildende Maßnahmen auf allen Ebenen sind notwendig."

Prof. Dr. Karl-Josef Pazzini, Hamburg: „Wer ist denn zuständig? Mein Vater hat mal auf dem Krankenbett zu einer Krankenschwester gesagt, die ihre Chefin wegen einer Lappalie noch um Direktiven fragen wollte und sagte, sie sei nicht zuständig: ‚Was heißt hier zuständig? Sie stehen hier an meinem Bett. Also sind sie zuständig. Mit dieser blöden Ausrede hat damals der Faschismus angefangen!'

Dennoch: Fremde machen Angst. Fremdheit zwingt zur Neujustierung der eigenen Strukturen (Denken, Handeln, Fühlen). Wie kann die Angst anerkannt und in Neugier überführt werden? Wie kann, ohne in Rassismus zu verfallen, dennoch auch Kritik (an Migranten) geübt werden, wie kann deren Kritik wahrnehmbar gemacht werden? Psychodynamik des Helfens ..."

Mohammad aus Homs, 29 Jahre

„Als der Islamische Staat unsere Stadt eroberte, hörte das Leben dort auf, als könne das Herz der Stadt nicht mehr schlagen."

Wo kommst du her und was hast du in Syrien gemacht?
Ich bin in der Stadt Homs geboren, meine Familie stammt aber aus Deir ez-Zor. Ich habe in Homs mein Abitur abgelegt, mit einem guten Notendurchschnitt, und mich an der Sportuniversität in Hama beworben und wurde zugelassen. Ich habe mich für das Studium entschieden, da ich schon vorher Kampfsportchampion war und viele Titel errungen hatte. Ich habe vier Jahre lang Sportwissenschaften auf Lehramt studiert. 2009 habe ich das Studium abgeschlossen – mit dem drittbesten Platz im Ranking der Studenten. Danach habe ich mich zum Weiterstudieren bis zum Diplom beworben und wurde ebenfalls zugelassen; aber wegen des Krieges in Syrien konnte ich das Studium nicht zu Ende bringen. Es fehlt noch ein Modul, das ich nicht ablegen konnte, weil ich weg musste.

Vor meiner Flucht hatte ich seit Anfang 2010 in einer Gesamtschule in Deir ez-Zor als Sportlehrer gearbeitet. Dort habe ich damals auch gewohnt mit meiner Familie, also meinem Vater, meiner Mutter und meinen Geschwistern. 2012 habe ich zudem geheiratet und meine Frau ist zu uns gezogen. 2013 haben wir eine Tochter bekommen, sie heißt Joudi. Ich habe sie seit eineinhalb Jahren nicht mehr gesehen und vermisse sie sehr.

Zurzeit arbeite ich in Brandenburg an der Havel als Karatetrainer. Ich unterrichte eine Gruppe von Kindern. Sie haben sich schon an Wettkämpfen beteiligt und sogar Titel gewonnen. Nebenbei lerne ich die Sprache, also Deutsch. Ich bin bisher gut vorangekommen und hoffe, ich schaffe bald ein wirklich gutes Level.

Was hast du in deiner Sportart, also in Karate, bisher erreicht?
Ich mache nicht nur Karate, sondern auch Kickboxen. Damit habe ich 1993 angefangen. Damals war mein Bruder schon Champion, und er war der Meinung, dass ich mit ihm trainieren sollte. Also eigentlich hat er mich sogar dazu gezwungen. Aber er hatte Recht: Seinetwegen bin ich heute Karatetrainer hier in Deutschland.

Meinen ersten Titel habe ich 1996 in Homs verliehen bekommen, da war ich neun Jahre alt. Ich war sehr stolz. Später habe ich noch viele Titel bekommen in beiden Sportarten. Eigentlich hätte ich auch im Ausland kämpfen sollen, aber in Syrien muss man viele Beziehungen haben, wenn man das Land bei internationalen Wettkämpfen repräsentieren will. Es reicht nicht aus, ein sehr guter Sportler zu sein.

Ich habe den schwarzen Gürtel in Karate und einen Dan. Aber am letzten Wettbewerb habe ich vor 13 Jahren teilgenommen. Nachdem ich gewonnen hatte, habe ich diese Sportart als Sportler verlassen. Sie hatten mir versprochen, dass sie mich Syrien im Ausland repräsentieren lassen – aber dann haben sie das nicht gemacht. Sie haben uns verarscht. Ich hätte gute Beziehungen zu den wichtigen Leuten im syrischen Karatebund haben müssen.

Was ich dagegen schon damals in Syrien sehr gerne gemacht habe, ist, Kindern meine Sportart beizubringen.

Beschreibe mal deinen Familienhintergrund ...
Meine Familie besteht aus 14 Personen: meinem Vater, meiner Mutter, ihren vier Söhnen – also meinen Brüdern und mir – und acht Töchtern, meinen Schwestern. Meine Mutter ist Hausfrau, sie hat sich um uns gekümmert. Aber die Kinder sind bei uns abhängig vom Vater. Wir sind eine konservative Familie, wie sind alle Muslime und folgen den religiösen Regeln des Islam. Mein Vater hat als Angestellter bei einer Firma in Homs gearbeitet. Aber das bedeutet nicht, dass er so viel verdient wie in Deutschland. Und viele Kinder kosten viel. Familien wie unsere gelten in Syrien fast als arm, weil die Anzahl der Familienglieder so groß ist. Einige meiner Geschwister haben trotzdem studiert, Sport oder et-

was anderes, Erziehungswissenschaft etwa, alle auf Lehramt. Wie ich. Das geht auch, wenn man arm ist.

Was meinst du damit, dass die Kinder abhängig vom Vater sind? Rechtlich oder hat er das alleinige Sagen in der Familie? Hat die Mutter gar nichts zu sagen?
Sie sind nicht rechtlich vom Vater abhängig. Aber der Vater hat in erster Linie das Sagen, danach kommt die Mutter. In meiner Familie hat mein Vater immer alles entschieden, aber nicht immer ohne Absprache mit der Mutter. Was die Religion angeht, hat er immer allein entschieden; er hat zum Beispiel meinen Schwestern immer befohlen, bestimmte Klamotten zu Kopftüchern zu kaufen. Er hat uns immer gezwungen, in die Moschee zu gehen und zu beten.

Wie ist das Verhältnis eurer Familie zu den anderen Religionen und Konfessionen?
Eigentlich hatte ich gar keine Probleme mit den anderen Religionen und Konfessionen. Ich hatte viele christliche Freunde und Bekannte, schon in der Schule war ich viel unterwegs mit Leuten aus den anderen Konfessionen. An etwas anderes als Toleranz habe ich nie gedacht. Das verlangt auch meine Religion von mir. Trotzdem habe ich nach der Revolution die Alawiten gehasst. Sie haben so viele Sunniten getötet und so viele Familien vertrieben. Sie haben uns zur Flucht gezwungen, wegen ihnen musste ich nach Deutschland fliehen. Ich wäre sehr froh, wenn ich nie wieder von ihnen hören würde. Ansonsten habe ich weiterhin keine Probleme mit allen Religionen, nicht mal mit Zionisten.

Hattest du früher keine alawitischen Freunde? Es haben ja nicht alle Alawiten das Regime unterstützt, auch in der Opposition waren Alawiten …
Ja, ich hatte in der Uni alawitische Freunde. In Homs gab es bei uns in den Schulen auch viele Alawiten, mit denen ich unterwegs war. Ich sage es ganz ehrlich, es gab auch Alawiten, die vom Regime schlecht behandelt wurden.

Wann hast du dich entschieden, Syrien zu verlassen?
Ich war wie gesagt Lehrer in Deir ez-Zor. Aber plötzlich zahlte das Bildungsministerium unsere Gehälter nicht mehr. Das dauerte ein Jahr und sechs Monate. Dann, Mitte 2014, hat der Islamische Staat unsere Stadt angegriffen und erobert. In diesem Moment hörte das Leben dort auf; es war, als könne das Herz der Stadt nicht mehr schlagen. Ich blieb ein Jahr lang in Deir ez-Zor – aber das war kein Leben. Man konnte nicht mal genug Geld verdienen, um den Lebensunterhalt zu finanzieren. Jeden Tag bombardierte uns irgendwer: das Regime, Russland, die Nato … Dabei wurden auch Fassbomben abgeworfen. Ich konnte dort nicht mehr leben. Und ich konnte nicht das Leben meiner Tochter sichern. Also habe ich die beiden nach Homs geschickt und bin hierher geflohen. Ich will sie nach Deutschland holen, sobald ich die Berechtigung zum Familiennachzug habe.

„Die Deutschen sind sehr geizig. Sie machen Party und lassen die Gäste ihre eigenen Getränke und das Essen mitbringen."

Wie bist du nach Deutschland gekommen?
Ich bin mit dem Minibus von Deir ez-Zor durch Idleb Richtung Türkei gefahren. Die Grenze selbst mussten wir zu Fuß überqueren. Dann bin ich mit verschiedenen Verkehrsmitteln an die türkische Westküste gefahren. Dort habe ich in einem Café einen Schlepper getroffen und ihm 1.100 Dollar bezahlt, damit er uns mit dem Schlauchboot nach Griechenland fährt. Nach drei Versuchen ist es uns gelungen, auf die Insel Samos zu kommen. Danach ging es mit der Fähre nach Athen. Von da aus bin ich mit einer Gruppe anderer Flüchtlinge zu Fuß nach Mazedonien gelaufen, dann weiter nach Serbien mit dem Zug. Der war für 300 Personen ausgelegt, aber wir waren 1.300. Danach sind wir 12 Stunden durch einen Wald nach Ungarn gelaufen und von dort aus mit einem Taxi für 500 Euro Richtung Deutschland gefahren. An der deutschen Grenze bei Passau

mussten wir wieder laufen, bis die Polizei uns aufgegriffen und in ein Flüchtlingscamp geschickt hat.

Wie siehst du die Gemeinsamkeiten und Unterschiede zwischen Deutschland und Syrien?
Gemeinsamkeiten gibt es meiner Meinung nach keine. Die Kultur ist völlig anders. Die Traditionen sind sehr unterschiedlich und die Beziehungen zwischen den Leuten sind sehr flüchtig im Gegensatz zu uns Syrern. Viele Leute hier haben kaum Kontakt zu ihren Familien. Bei uns ist die Familie das Wichtigste. Das Leben ist hier schwieriger, die Zeit läuft schneller als bei uns in Syrien. Man lebt hier in einem Rennen mit der Zeit. Bei uns ist das Leben ganz schlicht und nicht sehr kompliziert wie hier.

Was ist typisch deutsch?
Die Deutschen sind sehr geizig. Sie machen Party und lassen die Gäste ihre eigenen Getränke und das Essen mitbringen. Ganz wenige Leute laden dich auch mal ein und bezahlen alles.

Bier ist auch etwas sehr Deutsches. Sogar die Sportler bei uns im Verein hier trinken immer Bier nach dem Training! Und dann diese Bürokratie ... also es gibt sehr viele Sachen, die man als typisch deutsch bezeichnen kann.

Was ist typisch syrisch?
Die Shisha, ich kann den Tag, an dem ich keine Shisha rauche, nicht zu meinem Leben zählen. Das Familientreffen am Freitag nach dem Gebet, zusammen essen ... Das ist ganz typisch syrisch. Gastfreundlichkeit ist bei uns sehr wichtig. Im Gegensatz zu hier. Ich sehne mich nach dem syrischen Essen in meiner Heimatstadt.

Willst du nach Syrien zurückkehren?
Ja! Auf jeden Fall. Bei der ersten Gelegenheit.

Layal, 19 Jahre

„Vor dem Krieg war das Leben in Syrien richtig schön."

Wie bist du in Syrien aufgewachsen?
Meine Mutter war Kunstlehrerin, mein Vater hat Gelegenheitsarbeiten gemacht, zum Beispiel eine Wand streichen. Meine Tante, die Schwester von meinem Vater, hat uns erzogen. Ich hatte zwei Onkel und drei Tanten väterlicherseits. Also das waren die Verwandten, die in Syrien gelebt haben. Eine von meinen Tanten war verheiratet. Meine Onkel waren alle verheiratet und haben mit ihren Familien in einem Haus gewohnt. Jeder hatte ein Stockwerk für sich. Meine Familie und ich hatten als einzige zwei Etagen zum Leben. Wir haben das jahreszeitlich abhängig gemacht, wo wir leben. Im Sommer haben wir in der oberen Etage gelebt und im Winter in der unteren Etage. Oben hatten wir auch eine Dachterrasse.

Wir hatten ein gutes Verhältnis zu unseren Nachbarn und kannten sie auch gut. Das war uns auch wichtig, dass wir unsere Nachbarn kennen und sie uns kennen. Unser Leben in Syrien war schön. Ich bin zur Schule gegangen. Es gab eine Organisation, sie hieß honurwa und hat palästinensische Menschen in Syrien unterstützt. Sie haben auch viele Schulen gebaut. Viele der Schulen wurden nach palästinensischen Städten benannt, wie Ramallah zum Beispiel. Ich habe von der ersten bis zur fünften Klasse die gleiche Schule besucht und von der fünften bis zur neunten Klasse eine andere Schule. In der zehnten Klasse bin ich dann wieder zu einer anderen Schule gegangen. Dort war ich auch mit Syrern in einer Klasse. Danach wäre es mein Plan gewesen, die Universität zu besuchen.

In den letzten Jahren des Krieges, bevor wir gegangen sind, gab es sehr viel Stromausfall in Syrien, beziehungsweise der Strom wurde zu bestimmten Uhrzeiten einfach abgestellt. Das haben sie sehr oft gemacht. Jeden Tag, sehr sehr oft und lange. Wir hatten einen Motor, den wir in Betrieb nehmen konnten. Also wenn der Strom ausgefallen ist, konnten wir diesen Motor verwenden. Das System wurde mit Benzin betrieben. Aber auch Benzin war sehr teuer. Unser Leben war, seit der Krieg begonnen hat, sehr schwer. Wir mussten auch Wasser separat kaufen. Uns war schnell klar, dass wir fliehen müssen. Da wir Verwandte in Deutschland haben, haben wir uns für Deutschland entschieden. In Syrien habe ich dann einen Kurs angefangen, um die deutsche Sprache zu lernen. Es sind aber unterschiedliche Sachen, die man in diesem Kurs lernt: Englisch, Französisch, Mathematik, Biologie und Chemie. Ganz viele Fächer. Das war ein Kurs, den man nach der Schule gemacht hat. Die Hamas hatte diese Kurse organisiert. Wir haben in einem Ort für Palästinenser gelebt, wie ein Flüchtlingscamp, nur größer und mit Häusern. Unser Wohnort war recht klein, es gab nur vier große Straßen. Wir brauchten nur zehn Minuten, um von einem zum anderen Ende zu kommen. Es gab auch viele Gemüseläden dort. Aber es wurde richtig teuer, und mittlerweile ist es dort noch teurer geworden. Die Frau meines Onkels hat sich letztens mit meiner Mutter unterhalten. Sie leben noch dort. Es war damals schon schwer für uns, die wichtigen Dinge wie Wasser, Essen, Gas und Strom kaufen zu können. Jetzt ist es noch teurer geworden. Ich weiß nicht, wie die Menschen das schaffen. Vor dem Krieg war Syrien ein wirklich schönes Land. Es gab auch einen richtig schönen Ort in unserer Gegend.

Das heißt, der Grund für das Verlassen eurer Heimat war hauptsächlich, dass sich durch den Krieg eure Lebensbedingungen verschlechtert hatten? Oder gab es noch einen konkreten Anlass?
Es gab keinen konkreten Anlass. Es gab zwei Dinge, die dazu geführt haben. Einmal sind die Preise sehr gestiegen. Das Gehalt meiner Mutter hat nicht mehr ausgereicht, um uns zu ernähren. Zum anderen haben wir uns viel mit unseren Freunden und Nachbarn unterhalten. Viele unserer Nachbarn im Camp sind über das Mittelmeer geflohen und viele andere hatten das vor. Mein Vater hat sich dann ihnen angeschlossen. Dadurch, dass so viele Nachbarn schon diese Fluchterfahrung hatten

und andere die Flucht schon organisiert haben, war die Entscheidungsfindung einfacher und mein Vater musste sich der Herausforderung nicht ganz allein stellen.

Wie seid ihr nach Deutschland gekommen?
Mein Vater ist zuerst nach Holland geflohen. Aber ihm hat dort das Leben nicht gefallen. Vor allem mit der Legalisierung von Gras. Dass es legalisiert war, war gar nicht das Problem. Aber es wurde einfach sehr viel verwendet und du hast es oft gerochen. Außerdem waren die Schulen nicht so gut. Hier ist das Leben besser. Wir sind dann hierher gekommen. Als wir angefangen haben, uns in Deutschland ein Leben aufzubauen, ist mein Vater immer wieder nach Holland hin und zurück gefahren. Meine Mutter, meine Geschwister und ich haben uns hier für ein Asyl beworben. Aber meinen Vater haben wir nicht erwähnt. Und dann hat das Jobcenter rausgefunden, dass mein Vater in Deutschland lebt, und angefangen, uns weniger Geld zu geben. Sie denken, dass er uns das ganze Geld wegnimmt, und deswegen geben sie uns jetzt weniger Geld. Das ist richtig ärgerlich.

Wir ziehen jetzt in eine neue Wohnung um. Die Wohnung hat drei Zimmer und zwei Badezimmer. Wir sind eigentlich fünf Menschen. Aber sie haben meinen Vater nicht dazugezählt, sonst hätten wir eine größere Wohnung bekommen. Ich freue mich schon sehr, die neue Wohnung zu beziehen. Aber es war auch sehr anstrengend, sie zu finden. Aber um noch mal kurz zu erklären, wie das kommt, dass mein Vater nicht mitgezählt wird. Das ist die Sache mit der Aufenthaltsgenehmigung bei meinem Vater. Er hat eine holländische Aufenthaltsgenehmigung. Aber die bleibt nur für fünf Jahre und danach löst sie sich auf. Es gibt in Holland nicht die Aussicht, dass er seinen Aufenthalt verlängern kann. Aber mein Vater möchte auch nicht nach Holland. Er fährt mittlerweile dort überhaupt nicht mehr hin. In Deutschland besitzt er gar keine Aufenthaltsgenehmigung, nichts. Er hat keine Krankenversicherung, keine Vergünstigungen, keinen Status, nichts. Das ist ein richtiges Problem.

Du hast gesagt, dass ihr in Syrien zwei Etagen für euch in dem Haus hattet. Bist du in diesem Haus auch aufgewachsen?
Das Haus gehört uns. Ich habe in dem Haus seit meiner Geburt gewohnt. Das Haus war drei Stockwerke groß. Wir hatten das Erdgeschoss mit zwei Wohnungen vermietet. Die eine Wohnung haben sich meine beiden Tanten väterlicherseits geteilt, in der anderen Wohnung hat die Frau meines Onkels gewohnt. Als mein Vater fliehen wollte, haben wir den ersten Stock verkauft, um ihm finanziell die Flucht zu ermöglichen. Meine Mutter, meine Geschwister und ich haben dann im zweiten Stock gelebt. Mein Vater ist zuerst von uns geflohen, und zwar über das Mittelmeer. Dieser Weg war für uns nicht möglich. Er war viel zu gefährlich. Außerdem hatten wir nicht genug Geld, dass wir alle zusammen über das Mittelmeer nach Europa fliehen konnten.

Du hast erzählt, dass du auf eine Schule für palästinensische Kinder gegangen bist. Hättest du auch auf eine syrische Schule gehen können?
Ich hätte auch auf eine syrische Schule gehen können, die palästinensische Schule lag einfach in meiner Nähe. Es ist auch so, dass wir in den Orten, in denen Palästinenser leben, sehr unterstützt werden. Wir kriegen Bücher, Hefte und Stifte geschenkt. Wir leben in einem Flüchtlingscamp, aber das ist nicht wie die Camps hier. Das sind schon kleine Städte mit Wohnhäusern. Damals, als meine Familie und viele andere Menschen aus Palästina geflohen sind, kam es zu diesen Flüchtlingscamps. Und in den Schulen dort waren nur palästinensische Kinder.

Warum ist deine Familie nach Syrien geflohen? Und warst du da selbst schon auf der Welt oder bist du in Syrien geboren?
Schon meine Mutter und mein Vater sind beide in Syrien geboren. Meine Familie ist vor ungefähr 60 Jahren nach Syrien geflohen, als viele Palästinenser vertrieben wurden. Aber die genauen Zusammenhänge kenne ich nicht. Ich weiß nur, dass Syrien das einzige Land war, das uns aufgenommen hat.

Habe ich es richtig verstanden, dass in deiner Stadt nur Palästinenser gewohnt haben?
Ja, das ist extra ein Ort für die damals geflüchteten Palästinenser. Aber viele Menschen wollen jetzt über das Mittelmeer fliehen. Damit das geht, verkaufen sie ihre Wohnungen dort. Und die Syrer kaufen diese Wohnungen auf. Das heißt, in diesem Ort wohnen jetzt nicht mehr nur Palästinenser, sondern es ist durchmischter, beziehungsweise es wohnen mehr syrische Familien dort.

Wie habt ihr in diesen Gebieten gelebt?
Also vor dem Krieg war das Leben dort richtig schön. Wir konnten ganz viel machen, wir konnten das Leben richtig genießen. Meine Oma hat auch in der Hauptstraße gewohnt. Wir haben sie oft besucht. Meine Verwandten aus Deutschland haben uns jedes Jahr besucht und wir sind immer an den Strand gefahren. Jeden Sommer. Doch dann kam der Krieg und es sind viele Dinge passiert. Viele Menschen wurden entführt. Außerdem sind die Preise durch den Krieg ganz stark gestiegen. Außerdem konnte meine Mutter nicht mehr so viel arbeiten. Und dass meine Mutter nicht mehr so viel Geld verdienen konnte und die Preise so stark gestiegen sind, hat alles prekär gemacht.

Wie empfindest du das Leben hier?
Am Anfang war es wirklich schwierig. Aber jetzt haben wir uns an das Leben hier gewöhnt. Für mich ist das Leben hier ganz natürlich. Ich mag die Art, hier zu leben, sehr. Du kannst in Ruhe deiner schulischen Bildung nachgehen. Es gibt für jeden eine Perspektive und einen Weg, den man gehen kann. Ich finde es auch sehr schön, dass Deutschland mich aufgenommen und akzeptiert hat. Aber meinen Eltern gefällt das Leben hier nicht. Sie sind natürlich dankbar, dass sie hier aufgenommen wurden. Aber sie fanden das Leben, das sie vor dem Krieg in Syrien hatten, schöner. Aber das kann ich auch gut verstehen. Sie sind an das Leben hier einfach nicht gewöhnt. Sie haben auch ganz viel Zeit in Syrien verbracht. Uns Kindern ist die Umstellung nicht so schwer gefallen.

Was fällt deinen Eltern schwer? Meine Mutter hat uns immer erzählt, wie schwer es für sie war, in Deutschland niemanden zu haben, den sie kennt. Also ohne Familie oder Freunde zu leben.
Wir haben hier schon unsere Verwandten, ein paar Geschwister meiner Mutter sind hier in Deutschland. Ein paar von ihnen haben auch den deutschen Pass, andere leben hier mit dem jordanischen Pass. Sie leben auch schon lange hier, seit zwanzig Jahren. Ihre Kinder sind alle hier geboren und aufgewachsen und haben deswegen den deutschen Pass. Aber meine Eltern betonen schon sehr, dass das Leben in Syrien schöner war. Dass man dort das Leben richtig genießen konnte und dass das hier nicht möglich ist. Dass alles hier in Deutschland gehetzt ist. Aber wenn sie sich auf ihre Heimat beziehen, dann beziehen sie sich immer auf Palästina. So verstehen wir uns auch, wir sind Palästinenser aus Syrien.

War dein Leben anders in Syrien, weil du Palästinenserin bist?
Ich war noch nie in Palästina. Aber ich hatte auch keinen Kontakt mit Syrern. Das war gar nichts Bewusstes. Es hing nur damit zusammen, dass in meiner Gemeinde nur Palästinenser gewohnt haben. Deswegen weiß ich nicht, ob Syrer sich mir gegenüber anders verhalten hätten. In unserem Wohnort gab es keine Syrer.

Machte das einen Unterschied für dich, dass ihr Palästinenser seid und nicht Syrer? Oder ist der Unterschied eher nur für deine Eltern wichtig?
Das ist für mich sehr wichtig. Für mich ist meine Identität als Palästinenserin sehr wichtig. Die palästinensische Kultur ist ein bisschen anders als die syrische Kultur. Wobei so kann ich das nicht sagen, weil ich ja in einer Stadt gewohnt habe, in der nur Palästinenser gewohnt haben. Ich hatte nicht mit vielen Syrern Kontakt. Aber es gibt Sachen, die sind eher palästinensisch. Bestimmte Kleidungsstücke. Wir haben einen Mantel, der ist körperlang. Und er ist bunt verziert. Ich finde solche Mäntel sehr schön. Und das ist etwas Palästinensisches. Vielleicht ist mir die Betonung deswegen so wichtig, weil ich eigentlich in einer palästinensischen Stadt aufgewachsen bin. In meiner Schule gab es auch

keine Syrer. Aber ab und zu hatte ich schon Kontakt zu Syrern. Meine Mutter hatte auch syrische Freundinnen. Sie waren sehr nett, wir haben uns gut verstanden. Also ich würde sagen, es gibt keinen Unterschied allgemein zwischen Syrern und Palästinensern. Aber ich bin halt einfach als Palästinenserin groß geworden.

Wie hat das Jobcenter rausgefunden, dass dein Vater in Deutschland lebt?
Mein Vater hatte einen Anwalt engagiert und dieser musste mit dem Jobcenter in Kontakt treten. Der ursprüngliche Plan war, bei der Ausländerbehörde anzufragen, ob sie einverstanden wäre, dass mein Vater nach Deutschland kommen würde. Also dass er statt einer holländischen Aufenthaltsgenehmigung eine deutsche bekommt. Das hat nicht geklappt. Jetzt möchte er probieren, über meinen kleinen Bruder eine Aufenthaltsgenehmigung zu erhalten, damit er bei uns bleiben kann. Mein Bruder ist zwölf Jahre alt. Wenn unsere Bemühungen über den Anwalt nicht fruchten, müssen wir alle, mein Vater, meine Mutter, meine Geschwister und ich, zurück nach Holland. Wir haben eine Aufenthaltsbestätigung für drei Jahre, bis zum Jahre 2019. Aber die Aufenthaltsgenehmigung meines Vaters ist älter, deswegen müsste er, wenn er nicht wegen meines Bruders bleiben kann, sofort zurück nach Holland.

Wenn der deutsche Staat euch sagt, dass ihr nicht in Deutschland leben dürft, was wird dann passieren?
Nach Syrien können wir auf keinen Fall. Mein Vater ist von Syrien über die Türkei geflohen. Wenn er jetzt zurückgeht, werden sie ihn schnappen. Er kann nicht mit uns zurück nach Syrien. Ich habe große Angst davor, dass wir zurückgehen müssen. Ich habe mich schon an meine Situation hier gewöhnt. In diesem Land fühle ich mich wohl. Natürlich ist Syrien auch mein Land. Aber wenn wir nach Syrien zurückgehen, ist das für uns gefährlich. Ich weiß auch nicht, wie wir mit den Problemen dort fertig werden sollen, mit den Preisen, mit der ständigen Gefahr, dass einem Familienmitglied etwas passiert, ohne Aussicht auf eine Einnahmequelle.

Was machst du gerade?
Ich mache gerade einen Deutschkurs. Ich möchte sehr gut Deutsch sprechen lernen. Ich merke, wie wichtig das ist, gutes Deutsch zu sprechen. Viele Sätze fallen mir noch schwer. Aber ich bin am Üben. Ich möchte mich mit den Menschen in meiner Umgebung gut unterhalten können. Ende dieses Schuljahres möchte ich meine B1-Prüfung schaffen. Danach möchte ich eine Ausbildung machen. Entweder als Flugbegleiterin oder als Visagistin.

Warum gerade diese? Das sind ja sehr unterschiedliche Berufe?
Ursprünglich wollte ich Ärztin oder Krankenschwester werden. Aber meine Noten sind zu schlecht, vor allem in Mathe. Deswegen gucke ich mich gerade um, was für Berufe es gibt. Ich finde den Flughafen sehr anziehend. Ich mag das Reisen sehr gerne, beziehungsweise die Vorstellung zu reisen. Vielleicht arbeite ich dann an der Passkontrolle. Und das mit der Visagistin: Eine Bekannte von mir macht das. Das klang ganz interessant, was sie davon erzählt hat. Aber sie hat mir auch gesagt, dass man viel Geld bezahlen muss für die Ausbildung. Deswegen bin ich noch sehr unschlüssig. Aber gerade bin ich noch ganz offen und gucke mich um.

Wie ist das Leben hier in Frankfurt? Hattest du positive oder negative Erfahrungen?
Was natürlich eine ganz schlimme negative Erfahrung ist, ist die Angst, dass wir hier nicht bleiben können. Was aber gut ist, ist die Möglichkeit, dass man hier in die Schule gehen kann, lernen kann und den Bildungsweg weiterführt. Ich finde es auch schön, dass Deutschland uns aufgenommen hat.

Wie sieht dein Alltag aus?
Ich gehe zur Schule. Ich treffe mich oft mit meinen Freunden. Wir treffen uns dann draußen, essen draußen oder unternehmen etwas. Manchmal bleibe ich auch zu Hause, wenn ich mich sehr müde und träge fühle. Das passiert häufiger mal. Manchmal kommen meine Tan-

ten und Onkel zu Besuch oder unsere Nachbarin. Sie ist Libanesin und hat einen Syrer geheiratet. Ich habe über meine Deutschkurse viele Freundschaften geschlossen. Zwei meiner Freundinnen kommen aus Syrien, ich habe sie aber erst in Frankfurt kennengelernt. Bevor ich zur Schule gegangen bin, habe ich bereits einen Deutschkurs gehabt. Da habe ich sie kennengelernt. In diesem Kurs habe ich auch eine andere Freundin kennengelernt. Und manche aus dem Kurs kannte ich sogar schon in Syrien. Wir waren in Syrien sogar befreundet. In der Schule habe ich auch eine irakische Freundin kennengelernt. Ich unternehme viel mit meinen Freundinnen und ich bin sehr froh, sie gefunden zu haben. Wir können uns hier gut austauschen und machen viel zusammen.

„Als er um meine Hand angehalten hat, wusste er gar nicht, dass ich ihn mag."

Hast du noch andere Ideen, wie deine Zukunft aussehen kann?
Mein Plan ist, falls ich nicht heiraten kann, dass ich Flugbegleiterin werde. In einer Partnerschaft zu leben und Flugbegleiterin zu sein, ist denke ich schwierig. Und um ganz ehrlich zu sein, mag ich jemanden und er mag mich. Wir wollen heiraten, aber meine Familie hat etwas dagegen. Er hat keine Aufenthaltsgenehmigung hier. Er ist Ägypter, aber seine Familie kommt auch ursprünglich aus Palästina. Ich habe große Angst, dass ich ihn nicht heiraten kann. Ich liebe ihn sehr. Er arbeitet in einem italienischen Café in der Nähe meiner Schule. Wenn ich dann zur Schule gegangen bin, hat er zum Beispiel auf mich gewartet. Am Anfang wusste ich gar nicht, dass er mich mag. Wir haben uns ab und zu unterhalten. Er hat mir aber seine Nummer in dem Café hinterlassen. An dem Tag war ich mit meiner einen Freundin unterwegs. Sie hatte ein sehr kurzes Kleid an. Als er sie gesehen hat, hat er sie ein bisschen geneckt. Er meinte, das mögen anscheinend alle Frauen, so kurze Sachen anzuziehen. Meiner Freundin war seine Bemerkung unangenehm und sie hat sich geschämt. Sie ist dann zurück in ihre Wohnung und hat sich

umgezogen. Ich habe auf sie vor dem Café gewartet. Dort habe ich dann den Zettel entdeckt. Ich hatte schon überlegt, ob er das geschrieben hat, aber dann dachte ich, das sei Blödsinn. Das war er bestimmt nicht. Er hat aber angedeutet, dass ich den Zettel ruhig einpacken soll. Dann habe ich das meiner Cousine mütterlicherseits erzählt, weil ich nicht wusste, wie ich reagieren soll. Aber sie hat alles meiner Mutter erzählt. Ich war richtig wütend auf sie. Ich finde, das macht man nicht. Ich habe ihr vertraut. Jedenfalls hat meine Mutter dann mit ihm gesprochen und ihm gesagt, er soll aufhören, mit mir zu reden. Ich habe mich aber weiter mit ihm unterhalten. Ohne dass meine Eltern davon Wind bekommen sollten. Wir haben uns häufiger getroffen. Und dann waren wir verliebt. Er hat mir gesagt, dass wir nicht heiraten können, weil er keine Wohnung hat. Also er hat eine Mietwohnung, aber keine Eigentumswohnung. Dann habe ich zu mir gesagt, dass wir es nicht schaffen, zu heiraten. Danach hat ein Mann meine Familie besucht, der mich heiraten möchte. Ich hatte mich früher in Syrien in ihn verliebt. Aber das war vor meinem jetzigen Freund. Als ich meinen vorherigen Liebhaber liebte, hat er schon einmal um meine Hand angehalten. Aber damals wollte das meine Familie nicht. Sie haben zu mir gesagt, dass ich noch viel zu jung zum Heiraten bin und dass er geizig ist. Er war auch Palästinenser. Ich war in ihn verliebt, aber ich habe nichts mit ihm unternommen. Also mich nicht privat mit ihm getroffen oder mich länger mit ihm unterhalten. Wir mochten uns nur gegenseitig. Als er um meine Hand angehalten hat, wusste er gar nicht, dass ich ihn mag. Er ist zu meiner Familie gegangen, um das Einverständnis zu holen, dass er sich mit mir treffen darf. Aber meine Eltern wollten nicht. Das war ganz schlimm für mich. Als ich nach Deutschland gekommen bin, habe ich ganz viel um ihn geweint. Aber nach und nach ging es mir besser. Und dann konnte ich es abschließen und habe ihn emotional gesehen vergessen. Aber in Frankfurt ist er wieder zu meinen Eltern gegangen und hat wieder gefragt, ob er mich kennenlernen darf. Ich habe dem zugestimmt, weil ich ihn ja damals wirklich mochte. Dann sind wir zur Moschee gegangen, um das Kennenlernen beziehungsweise die Verlobung offiziell zu machen. Und das wusste mein jetziger Freund. Also, dass ich mich verlobe. Man muss dazusagen, dass ich mich mit den Männern nur unterhalten habe. Ich habe nichts körperlich mit ihnen gemacht. Mein jetziger Freund wurde auf jeden Fall richtig wütend und hat sich dumm verhalten. Nicht mehr mit mir gesprochen, eine Tüte mit Müll vor die Haustür meines Verlobten gestellt. Als symbolisches Zeichen der Verachtung. Er hat auch mit kleinen Steinen gegen unsere Fenster geworfen. Er hat auch manchmal Müll vor unserer Haustür abgestellt. Also er hat richtig viele Probleme gemacht. Letztendlich hat er sich mit meiner Familie gestritten, und zwar richtig heftig. Sie haben ihn verprügelt. Meine Familie hat ihn geschlagen. Sie haben veranlasst, dass er aus seinem Job geschmissen wird. Meine Eltern wollten nicht, dass er dort arbeitet, damit ich auf dem Weg zur Schule keinen Kontakt mehr mit ihm habe. Er hatte deswegen kein Geld mehr für seine Miete und wurde aus der Wohnung geschmissen. Aber ich habe mich weiter mit ihm unterhalten. Ich habe versucht, es zu verheimlichen. Aber meine Familie hat es immer wieder rausgefunden. Dann musste ich auf den Koran schwören, dass ich ihn nicht mehr treffen werde. Es gab richtig viele Streitigkeiten und Probleme. Und dann habe ich meinen Verlobten verlassen und wollte ihn nicht mehr treffen. Aber das fand meine Familie auch gut. Sie möchten, dass ich keinen von den beiden heirate. Am Anfang wollte meine Familie nicht, dass ich so früh heirate. Jetzt wünschen sie sich vor allem, dass ich meinen jetzigen Freund nicht heirate. Ich weiß nicht, was ich machen soll. Das beschäftigt mich sehr. Ich denke die ganze Zeit darüber nach.

Warum möchten deine Eltern nicht, dass du deinen jetzigen Freund heiratest?
Weil er keine Aufenthaltsgenehmigung hat. Meine Eltern sagen, er möchte mich nur heiraten, damit er dann die Aufenthaltsgenehmigung erhält. Ich denke, sie liegen falsch. Sie haben einfach viel Angst. Und sie betonen die ganze Zeit, dass ich viel zu jung bin. Dass ich noch so viel Zeit hätte und mich zuerst um meine Bildung kümmern soll.

Wie geht es dir mit der ganzen Situation?
Ich kann mich von allem trennen, nur von ihm nicht. Das ist gerade

ganz schlimm für mich. Ich habe mich auch schon so sehr auf ihn eingestellt und er ist ein wichtiger Teil in meinem Leben geworden. Ich wünsche mir wirklich sehr, dass wir heiraten.

Gibt es eine Person, die dich unterstützt?
Es gibt niemanden, der mir hilft. Meine ganzen Verwandten sagen, er sei kein guter Typ und er würde mich nur verarschen. Sie sind alle gegen mich. Eine Freundin unterstützt mich. Aber niemand kann mir helfen. Niemand hat einen wirklichen Vorschlag, wie ich das Problem lösen kann. Wie ich meine Familie dazu bringen kann, dass sie der Heirat zustimmen. Meine Freunde hören mir schon zu, aber sie können mir nicht helfen. Wenn meine Eltern nicht zustimmen, dann beenden wir vielleicht unsere Beziehung. Davor habe ich große Angst. Ich mag ihn richtig gerne. Ich habe schon so oft probiert, ihn zu verlassen und nicht mehr mit ihm zu sprechen. Aber ich konnte es nicht. Es kam jetzt auch im letzten Monat jemand, der mich kennenlernen wollte und bei meiner Familie angefragt hat. Er kam mit seinem Vater zusammen. Aber ich habe ihn einfach ignoriert. In meinem Kopf ist gerade kein Platz für eine andere Person.

Wenn sich ein Mann mit dir treffen und unterhalten will, muss er zuvor deine Familie um Erlaubnis fragen? Oder was bedeutet „kennenlernen"?
Wenn sich ein Mann ganz normal mit mir unterhalten möchte, ist das natürlich kein Problem. Also auf einer freundschaftlichen Basis. Aber mit Kennenlernen meine ich, jemanden daten mit der Aussicht, sich zu verloben und dann zu heiraten. Und der traditionelle Weg ist schon, dass ein Mann bei meiner Familie anfragt. Wenn die Familie einwilligt, können wir zusammen rausgehen. Viele junge Menschen machen es aber so, dass sie sich schon vorher treffen und daten. Oder man lernt sich in Freundesgruppen kennen und verbringt so Zeit miteinander. Wenn sie sich mögen, dann geht der Mann zu der Familie und fragt offiziell, ob er sie kennenlernen darf. Meistens ist das auch kein Problem. Aber manchmal leider schon.

Warum gibt es diese Regeln in deiner Familie? Ist das nur Tradition oder sind deine Eltern sehr religiös?
Sie sind religiös. Sie glauben an einen Gott und das ist ihnen auch wichtig. Aber diese Regeln sind nicht religiös. Diese Regeln gibt es in ganz vielen, wenn nicht sogar allen palästinensischen Familien, ob sie religiös sind oder nicht. Man hat das schon sehr lange so gemacht und es wird dann auch so weitergeführt. Die meisten Familien wollen ihre Kinder nur vor schlechten Entscheidungen schützen. Oft gibt es auch keine Probleme. Den meisten Familien ist wichtig, dass es den Kindern gut geht und die Partner gut mit ihren Kindern umgehen. Ich würde eher sagen, dass das die Tradition ist.

Was würde passieren, wenn du deinen Freund einfach ohne Einwilligung deiner Eltern heiratest? In Deutschland brauchst du die ja nicht.
Das geht nicht. Bevor man eine große Hochzeit feiert, geht man zur Moschee. Dort verlobt man sich sozusagen. Damit das möglich ist, muss ein Familienmitglied dabei sein und zustimmen. Deswegen kann ich nicht ohne die Einwilligung meiner Familie heiraten. Standesamtlich schon, das ist mir auch bewusst. Aber nicht islamisch. Und das ist mir sehr wichtig. Ich bin Muslima und mein Glaube ist mir sehr wichtig. Wenn ich heirate, möchte ich auch muslimisch heiraten. Außerdem will ich das nicht hinter dem Rücken meiner Eltern tun und sie damit überraschen. Noch habe ich die Hoffnung, dass sie ihn irgendwann akzeptieren. Und solange warte ich. Er möchte, wenn er eine Wohnung hat, wieder zu meinen Eltern und nach mir fragen. Mal gucken, was dann passiert.

Wie versteckst du deine Beziehung vor deiner Familie?
Ich erzähle ihnen, dass ich mich mit Freundinnen treffe, und treffe mich dann mit ihm. Aber mittlerweile mag es meine Familie nicht mehr so gerne, wenn ich so viel rausgehe. Das ist hier alles anonym, oder?

Ja, ich werde die Angaben verändern. Du brauchst keine Angst zu haben. Ich wollte dir noch ein paar andere Fragen stellen. Haben Deutschland und Syrien Gemeinsamkeiten?
Um ehrlich zu sein, nein. Wenn man zum Beispiel die Schulen vergleicht: In unserer Schule in Syrien waren nur Mädchen. In meiner jetzigen Schule besuchen Mädchen und Jungs die Schule. Nichts ist gleich. Dort hatte ein Mädchen auch wenig Spielraum, sich zum Beispiel in einen Jungen zu verlieben oder sich mit ihm zu treffen. Sie wäre zu Hause ganz schlimm verprügelt worden. Wenn ihre Eltern erfahren würden, dass sie mit jemandem spricht, wäre das ganz schlimm für sie.

Haben Syrer und Deutsche gemeinsame Eigenschaften?
Da fällt mir nichts ein. Ich habe das Gefühl, dass für die meisten Deutschen ihre Arbeit ihr Lebensinhalt ist. Sie genießen ihr Leben nicht. Sie kümmern sich gar nicht um sich selbst. In Syrien ziehen wir uns oft sehr schick an und es gibt ganz viele schöne Kleidung. Die Kleidungsstücke hatten verschiedene Muster oder es wurden Rosen angenäht. Also auch sehr aufwendig gemacht. Hier kann ich das aber nicht anziehen, ich wäre damit viel zu schick angezogen und würde auffallen. Hier muss man sich immer ganz praktisch anziehen.

Reden die Menschen hier eigentlich anders mit dir, weil du ein Kopftuch trägst?
Nein, gar nicht. Die Menschen sind hier ganz normal zu mir. Manchmal sind ein paar Menschen aber gegenüber meiner Mutter nicht nett. Letztens war meine Mutter mit meinem Cousin unterwegs. Da hat sie jemand angepöbelt und gefragt, was der Putzlappen auf dem Kopf soll. Das macht mich traurig, wenn meine Mutter so behandelt wird. Sie möchte einfach nur das Kopftuch tragen und ihr Leben in Ruhe weiterführen. Ich weiß nicht, warum das manche Menschen mit ihr machen.

Warum trägst du ein Kopftuch, wenn es doch ohne oft einfacher wäre?
Ich trage ein Kopftuch, weil ich Muslima bin. Das gehört zu meiner

Religion. Ich habe mit zwölf Jahren angefangen, ein Kopftuch zu tragen. Das war von Anfang an mein Wille, und es ist immer noch mein Wille. Mir ist meine Religion sehr wichtig und das gehört zu meiner Religion dazu.

Du hast erzählt, dass deine Mutter Kunstlehrerin war. Magst du so einen Bereich auch gerne?
Überhaupt nicht. Das ist nichts für mich. Mir wird dabei ganz schnell langweilig. Meine Mutter ist allgemein künstlerisch begabt. Also nicht nur das Malen, sie macht einfach gerne etwas mit ihren Händen. Zum Beispiel Nähen oder Basteln. Aber mich nervt das ganz schnell. Aber gerade hat sie keine Kapazität, einem Beruf nachzugehen. Sie musste ganz viel wegen der neuen Wohnung organisieren. Sie muss auch ganz oft zum Jobcenter, um Sachen für uns zu organisieren. Oder Anträge müssen gestellt werden. Deswegen arbeitet sie gerade nicht. Sie hat in Syrien auch in ihrer Freizeit gestrickt und die Pullover verkauft. Aber jetzt schafft sie das nicht.

Unterstützt dein Vater euch nicht, zum Beispiel bei der Wohnung oder beim Jobcenter?
Das Jobcenter weiß zwar, dass er hier ist. Aber viel mehr wissen sie nicht. Er hat sich hier nicht angemeldet, er darf als Person nicht zum Jobcenter gehen. Wir wissen dann nicht, was mit ihm passiert. Deswegen kümmert sich meine Mutter um diese Sachen. Mein Vater übernimmt andere Aufgaben, zum Beispiel Kochen, den Haushalt und uns bei unseren Schulaufgaben zu unterstützen, soweit er kann. Dass er nicht zum Jobcenter geht, hat nichts mit ihm zu tun, sondern, weil er sich hier nirgends anmelden konnte.

Hast du in Deutschland etwas erlebt, das dich verändert hat?
Ich habe nichts erlebt, was mich verändert hat, also ich kann es an nichts Konkretem festmachen. Aber ich habe mich schon verändert. Am Anfang habe ich überhaupt nicht mit Männern gesprochen. Ich habe mit niemandem gesprochen. Ich habe mir nun vorgenommen, die Dinge

zu machen, auf die ich Lust habe, und mir nichts vorschreiben zu lassen. Alles Verbotene hat mich angezogen. Aber ich muss auch sagen, mein Freund ist der erste junge Mann, mit dem ich rede, den ich gedatet habe.

Gibt es etwas in Deutschland, das verbessert werden sollte?
Das System der Provision und Kaution. Es wird oft von den normalen Menschen viel Geld weggenommen. Jeder sollte die Möglichkeit haben, in einer Wohnung zu leben, ohne viel Geld bezahlen zu müssen. Ich habe eine Freundin. Sie sind zu dritt. Sie, ihr Mann und ihr Kind. Sie wollten eine Wohnung haben. Sie mussten dem Vermieter oder dem Makler, ich weiß nicht wem, 7.300 Euro bezahlen, um überhaupt die Wohnung beziehen zu können. So etwas ärgert mich.

Gibt es etwas, was du noch mitteilen möchtest?
Ich will nur betonen, jeder von uns möchte etwas erreichen. Jeder von uns hat ein Ziel und verfolgt das. Wir haben unseren Weg in Syrien angefangen und möchten ihn hier fortführen. Es wäre schön, wenn die Menschen dabei unterstützt werden. Vor allem, wenn guter Wohnraum für alle Menschen zur Verfügung gestellt wird. Es gibt auch viele Menschen hier, die Schlimmes erlebt haben. Mütter, die Kinder verloren haben. Alle haben nur das Ziel, dass es ihnen hier besser geht als in Syrien. Dass wir wieder ein gutes Leben haben. Ich wünschte, man würde die Menschen mehr unterstützen.

Yazan aus Hama, 21 Jahre

„Diese Nazis stören mich."

Wie lange bist du jetzt in Deutschland?
Seit zwei Jahren ungefähr.

Bist du allein hierhergekommen?
Nein, mit meiner Tante. Aber ich habe noch einen Bruder hier, er ist ein Jahr jünger als ich und ein Jahr nach mir gekommen. Meine Mutter und ihr neuer Mann sind noch in Syrien, mein Vater ist schon gestorben vor langer Zeit.

Was hast du aus Syrien mitgebracht?
Ich bin nicht direkt aus Syrien nach Deutschland gekommen, ich hab davor zwei Jahre in Ägypten gelebt. Ich hatte noch Dinge von Syrien, aber als ich im Meer war, von Ägypten nach Italien bin ich mit dem Schiff gefahren, das dauerte so sieben Tage, da hat der Kapitän die Sachen, die ich von Syrien mitgebracht hatte, einfach weggeschmissen, sie sind im Meer jetzt. Alle meine Erinnerungen an Syrien sind im Meer, auch fast meine ganze Kleidung, alles.

Warum hat er das weggeschmissen?
Damit das Schiff nicht untergeht. Es waren zu viele Leute auf dem Schiff und diese Dinge sind einfach schwer, deswegen hat er das weggeschmissen. Jetzt habe ich gar nichts mehr von Syrien.

Was von deiner Kultur hast du mitgebracht?
Schöne Frage – viel natürlich, ich habe alles mitgebracht. Ich lebe auch hier mit meiner syrischen Kultur. Was ich in Syrien gemacht habe, mache ich noch genauso hier. Aber es wird sich was ändern mit der Zeit, denke ich, denn man lernt neues Gutes in jedem Land. In Ägypten habe

ich auch was Gutes gelernt. Und was schlecht bei mir war, habe ich geändert. Ich werde mich also auch hier in Deutschland weiter verändern.

„Alle meine Erinnerungen an Syrien sind im Meer."

Welches Ziel hast du in Deutschland? Welchen Berufswunsch?
Ich werde jetzt erst Abitur machen und dann die Ausbildung zum Optiker weitermachen. Weil ich habe in Syrien schon ein Jahr als Optiker gearbeitet, und ich finde das sehr gut, ich liebe das. Ich habe schon hier in Berlin ein Praktikum bei einem Optiker gemacht, drei Wochen, und es war auch gut. Ich werde ganz langsam auf die Ziele hier zugehen, damit ich am Ende was Gutes habe und mich nicht irgendwas stört. Und dann werde ich sagen, ich habe ein Ziel geschafft, und ich finde gut, was ich gewählt habe. Ich werde sagen, es ist gut.

Wie fühlst du dich in Deutschland?
Also am Anfang, als ich nach Deutschland gekommen bin, habe ich es einfach schwer gefunden. Wenn du in einem neuen Land bist, musst du erst mal viele Dinge machen … Wir fangen einfach von null an, weil wir in Syrien alles verloren haben, unser Haus, unser Auto, alles, unser Leben. Jetzt fühle ich mich besser als am Anfang. Sowieso man muss auch Zeit haben, damit man seine Vergangenheit einfach vergisst. Und es gibt viele Probleme im Kopf natürlich. Wenn man dann arbeiten kann, wird alles besser; man hat das Gefühl, man beginnt, sich was Neues aufzubauen, man denkt nicht mehr immer nur an das Vergangene.

Interessierst du dich für Politik?
Gar nicht. Von Politik kriegst du nur Stress, nur Kopfschmerzen. Zurzeit ist es wichtig für mich, zu wissen, was in meinem Land passiert. Und ob dieser Krieg endlich aufhört.

Hast du schon mal Rassismus oder Ablehnung erlebt?
Ja, einmal. Ich war auf der Straße und da kam ein Mann und wollte mich einfach schubsen und meinte, was ich hier in Deutschland mache und wieso ich in Deutschland bin. Aber ich habe gesagt: „Das geht dich überhaupt nichts an." Diese Nazis stören mich. Die wissen gar nicht, was syrische Leute erlebt haben. Wieso sind die nach Deutschland gekommen? Nicht einfach wegen dem Geld oder weil wir in Deutschland das Paradies gefunden haben. Nein, es gibt ein Problem in Syrien, und deswegen sind wir nach Deutschland gekommen. Wenn die Nazis einfach denken würden oder zuhören würden, was diese syrischen Leute erlebt haben, dann würden sie vielleicht auch helfen wollen. Aber die denken gar nicht. Die wollen einfach nur blonde Haare in Deutschland oder diesen dummen Blick … Wenn man solchen Menschen begegnet, fühlt man sich auf einmal gar nicht mehr so gut in Deutschland. Manche von uns geben auch einfach auf und denken: „Jeder hier hasst mich." Aber ich nicht, ich gehe auch nicht einfach so weg. Ich habe zu ihm gesagt: „Entweder du gehst oder ich rufe die Polizei an." Da kam ein Freund von ihm und hat ihn weggezogen und sie sind dann weggelaufen. Man muss diesen Menschen erzählen, dass ihr Land nicht das Paradies ist. Wir gehen nicht einfach auf die Straße und finden Geld, weißt du.
    Es gibt auf der anderen Seite auch sehr gute Leute in Deutschland. Ich habe diese Leute auch getroffen. Ich habe sie kennengelernt und sie haben mir viel geholfen, und das darf man auch nicht vergessen. In jedem Land gibt es Gute und Schlechte. Guck mal, du hast fünf Finger und jeder ist nicht gleich. Nur Rassismus stört mich.

Wie bleibst du im Kontakt mit anderen, Freunden und Familie?
Wir telefonieren einfach, treffen uns im Café, in der Shisha Bar oder sie kommen einfach zu mir, chillen. Mit den Leuten in Syrien skypen wir immer und ich frage sie, wie es ihnen geht und so was, denn sie sind ein Stück von mir. Oder *WhatsApp*, das gibt es kostenlos, du rufst einfach an und sprichst.

Hast du den Krieg direkt erlebt?
Ja, ich habe das immer noch im Kopf. Ich vergesse das nicht. Wir haben viele Demonstrationen gemacht, und auf einmal kamen Soldaten von Assad und haben auf uns geschossen. Ich bin Gott sei Dank weggelaufen. Mir ist gar nichts passiert. Aber ich habe gesehen, wie die Leute neben mir umgefallen und gestorben sind. Sie hatten Schüsse in den Kopf, die Lunge, ins Herz bekommen. Ich habe richtig schreckliche Dinge gesehen.

Die Regierung wollte nicht, dass die Leute Demonstrationen machen?
Die wollten gar nicht, dass die Leute auf der Straße „Freiheit" sagen. Wir waren einfach auf dieser Demonstration. Wir hatten keine Waffen. Wir hatten nur einen Zettel, auf den hatten wir „Freiheit" geschrieben.

Warum habt ihr die Demonstrationen angefangen? Was war davor?
Ich bin aus Hama. Und in Hama haben wir Wände gebaut, Mauern, damit die Soldaten nicht zu uns kommen konnten, um uns zu verhaften. Weil du ins Gefängnis kommst, wenn du „Freiheit" gesagt oder über Assad geschimpft hast. Wir haben Mauern gebaut, um uns zu schützen. Nach 15 Tagen kamen die Soldaten mit einem großen Tank und haben alles zerstört. Und dann haben sie die Leute verhaftet. Ich habe mich zu Hause bei meiner Tante versteckt. Die Soldaten sind von Wohnung zu Wohnung gekommen und haben nach den bekannten Namen gesucht, um sie zu verhaften. Mein Name stand Gott sei Dank nicht auf ihrer Liste, und deswegen konnte ich wieder nach Hause. Aber ich habe mich trotzdem versteckt, bin nicht mehr rausgegangen, denn es war für niemanden mehr sicher. Aber die Soldaten wollten dann, dass auch normale Leute Waffen tragen und auf alle Leute schießen, die „Freiheit" sagen. Und da bin ich nach Ägypten geflogen, weil ich meinen Bruder nicht einfach erschießen will.

Kannst du was von der Flucht erzählen?
Als ich in Syrien war, bevor ich nach Ägypten bin, arbeitete ich als Optiker. Ich wollte eigentlich ein Geschäft aufmachen in Syrien, aber

ich konnte nicht mehr da bleiben. Deswegen habe ich überlegt, nach Ägypten zu fliegen. Ich bin zwei Jahre dort geblieben und hab in verschiedenen Läden gearbeitet, ein Jahr in einem Supermarkt und drei Monate in einem Spielzeugladen. Neun Monate habe ich in einem Restaurant gearbeitet. Aber der neue ägyptische Präsident hat ein neues Gesetz gemacht, nach dem wir Syrer nur ein Jahr in Ägypten bleiben durften und dann muss man wieder nach Syrien zurückgehen und sich von Assad einen neuen Pass ausstellen lassen. Und als das Jahr vorbei war, hätten meine Tanten und ich nach Syrien zurückgehen müssen und dort hätten sie mich sofort zum Militär geholt und ich hätte schießen und mitmachen müssen. Und deswegen haben wir uns entschieden, nach Deutschland zu fahren. Von Ägypten sind wir mit dem Schiff nach Italien gefahren. Es dauerte sieben Tage und es gab irgendwann kein Essen mehr, kein Trinken. Das Wasser war viel zu hoch. Das Schiff war sehr klein – 17 Meter lang, 10 Meter breit – und wir waren 480 Leute. Man konnte nicht sitzen, nur stehen die ganze Zeit. Und die Leute haben einfach übereinander geschlafen.

Wie viel hat das gekostet?
Von Ägypten bis Italien 2.200 Dollar pro Person. Aber in Ägypten hatte man uns gesagt, dass wir mit einem guten, großen Schiff fahren würden. Doch am Ende war es ein kleines Boot und zu viele Leute, viele Kinder, viele schwangere Frauen. Die sprechen laut. Wenn du die Stimmen von Kindern, von Frauen hörst, hast du mehr Angst. Am Ende kam ein großes Schiff und hat uns gesehen. Wir hatten Licht, so ein weites Licht, und wir haben geschrien, dass wir Hilfe brauchen. Und Gott sei Dank ist das Schiff zu uns gekommen, sonst wären wir im Meer gestorben, weil die Wellen waren so stark. Das hat mich richtig gefreut – nicht für mich, sondern für die Kinder, weil du kannst nicht Kinder sehen, die untergehen, die im Meer sterben. Aber dieses große Schiff hat uns geholfen. Sie haben das zum ersten Mal gemacht. Wir waren nur einen Tag auf diesem großen Schiff und dann sind wir nach Italien gekommen. Die Polizei hat uns „Herzlich Willkommen" gesagt und uns verhaftet und ins Gefängnis gebracht. Dort sind wir fünf Tage

geblieben, in irgendeiner Stadt in Italien, ich weiß nicht welche. Dann sind wir weiter nach Milano. Dort haben wir so fünf Stunden gewartet, bis der Zug nach München fuhr, von München sind wir weitergefahren nach Berlin. Weil meine Cousine, die Tochter meiner Tante, mit der ich hierhergekommen bin, ist schon seit fünf Jahren in Berlin. Deswegen sind wir nach Berlin gekommen, und wir finden auch, das ist eine geile Stadt.

Wo war dein Bruder in dieser Zeit?
Mein Bruder hat bei meinen Großeltern in Syrien gelebt. Er wollte in Syrien bleiben und ist deshalb auch nicht mit uns nach Ägypten gegangen. Aber als wir dann zwei Jahre später nach Deutschland gekommen sind, war es schon richtig gefährlich für ihn, zu bleiben. Er hätte nun auch zum Militär gemusst. Deshalb ist er dann doch nach Berlin gekommen.

Was sind die großen Unterschiede zwischen den Ländern?
In Deutschland gibt es viel Bürokratie. In Deutschland kriegt man viele Briefe wegen einer einzigen Sache. Bei uns ist Verwandtschaft wichtig. In Deutschland ist das egal. Familie ist nicht so wichtig hier in Deutschland.

Genau wie bei uns [in Eritrea].
Wenn man 18 wird, entscheidet man, allein zu wohnen. Man zieht aus. Bei uns muss man bei der Familie bleiben.

In Deutschland hat man ein eigenes Leben.
Ja, genau. Bei uns ist es vielleicht wirklich ein bisschen zu viel. Wenn ich was machen will, dann frage ich meine Mutter und frage meinen Vater und vielleicht auch noch meine Tante nach ihrer Meinung und ihrem Rat. Am Ende bleibe ich doch bei meiner Entscheidung. In Deutschland entscheidet man einfach, wie man will.

Was ist typisch syrisch?
Wenn wir morgens aufstehen, trinken wir erst einmal in Ruhe Kaffee.

Und zu diesem Kaffee hören wir Musik, von Fairuz meistens. Das muss sein, jeden Tag. Wenn man diese Musik hört, dazu einen Kaffee trinkt, dann fühlt man sich gut und kann besser arbeiten. Und am Abend hören wir zum Ausklang OumKalsoum oder so was, alte, traditionelle Lieder. Was auch typisch ist: Jeden Freitag nach dem Beten gehen wir alle nach Hause und machen ein großes Essen – richtig leckeres Essen. Ich finde das auch gut, weil wir so schöne Dinge haben. Wir haben das jetzt verloren, weil wir unsere Länder verlassen haben. Hier in Deutschland ist es natürlich anders.

Und was in Deutschland noch typisch ist: die Arbeit. Die Deutschen arbeiten, arbeiten, arbeiten. Ich finde auch, Arbeit ist nicht schlecht. Jeder sollte arbeiten. Aber sie sparen das Geld, um dann einmal im Jahr ein paar Wochen Urlaub in einem anderen Land zu machen. Ich mag das nicht. Wenn wir was verdienen, kaufen wir immer schnell ein Auto, ein Haus. Wir lieben das. Ich mag mir lieber was kaufen, was mir gefällt, von dem, was ich verdiene.

Ankommen, Alltag und Zukunft in Deutschland – Perspektiven junger Männer aus Syrien im Bundesfreiwilligendienst

Gesa Köbberling, Barbara Schramkowski

Die drei folgenden Interviews, die im Rahmen eines Kooperationsprojektes der Evangelischen Hochschule Freiburg und der Dualen Hochschule Baden-Württemberg Villingen-Schwenningen entstanden, zeigen Perspektiven von drei jungen Männern auf, die aus Syrien nach Deutschland geflohen sind: Karam (30 Jahre), Mahmoud (24 Jahre) und Nidal (21 Jahre). Während Karam nach seinem Studium in Syrien bereits als Lehrer arbeitete, mussten Mahmoud und Nidal ihr Studium aufgrund der Flucht abbrechen. Zum Interviewzeitpunkt absolvieren alle einen Bundesfreiwilligendienst in einer sozialen Einrichtung und sind in einem Kinderhaus, der Sozialberatung für Geflüchtete und einem Krankenhaus tätig.

Der Bundesfreiwilligendienst ist ein Angebot für Menschen jeden Alters, die sich außerhalb von Beruf und Schule in der Regel über ein Jahr in gemeinwohlorientierten Einrichtungen engagieren und neue Erfahrungen sammeln möchten, zum Beispiel im sozialen, ökologischen oder kulturellen Bereich. Dabei arbeiten die Freiwilligen in der Regel ganztätig in den Einrichtungen. Das Engagement wird pädagogisch begleitet; so sind bei einem zwölfmonatigen Einsatz 25 Seminartage vorgesehen. Hier können Erfahrungen ausgetauscht und aufgearbeitet werden, auch geht es um die Stärkung eines Verantwortungsbewusstseins für soziales und ökologisches Gemeinwohl. Als Leistungen erhalten die Freiwilligen einen Ausweis, der zur Inanspruchnahme bestimmter Vergünstigungen berechtigt (z. B. Fahrkarten), Anleitung und Begleitung durch eine Fachkraft in der Einsatzstelle, ein Taschengeld von bis zu 318 Euro monatlich, Zugang zur Sozialversicherung sowie ein Abschlusszeugnis (vgl. Bundesamt für Familie und zivilgesellschaftliche Aufgaben o. J.).

Thema der Interviews waren die Erfahrungen der jungen Männer im Zusammenhang mit der Flucht, dem Ankommen und Einleben in Deutschland: Wie erlebten sie das Weggehen aus ihren Herkunftsorten, die Flucht und die erste Zeit in Deutschland? Welche Erfahrungen machen sie aktuell im Alltag? Welche Zukunftsvorstellungen und -wünsche haben sie? Inwiefern beschreiben sie Unterschiede zwischen Deutschland und Syrien, und wie bewerten sie diese? Ziel war es, zu erfahren, wie die Befragten ihre Lebenslagen interpretieren, welche Chancen sich ihnen eröffnen oder sie sich erkämpfen können und mit welchen (persönlichen, strukturellen oder rechtlichen) Grenzen und damit verbundenen Schwierigkeiten sie konfrontiert sind. Ein weiterer Schwerpunkt der Gespräche war die Bedeutung des Freiwilligendienstes. Uns interessierte, inwiefern er als Chance zur Verbesserung von gesellschaftlichen Teilhabemöglichkeiten genutzt werden kann und die Möglichkeiten einer aktiven Lebensgestaltung verbessert.

Karam, Mahmoud und Nidal sind auf unterschiedlichen Wegen zum Freiwilligendienst gekommen: Mahmoud bekam den Tipp von einer jungen Frau, welche die neu in ihrer Heimatstadt angekommenen Geflüchteten unterstützte und mit der er heute noch befreundet ist. Diese vermittelte ihm den Kontakt zu einem Wohlfahrtsverband, bei dem er mittlerweile den Freiwilligendienst absolviert. Sie half ihm auch beim Verfassen der Bewerbung. Karam bekam von einer Sozialarbeiterin einer Gemeinschaftsunterkunft, in welcher er zeitweise lebte, die Empfehlung, er solle doch erst mal einen „Ein-Euro-Job" machen, um Kontakte zu knüpfen und Deutschkenntnisse zu erwerben. So arbeitete er zunächst in der Küche eines örtlichen Kinderhauses. Die Chefin der Einrichtung, die ihn und sein Engagement schnell schätzte, motivierte ihn, sich für einen Freiwilligendienst zu bewerben, so dass er nun im Gruppendienst mit den Kindern arbeitet. Nidal, der bereits in Syrien als Krankenpfleger tätig war, erfuhr von deutschen Freunden über die

Möglichkeit eines Freiwilligendienstes. Zunächst war er jedoch skeptisch: Die Bezahlung erschien ihm angesichts der zu leistenden Arbeit nicht angemessen. Doch nach der Beratung mit Vertrauenspersonen entschied er sich dennoch für einen Freiwilligendienst im Krankenhaus. Der Einblick in die Arbeit in Krankenhäusern in Deutschland und das Engagement im Lebenslauf könnten für die Verfolgung seiner weiteren beruflichen Ziele nützlich sein, so seine Motivation.

Besonders in den Gesprächen mit Karam und Mahmoud zeigt sich, dass eine zentrale Motivation für die Aufnahme des Freiwilligendienstes war, endlich wieder aktiv werden zu können und eine Aufgabe zu haben. Die jungen Männer berichten, wie wichtig es für sie war, die zermürbende Situation des Wartens zu beenden, in der sie sich gefangen sahen: Das Warten in der Landeserstaufnahmestelle, das Warten auf den Entscheid über ihren Asylantrag, auf die Genehmigung eines Sprachkurses oder die Anerkennung eines Zeugnisses. Zudem hofften sie, durch den Freiwilligendienst ihre Deutschkenntnisse und beruflichen Einstiegschancen verbessern und neue Kontakte knüpfen zu können.

Im Verlauf der Tätigkeit haben sich in den Einrichtungen Freundschaften zu Kolleginnen und Kollegen der Einrichtungen entwickelt, welche für die jungen Männer eine wichtige Unterstützung für die Bewältigung ihres Alltags darstellen. So erhalten sie aus diesem Kreis Unterstützung bei der Suche nach oder der Bewerbung um Ausbildungsplätze, aber auch Einladungen zu gemeinsamen Unternehmungen und Festen. Zudem haben alle drei ihre Deutschkenntnisse deutlich verbessert. Besonders wichtig ist für sie, einer Tätigkeit nachgehen zu können, für die sie Anerkennung erhalten. Karam beispielsweise erfährt für seine Tätigkeit im Kinderhaus sehr viel Wertschätzung von Eltern und dem Kollegium und hat seine Begeisterung für pädagogische Tätigkeiten entdeckt. Mit Unterstützung seiner Kolleginnen und Kollegen hat er sich bereits für eine Ausbildung als Erzieher beworben. Nidal musste demgegenüber feststellen, dass in Syrien Krankenpfleger mit medizinisch anspruchsvolleren und verantwortungsvolleren Aufgaben betraut werden als in Deutschland. Demzufolge erlebt er seine

Tätigkeit im Freiwilligendienst als zu wenig herausfordernd und hat sich die Aufnahme eines Medizinstudiums als Ziel gesetzt.

Die Befragten setzen sich in beeindruckender Weise und mit viel Energie dafür ein, Deutschkenntnisse zu erwerben, Kontakte aufzubauen, Freundschaften zu knüpfen und sich beruflich zu orientieren. Alle berichten dabei auch von der immer wiederkehrenden Auseinandersetzung mit negativen, sie verletzenden Pauschalzuschreibungen, die in Deutschland häufig mit Syrien und arabisch-muslimischen Ländern assoziiert werden. Die gesamtgesellschaftliche Zunahme von antimuslimischem Rassismus wie auch Rassismen gegenüber Geflüchteten ist für die jungen Männer deutlich spürbar und sie bemühen sich, aktiv zum Abbau dieser Vorurteile beizutragen: Karam hält beispielsweise mit einem syrischen Freund Vorträge zu seinem Heimatland, wobei er aufzeigen möchte, wie facettenreich Syrien wirklich ist und was das Land – jenseits von Krieg und IS-Terror – auszeichnet. Nidal diskutiert unermüdlich in seinem großen sozialen Umfeld und tritt mit einer Tanzgruppe auf, die Migrationsgeschichten und -realitäten szenisch verarbeitet. Persönlich beschäftigt er sich intensiv mit der Frage, wie er seinen muslimischen Glauben in Deutschland leben kann und möchte. Mahmoud berichtet, dass er nach einem kürzlich verübten IS-Anschlag in Europa zu einer Solidaritätsdemonstration aufgerufen hatte. Er wollte deutlich machen, dass nicht alle Menschen arabischer Herkunft IS-Terroristen sind. Diese Aktion musste er jedoch abbrechen infolge von Nachrichten, die er über *Facebook* vermutlich aus IS-Kreisen empfing und die damit drohten, seiner Familie etwas anzutun, sofern die Demonstration stattfinde.

In solchen Momenten und vor allem auch nach dem Tod seines Vaters und der Tatsache, dass es seiner Mutter infolge von Schwierigkeiten mit dem Assad-Regime nicht gut geht, überkommen Mahmoud, wie aus seinen Erzählungen durchschimmert, immer wieder auch Gefühle von Hoffnungslosigkeit und Resignation. Auch die Erzählungen der anderen jungen Männer lassen ahnen, dass sie mit diesen Gefühlen konfrontiert werden, zum Beispiel, wenn erneut schlechte Nachrichten aus Syrien kommen oder weil es schwierig und teilweise auch gefährlich ist, mit der Familie in Syrien zu sprechen, und ein Wiedersehen mit ihr überhaupt nicht in Sicht ist. Zudem gibt es im Alltag immer wieder mit dem Flüchtlingsstatus verbundene Probleme, die zu bewältigen sind. So war es beispielsweise schwierig, die für den Freiwilligendienst notwendigen Papiere (z. B. Steuernummer) zusammenzusammeln.

Bewundernswert ist es, wie die jungen Männer trotz der oft schwierigen Umstände immer wieder neuen Mut schöpfen und aktiv versuchen, neue Wege zu finden und Begrenzungen überwinden. Hierbei ist der Freiwilligendienst eine wichtige Säule, und es ist zu wünschen, dass junge Geflüchtete vermehrt die Möglichkeit erhalten, an diesen Programmen teilzunehmen (vgl. hierzu auch Gonska 2012).

Literatur

Bundesamt für Familie und zivilgesellschaftliche Aufgaben (o. J.): Der Bundesfreiwilligendienst. Online: http://www.bundesfreiwilligendienst.de/ [Zugriff 15.09.17]

Gonska, Torsten: „Ein Erfahrungsbericht zur Aufnahme von Geduldeten und Flüchtlingen in Freiwilligendiensten", in: Schmidle, Marianne/Schramkowski, Barbara/Slüter, Uwe (Hrsg.): Integration durch Mitmachen. FSJ für junge Menschen mit Migrationshintergrund. Lambertus,Freiburg 2012, S. 83ff.

Nidal aus Ar-Raqqa, 21 Jahre

"Die Sprache ist der Schlüssel des Landes."

Wie war es, als du hier angekommen bist … im Oktober?
Ganz komisch. Anderes Land, andere Kultur, Leute, Sprache … andere Gefühle, wie man sich sieht, als Flüchtling in Deutschland. Also meistens, wenn wir an Deutschland denken, denken wir immer an Adolf Hitler und Zweiter Weltkrieg und Nazis, und dann kommen wir her und schauen wir die Menschen, ist er so oder ist er nicht? Was denkt er über mich? Ja, es war ganz komisch. Dann sprechen sie und gucken dich alle an … [verunsichert] … und ich denk, ich hab doch nichts gemacht, ich bin gegen niemand und ich bin nicht da, um Deutschland kaputtzumachen oder um Geld zu haben, sondern weil ich hier im Frieden leben möchte. Es war schwierig am Anfang, aber man gewöhnt sich dran, wenn man Kontakt hat.

Wo hast du am Anfang gewohnt?
In einer Turnhalle mit achtzig Personen. Dort hatte jeder ein Bett und einen kleinen Schrank. Alle nebeneinander. Ja, wir haben es geschafft, acht Monate dort zu bleiben, aber es war richtig schwierig. Vor allem um zehn Uhr, die Kinder müssen ins Bett gehen und dann die jungen Leute, wir wollten ein bisschen länger wach bleiben, aber wir durften nicht. Und draußen war es zu kalt. Aber am Ende haben wir mit dem Hausmeister gesprochen und er hat die Küche für uns offen gelassen, damit wir auch lernen konnten. Meistens haben wir dort in der Nacht gelernt und gingen dann ganz müde in die Schule. Aber am Tag war es ganz ganz laut mit achtzig Personen … Es gab auch Familien, und da war es auch schwieriger, vor allem mit dem Bad und Toiletten und so was. Da gab's auch oft Streit: Das ist meins … und jetzt will ich …

Du bist in die Schule gegangen?
Ja, dort hab ich Deutsch gelernt, aber ich fand es ein bisschen langweilig, weil ich vorher hier im Internet gelernt hatte und die Grundschullehrerin mir schon einiges beigebracht hatte. Ich war nur dort, um ein Zeugnis zu haben und mal zu sprechen, weil bei A1 lernt man ganz wenig. Dann war die Schule fertig und ich hatte viel Zeit, weil ich keinen Integrationskurs nehmen durfte. Dann hab ich mir Bücher gekauft und hab mir weiter selbst beigebracht, bis der Brief kam, dass ich einen Integrationskurs machen darf. Ich hab bei B1 angefangen und hab's geschafft und auch den Orientierungskurs gemacht. Bis dahin muss man als Flüchtling, ist Pflicht. Aber ich will weiter studieren. Dann hab ich B2 gemacht und seit gestern bin ich mit dem C1 fertig.

Wow, beeindruckend. Was war besonders schwierig für dich in der Zeit?
Zuerst hatten wir Probleme mit der Lehrerin, weil wir zum Freitagsgebet gehen wollten und sie gesagt hat, wenn wir immer im Unterricht fehlen, kriegen wir kein Zeugnis. Und das war schwierig für uns. Sie akzeptieren unsere Religion, aber geben uns keine Zeit, wenn wir hingehen müssen. Und dann, wie wir zum ersten Mal die Leute gesehen haben, die Kleidung, ganz kurze im Sommer, das war richtig ein Kulturschock. Wir sind manchmal zum See gegangen, um zu schwimmen, und dann haben wir die nackten Leute gesehen. Es war echt schlimm. Wir haben immer gesagt, wir sind hier Gäste, da müssen wir die Kultur der Menschen respektieren, aber wir müssen uns ja nicht integrieren. Hab ich mich inzwischen aber trotzdem. [lacht] Man muss, weil sonst funktioniert's ja nicht. Jeder denkt hier, dass du Salafist oder ganz religiös bist, wenn du deine Religion machst.

Am Anfang wolltest du dich nicht so verändern, oder?
Ich hab jetzt eine deutsche Freundin … Es war so zufällig, ich hab sie kennengelernt und mich in sie verliebt. Ich dachte, dass wir nicht zusammenbleiben, weil ich Muslim bin und sie Christin ist und Deutsche und ganz anders, und ich wusste, dass meine Familie das nicht akzep-

tiert. Aber irgendwie hab ich immer mit denen weiter gesprochen und auch für ihre Familie war das kein Problem, nur für den Großvater ein bisschen, weil er so alt ist und Christ und will es nicht. Aber irgendwie haben wir es hingekriegt.

> „Wir sind manchmal zum See gegangen, um zu schwimmen, und dann haben wir die nackten Leute gesehen. Es war echt schlimm."

Schön. Was hat dir denn am Anfang, als alles noch so schwer war, geholfen?
Die Sprache zu lernen. Die Sprache ist der Schlüssel des Landes. Ansonsten funktioniert nichts. Aber wenn man ein bisschen versteht, verstehst du alles, was die Leute über dich sprechen, und du kannst auch mit den Leuten kommunizieren und ihnen erklären, dass du kein Terrorist bist [lacht] und dass du hierhergekommen bist nur wegen des Krieges.

Wie kam es, dass du mit dem FSJ angefangen hast?
Freunde haben mir davon erzählt: „Mindestens musst du sechs Monate machen und dabei bekommst du auch ein Taschengeld." Das Taschengeld war ein bisschen wenig … wenn man sieht, was du machst im Krankenhaus, zwei oder drei Euro pro Stunde sind da ganz wenig. Die Leute waschen und mit ihnen aufs Klo hingehen und so was. Aber ich hab's gemacht, damit ich auch weiß, wie die Krankenhäuser bei euch funktionieren, weil ich eine Ausbildung zum Krankenpfleger in Syrien gemacht habe. Und damit ich was Soziales gemacht habe, das ist auch gut für meinen Lebenslauf und für meine Note im Abi.

Wer hat dir das erzählt?
Freunde. Manche sind auch Ausländer, aber in Deutschland geboren. Aber ich hab auch die Mutter meiner Freundin gefragt und sie hat mit mir auch ein Krankenhaus gesucht und gefunden. Und dann hab ich

mich beworben und hatte einen Termin zum Gespräch und es gab kein Problem für mich. Dann hab ich angefangen. Und musste eigentlich gar nichts medizinisch machen, sondern nur Körperpflege und Waschen und den Katheter betreuen oder manche mit Demenz. Das hatte ich auch schon in Syrien gemacht. Ich war dort mit der Ausbildung nicht fertig, ich war im dritten Jahr und hab ungefähr sechs bis acht Monate im Krankenhaus gearbeitet, freiwillig. Und dann bin ich ja nach Deutschland gegangen.

Bist du der Einzige aus deiner Familie, der weggegangen ist?
Nein, zwei Monate später ist mein junger Bruder auch hierhergekommen. Er war minderjährig, ist jetzt volljährig und wohnt auch hier, allein.

Und ist das gut, dass er da ist?
Eigentlich nicht, weil er die ganze Zeit nach Syrien zurückgehen möchte. Deutschland gefällt ihm, aber ohne Familie, ohne Mutter, ohne Vater, niemand kocht für ihn, niemand putzt, er muss alles selber machen. Er geht in die Schule bis zwei Uhr und gleichzeitig arbeitet er noch in einem Restaurant und findet es schwer. Von sieben Uhr morgens bis zwölf Uhr nachts ist er weg und dann kommt er nach Hause und findet nichts.

Wie alt ist er?
Achtzehn, bald wird er neunzehn, und er hat richtig Heimweh.

Aber du bist froh, hier zu sein, oder möchtest du auch gerne wieder zurück?
Auf jeden Fall! [lacht] Das ist nicht mein Land, wo meine Eltern gewohnt haben und meine Großeltern und wo ich auch meinen Nachwuchs lassen möchte. Ich möchte wieder gehen, aber nicht bald. Zuerst möchte ich Medizin studieren und das dauert sechs bis acht Jahre. Und jetzt hab ich eine Freundin. Ich hab meiner Familie erklärt, dass sie wie meine Verlobte ist, und später würden wir heiraten. Aber wenn ich

eine Deutsche heirate, kann ich nicht einfach nach Syrien zurückgehen, weil das schwer für sie wäre. Aber ich möchte den Rest von meinem Leben nicht in Deutschland bleiben. Obwohl ich ja Deutschland gut finde, aber ... halt nicht für uns. Wir sind anders aufgewachsen.

Kannst du das beschreiben? Was ist anders?
Kultur. Religion. Rechte, Respekt, Kindererziehung. Es gibt so viele Sachen, die ganz anders sind. Vom Lernen her ist es klar besser als bei uns. Aber ich möchte, dass meine Kinder, wenn sie groß sind, mich besuchen und in der Stadt wohnen, in der auch ich wohne. Und wenn ich ein Wort sage, wenn ich „Aufhören!" sage, dass sie auf mich hören und nicht einfach weitermachen. Außerdem möchte ich, dass meine Kinder nicht Christen werden, sondern Moslems. Aber wenn sie Moslems sind, finde ich es auch schwierig in Deutschland. Außer wenn sie gar nichts machen, gar nichts sind, wie die meisten Leute in Europa es machen. Aber das will ich nicht.

Wir haben schon darüber gesprochen, dass das FSJ auch sehr anstrengend war, das frühe Aufstehen und dann noch den Sprachkurs, und ein bisschen enttäuschend, dass es nicht so anspruchsvoll war. Gab es noch andere Schwierigkeiten?
Ich weiß nicht, ob ich's erzählen soll. Manche Patienten waren nicht nett zu mir und haben total Dialekt gesprochen und ich versteh keinen Dialekt.

Ich auch nicht [lacht]. Und mit den Krankenschwestern und -pflegern? Gab's da auch komische Situationen?
Alle waren sehr nett außer eine, die einfach ... Also jeder weiß, dass sie asozial, richtig asozial ist und mit Praktikanten gar nicht gut spricht, egal, woher du kommst oder was du machst. Sie gibt dir zum Beispiel eine Aufgabe und anstatt zu sagen „bitte" oder „möchtest du" oder so, sagt sie: „Mach!" Sie bringt ihre schlechte Laune von zu Hause mit.

Wie sieht oder sah dein Alltag außerhalb vom FSJ aus?
Ich hab drei Mal in der Woche Breakdance-Training. Wir sind alle

Ausländer, aber manche sind schon hier geboren. Wir hatten auch schon eine Aufführung. Eine Show heißt *Move. Geschichten von Flucht, erzählt im Tanz*. Da hatten wir über Syrien ein bisschen erzählt, über den Krieg und die Flucht und unterwegs sein und ankommen. Gerade trainieren wir was Neues, neue Choreografien.

Hast du schon in Syrien Breakdance getanzt?
Nein, ich hab's nicht mal gesehen [lacht]. Wir sind vier Syrer, die dort tanzen, und zwei aus dem Iran. Unser Trainer kommt eigentlich aus Algerien, seine Eltern sind aber schon in Deutschland geboren. Und eine kommt aus dem Kosovo. Eine Italienerin war bei uns auch schon. Eine ist halbdeutsch. Und so gibt's eigentlich niemand, der ganz deutsch ist, weil wir in unserer Show unsere Geschichte erzählen, also die der Flüchtlinge, und da funktionieren die Deutschen nicht.

Und wie sieht deine Freizeit aus? Ist nicht viel, das hab ich schon verstanden. [lacht]
Ja, leider hab ich nicht viel Freizeit. In der Woche treff ich mich mit meinem Bruder und Freunden, mach ich meine Schule weiter, und ansonsten versuche ich mich auch schon ein bisschen zu orientieren, welche Fächer ich im Vorstudium haben werde, damit ich nicht mit null hingehe, sondern ein bisschen Informationen habe. Ich hab schon viele Informationen über Biologie, Chemie und Physik. Aber ich hab alles auf Arabisch, und wenn sie auf Deutsch kommen, dann versteh ich total nichts. Die Idee versteh ich, aber die Worte muss ich auch behalten. Vor allem kommen auch viele lateinische Worte. Ich möchte mich ein bisschen vorbereiten. Und dann gehe ich auch gerne schwimmen. Ich koche auch gerne. Ich lade viele Leute zu mir ein, Deutsche und Araber und verschiedene und koche für sie.

Fällt dir das leicht, Leute kennenzulernen?
Ja. Ich hatte wirklich viele Freunde in Syrien auch. Wenn dir langweilig ist und jemand keine Zeit für dich hat, dann machst du etwas mit jemand anderem.

Kannst du sagen, wie dein Leben in einigen Jahren aussehen soll? Was wünschst du dir?
Ich wünsche mir, dass ich mein Studium schaffe. Und ich möchte ein Haus haben, weil hier … immer wohnt man in einer WG oder so was. Man hat gar keine Freiheit. Also ich bin nicht asozial, ich treffe mich gerne mit Freunden und so, aber zu Hause möchte ich total allein sein. Ansonsten … Führerschein hab ich schon gemacht.

Was sollte auf gar keinen Fall passieren?
Ich möchte nicht, dass mein Bruder nach Syrien geht. Das ist halt schwierig. Gleichzeitig möchte ich auch nicht, dass der Krieg noch schlimmer wird.

Und was glaubst du? Wie geht es weiter mit Syrien?
Die Syrer verlieren immer. Also das Volk verliert immer. Assad wird dort bleiben, denn andere Länder schützen ihn. Obwohl die USA ihn auch geschlagen hat und Bomben auf seine Leute geworfen hat. Aber er schützt auch Israel. Wir wollen natürlich Demokratie haben. Aber wir wollen keine Grenzen in Syrien, es soll ein Land bleiben. Und wir wollen auch keinen Rassismus, dass du Kurde oder Araber oder Christ oder Alawit bist. Vorher haben wir gar nicht gewusst, wer du bist. Wir wussten, dass es Christen und Alawiten und Sunniten und Schiiten und so was gibt, aber es war egal, Hauptsache, dass du ein guter Mensch bist. Mein Vater war selber ein Polizist, und du weißt ja, dass die Polizisten oder Soldaten meistens von den Alawiten kommen, und wir haben auch mit viel Alawiten gewohnt. Da hatten wir gar kein Problem. Wir waren wie Brüder. Unsere Nachbarn waren Christen, und da hatten wir auch gar kein Problem, obwohl sie sich anders kleiden und nicht in die Moschee gehen und so was. Aber jetzt sagt jeder über den anderen: „Du bist ein Ungläubiger", „ich töte dich". Jeder will den anderen umbringen. Ich würde nie Assad akzeptieren, und es macht mich echt sauer, dass viele Syrer nach Deutschland kommen, die gar keinen Krieg gesehen haben, die aus Latake oder Tatusk oder Damaskus-Zentrum kommen, die gar keinen Krieg haben, und dann kom-

men sie nach Deutschland und sagen, dass Assad der Gute ist. Ich will unbedingt Freiheit und Demokratie, und ich will, dass Syrien wieder aufgebaut wird, aber nicht, dass Syrien geteilt wird, sondern ein Land bleibt und ich überall hingehen kann ohne Grenzen.

Du hattest am Anfang erzählt, dass die nackten Deutschen am Badesee ein Kulturschock für dich waren … Könntest du sagen, was ist für dich typisch syrisch?
Viele Freunde haben. Nicht zu Hause immer bleiben und viel lesen und sich langweilen. Und Essen, syrisches Essen. Wenn du deine Kultur zeigen möchtest, dann zeigst du das Essen. Zum Beispiel auch Kindererziehung. Bei uns erziehen nicht nur die Eltern die Kinder, sondern auch der große Bruder. Manchmal haben wir auf der Straße gespielt und dann kam unser Nachbar und hat gesagt: „Werft keine Steine" oder so was. Mein Vater hat dann gesagt: „Er ist älter als du, dann musst du auf ihn hören." Einmal war ich hier mit meiner Freundin unterwegs und dann haben wir auf der Straße zwei süße Kinder im Kinderwagen gesehen und ich hab gesagt, „cool" und so, „hallo" und ich hab ihnen ein Küsschen auf die Backe gegeben. Aber hab's auf Arabisch gesagt, weil ich einfach nicht nachgedacht habe. Und deren Eltern waren dabei und haben sofort gesagt: „Was haben Sie mit meinem Kind gemacht?" und „bitte lassen Sie uns in Ruhe". Und dann sind sie schnell weitergefahren mit dem Kinderwagen und ich hab meine Freundin gefragt: „Hab ich was Falsches gemacht?", und sie meinte: „Ja, bei uns ist es ein bisschen anders als bei euch." Jetzt gerade ist sie im Libanon und lernt arabisch. Sie macht auch ein FSJ bei der Kindernothilfe mit syrischen Flüchtlingen und hat dort viele Kinder und freut sich darüber und sagt: „Wirklich, bei euch ist es viel besser als bei uns." Sie hat mir auch erzählt vorher von den Büchern, die sie gelesen hat. Du weißt, die Deutschen lesen viel. Vor allem interessieren sie sich für die arabische Kultur. Aber schade, dass ihr nur die Bücher lest, die Deutsche schreiben oder Juden oder Amerikaner oder manche, die hingereist sind und in Saudi-Arabien waren und nicht in Syrien. Und ihr denkt immer, dass wir alle gleich sind und alle Moslems sind. Das find ich immer schade. Ihr seht nur die

Nachteile von uns und das geht gar nicht, finde ich. Letzte Woche haben wir in dem Kurs darüber gesprochen und eine Französin hat mich gefragt, warum die Frauen bei uns keine Autos fahren dürfen. Ich hab gesagt: „Frauen dürfen bei uns Autos fahren. Ich komme aus Syrien, nicht aus Saudi-Arabien."

Was würdest du jemandem raten, der aus Syrien oder auch einem anderen Land nach Deutschland kommt und so anfängt wie du?
Ich würde ihm zuerst sagen, dass er allein bleiben soll. Keinen Kontakt mit den Deutschen haben die ersten paar Monate. Erst mal die Sprache lernen. Egal, was du machst, versuch immer zuerst, die Sprache zu beherrschen. Und dann musst du nicht auf die Straße gehen, um Kontakt zu haben. Weil auf der Straße findest du gute oder schlechte Menschen. Vor allem in der Disco findest du nicht immer die Guten, sondern vor allem die Betrunkenen, und dann sagst du: „Guck, wie die Deutschen sind", und entwickelst selbst schlechte Vorurteile. Sondern du musst was machen. Im FSJ hab ich viele Leute kennengelernt, und weil ich auch die Sprache konnte, haben wir viel miteinander gesprochen. Du musst zuerst die Sprache lernen! Und sonst musst du nichts machen, was sie machen, aber es akzeptieren, egal, was sie machen. Am Ende sind wir hier als Gäste in Deutschland. Wenn du als Gast in ein anderes Land gehst, dann musst du dessen Kultur akzeptieren. Du musst arbeiten oder studieren oder eine Ausbildung machen und nicht nur herumsitzen … und dann findest du bestimmt Freunde. Und immer sag ich, dass die Religionsdiskussionen sehr schwierig sind. Es gibt auch Diskussionen zwischen Moslems, wo auch jeder eine andere Meinung hat, genauso zwischen Christen. Ich kenne Araber oder Kurden, Moslems, die gleichzeitig viel Alkohol trinken. Ich hab nie Alkohol getrunken und ich find es schlecht, ich hab aber auch viele Freunde, die Alkohol trinken und Moslems sind. Wenn sie trinken oder in die Disco gehen, gehe ich eben nicht mit. Und wir sind trotzdem Freunde.

Gehst du manchmal in die Moschee?
Jeden Freitag.

Das ist auch etwas, das dir hilft auf diesem schwierigen Weg, das dir Kraft gibt?
Ja. Ich treffe dort viele Freunde … Wenn ich bete, hab ich das Gefühl, dass ich ganz entspannt bin. Viele sagen, du musst nicht unbedingt fünf Mal am Tag beten, weil wir hier in keinem muslimischen Land sind. Ich versuche immer, die fünf Mal zu halten, aber manchmal bin ich halt in der Schule oder irgendwo, dann schaffe ich es nicht. Ich kenne auch viele, die vorher nicht gebetet haben, als sie in Syrien waren. Manche, die in Syrien gebetet haben, haben hier aufgehört. Ich bete ungefähr, seitdem ich 17 bin, fünf Mal am Tag, so hab ich es von meinem Vater gelernt. Jeder hat die Religion zunächst von den Eltern. Aber irgendwann wird man sich gefunden haben oder selber aussuchen, was man machen will. Manche bleiben nicht Moslem, manche werden Ungläubige, manche wechseln die Religion. Jeder muss seinen Weg selbst wählen.

Karam aus Damaskus, 30 Jahre

„Viele Leute hier wissen nicht, dass wir auch einen Kühlschrank haben. Sie denken, dass wir aus der Wüste kommen, in einem Zelt wohnen und auf einem Kamel reiten."

Erzähl doch mal, als du hier herkamst nach Deutschland, wie es dir ging? Wie waren so die ersten Tage, ersten Wochen?
Ich war glücklich, dass ich in Deutschland war, die erste Woche. Danach habe ich zwanzig Tage in einem Zelt gewohnt mit tausend Leuten, bis ich einen Transfer gehabt habe. Dann war es bisschen besser. Wir waren siebzig Flüchtlinge in einem großen Haus, so wie ein Hotel. Am Anfang waren wir in einem Zimmer vier Personen, danach hatte ich die Chance, nach oben umzuziehen, dort teilten sich nur zwei Flüchtlinge ein Zimmer. Hier ist mein Leben leichter, weil ich ein bisschen Platz habe. Danach kamen die Schwierigkeiten mit der Sprachschule. Ich konnte nicht in die Schule rein, weil ich meine Anhörung noch nicht hatte. Ich war acht oder neun Monate ohne Sprachschule. Ich habe in meinem Zimmer was gelernt. Am Anfang hatte ich viele Schwierigkeiten, weil ich kein Englisch spreche.

Aber du kannst Französisch!
Aber hier spricht niemand Französisch. Ich hab drei oder vier Monate selbst gelernt, mit Hilfe von den Ehrenamtlichen. Danach habe ich ein bisschen Deutsch geredet. Das war sehr hilfreich. Auch die Sozialarbeiterin war total nett, freundlich. Sie wollte den Flüchtlingen wirklich helfen. Sie hat mir erzählt, dass es in der Stadt einen Job gibt für einen Euro, ob ich ein Interesse habe. Ich habe ja gesagt, danach hat sie mich

zum Kindergarten geschickt. Dort durfte ich nicht mit den Kindern direkt arbeiten, weil ich ein Flüchtling bin, ich brauchte ein Papier von der Polizei in meiner Heimat.

… ein polizeiliches Führungszeugnis?
Richtig. Das konnte ich natürlich nicht beschaffen. Dann hat mir ein Papier vom Rathaus geholfen; sie haben geschrieben, dass ich okay bin. Am Anfang habe ich in der Küche gearbeitet, danach durfte ich mit den Kindern arbeiten. In der Küche habe ich viel gelernt, weil es gab nur eine Köchin, sie hat mir viele Infos gegeben, ich habe viel mit ihr geredet. Wir waren nur zu zweit, deswegen habe ich auch die Sprache gelernt. Danach hat meine Kindergartenchefin mir vorgeschlagen, ein Freiwilliges Soziales Jahr zu machen.

Hast du einen Sprachkurs schon bekommen in der Zeit?
Nein, immer noch nicht. Ich habe zwei Monate im Kindergarten gearbeitet, dann habe ich einen Platz bekommen. Danach habe ich eine Prüfung gemacht und B1 bestanden. Es gab viele Schwierigkeiten mit meinem Bufdi [Bundesfreiwilligendienst], weil ich keine Krankenversicherung habe, keine Steuernummer. Es war sehr schwer, bis diese ganzen Papiere fertig waren, viele Fragen. Ich war in der Stadt der erste Flüchtling, der einen Job für einen Euro hatte, und der erste, der ein Freiwilliges Soziales Jahr gemacht hat.

Und jetzt überlegst du, eine Ausbildung zu machen. Was interessiert dich?
Ich habe mich in meinem Kindergarten als Erzieher beworben, als Industriekaufmann habe ich mich auch zwei oder drei Mal beworben in verschiedenen Firmen. Und Büromanagement, in diesem Bereich auch. Ich hatte drei Vorstellungsgespräche und warte jetzt auf eine Antwort.

Und in der Zeit möchtest du hier Gasthörer an der Hochschule für Soziale Arbeit sein?
Ich will meine Sprache ganz schnell verbessern. Ich hatte ein Gespräch in der Erzieherfachschule und der Verantwortliche hat mir gesagt, ich brauche mehr als B2, danach muss ich eine Prüfung in der Schule hier bestehen, um eine Ausbildung zu beginnen. Ich habe viel gelesen zu Hause, aber nicht viel praktiziert. Ich muss mit jemandem reden. In der Unterkunft waren nur Flüchtlinge, niemand hat die Sprache gesprochen. Ein paar Flüchtlinge können gut englisch sprechen, sie benutzen immer ihr englisch. Aber die deutsche Sprache war immer schwierig für viele Flüchtlinge.

Ja klar, ihr habt vermutlich miteinander immer arabisch gesprochen, oder? Aber jetzt sprichst du ja total gut.
Es fehlt noch viel. Die Sprache ist groß und ich kenne nur einen Teil von ihr.

Dein Ziel ist es jetzt, du möchtest eine Ausbildung machen und dafür brauchst du die Sprache?
Richtig. Deswegen habe ich mein Freiwilliges Soziales Jahr beendet, weil ich kann nicht beides schaffen. Ich habe immer nach der Arbeit B2 begonnen, gelernt. Man braucht Zeit, um zu lernen, und ich hatte keine Zeit, weil ich neben meiner Arbeit viele Sachen mache. Ich halte Vorträge über meine Heimat Syrien.

Eine Ausbildung ist natürlich besser als ein Freiwilligendienst. Du hast erzählt, wie dich die Köchin, die Kindergartenchefin und Ehrenamtliche unterstützt haben ...
Sie haben mich immer unterstützt und ermutigt, weiterzugehen in der Sprache oder in der Arbeit. Am Anfang hatte ich Angst, dass die Eltern im Kindergarten nicht akzeptieren, dass ein Flüchtling mit den Kindern arbeitet. Aber es war alles in Ordnung. Und meine Chefin war total nett; sie sagte auch immer, das ist unser Kollege, er macht hier ein FSJ. Sie hat nie gesagt, er ist ein Flüchtling.

Was machst du denn so, wenn du freie Zeit hast?
Ich treffe mich gerne mit meinen Freunden. Wegen meiner Arbeit treffe ich sie nicht so viel. Wir machen Vorträge, spielen Fußball.

Bist du in einem Verein?
Ich habe mich vor zwei Wochen angemeldet.

Und was für Vorträge machst du?
Eine Frau vom Rathaus hat uns vorgeschlagen, im Rahmen der Interkulturellen Woche einen Vortrag zu halten über unsere Heimat. Die Idee war toll, wir wollten gerne unsere Stimmen zeigen und die Menschen überzeugen, warum wir hier sind, und ihnen zeigen, wie unsere Heimat vor dem Krieg war. Weil niemand hier hat eine Vorstellung, wie Syrien vor dem Krieg war; sie wissen nur, die Flüchtlinge sind Syrer. Aber wir haben auch eine große, alte Zivilisation. Unsere Heimat war eine Wiege der Zivilisation.

Und wie lief der Vortrag?
Es war erfolgreich, 120 Zuhörer. Ich habe 40 Minuten ungefähr geredet, ein Freund von mir 25, 30 Minuten. Und alles auf Deutsch natürlich. Mit Bildern, mit Videos. Danach hat die Frau vom Rathaus Einladungen geschickt an die Schulen im Kreis und wir haben das noch sechs, sieben Mal in den Schulen gemacht und machen das nun immer mehr. Einmal waren wir in der Universität, da hatten sie einen Raum für zweihundert Leute gebucht, aber es kamen mehr als 300, sodass wir die Veranstaltung wiederholen mussten – und es kamen wieder 250 Leute. Und wir wollen uns weiterentwickeln. Wir haben jetzt ein Team gebildet.

Was denkst du, vielleicht in einem Jahr, was möchtest du da am liebsten tun?
Als Erstes will ich gerne meine Familie sehen. Ich darf nicht hinfliegen, das ist ganz schwer für mich.

Deine Familie lebt in Syrien?
Ein Teil wohnt in Ägypten, ein Teil in Damaskus.

Hast du Kontakt über WhatsApp oder Facebook?
Jeden Tag, aber nicht körperlich. Das ist total schwierig. Und in einem Jahr würde ich gerne meine Ausbildung beginnen. Ich will mich in die Gesellschaft integrieren.

Bist du das nicht schon? Du machst Vorträge, sprichst total gut Deutsch, du hast deinen Freiwilligendienst gemacht …
Es reicht nicht, weil viele haben eine schlechte Idee über die Flüchtlinge.

Erlebst du das auch im Alltag, auf der Straße oder irgendwo, dass es Menschen gibt, die sagen, dass sie die Flüchtlinge nicht mögen?
Ich bin fast immer nur hier in der kleinen Stadt, und da habe ich überhaupt nicht das Gefühl, weil ich kenne hier viele Leute und viele begrüßen mich, wenn ich auf der Straße bin. Ich habe keine Probleme. Aber ich weiß schon, dass es auch andere Menschen gibt, deswegen wollen wir unsere Vorträge immer machen. Wir wollen die Meinung ändern. Wenn ein Flüchtling etwas Schlimmes macht, sagen sie, die Flüchtlinge sind schlimm. Aber das ist so nicht, ich bin nicht verantwortlich. Es gab eine Frau, die von einem Flüchtling aus Afghanistan ermordet wurde – und dann waren es alle aus Afghanistan. Wenn man das dann hört … Ich habe mehrere Male die Motivation verloren, weiterzumachen.

Fühlst du dich trotzdem ein bisschen zu Hause in deiner Stadt?
Ganz ehrlich: ja. Ich will hier bleiben. Ich habe viele Leute kennengelernt, bis zum Oberbürgermeister. Es ist toll für mich, ich will immer hier bleiben. Ich sage schon selbst manchmal, das ist meine Heimatstadt. [lacht]

Wenn du Deutschland und Syrien vergleichst, gibt es Dinge, die sind gleich, und andere, die sind ganz anders? Was sind für dich die größten Unterschiede zwischen Deutschland und Syrien?
Die Familie. Wir haben immer eine enge Familie, eine gute enge Beziehung zwischen den Kindern, zu den Eltern. Aber hier fühlt man das gar nicht. Ich habe sechzig Cousins und Cousinen, ich hatte immer Kontakt zu ihnen, als ich in Syrien war. Die Syrer haben keine Zeit, einen Urlaub zu machen, weil sie sind immer beschäftigt mit ihrer Familie. Aber hier jeder wohnt allein. Wenn du in Syrien in eine andere Stadt ziehst, bleibst du trotzdem ganz eng mit der Familie. Aber sonst ... Wir sind auch Menschen. Viele Leute hier wissen nicht, dass wir auch einen Kühlschrank haben. Sie denken, dass wir aus der Wüste kommen, in einem Zelt wohnen und auf einem Kamel reiten.

> „Hier gibt es sehr viele Menschen, die allein leben. Ich habe gelesen, dass in großen Städten in Deutschland jeder fünfte Mensch allein wohnt. Das ist ein bisschen traurig, oder?"

Also du erlebst, Menschen haben ein ganz komisches Bild von Syrien?
Ja. Aber letztendlich haben wir ganz viele Gemeinsamkeiten. Wir sind alle Menschen, haben bestimmte Wünsche und Hoffnungen, Träume, Ängste.

Die Familie ist für dich der größte Unterschied?
Ja. Hier gibt es sehr viele Menschen, die allein leben. Ich habe vor kurzem gelesen, dass in großen Städten in Deutschland jeder fünfte Mensch allein wohnt. Das ist ein bisschen traurig, oder?

Auf Deutsch sagen wir dazu Individualisierung. Jeder macht genau das, was er will zu dem Zeitpunkt, man richtet sich nicht mehr so nach den anderen.

Aber Familie ist auch schön. Bei uns, zum Beispiel nach dem Studium, kann man sich von seiner Familie trennen, aber man wohnt möglichst in der Nähe und besucht sie regelmäßig. Ein Freund von mir aus Deutschland hat seinen Vater seit Monaten nicht gesehen, obwohl er könnte! Ich habe meine Familie jetzt seit drei Jahren nicht gesehen, und das ist total schlimm für mich.

Mahmoud aus Damaskus, 24 Jahre

„Ich kann nicht einfach nur herumsitzen, ich muss etwas machen."

Du bist im Dezember 2015 nach Deutschland gekommen; wenn du dich so ein bisschen erinnerst: Wie ging es dir die ersten Tage und Wochen in Deutschland, was war für dich schwierig?
Der erste Tag in Deutschland war so schwierig für mich, weil ich in ein kleines Dorf gekommen bin. Ich habe überlegt, wie komme ich von dort nach E. [deutsche Großstadt], denn dort hatte ich viele Freunde. Welchen Zug muss ich nehmen und wo ist hier der Bus? Ich habe die Leute auf der Straße gefragt, auf Englisch, aber in diesem Dorf hat mir niemand eine Info gegeben. Alle guckten mich nur an und sprachen nicht mit mir. Ich wusste nicht warum. Ich habe dann die ganze Nacht den Bahnhof gesucht, der außerhalb des Ortes lag. Dann hat mich die Polizei gesehen und mitgenommen. Das war dann besser; die Polizei war sehr nett zu mir, auch weil ich ihr gleich geholfen habe mit Übersetzen, englisch-arabisch. Dann bin ich in eine andere Kleinstadt gekommen. Die Stadt hat viel probiert, uns zu helfen. Aber es war auch schwierig. Sie hatte zum Beispiel nur Kleidung für 100 Flüchtlinge, aber wir waren dort 1.000. Und wir mussten mit immer 100 Mann in einem Zelt schlafen. Das war schwer für uns. Ich war dort zwei Monate und konnte auch nichts machen in der Zeit. Ich durfte nicht in eine andere Stadt gehen, keine Besuche machen, ich hatte kein Geld, keinen Ausweis. Ich konnte nicht mal einfach zum Supermarkt gehen und mir irgendwas kaufen. Ich habe versucht, einen Deutschkurs zu bekommen, aber es gab nur einen einzigen in einem kleinen Zimmer, und ich hatte keine Chance, dort einen Platz zu bekommen. Es war nicht nur mein Problem, allen ging es schlecht. Aber ich kann nicht einfach nur zu Hause herumsitzen, ich muss etwas machen, arbeiten, lernen. In Syrien habe ich Mikrobiologie studiert und parallel in einem

Krankenhaus gearbeitet. Und dann habe ich zwei Monate nur gewartet. Nur essen, trinken, schlafen, essen, schlafen – wie die Tiere. Ich hatte in dieser Zeit auch keinen guten Kontakt mit meiner Familie, denn es gab keine Internetverbindung, das Camp war so weit von der Stadt entfernt. Ich musste ungefähr eine Stunde zu Fuß laufen, bis ich eine Internetverbindung hatte. Da konnte ich nicht so viel sprechen. Vor allem gab es immer nur zu einer festen Zeit Essen und ab acht Uhr war das Tor geschlossen. Dann hätte ich auf der Straße schlafen müssen. Diese Zeit war schrecklich.

Und wie bist du dann auf die Idee gekommen, ein Freiwilliges Soziales Jahr zu machen?
Ein deutsches Mädchen hier hat mir geholfen. Ich habe ihr gesagt, ich muss etwas machen, ich kann nicht nur herumsitzen. Und sie meinte zu mir, du kannst ein Freiwilliges Soziales Jahr machen. Sie hat mir dann geholfen, meinen Lebenslauf zu schreiben und mich bei der Caritas zu bewerben. Aber da hätte ich fünf Monate auf einen freien Platz warten müssen. Das Mädchen hat dann beim Jobcenter gefragt und das hat mir eine Adresse und Nummer geschickt vom Deutschen Roten Kreuz. Und dort konnte ich schon in zwei Monaten anfangen und dann auch endlich einen Deutschkurs, also Integrationskurs machen. Dazwischen habe ich übersetzt von Englisch in Arabisch und bei einem Bäcker gearbeitet. Und das Mädchen hat mir auch geholfen, in der Zeit eine Wohnung zu finden, in der ich jetzt mit einem Freund aus Syrien wohne.

„Alle guckten mich nur an und sprachen nicht mit mir."

Wie ist denn der Kontakt zu dem Bäcker entstanden?
Das Jobcenter hat mir geholfen. Ich habe ihnen gesagt, ich möchte irgendwas machen während der zwei Monate. Denn die Zusage für den Integrationskurs hatte ich da noch nicht, die kam erst, als ich mit der Arbeit angefangen habe.

Und dann hast du den Job neben der Arbeit gemacht?
Ich habe Vollzeit beim Bäcker gearbeitet und nebenbei den Kurs gemacht. Ich hatte plötzlich viel zu tun. [lacht]

Wie hast du deutsche Freunde gefunden?
Hier in der Nähe gab es Treffen für deutsche und arabische Leute, also Flüchtlingshelfer und Flüchtlinge. Das hat die Stadt organisiert. Das war nach dem Anschlag in Paris. Und ich habe den Deutschen auf diesem Treffen auf Englisch erklärt, dass wir dagegen sind und dass uns das leidtut. Ich habe mich sozusagen entschuldigt. Denn nach den Anschlägen guckten die Deutschen uns nicht mehr gleich an. Wenn Menschen mir vorher hallo sagten, dann taten sie das danach nicht mehr. Es ist ein großes Problem für uns, dass dann gedacht wird, alle Menschen aus Arabien seien so. Ich finde es so schlimm, wenn ein arabischer Mann etwas macht, dass es dann heißt, dass alle das machen. Es gibt viele Menschen, die schlimme Sachen machen, nicht nur Menschen aus Arabien, aber die Medien verbreiten das so stark. Ich habe eine Geschichte in der Zeitung gelesen von einem Mann, der seine Frau geschlagen hat, also ein deutscher Mann, und dann hat er sie getötet, vom Balkon gestoßen. Aber darüber sprechen nicht alle Medien.

Dann kam der IS-Angriff in Brüssel, und ein Freund von mir, der in Berlin wohnt, wollte ein Treffen von Deutschen und Geflüchteten über *Facebook* organisieren. Und er wollte, dass ich ihm helfe und in Freiburg auch ein Treffen organisiere. Ich habe zugesagt und das auch auf *Facebook* gepostet – zur gleichen Zeit wie das Treffen in Berlin. Ich war sogar bei der Polizei, um das Treffen genehmigen zu lassen. Und dann, zwei Tage vorher, hat mir jemand über *Facebook* eine Nachricht geschickt und gedroht, dass er mir Probleme macht, wenn das Treffen stattfindet. Und er hat gesagt, dass ich an meine Zukunft und meine Familie in Syrien und ihre Sicherheit denken muss. Auch meinem Freund in Berlin hat er diese Nachricht geschickt. Und so fanden die Treffen nicht statt. Ich habe dann mit der Polizei gesprochen, die seinen *Facebook*-Namen aufgenommen hat. Aber ich finde, die Polizei hat mir nicht genug geholfen, sie haben mein Anliegen nicht richtig ernst genommen. Man hätte ja die Server prüfen können. Somit frage ich mich, was ich tun kann.

Das Problem ist, der IS hat auch in Deutschland Kontakte und überall. Ein Bekannter aus Syrien, der in der Türkei war und gegen den IS gesprochen hat, den haben sie in der Türkei getötet. Das ist ganz schwierig. Ich will etwas Gutes machen, aber nicht, wenn es für mich und meine Familie gefährlich ist.

Aber noch mal zu Freunden: Ich habe die Mutter von einer jetzigen Freundin getroffen. Sie hat mir viel geholfen. Erst mal hat sie mir den Kontakt zu ihrer Tochter vermittelt, die im gleichen Alter ist wie ich und die mit mir Deutsch sprechen und mir auch die Grammatik erklären konnte. Sie kam dann zwei- oder dreimal in der Woche zu uns in die Unterkunft und hat mit uns nur Deutsch gesprochen. Wenn ich doch etwas auf Englisch gesagt habe, hat sie es auf Deutsch wiederholt. Sie hat mir viel geholfen. Die Tochter, aber auch die Mutter. Und immer, wenn wir ein arabisches oder ein deutsches Fest haben, lade ich sie ein oder sie mich. Ich habe viele Sachen von ihnen gelernt.

Und hast du noch mehr deutsche Freunde?
Ja, denn über das Freiwillige Soziale Jahr habe ich viele junge Menschen kennengelernt, über die Seminare. Das ist sehr wichtig für mich. Weil die so alt sind wie ich. Denn hier vor Ort habe ich keine Kontakte mit jungen Leuten. Und die FSJ-Seminare sind toll, auch die Ansprechpartnerin beim Roten Kreuz ist toll. Das FSJ ist so gut und so wichtig für uns Flüchtlinge, weil es hilft, Kontakte zu Deutschen aufzubauen. Denn ich kenne viele Flüchtlinge, die keinen Kontakt mit Deutschen haben, außer mit der Sprachkurslehrerin. Es hilft auch, die Sprache zu erlernen oder zu erfahren, wie ich an eine Arbeit kommen kann und wie ich mit Deutschen sprechen kann. Denn wenn ich nicht gut Deutsch spreche, habe ich keine Chance auf einen Arbeitsplatz. Das ist also der erste Schritt für uns, für die Zukunft: die Sprache zu lernen. Das FSJ hat mir sehr geholfen, auch dahingehend, was ich bei Problemen machen kann. Wenn jetzt eine Familie zu mir in die Beratung kommt, dann kann ich z. B. einen Kindergeldantrag machen. Hier kann ich

syrischen Leuten helfen. Auch bei anderen Dingen kann ich helfen. Ohne diese Arbeit hier in der Sozialberatung für Geflüchtete könnte ich das nicht. Und wenn Leute einen Termin beim Arzt haben und kein Deutsch sprechen, dann begleite ich sie, was auch mir hilft, weil ich lerne, wie bestimmte Krankheiten auf Deutsch heißen. So kann ich im Alltag auch viel mehr allein machen.

Inwiefern gibt es noch Kontakt mit den Ehrenamtlichen, die dich am Anfang unterstützt haben und euch in der Unterkunft besuchten?
Das war nur so während der ersten 2–3 Monate. Ich glaube, die Deutschen haben ein bisschen Angst vor uns, weil sie viel vom IS gehört haben. Somit gibt es leider keinen Kontakt mehr.

Es gibt hier manchmal freie Wohnungen, und wenn mein Kollege anruft und fragt, ob die Wohnung frei und für eine Flüchtlingsfamilie zu haben ist, dann sagen die Leute erst, dass die Wohnung frei ist, aber dass sie keine Flüchtlinge haben wollen in der Wohnung. Das habe ich oft gehört, nicht nur zwei Mal. Das passiert fast immer, ich kann das nicht verstehen. Weil die Flüchtlinge hier, die sind meist arbeitslos. Und wenn man keine Arbeit hat, dann hat man keine gute Chance, eine Wohnung zu finden. Aber es ist auch so schwer, eine Arbeit zu finden. Man macht am besten erst eine Ausbildung oder studiert. Aber Studieren in einer fremden Sprache ist schwer. Ich habe zwei Jahre in Syrien studiert. Das war viel einfacher für mich. So wollen viele Flüchtlinge eine Ausbildung machen und nicht studieren. Weil es ist noch schwerer.

Was möchtest du machen, wenn dein FSJ endet, wie soll es für dich weitergehen?
Ich habe mich für eine Ausbildung in einem medizinischen Labor beworben, aber das geht in diesem Jahr nicht. Erst im September 2018. Ich habe mich jetzt in X. [ein Vergnügungspark in der Nähe] beworben, ich hatte schon ein Gespräch und das war gut. Und jetzt mache ich dort schon einen Minijob, und wenn das FSJ vorbei ist, arbeite ich dort Vollzeit. Ich glaube zumindest, dass ich den Arbeitsplatz bekom-

me. Wenn es nicht klappt, hilft mir im Jobcenter jemand, eine Arbeit zu finden.

Meine Situation war besser, als ich das FSJ begann, denn mein Vater ist inzwischen gestorben. Und meine Mutter, die Lehrerin ist, darf nicht mehr arbeiten, weil sie etwas gegen Assad gesagt hat. Somit muss ich meine Familie finanziell unterstützen. Ich schicke Geld, und deshalb muss ich jetzt mehr arbeiten; das Geld vom FSJ reicht nicht, also für mich allein schon, aber ich möchte mehr Geld nach Syrien schicken. Das ist wichtig für mich. Und wenn ich jetzt eine Ausbildung anfangen würde, dann bekäme ich nicht genug Geld, denn ich gehe ja auch zur Schule. Aber wenn es so weit ist, arbeite ich auch an den Wochenenden, da mache ich zusätzlich Minijobs. Ich zahle auch nicht so viel Miete, das hilft, dann kann ich meiner Familie Geld schicken.

Hast du Geschwister in Syrien?
Ich habe einen Bruder und eine Schwester, sie ist verheiratet. Das Problem ist, dass mein Bruder Medizin studiert. Er will Arzt werden, aber man kann nicht arbeiten und gleichzeitig studieren, das Studium ist so schwierig. Und es dauert zehn Jahre. Jetzt helfe ich ihm. Ich denke, wenn ich helfe, egal wem, einem Freund, der Familie, dann kommt die Hilfe eines Tages zu mir zurück. Und deswegen helfe ich vielen Menschen. Damit ich auch Hilfe bekomme.

Was machst du denn so in deiner freien Zeit?
Ich habe wenig freie Zeit. Ich mache keinen Sport, ich bin ein langsamer Mann. [lacht] Ich fahre mit dem Fahrrad zur Arbeit, auch zu Freunden in anderen Städten. Und ich rauche gerne, wenn ich Zeit habe. Es ist anders als bei den Deutschen. Ich lade Freunde ein, wir sitzen zusammen und rauchen und sprechen. Wir arabischen Leute treffen uns viel. Und ich spreche auch viel mit meiner Familie, mit *WhatsApp*. Nicht immer können wir uns sehen, denn in Damaskus haben wir nicht immer Strom, manchmal nur zwei oder drei Stunden am Tag. Und wenn es keinen Strom gibt, gibt es auch keine

Internetverbindung. Aber ich spreche jeden Tag mit meiner Familie, ungefähr eine halbe Stunde. Das ist gut für mich.

Was sind für dich denn Unterschiede zwischen Deutschland und Syrien?
Es gibt viele Unterschiede. Die arabischen Leute, tut mir leid, das zu sagen, und auch die spanischen Leute, die helfen mehr als die deutschen. Zum Beispiel, wenn jemand auf der Straße einen Fahrradunfall hat, dann schauen die Deutschen nur hin, aber helfen nicht. Ich habe das dreimal gesehen. Beim dritten Mal hat ein spanisches Mädchen geholfen. Die deutschen Leute schauen weg, niemand kommt und fragt: „Willst du Hilfe?" Bei einem anderen Mal war es ein arabischer Mann, der half.

Und die Kultur ist ganz anders. In Syrien sprechen die Leute in den Straßen, im Zug, im Bus miteinander. Egal wo, wir setzen uns nebeneinander und sprechen, egal, ob ich die Person kenne. Wenn ich in eine andere Stadt reise und die Reise dauert drei oder vier Stunden, und wenn im Bus alle Plätze frei sind und nur ein Mensch im Bus sitzt, dann setze ich mich neben die Person und rede die ganze Zeit mit ihr. Ich möchte sprechen, dann geht die Zeit schnell rum und mir wird nicht langweilig. Wenn ich mich in Deutschland zum Beispiel neben ein Mädchen setze, denkt sie vielleicht, ich will etwas von ihr. Ich probiere immer, mit den Leuten zu sprechen, im Zug, im Bus, aber die Deutschen sind wie ein Block. Wenn ich etwas sage, dann tun sie, als hören sie mich nicht. Das ist komisch für mich. Ja, es gibt viele Unterschiede.

Was ist denn typisch syrisch, was fällt dir spontan dazu ein?
Ich glaube, typische Syrer erwarten so viel, das ist unser Problem. In der Flüchtlingsunterkunft war ein Mann, der machte immer den Sicherheitskräften Probleme. Weil er hatte nichts zu tun, er saß nur herum. In Syrien hat er gearbeitet und hatte keine Zeit, Probleme zu machen. Er hatte Arbeit und ein Zuhause, einen Garten usw. Aber jetzt sitzt er nur rum, er kann nichts machen, er hat auch kein Geld für Urlaub. Das ist ein Problem für syrische Männer. Wir sitzen nicht einfach zu Hause

herum, wir arbeiten, und abends, wenn wir frei haben, gehen wir zusammen in eine Bar. Oder meine Freunde kommen zu mir oder ich gehe zu ihnen und wir sitzen auf der Bank auf dem Balkon. Ich verstehe es nicht: Die Deutschen haben so schöne Häuser und Gärten und Balkone, aber niemand sitzt dort. Nur am Samstag, aber da arbeiten sie.

Und du sitzt am liebsten mit deinen Freunden zusammen?
Am liebsten auf dem Balkon, und wir trinken Kaffee, wir sitzen immer draußen oder laufen draußen herum. Wir sind mehr öffentlich. In Syrien kannte ich alle meine Nachbarn. Hier in Deutschland habe ich es probiert, Kontakt aufzubauen, aber es geht nicht. Ich habe die Nachbarn eingeladen, aber es kommt niemand. In Syrien arbeiten wir viel, aber wir haben auch viel Spaß bei der Arbeit. Die Deutschen arbeiten, aber haben nicht so viel Spaß. Ich mache dort meine Arbeit und spreche viel mit den Kollegen, das macht die Arbeit einfach. Der typische deutsche Mann geht nur arbeiten, er hat keine Zeit für sich. Und wenn er zu Hause ist, arbeitet er im Garten, aber ich habe das Gefühl, er hat keinen Spaß dabei. Wenn wir Zeit haben, dann essen wir zusammen, also bei der Arbeit. Aber hier beim FSJ mache ich auch zusammen mit den Kollegen eine Pause. Deshalb ist das FSJ so wichtig für mich. Meine Kollegin hat mir viel geholfen, einen Lebenslauf zu schreiben, mich zu bewerben, beim Anschreiben. Diesen Kontakt brauchen wir Flüchtlinge, sonst geht es uns nicht gut. Wir müssen arbeiten, aber weil das schwer ist, ist ein FSJ gut als erster Schritt. Ich lerne Deutsche kennen und Leute, die mir helfen, dann eine Arbeit zu finden oder eine Ausbildung oder ein Studium. Das ist so wichtig für uns.

Es gibt Flüchtlinge von zwölf, dreizehn Jahren, die ohne Familie hier sind. Das ist so schwer für diese Kinder, auch für die Betreuer. Ich kenne viele, die allein hier sind, zum Beispiel ein Kind aus Syrien, das seine Familie während der Flucht verloren hat. Es ist dann mit einer Gruppe zusammen gelaufen. Die Gruppe hat ihm geholfen, hierher zu kommen, aber letztlich ist der Junge allein. Die Eltern sind wohl in der Türkei, aber sie können nicht kommen, weil es Probleme mit den Papieren gibt; wenn jemand nur einen Aufenthalt für ein Jahr hat, darf die Person keinen Familiennachzug machen. Die Deutschen fragen oft, warum nur Männer kommen. Es ist zu gefährlich für die Frauen, zum Beispiel, wenn sie Kinder haben. Ich kenne einen jungen Mann, der ist nach einem Jahr nach Syrien zurückgegangen, er konnte nicht mehr ohne seine Familie leben. Auch in Syrien ziehen wir zum Studium in andere Städte, aber der Kontakt mit der Familie ist immer ganz wichtig und stark. Wir bleiben vom Anfang bis zum Ende immer zusammen. Es ist sehr schwer, wenn meine Familie Probleme hat und ich kann nur am Telefon mit ihr sprechen. Ich kann meiner Familie nicht richtig helfen. Als mein Vater gestorben ist, das war so schwierig für mich. Ich bin hier und meine Familie ist auf der anderen Seite der Erde. Aber es gibt Leute, die haben größere Probleme als ich. Ich bin jetzt 24 Jahre alt, ich kann auf mich aufpassen, aber wenn ein Kind allein hier ist, das ist ganz schrecklich. Auch das Schulsystem ist ganz anders, und wenn das Kind noch psychische Probleme hat oder ein Trauma oder wenn das Kind lernen will, aber in einem Zimmer mit zwei Männern lebt, das ist so schwer für das Kind.

Kennst du solche Kinder?
Ja, es gibt einen Mann, der wohnt mit drei Kindern zusammen, die nicht seine Kinder sind, aber er ist der Onkel. Seine Frau kommt jetzt über Familiennachzug, da hat er noch ein Zimmer genommen. Ich kenne viele Leute, die haben kleine Zimmer und viele Kinder. Das ist schwer, auch für die Familien. Zum Beispiel können die Eltern keinen Sex haben. Und dann ist der Mann schlecht gelaunt. Aber es gibt keine Lösung, weil es gibt keine Wohnungen.

Es ist toll, dass du mit deiner Arbeit hier in der Sozialberatung so viel helfen kannst.
Ich wünsche mir, dass die Leute lernen, für sich selbst zu sprechen, und mich irgendwann nicht mehr brauchen. Ich sage immer, sie sollen selbst sprechen, es probieren und nachfragen, wenn sie etwas nicht verstehen, aber selbst probieren. Das habe ich immer gemacht. Aber viele Flüchtlinge haben nur mit der Sozialberatung Kontakt und probieren

es auch nicht, zu sprechen und Kontakt zu finden. Aber andere lernen auch gut Deutsch.

Ich glaube, andere können von dir lernen.
Wenn es Plätze für Freiwilligendienste gibt, im Krankhaus, in der Altenpflege, das hilft uns so sehr. Leider kann ich nicht allen helfen hier im Sozialdienst, um eine Arbeit zu finden. Es sollte mehr Plätze im Freiwilligen Sozialen Jahr geben. Ich möchte noch sagen, dass alle Flüchtlinge … wir wollen nicht nur hier sitzen in Deutschland und Geld vom Jobcenter nehmen. Das tut mir weh. Wenn ein Mann eine Familie hier hat, eine Frau, er kann arbeiten, er ist gesund, dann will er was machen. Wenn die Sprachkenntnisse da sind, kann er was machen. Wir möchten alle arbeiten. Ich habe Kontakt mit so vielen Flüchtlingen, niemand von denen möchte zu Hause sein. Ich kenne Männer, die haben eine Arbeit angefangen, am Ende hat er weniger Geld, als wenn er nicht arbeiten würde, als wenn er arbeitslos wäre und das Jobcenter für ihn und die Familie bezahlt. Aber er arbeitet trotzdem, sonst guckt die Frau ihn an und sagt:„Du bist gesund. Mach was." Ja, und es gibt noch ein Problem. Viele Flüchtlingsfrauen haben ein Kopftuch und sie suchen Arbeit, aber wenn Arbeitgeber sehen, dass sie ein Kopftuch tragen, dann nehmen sie sie nicht. Ich kann doch aber nicht sagen, ob das Kopftuch richtig oder nicht ist, das ist doch für mich egal. Ich mag Menschen nicht, die Probleme machen, aber ob jemand ein Kopftuch hat, das ist doch nicht schlimm. Ich bin dagegen, wenn Männer sagen, dass ihre Frauen Kopftuch tragen müssen. Aber es ist in Ordnung, wenn die Frauen sagen, dass sie das machen wollen. Sie haben selber die Entscheidung. Wir können nicht sagen, dass sie das Kopftuch abnehmen sollen. Das ist ein Stück von ihr, von ihrer Persönlichkeit.

Die Kopftuchfrage

Klaus Farin

Syrien ist ein multireligiöses Land, nicht wenige der Geflüchteten aus Syrien sind Christen oder a-religiös. Hierzulande werden sie dennoch pauschal als Muslime wahrgenommen – vor allem von den „besorgten Bürgern". Islamophobie vermengt sich hier strategisch mit der „Sorge um unsere Frauen". Rechtspopulist*innen rufen zum „Frauenmarsch" auf: „Wir sind kein Freiwild! Nirgendwo! Die Freiheit der Frau ist nicht verhandelbar!", verkündet das Titelfoto zur „Erklärung 2018" gegen die „illegale Masseneinwanderung", unterzeichnet von Henryk M. Broder, Thilo Sarrazin, Matthias Matussek und anderen bekannten Feministen. Schon im März 2016 stellte die AfD-Vizechefin Beatrix von Storch fest, das Thema Flucht/Asyl sei „verbraucht", und empfahl ihrer Partei zukunftsweisend, den „politischen Islam" in den Mittelpunkt zu stellen, er sei „das brisanteste Thema überhaupt".[1] Auch Teile der alten Frauenbewegung – repräsentativ: Alice Schwarzer (*Emma*, *Bild*), aber auch Terre des Femmes[2] – fanden nun, dass eine ihrer Hauptforderungen, das Selbstbestimmungsrecht für alle Frauen, doch nicht für alle Frauen gelten sollte, zumindest Musliminnen, die sich selbstbestimmt für das Kopftuchtragen entschieden, von Vater Staat daran gehindert werden sollten.

Der xenophobe Kampf gegen das Grundrecht auf Asyl und die Aufnahme weiterer Geflüchteter fokussiert sich auf das Thema Islam bzw. „Islamismus" oder „politischer Islam". Muslime und Muslima werden so pauschal zum Sicherheitsrisiko stilisiert, extreme Ausnahmen zum Normalfall erklärt. „Muslime sind die größte religiöse Minderheit in Deutschland und anderen westeuropäischen Ländern. Sie sind in ihrer großen Mehrheit in ihren Aufnahmeländern angekommen, haben sich Existenzen aufgebaut, Familien gegründet, Arbeitsplätze geschaffen", stellt eine Bertelsmann-Studie *Muslime in Europa. Integriert, aber nicht akzeptiert?* von August 2017 fest[3]. Doch der Islam „ist vielen fremd geblieben und wird misstrauisch beäugt. Insbesondere das Kopftuch ist im öffentlichen Diskurs zum Symbol dieser Fremdheit geworden." Obwohl „eine Angleichung in den Bereichen Sprachkompetenz, Bildungsniveau und Erwerbsbeteiligung zwischen Muslimen aus Einwandererfamilien und Einheimischen zu beobachten" sei, verdienten „fromme Muslime"– und das meint im Wesentlichen Kopftuchträgerinnen – „weniger und sind häufiger erwerbslos bei gleicher Qualifikation" (a. a. O., S. 7ff). Als Fatima sich bei einem Zahnarzt vorstellt – „Hallo, ich bin Fatima, ich suche ein Praktikum" –, schlägt dieser mit Blick auf ihr Kopftuch die Tür vor ihrer Nase zu, berichtet sie im nachfolgend dokumentierten Interview.

---

[1] https://correctiv.org/recherchen/neue-rechte/artikel/2016/03/11/afd-hat-neues-knall-thema/

[2] Im Oktober 2006 bereits forderte Terre des Femmes, dass „Frauen im Staatsdienst in Ausübung ihres Amtes kein Kopftuch tragen dürfen" (www.frauenrechte.de/online/index.php/ueberuns/tdf-positionen/561-positionspapier-zum-kopftuch-von-terre-des-femmes-menschenrechte-fuer-die-frau-ev); im März 2018 wurde schließlich ein Verbot der Vollverschleierung im gesamten „öffentlichen Raum" publiziert (www.frauenrechte.de/online/index.php/themen-und-aktionen-2/tdf-positionen/2749-argumente-von-terre-des-femmes-menschenrechte-fuer-die-frau-e-v-zur-debatte-um-die-vollverschleierung).

[3] www.bertelsmann-stiftung.de/fileadmin/files/BSt/Publikationen/GrauePublikationen/Studie_LW_Religionsmonitor-2017_Muslime-in-Europa.pdf

Fatima aus Aleppo, 24 Jahre

„Ich bin wegen dem Krieg hier. Aber ich will meine Religion behalten. Sie ist mein Leben. Ich bin so glücklich, dass ich Muslimin bin."

Wann bist du nach Deutschland gekommen?
Ich bin seit einem Jahr in Deutschland.

Wie gestaltet sich dein Tagesablauf in Deutschland, welche Schwierigkeiten und Herausforderungen sind damit verbunden?
Ich finde, die Bürokratie ist sehr schwierig hier in Deutschland. [lacht] Und auch die Situation mit dem Kopftuch. Nicht alle Leute akzeptieren eine Frau mit Kopftuch.

Woran merkst du das?
Ich wollte eine Ausbildung für Zahntechnik machen und habe nach einem Praktikumsplatz gesucht. Einmal war ich in einem Zahnlabor, und der Chef hat mir gesagt, er will keine Frau mit Kopftuch. Er hat mir die Tür direkt vor der Nase zugemacht. Ich habe gesagt: „Hallo, ich bin Fatima, ich suche ein Praktikum", und er macht die Tür zu.

Das heißt, er hat gar nicht mit dir geredet.
Ja.

Wie hast du dich dabei gefühlt?
Ich habe geweint, das war schwierig. Aber okay, ich bin hier und ich muss das Land akzeptieren.

Woran merkst du das noch, dass die Menschen Probleme mit dem Kopftuch haben?
Es gibt viele deutsche Frauen, die mit mir über das Kopftuch gesprochen haben. Eine hat mir gesagt: „Du kannst es einmal ohne Kopftuch probieren, dann trägst du kein Kopftuch mehr." Und sie hat mir gesagt, dass es nicht im Qur'an steht, dass eine Frau Kopftuch tragen muss. Ich habe gefragt ob sie den Qur'an gelesen hat; sie sagte nein. Ich kenne den Qur'an und weiß, wo es steht, dass die Frau Kopftuch tragen muss. Sie hat gesagt, eine Frau hat ihr erzählt, dass es nicht im Qur'an steht. Ich habe dann gefragt, warum sie der anderen Frau glaubt und nicht mir. Am Ende hat sie noch mal gesagt: „Du kannst einmal das Kopftuch ausziehen und schauen, wie es dir gefällt. Danach stehen dir alle Türen offen und dein ganzes Leben wird sich ändern."

Das heißt, die Situation für Frauen in Deutschland mit Kopftuch ist so schwierig, dass sie darüber nachdenken müssen, das Kopftuch auszuziehen?
Ja. Besonders bei der Arbeitssuche.

Kannst du noch andere Erfahrungen schildern, die du gemacht hast wegen dem Kopftuch?
Viele Leute fragen mich immer, warum ich Muslimin bin. Sie sagen, der Islam ist keine gute Religion, weil sie glauben, dass alle Männer Frauen unterdrücken und sie als Sexobjekte sehen. [lacht]

Und du versuchst, den Leuten zu erklären, was Islam für dich bedeutet?
Ja, das versuche ich immer. Aber das Problem ist meine Sprache, deshalb kann ich nicht alles erklären. Ich habe viele Informationen über den Islam, über Qur'an und Hadith, aber meine Sprache ist noch nicht gut genug. Ich muss warten, dann kann ich den Leuten alles erklären. Und eigentlich verstehe ich auch nicht den Unterschied zwischen einer Frau mit Kopftuch und einer Frau ohne Kopftuch – ich bin ein Mensch, Hauptsache, ich bin ein Mensch. Wenn ich etwas schlecht

mache, kannst du mir die Schuld geben, aber wenn ich alles gut mache, ist es doch egal, ob ich Kopftuch trage oder nicht.

Hast du das Gefühl, dass die Menschen Angst vor dem Islam haben?
Ja. Ich habe das im Zug gemerkt. Dort wollen die Menschen keinen Kontakt mit Muslimen haben. Ich habe einmal eine Erfahrung mit einem älteren Mann gemacht, der fast hingefallen wäre. Mein Mann wollte ihm die Hand geben, um ihm hoch zu helfen, aber der Mann hat uns weggescheucht, hat böse geguckt und ist weitergelaufen. Wenn ich kein Kopftuch getragen hätte, hätte er nicht gemerkt, dass mein Mann Muslim ist. Dann hätte er sich nicht so verhalten. Und im Zug habe ich viele solche Erfahrungen gemacht, viele Frauen schimpfen auf Muslime. Aber okay, ich muss das akzeptieren, wenn die Leute keine Flüchtlinge in Deutschland haben wollen.

Warum haben die Menschen hier Angst vor dem Islam?
Weil die Medien den Islam immer schlechtmachen. Vor allem ISIS spielt eine große Rolle dabei. ISIS macht viele schlechte Sachen im Namen des Islam, aber sie sind keine Muslime. Das ist nicht der richtige Islam. ISIS sind keine Muslime.

> „ISIS macht viele schlechte Sachen im Namen des Islam, aber sie sind keine Muslime. Das ist nicht der richtige Islam."

Welche Bedeutung hat denn der Islam in deinem Leben und inwieweit hat sich die Bedeutung für dich verändert hier in Deutschland?
Ich bin wegen dem Krieg hier. Ich will meine Religion behalten, aber das ist so schwierig. Man muss immer kämpfen und immer versuchen, ein schönes Bild vom Islam zu machen. Religion ist mein Leben. Ich bin so glücklich, dass ich Muslimin bin. Ich mache zum Beispiel Ramadan, obwohl der Ramadan letztes Jahr sehr schwierig war. Zu der Zeit war ich im Sudan.

Was hast du dort gemacht?
Ich habe zweieinhalb Jahre im Sudan gewohnt. Als der Krieg in Syrien angefangen hat, sind mein Mann und ich in den Sudan geflohen, weil Syrer dort kein Visum brauchen. Nachdem mein Mann seinen Master in Syrien fertiggemacht hatte, sollte er für das Assad-Regime arbeiten, er sollte zur Armee gehen. Und das bedeutet, man muss sein eigenes Volk töten. Wir haben deshalb nach Möglichkeiten gesucht, Syrien zu verlassen. Mein Mann ist dann in den Sudan gereist, ich bin später nachgekommen. Aber das Leben im Sudan war sehr schwierig. Alles ist so teuer, es gibt keine Arbeit und keine Sicherheit. Die Leute dort sind sehr arm, es gibt viele Diebe. Einmal hat ein Mann unser ganzes Geld, alle unsere Sachen gestohlen. Das Leben im Sudan war wirklich sehr schlimm. Es gibt dort auch Malaria. Ich hatte diese Krankheit und es war so schlimm. Der Arzt hat gesagt, dass meine Malaria sehr gefährlich ist, und wenn ich die Medikamente nicht nehme, müsste ich sterben. Und das Medikament hatte viele Nebenwirkungen, da ist viel Chemie drin. Mein Mann hat dann lange Zeit keine Arbeit gefunden, und weil ich krank war, haben wir uns entschieden, zurück nach Syrien zu gehen. Weil ohne Gesundheit, ohne Arbeit ist es sehr schwierig. Wir sind dann erst mal in die Türkei gereist, wo mein Mann sich mit seinem Bruder getroffen hat. Sein Bruder hat gesagt, dass die Grenze nach Syrien zu ist, man durfte nicht mehr nach Syrien reisen. Das Problem war, dass das Regime uns gesucht hat, das heißt, wir mussten unauffällig zurück ins Land kommen. Jedenfalls hat das nicht funktioniert. Nachdem mein Mann sich dann noch mit seinem Cousin getroffen hatte und sie über eine Lösung diskutiert haben, entschieden wir, nach Deutschland zu gehen und einen Asylantrag zu stellen.

Das war aber eine lange Reise.
Ja, eine sehr lange und schlimme Reise. Unser Boot wäre fast untergegangen. Aber Gott sei Dank sind wir angekommen. Hier gibt es Sicherheit. Die Leute verstehen zwar den Islam nicht, weil die Medien immer so ein schlechtes Bild von der Religion machen, aber wenn man

versucht, ein gutes Bild zu machen, können die Leute den Islam und die Flüchtlinge eines Tages akzeptieren, denke ich.

Hast du noch andere Probleme mit Menschen in Deutschland, weil du Muslimin bist?
Nein. Hier in Baden-Württemberg gibt es nicht so viele Leute, die ein Problem mit Flüchtlingen oder dem Islam haben. Aber einmal war ich in einem Kindergarten, wo eine Frau Geld für Flüchtlingskinder gespendet hat. Alle waren da, die Sozialarbeiter, der Bürgermeister und auch Journalisten. Ein Journalist oder Fotograf wollte mir die Hand geben. Da habe ich gesagt: „Entschuldigung, ich bin Muslimin und im Islam dürfen Frauen Männern nicht die Hand geben." Am Anfang hat er nichts dazu gesagt, aber nach zehn Minuten ist er zu mir zurückgekommen und hat gesagt: „Ja, das ist besser als Bakterien zu übertragen." Er wollte mir damit etwas zurückgeben, weil ich ihn mit meinem Verhalten beleidigt hatte. Er wollte mich beschimpfen, aber nicht direkt, deshalb hat er das auf diesem Wege gemacht. Alle Leute haben das mitbekommen, auch ein Pfarrer. Der Pfarrer kam zu mir und hat gesagt, ich dürfe das nicht so ernst nehmen, er war sehr nett. Aber ich kann nicht vergessen, was da passiert ist. Obwohl ich gesagt habe: „Entschuldigung, tut mir leid", hat der Mann sich von mir beleidigt gefühlt.

Wie gehst du denn mit diesen Erfahrungen um? Wie fühlst du dich in solchen Situationen?
Es ist sehr schwierig, wenn man als Muslimin in ein anderes Land kommt, also in ein christliches Land. Die Leute haben eine Kultur und ich mache etwas gegen diese Kultur. Und das gefällt den Leuten nicht, aber sie verstehen nicht, dass ich es mache, weil mir das mein Gott gesagt hat. Sie denken, dass ich das mache, weil ich eine andere Kultur habe oder egoistisch bin. Und sie sagen: „Du bist hier in Deutschland, da ist die Kultur wichtiger als die Religion." Nein, für mich ist die Religion das Wichtigste und alles andere kommt danach. Und der richtige Islam ist nicht gegen irgendeine Kultur oder eine Moral ge-

richtet. Der richtige Islam hat eine sehr schöne Moral. Aber die Leute verstehen das nicht.

Versuchst du, den Menschen diese Moral auch zu erklären?
Ja, natürlich. Aber nicht immer diskutiere ich mit den Leuten. Ich versuche, den Leuten eher über mein Handeln den richtigen Islam zu zeigen. Indem ich pünktlich bin, nicht lüge und anderen Menschen helfe zum Beispiel. Aber es ist sehr schwierig, wenn man in einem Land lebt, das nicht das eigene ist. Ich kenne ein älteres deutsches Ehepaar, der Mann ist 82 Jahre alt und er hat gesagt, dass ich wie seine Tochter bin. Und ich habe auch das Gefühl, dass er wie ein Vater und seine Frau wie eine Mutter für mich ist. Meine „Mami" hat mir sogar ein Kopftuch geschenkt. Im Ramadan hat sie auch speziell für mich gekocht. Und wenn ich beten will, ist das auch kein Problem, sie respektieren alles. Aber mein „Papi" wollte mir auch die Hand geben und mich umarmen, aber das darf man nicht im Islam. Und das tut mir auch weh. Meine „Mami" hat mir gesagt: „Karl ist traurig, weil du wie unsere Tochter bist und du willst ihm nicht die Hand geben." Sie hat gesagt: „Du bist ein sehr guter Mensch, aber du musst darüber nachdenken." Dann habe ich viel im Internet gesucht, was der Islam und Imame zu diesem Thema sagen. Ich habe herausgefunden, dass ich alten Männern ruhig die Hand geben darf, und seitdem gebe ich Karl die Hand. Darüber hat er sich sehr gefreut.

Das heißt, du versuchst immer, Lösungen für die Probleme hier zu finden?
Ja. Ich habe zum Beispiel kein Praktikum bekommen, weil ich die Hand nicht gegeben habe. Ich weiß, nicht alle Vorgesetzten akzeptieren das. Deshalb muss ich immer eine Lösung in der Mitte finden. Ich will andere Leute nicht verletzen, ich will auch meine Chance in Deutschland haben, aber ich will meine Religion auch nicht verlieren. Es ist so schwierig. [lacht]

Du musst versuchen, alles zu verbinden?
Ja. Das klappt nicht immer, aber ich versuche es. Es ist zum Beispiel

auch schwierig, wenn der Islam sagt, dass ich alten Männern die Hand geben darf, aber jungen Männern nicht. Wenn ich das auf der Straße mit einem alten Mann mache, ein junger Mann sieht das und möchte es auch mit mir machen und ich sage „nein", ist es auch irgendwie komisch. Man kann es immer nur so oder so machen. Aber bei diesem alten Mann kann ich nicht nein sagen.

Hast du das Gefühl, aus der deutschen Gesellschaft ausgegrenzt zu sein, oder hast du das Gefühl, dass du ein Teil der deutschen Gesellschaft bist?
Nein, nicht ein Teil. Ich fühle mich eher fremd.

Was müsste denn passieren, damit du dich nicht mehr fremd fühlst?
Vielleicht bin ich das Problem, nicht die Deutschen. Ich vermisse meine Familie, ich vermisse meine Heimat. Deswegen wahrscheinlich bin ich das Problem.

Welche Unterstützung bräuchtest du, damit du dich nicht mehr fremd fühlst?
Jetzt am Anfang ist diese Frage ein bisschen schwierig, weil ich die deutsche Sprache noch nicht so gut spreche. Wenn ich nicht richtig Deutsch sprechen und schreiben kann, habe ich immer das Gefühl, dass ich hier fremd bin. Ich glaube, wenn ich die Sprache spreche, ist alles einfacher. Und außerdem möchte ich eine Spur auf dieser Welt hinterlassen.

Was genau bedeutet das für dich? Was möchtest du erreichen?
Warum hat Allah uns gemacht? Warum? Nur zum Essen und Schlafen? Nein, das ist kein richtiges Leben. Als ich Kind war, war es immer mein Traum, eine Aflatoon-Stadt zu machen. [lacht]

Eine Aflatoon-Stadt?
Ja, kennst du Aflatoon? Vielleicht kennst du Aflatoon unter einem anderen Namen [Plato]. Ich will ein Land ohne Krieg und mit Frei-

heit und Gleichheit und Liebe zwischen den Menschen. Wo alle Menschen sich gegenseitig helfen und ein großes Herz haben. Das ist mein Traum.

Das ist sehr schön.
Deswegen bin ich immer froh, wenn ich anderen Leuten helfen kann. Egal, welche Religion sie haben, weil Mensch ist Mensch und unser Prophet hat allen Leuten geholfen. Mein Prophet und auch Omer Ibn al-Chattab und Omer Ibn al-Aziz sind meine Vorbilder. Deswegen habe ich auch Jura studiert, weil ich allen Leuten ihr Recht geben will. Aber das ist zu schwierig, das ist nur ein Traum.

Aber du kannst ja versuchen, diesen Traum ein Stück wahr zu machen.
Ich mache, was ich kann. Mit meiner deutschen Freundin zum Beispiel, sie hat ein kleines Kind und sie hat nicht so viel Geld. Sie kann das Kind nicht in den Kindergarten geben; wenn sie jemanden braucht, der auf das Kind aufpasst, mache ich das immer. Und mir ist auch egal, ob das eine muslimische Familie oder eine deutsche Familie ist, das macht keinen Unterschied. In Syrien hatten wir keine Probleme mit der Religion; mein Onkel hat eine Christin geheiratet und es gab keine Probleme. Als ich Kind war, hat mein Vater immer gesagt: „Alle Menschen sind gleich." Niemand ist besser als der andere. Das hat auch unser Prophet gesagt. Die Hauptsache ist, dass man immer ein reines Herz hat. Und wenn man daran denkt, was andere Menschen für Probleme haben, werden die eigenen Probleme plötzlich ganz klein.

Hast du deutsche Freunde und wo hast du sie kennengelernt?
Auf der Straße. Das kam so: Ich war sehr traurig, weil ich neu hier in Deutschland war und ich habe meine Mutter vermisst. Ich bin das einzige Mädchen in meiner Familie, und vor dem Heiraten habe ich immer neben meiner Mutter geschlafen. Und dann war ich hier allein in einem fremden Land, mit fremder Sprache und einer anderen Religion. Einfach alles war anders. Deshalb wollte ich nur laufen. Wenn

man läuft, kann man alles vergessen und Energie tanken. Es war damals Winter und sehr kalt und ich hatte meine Jacke zu Hause vergessen. Ich bin trotzdem drei Stunden gelaufen. Dann ist eine Frau zu mir gekommen und hat gefragt, ob sie mit mir laufen darf. Ich habe ja gesagt, obwohl ich zu diesem Zeitpunkt sehr wenig Deutsch konnte. Wir haben viel gesprochen und sie hat mich zu sich nach Hause eingeladen. Nach zwei Tagen bin ich sie dann besuchen gegangen, sie ist eine sehr nette Frau, ich habe sie sehr gern. Wir haben ständig Kontakt. Ich passe oft auf ihr Kind auf, es stört sie nicht, dass ich Muslimin mit Kopftuch bin, das gefällt mir. Sie vertraut mir und hat Sicherheit, wenn ich auf ihr Kind aufpasse, das macht mich glücklich. Das macht nicht jeder so.

Hättest du gerne noch mehr Kontakt zu Deutschen?
Ja, natürlich. Aber die Sprache ist das Wichtigste, ohne die Sprache kann man nicht viel machen. Mein Traum ist es auch, einen Roman auf Deutsch zu schreiben. Ich habe schon einen Roman auf Arabisch geschrieben und möchte das gerne auch auf Deutsch tun. Aber das braucht ein bisschen Zeit. Ich glaube, nach drei oder vier Jahren in Deutschland kann ich das machen.

Haben denn Syrien und Deutschland Gemeinsamkeiten oder was sind die großen Unterschiede zwischen Syrien und Deutschland?
In Syrien ist die Religion kein Thema. Aber hier in Deutschland schon. In Syrien ist es egal, welche Religion und welche Hautfarbe du hast. Aber hier nicht. Das war ein Schock. In Syrien habe ich eine Freundin, sie ist Muslimin ohne Kopftuch und trotzdem ist sie meine Freundin. Für uns ist die Moral der Person entscheidend. So ist das in Syrien, aber hier ist das anders.

Haben Syrer und Deutsche gemeinsame Eigenschaften oder unterscheiden die sich auch?
Viele Sachen sind gleich. Aber ein großer Unterschied ist, dass hier jede Familie für sich allein lebt. Bei uns ist das anders, in arabischen Familien sind die Eltern und Großeltern sehr wichtig und alle leben zusammen.

Die Familienbindung ist bei uns sehr wichtig. Hier in Deutschland ist das anders, das gefällt mir nicht. Aber dafür gefällt mir in Deutschland, dass die Leute nicht lügen und immer pünktlich sind. Hier ist auch alles so schön sauber. In Syrien ist es auch sauber, aber nicht so wie in Deutschland.

Was ist für dich typisch syrisch und was ist typisch deutsch?
Typisch deutsch ist für mich Weihnachten. [lacht] Typisch syrisch das Freitagsgebet in der Moschee. Auch typisch syrisch sind der Ramadan und die Feste wie das Zuckerfest und das Opferfest. Aber das gibt es natürlich nicht nur in Syrien, sondern auch in allen anderen muslimischen Ländern. Typisch für Deutschland ist auch noch das Krautfest, also hier in Baden-Württemberg. Was noch? Mir fällt nichts anderes mehr ein.

Mohammed aus Damaskus, 22 Jahre

„Das Wichtigste am Islam ist eigentlich, dass man ein guter Mensch ist und sich verantwortungsvoll verhält."

Wann bist du nach Deutschland gekommen?
Ich bin am 7. Dezember 2015 nach Deutschland gekommen.

Wie gestaltet sich dein Tagesablauf derzeit?
Ich habe drei Mal in der Woche Deutschunterricht und sonst eigentlich immer frei. Mein Leben ist zwar ein wenig langweilig im Moment, weil ich keine Arbeit habe und meine Familie nicht hier lebt, aber es geht schon. Und mit der Zeit wird sich alles ergeben.

Was wünschst du dir denn für die nahe Zukunft?
Am meisten wünsche ich mir, dass der Krieg in Syrien endlich zu Ende geht. Und natürlich möchte ich so schnell wie möglich meine Familie wiedertreffen. Außerdem würde ich gerne mein Studium weitermachen, die deutsche Sprache richtig lernen und eine gute Arbeit finden. Wegen der Aufenthaltsgenehmigung mache ich mir keine Sorgen, weil alle Syrer ihren Aufenthalt bekommen, es dauert einfach nur ein bisschen.

Welche Bedeutung hat denn der Islam in deinem Leben? Hast du ihn in Syrien anders gelebt als in Deutschland?
Da gibt es schon große Unterschiede. Vor allem, dass die Gesellschaft hier in Deutschland nicht islamisch ist. In Syrien konnte ich vier bis fünf Mal am Tag in die Moschee gehen, das kann ich hier nicht, weil es so wenige Moscheen gibt. Ich finde es leichter, mit Leuten zu leben, die die gleiche Religion haben wie ich, weil sie mich besser verstehen können. Man kann sich einfach besser unterhalten. Wenn man neu in

Deutschland ist und die Leute haben alle eine andere Religion, ist das am Anfang etwas schwierig. Aber das ist kein zu großes Problem für mich. Jeder hat seine eigene Religion und auch die Freiheit, sie zu leben, man kann hier eigentlich alles machen.

Hat der Islam bei euch in der Familie eine große Rolle gespielt?
Ja, natürlich. Meine Mutter hat mir immer gesagt, dass ich beten und mich immer gut verhalten muss. Der Glaube ist dabei ganz wichtig. Natürlich macht jeder Fehler, aber man muss sein Bestes geben. Im Allgemeinen sind die Mutter und der Vater in islamischen Familien sehr wichtig.

Was ist das Wichtigste am Islam für dich?
Das Beten und das Fasten sind ziemlich wichtig. Aber das Wichtigste am Islam ist eigentlich, dass man ein guter Mensch ist und sich verantwortungsvoll verhält. Und ich versuche hier in Deutschland immer zu zeigen, dass die Muslime keine Terroristen sind. Wir sind auch Menschen. Aber leider haben sehr viele Deutsche ein falsches Bild von Muslimen; sie denken, dass wir gerne töten und Terrorismus unterstützen. Das ist natürlich ganz anders. Meiner Meinung nach sind die Leute, die Unschuldige töten, wie zum Beispiel IS bei uns in Syrien, keine Muslime. Sie haben keine Religion, sondern sie sind verrückte Menschen. Sie kommen nicht aus Syrien oder arabischen Ländern, sie kommen aus Ländern überall auf der Welt.

Woran merkst du, dass die Menschen in Deutschland ein negatives Bild vom Islam haben?
Ich habe zum Beispiel deutsche Freunde, die mir viel davon erzählt haben. Sie haben mir immer gesagt, dass sie am Anfang, als sie keine Kontakte zu Syrern hatten, eine bestimmte Vorstellung von Muslimen hatten. Ein Freund hat gesagt: „Ich dachte immer, dass Muslime Menschen töten und der Islam das sagt." Er dachte auch, dass alle Muslime zu ISIS gehören. Also ich merke immer, dass die Leute Angst vor uns Muslimen haben. Niemand sagt das direkt, aber man merkt das, wenn man mit den Leuten redet. Sie sind sehr zurückhaltend und schüchtern.

Deswegen denke ich, dass sie eine falsche Vorstellung vom Islam haben; sie glauben, wir verletzen sie oder so was.

Hast du das Gefühl, dass du ein Teil der deutschen Gesellschaft bist? Oder hast du eher das Gefühl, ein Außenstehender zu sein?
Jetzt am Anfang fühle ich mich nicht als Teil der Gesellschaft, aber ich denke, das kommt mit der Zeit. Im Moment kann ich noch nicht so gut Deutsch sprechen und ich habe noch keine Aufenthaltsgenehmigung; das heißt, ich kann nichts für die deutsche Gesellschaft tun. Das ändert sich, wenn ich mein Studium weitermachen oder arbeiten kann. Wichtig ist mir auch, dass ich als Muslim normal mit den Deutschen, die eine andere Religion haben, reden kann. Also dass wir normal Freunde sein können.

„Muslime können hier leben, aber es ist manchmal nicht einfach."

Also denkst du, dass der Islam kein Problem darstellt, um ein Teil Deutschlands zu sein beziehungsweise sich zu integrieren?
Ja, das denke ich. Die Leute müssen nur verstehen, dass wir Muslime auch Menschen sind. Nicht in jeder Gesellschaft gibt es gute Menschen, es gibt im Gegenteil auch in jeder Gesellschaft schlechte Menschen. Da spielt es keine Rolle, ob das eine islamische Gesellschaft oder eine europäische Gesellschaft ist. Das hat mit der Religion nichts zu tun.

Wo hast du denn deine deutschen Freunde kennengelernt und was unternehmt ihr zusammen?
Ich habe die meisten hier in der Stadt kennengelernt. Wir machen oft zusammen Sport, gehen ins Kino oder fahren in die Stadt. Sie versuchen immer, mir mit dem Deutschlernen zu helfen, und unterstützen mich auch bei anderen Sachen, zum Beispiel bei der Ausländerbehörde.

Würdest du gerne mehr Kontakt zu Deutschen haben?
Natürlich wünsche ich mir mehr Kontakt zu Deutschen, sonst hätte ich nicht nach Deutschland kommen brauchen. [lacht] Ich sehe aber keine Schwierigkeiten, in Deutschland neue Leute kennenzulernen.

Haben Syrien und Deutschland Gemeinsamkeiten? Und was sind für dich die großen Unterschiede?
Na ja, die wichtigste Gemeinsamkeit ist, dass wir alle Menschen sind. Aber jeder ist irgendwie anders, jeder hat seine Religion. Mir persönlich ist das egal, welche Religion ein Mensch hat, in Syrien gibt es auch Leute, die keine Muslime sind. Hier in Deutschland spielt es dagegen schon eine Rolle, welche Religion man hat. Muslime können hier leben, aber es ist manchmal nicht einfach. Die Unterschiede zwischen Deutschen und Syrern gibt es aber vor allem auf der persönlichen Ebene, also die Menschen als Individuen. Hier in Deutschland arbeiten die Leute sehr viel und sind immer pünktlich. In Syrien arbeiten die Leute auch viel, aber sind nicht so pünktlich. [lacht] Zehn Uhr heißt bei uns vielleicht zwölf oder ein Uhr oder man kommt gar nicht. Das ist in Deutschland ganz anders. Die Leute hier sind nicht offen. Viele Deutschen tun immer die gleichen Dinge und sind nicht flexibel. Sie machen einen Plan, zum Beispiel arbeiten sie unter der Woche und am Wochenende gehen sie feiern oder bleiben zu Hause. Sie sind nicht so viel unter Leuten, sondern mehr für sich allein und machen jede Woche den gleichen Plan, das finde ich langweilig. Man kann doch nicht immer alles planen, das geht nicht.

Und das ist in Syrien anders?
Ja, in Syrien macht man eigentlich keine Pläne. Man geht arbeiten und erst, wenn man fertig ist, entscheidet man, was man danach macht. Das kann man nicht einen Tag vorher entscheiden. Wie könnte ich das einen Tag vorher entscheiden?! Man muss das nicht planen.

Das heißt, du entscheidest alles spontan?
Ja. Aber eigentlich gefällt mir die Pünktlichkeit hier in Deutschland

schon gut. Man muss nicht so lange auf jemanden warten, wenn man verabredet ist, da spart man viel Zeit.

Gibt es etwas, das für dich typisch syrisch ist, und etwas, das typisch deutsch ist?
Die Bürokratie ist typisch deutsch. Es gibt so viele Papiere, die man ausfüllen muss, das ist sehr kompliziert. Für alles, was man macht, benötigt man ein Papier. Am Anfang dachte ich, ich brauche ein Papier, wenn ich zu Hause etwas kochen oder mich duschen will. [lacht] In Syrien gibt es auch eine Bürokratie, aber die ist nicht wie hier in Deutschland. Man bekommt alles viel einfacher. Wenn man arbeiten will, geht man zu einem Geschäft und sagt: „Ich will arbeiten." Der Mann sagt dann: „Okay, komm morgen früh vorbei" oder „leider habe ich gerade keine Arbeit für dich". Nur diese zwei Möglichkeiten. Es sagt niemand, dass man eine Arbeitserlaubnis oder irgendeinen Zettel braucht, um zu arbeiten.

Muath aus Damaskus, 21 Jahre

„Es ist viel Hass entstanden."

Warum bist du gerade nach Deutschland gekommen?
Ich bin nach Deutschland gekommen, weil Deutschland das beste Land für Flüchtlinge war. Hier herrschte eine Willkommenskultur. Und weil ich Deutschland für ein entwickeltes Land in allen Bereichen halte. Das Land ist gut fürs Studium, besser als andere Länder.

Wo warst du vorher?
Ende 2012 bin ich mit meiner Familie nach Jordanien gefahren, dort 15 Monate geblieben. Danach sind wir nach Ägypten weitergefahren.

Welche Gründe waren es für die Flucht aus Syrien?
Die syrischen Geheimdienste hatten angefangen, junge Leute festzunehmen, deshalb hatte meine Familie Angst um mich. Ich selbst war auch einmal ohne irgendeinen Grund zusammen mit anderen Jugendlichen festgenommen worden, eine reine Schikane-Aktion. Sie wollten demonstrieren, dass sie es jederzeit können. Meine Mutter sagte mir, wenn du ausreist, wissen wir wenigstens, wo du bist. Aber wenn die Beamten dich festnehmen und behaupten dann, dass du gar nicht bei ihnen bist, dann ist das ein großes Problem. Außerdem bin ich ein Einzelkind, daher war das dringender für meine Familie, mich ins Ausland zu schicken.

Welche Berufe haben deine Eltern?
Meine Mutter hat studiert, aber gearbeitet hat sie nur als Friseurin. Als wir klein waren, hat sie nicht gearbeitet. Mein Vater ist Angestellter im öffentlichen Dienst in den Vereinigten Arabischen Emiraten. Wir haben keinen Kontakt zu ihm.

Ist deine Familie religiös?
Wir sind traditionelle Muslime, nicht sehr religiös.

Wie war der Anfang in Deutschland?
Als ich nach Deutschland kam, habe ich mich überhaupt nicht wohlgefühlt. Es war eine Katastrophe. Es gab kein Internet, kein Telefon, ich hatte keine Möglichkeit, mich zu bewegen, das heißt, es war abgelegen, ich konnte nicht den Nahverkehr benutzen. Und in meinem Umfeld hatte ich niemanden, der arabisch gesprochen hat, absolut gar nicht. Ich durfte nicht mal in meinem Zimmer rauchen, ich musste auch mitten in der Kälte rausgehen. Ich wusste eigentlich, dass Rauchen verboten ist, aber ich wusste nicht, dass man nicht mal in seinem eigenen Zimmer rauchen durfte. Ich hatte nicht mal einen Fernseher in dem Zimmer und es war auch kein öffentliches Telefon in meiner Nähe. Es war schwierig. Inzwischen hat sich meine Situation verbessert.

Wie kannst du mir deine jungen Jahre in Syrien beschreiben?
Ich war bis zur zehnten Klasse in Syrien. Als die Proteste losgingen, habe ich meine Schule unterbrochen, damit mir nichts passiert, wenn ich unterwegs oder auf dem Weg zur Schule war, und dass die Polizei mich nicht mitnimmt. Das war Anfang 2012, danach sind wir nach Jordanien geflüchtet. Dort hat die UNO eine Sonderschule für syrische Flüchtlinge eingerichtet. In Ägypten habe ich mein Abitur abgelegt.

Kennst du Aktivisten, die festgenommen wurden?
Die meisten von den Aktivisten, die ich kenne, sind geflüchtet.

Ist deine Familie hier?
Ja, meine Familie ist jetzt hier in Deutschland, meine Schwester und meine Mutter.

Nach anderthalb Jahren in Deutschland, wie kannst du die Deutschen beschreiben?
Ich bin einer der wenigen hier unter meinen Freunden und Bekannten,

der bei seiner Ankunft kein einziges Wort Deutsch konnte, ich konnte nur ein bisschen Englisch sprechen. Aber ich habe sehr schnell deutsche Freunde kennengelernt. Das Haus, wo wir gewohnt haben, war gegenüber einer Schule. Ich bin hingegangen und wurde dort aufgenommen in einer Klasse, so habe ich sehr viele Mitschüler kennengelernt, da wir die einzige Flüchtlingsfamilie in der Nähe dieser Schule waren. Deshalb habe ich die Direktorin gefragt, ob ich an die Schule gehen kann und dort mitlernen darf, und das hat sie begrüßt und gesagt, du kannst gerne am Unterricht teilnehmen.

Wenn du das deutsche und das syrische Schulsystem vergleichst: Worin unterscheiden sie sich am meisten?
Oh, nicht zu vergleichen. Ich habe gesehen, dass manche Mitschüler zu einem Lehrer rennen, um ihn zu begrüßen. Manche schrieben eine Gute-Besserung-Karte, wenn er krank war. Wir hatten immer Angst vor den Lehrern. Im Unterricht herrscht hier eine angenehme Atmosphäre. In Syrien hatten wir sehr strenge Regeln. Dort hat die Schule keinen Spaß gemacht.

Was gefällt dir am meisten in Deutschland?
Die persönliche Freiheit, denn die Deutschen mischen sich nicht ein, was deine persönlichen Dinge angeht. Sie lassen dich einfach in Ruhe. Du hast die absolute Freiheit, du machst, was du eben gerne machst oder machen willst. Manche haben mir Tipps gegeben, aber letztendlich haben sie mir die Freiheit gegeben, selbst zu entscheiden, was ich mache.

Diese persönliche Freiheit war nicht in Syrien vorhanden?
Leider nicht. In Syrien hast du keine persönliche Freiheit. Es hängt auch vom Elternhaus ab und vom Bewusstsein der Person selbst. Auch die Kultur spielt dabei eine Rolle. Leute, die studiert haben oder Kontakte zur Welt haben, wenn die Eltern zum Beispiel im Ausland studiert haben, dann handeln sie meistens anders.

Welche Dinge hier haben dir nicht gefallen?
Also das Gebiet, wo ich gewohnt habe, das war sehr schön. Die Natur war schön, die Landschaft war sehr schön. Aber die Leute, die Einwohner! Sie sind ausländerfeindlich, nicht alle natürlich, aber die meisten schauen mich immer böse und grimmig an, wenn ich auf der Straße laufe, einfach nur, weil ich schwarze Haare habe. Sie kennen mich gar nicht. Diese Ausländerfeindlichkeit ist hart für uns, und ich kann sie nicht nachvollziehen.

Haben deine Mutter und deine Schwester ähnliche Erfahrungen gemacht?
Ja leider, denn meine Mutter und meine Schwester tragen ein Kopftuch und das ist ein großes Problem für uns. Ich fühle mich nicht wohl, wenn meine Schwester später als 19 Uhr nach Hause kommt.

Aber eigentlich herrscht hier Sicherheit, also man fühlt sich sicher, oder?
Ja, das stimmt. Trotzdem fühle ich mich nicht wohl, wenn sie eben später allein nach Hause kommt. Ich kannte einen Jungen, Ahmed, der in Oranienburg geboren wurde und palästinensische Eltern hatte. Er konnte kein Wort Arabisch, trotzdem wollten ihn Jugendliche in Oranienburg zusammenschlagen, nur weil er schwarze Haare hatte. Deswegen fühle ich mich nicht sicher.

Was stört dich allgemein in Deutschland?
Was mir nicht gut gefallen hat bei den Deutschen ist, dass sie manchmal etwas versprechen und nicht halten. Zum Beispiel, wenn meine Freunde eine Party machen und mich nicht eingeladen haben, frage ich einen Freund, warum? Er hat gesagt, du weißt, da kommt noch der Max und der mag keine Ausländer und deswegen haben wir dich nicht eingeladen. Das finde ich merkwürdig. Manchmal will mein Freund sich bei mir melden und dann plötzlich meldet er sich nicht, und nach vier Wochen frage ich ihn, wir wollten uns doch treffen; er sagt, stimmt, habe ich vergessen. Das finde ich komisch. Und ein-

mal habe ich hier eine Geburtstagsparty gemacht, da hab ich meine deutschen Freunde eingeladen und leider sind nur zwei gekommen, obwohl die Deutschen großen Wert auf Geburtstage legen. Das habe ich nicht verstanden.

Was willst du zukünftig hier machen?
In Ägypten habe ich mit einem Kameramann und einem Regisseur gearbeitet, einmal als Schauspieler in einer kleinen Rolle und einmal als Komparse. Es hat mir großen Spaß gemacht. Das war eine Serienproduktion, darin habe ich die Rolle eines Polizisten gespielt. In Jordanien habe ich auch als Schauspieler, allerdings im Theater gespielt. Ich habe dort an einem Theaterstück mitgewirkt und das hat mir Spaß gemacht. Ich habe auch an einem UNO-Theaterprojekt in Jordanien teilgenommen. In Ägypten habe ich einen Text bekommen und nach fünf Minuten konnte ich ihn vor der Kamera vortragen. Diese Arbeit als Schauspieler mag ich sehr.

Möchtest du Schauspieler werden und an der Universität studieren?
Nein, ich möchte jetzt eine Ausbildung machen, am besten im Medienbereich, ich möchte Journalist werden oder Kameramann. Ich möchte etwas mit den Medien machen. Eigentlich möchte ich hier ein Moderator werden oder Reporter, aber das Problem ist, dass mein Akzent zu stark ist. Deutsch ist nicht meine Muttersprache, deshalb würde ich eher was auf Arabisch machen. Ich möchte eine eigene Sendung machen, die ich auf Arabisch präsentieren kann. Ich habe auch daran gedacht, ein Kameramann zu werden. Was die Ausbildung angeht, habe ich ein Angebot von der Polizei bekommen, eine Ausbildung dort zu machen.

Hast du mal erlebt, dass du diskriminiert wurdest, zum Beispiel bei Behörden?
Ich habe keine schlechten Erfahrungen mit den Behörden, von den Leuten auf der Straße schon.

Wenn du die Behörden hier mit den Behörden in Syrien vergleichst, was sagst du dazu?
Der Unterschied ist sehr groß. Dort herrschen Korruption und Bestechung und nur mit Geld kannst du etwas erreichen. Hier geht so etwas nicht. Zum Beispiel, wenn du im Polizeiwagen sitzt, dann musst du halt mitgehen und es gibt keinen Ausweg. Es ist ein großer Unterschied. Gesetz ist Gesetz. Hier herrscht ein Rechtsstaat. In Damaskus wurde ich einmal festgenommen, ich wusste gar nicht warum. Es gab in unserer Nähe eine Demonstration und ich bin von zu Hause losgegangen und wollte etwas einkaufen, und plötzlich nahmen mich die Sicherheitsbeamten fest. Ich fragte sie, warum? Sie sagten, weil du an einer Demo teilgenommen hast, was natürlich nicht stimmte. Dann haben sie mich zusammengeschlagen, ich habe mich gegen die Festnahme gewehrt. Ich wurde gefesselt und geschlagen und dann zerrten sie mich in das Polizeiauto rein. Und so was habe ich hier in Deutschland noch nie erlebt. Das kann ich mir auch nicht vorstellen.

Machst du dir Sorgen um deine Zukunft hier?
Ich möchte auf jeden Fall als Kameramann oder als Regisseur arbeiten, aber ich fürchte, dass man bei einer Bewerbung eher Deutsche nimmt als Syrer, die nicht so perfekt Deutsch können.

Wenn der Krieg in Syrien zu Ende geht, wirst du dann zurückkehren?
Ja, sicher, wenn der Krieg dort zu Ende geht, zumindest wenn die Bombardierung der Städte aufgehört hat, dann ja. Auf jeden Fall muss die Bombardierung aufhören. Aber ich werde hier nicht alles stehen lassen und nach Syrien zurückkehren. Natürlich ist Syrien meine Heimat und es ist meine Pflicht, beim Wiederaufbau mitzuwirken, aber wenn ich hier Familie habe und Arbeit, dann möchte ich eine andere Lösung finden.

Hast du noch die Hoffnung, dass der Krieg zu Ende geht und dann Frieden herrscht?
Ich glaube nicht, dass der Frieden bald nach Syrien zurückkehrt, weil die meisten Leute bewaffnet sind, und es wurde viel gemordet und die Menschen wollen zuerst Rache ausüben. Dann wird es dauern. Aber wichtig ist, dass die Bombardierung zu Ende geht, danach könnte es noch vier bis fünf Jahre dauern, bis der Frieden wirklich herrscht und die Leute ihre Waffen zurückgegeben haben. Es ist viel Hass entstanden.

> „Wir erleben im Ort Islamophobie von jung, alt, Frauen und Männern."

Woher kommt dieser Hass?
Hauptsächlich von diesem Konfessionskrieg. Das Regime hat immer unterschieden zwischen Sunniten, Schiiten, Christen, Alawiten, Drusen und so weiter. Außerdem sind sehr viele Opfer gefallen und deswegen gibt es viel Hass. Das Regime hat es geschafft, die friedlichen Proteste zu militarisieren, als es beschlossen hat, die Waffen einzusetzen gegen die Demonstranten.

Ist das ein Problem für euch, dass deine Schwester und deine Mutter Kopftuch tragen?
Das ist ein großes Problem für mich und meine Familie, deswegen sind wir sehr vorsichtig. Also den Muslimen gegenüber gibt's hier wirklich Feindseligkeiten. Wir erleben im Ort Islamophobie von allen Altersstufen, von jung, alt, Frauen und Männern, obwohl sie uns gar nicht kennen und wir nichts gegen sie getan haben. Ich bin einmal mit der S-Bahn gefahren und war der einzige Ausländer im Waggon; dann fingen die jungen Leute an, mich böse anzugucken, nur weil ich eben schwarze Haare habe und anders aussehe. Oft setzt sich keiner neben mich, auch wenn die S-Bahn voll ist.

Tragen deine Mutter und deine Schwester Kopftücher, weil sie sehr religiös sind?
Nein, aus Tradition.

Bist du religiös?
Eher nicht, aber wir sind halt Muslime.

Welche Werte sind für dich die besten hier in der deutschen Gesellschaft?
Wenn ich in Berlin bin, fühle ich mich wohl. Die Leute sind dort offen. Auch wenn es „schlechte Ausländer" gibt, wissen sie, es gibt solche und solche, da wird keiner diskriminiert und die Leute lassen dich in Ruhe. In Brandenburg hingegen ist die Sache ganz anders. Die Menschen dort schauen dich böse an.

Wie hat sich die Lage noch verändert, nachdem bekannt wurde, dass der Terrorverdächtige Dschaber al-Bakr aus Syrien kam?
Ich habe das Gefühl, dass man nur darüber berichtet hat, dass die Polizei ihn festgenommen hat, und wenig, dass drei Syrer ihn der Polizei übergeben haben. Nur sein Vorhaben bleibt in den Köpfen.

Hat deine Schwester auch deutsche Freunde?
Nicht so viele wie ich, ich habe mehr Freunde. Meine Schwester geht und kommt nicht so viel wie ich von zu Hause.

Wie alt ist sie?
Sie ist 21 Jahre alt, und sie hat nur ein paar Bekannte aus Deutschland.

Wäre es ein Problem für dich, wenn deine Schwester einen Deutschen liebte und heiraten wollte?
Nein, im Prinzip nicht, aber ich denke, dass es Probleme geben wird, weil sie unterschiedliche Sitten und Gebräuche haben. Es gibt bestimmt Unstimmigkeiten, was die Kindererziehung angeht. Ich habe nur eine

erfolgreiche deutsch-syrische Familie kennengelernt, die anderen Syrer waren von ihren deutschen Frauen nach ein paar Jahren geschieden.

Warum?
Ich denke, unterschiedliche Sitten und Bräuche.

Hilfst du deiner Mutter im Haushalt?
Ich bin selten zu Hause, aber ich helfe meiner Mutter auch manchmal. Kochen kann ich leider nicht.

Bist du eher mit Syrern oder mit anderen unterwegs?
Am Anfang kannte ich nicht so viele Syrer. Mittlerweile kenne ich viele Araber und Syrer. Das ist gut so.

Denkst du, dass die Syrer in einer parallelen Gesellschaft in Deutschland leben?
Ja, ich denke schon, vor allem in den Heimen. Das hängt natürlich von den jeweiligen Familien ab, aber es ist einfacher, wenn deine Nachbarn aus derselben Kultur kommen; zum Beispiel im Ramadan ist das leichter, wenn man Muslime als Nachbarn hat. Wir haben deutsche Nachbarn, aber wir geben uns gegenseitig kein Essen. Wir begrüßen uns jeden Tag, mehr nicht.

Hat es Probleme unter den Flüchtlingen im Heim gegeben?
Die Stimmung ist manchmal unter den Syrern selbst angespannt. Sie streiten wegen Kleinigkeiten, dass der eine sein Fahrrad am Fahrrad des anderen angeschlossen hat. Wegen Alkohol hat es keine Probleme gegeben, im Heim wird manchmal Haschisch geraucht, aber keiner hat sich beschwert. Ich habe niemals erlebt, dass jemand angepöbelt wurde.

Wie könnte die deutsche Regierung von den Flüchtlingen profitieren?
Indem sie Vertreter in die Heime schickt und die Handwerker anwirbt, die für den Markt gebraucht werden. Bis jetzt habe ich keinen Behör-

denvertreter im Heim gesehen. Viele Flüchtlinge langweilen sich und würden lieber arbeiten.

Wenn du in Syrien geblieben wärst, wärst du so geworden, wie du es heute bist?
Auf keinen Fall! Deutschland hat mich reifer gemacht, aber auch selbstbewusster. Außerdem bin ich selbstständiger geworden. Die Aufenthalte in Jordanien und Ägypten brachten mir viele Erfahrungen. Normalerweise haben sich meine Onkel um uns gekümmert, jetzt machen meine Mutter und ich dies.

Kann deine Mutter eure Angelegenheiten allein nicht meistern?
Doch, doch, meine Mutter macht alles selbstständig, sie kümmert sich um meine Oma, sie geht mit ihr zum Arzt, und sie lernt gerade auch noch Deutsch. Meine Mutter ist die Verantwortliche. Aber der Mann ist anders in unserer Kultur.

Inwiefern ist der syrische Mann anders als der deutsche?
Der syrische traditionelle Mann ist der Herr des Hauses; hier sind die Frau und der Mann gleich, weil die Frau auch arbeitet.

Und du: Möchtest du eher ein „syrischer" Mann bleiben oder ein „deutscher" werden?
Das kann ich nicht sagen, aber ich merke, dass ich mich anders verhalte, wenn ich mit meinen deutschen Freunden zusammen bin.

Warum haben die Syrer kaum Kontakte zu den Deutschen?
Wahrscheinlich wegen der Tradition, aber auch wegen der Kultur ist das so, normalerweise sind wir Syrer offen. Die Sprache spielt eine wichtige Rolle. Viele Syrer sprechen die Sprache noch nicht gut und deswegen haben sie eben Schwierigkeiten, Kontakt zu den Deutschen aufzunehmen. Aber manche denken auch, dass die Deutschen anders sind, anders leben.

Wenn deine Schwester heiraten will, wer trifft die Entscheidung?
Eigentlich sie, aber wir müssen ihr Tipps geben. Wenn ihr zukünftiger Mann aus einer anderen Kultur kommt, raten wir ihr davon ab. Da sie ihn liebt, blickt sie die Schwierigkeiten nicht mehr. Deshalb sind unsere Ratschläge notwendig. Es ist so, dass wir erst diese Person kennenlernen und auch einschätzen, damit wir sagen können, ja, er passt oder passt nicht zu ihr.

Und wenn deine Schwester sich gegen euren Rat doch für einen Deutschen entscheiden würde?
Wir werden dies akzeptieren, aber die Beziehung zu ihr wird beeinträchtigt werden.

Fragst du auch deine Schwester nach ihrer Meinung über deine zukünftige Frau?
Ja, natürlich. Aber auch die Meinung meiner Mutter zählt. Ich habe vor kurzem ein Mädchen über *Instagram* kennengelernt, sie ist eine Syrerin, lebt aber in Bahrain. Ich konnte meiner Mutter davon nichts erzählen, obwohl sie mich diesbezüglich gefragt hat. Ich habe sie angelogen, weil ich mich geschämt habe.

Du hast dich für deine Liebe geschämt? Liebe ist doch normal!
Ja, eigentlich! Aber die meisten Jugendlichen sagen ihren Eltern nichts, in manchen Familien ist sogar Liebe was Abscheuliches. Früher haben die Männer ihre Cousinen geheiratet oder eine andere Verwandte.

Sind deine Eltern auch Cousin und Cousine?
Nein, aber sie sind verwandt.

Was möchtest du noch ergänzen?
Ich möchte, dass die Deutschen nicht verallgemeinern, denn es gibt solche Syrer und jene Syrer, es gibt die guten und die schlechten wie überall. Ich kenne Zwillinge, der eine ist ein netter und sympathischer und der andere ist komisch und doof.

Männliche* Geflüchtete: Von der Teilnahme zur Teilhabe in pädagogischen Angeboten

Rassismuskritische Hinweise aus der Sicht einer Transkulturellen Jungenarbeit

Olaf Jantz, Helge Kraus

Ausgangsfragen¹

- „Der Flüchtling ist meist Objekt. Ein Problem, das gelöst werden muss.
- Eine Zahl. Ein Kostenpunkt. Ein Punkt. Nie ein Komma.
- Weil er nicht mehr wegzudenken ist, muss er Ding bleiben. Es gibt ein Leben nach der Flucht.
- Doch die Flucht wirkt fort, ein Leben lang. Unabhängig von den jeweiligen Prägungen, von Schuld, Bewusstsein, Absicht, Sehnsucht.
- Der Geflüchtete ist eine eigene Kategorie Mensch."

Ilija Trojanow (zu seiner eigenen Verarbeitung der Flucht- und Aufnahmeerfahrungen im Vorwort zu *Nach der Flucht*. S. Fischer 2017)

Wenn wir diese eindrückliche Aussage ernst nehmen, stellt sich gleich zu Beginn unserer Suchbewegung nach Angemessenheit jungen*-gemäßer² pädagogischer Bemühungen im Umfeld von Migration, Flucht und Ankommen die Frage, wie es gelingen kann, männliche* Geflüchtete in den Fokus als Zielgruppe zu nehmen, ohne sie homogenisierend in die berühmten Schubladen zu stecken: als Ding, Opfer, defizitär und/oder Gewalttäter. Es stellt sich weiterhin die Frage, inwiefern wir in pädagogischen Institutionen – und auch außerhalb – in

Deutschland hilfreich sein können für eine gesunde, anerkennende und selbstbestimmte Verarbeitung von Erlebnissen zwischen Herkunft (der Familie) und Zukunft in Deutschland. Dabei geben pädagogisch/therapeutisch angeleitete Projekte und Maßnahmen andere Hilfestellungen als selbstverwaltete/selbstaktive Räume des (Self)Empowerments und es stellt sich die Frage der Vereinbarkeit dieser beiden Zugänge: *Sind (freie) Bestrebungen des Self-Empowerment und pädagogische Strukturiertheit deutscher Institutionen überhaupt kompatibel? Und wenn, in welchem wechselseitigen Bezug könnte eine Zusammenarbeit funktionieren?*

> Viele pädagogische Angebote und erprobte Formate deutscher Institutionen gehen an männlichen Geflüchteten vorbei.

Es ist in den letzten Jahren vieles zu Geflüchteten analysiert, beobachtet, niedergeschrieben, diskutiert und behauptet worden. Aus genderbezogenen Beschreibungen über männliche Geflüchtete* ist die „Besonderheit muslimischer Männer*" in säkular-christlichen Welten industrieller Staaten des Westens herausgearbeitet worden. Doch neben allen gelungenen oder weniger gelungenen Beschreibungen bleiben eher praxisleitende Fragen als abschließende Antworten. Viele pädagogische Angebote und erprobte Formate deutscher Institutionen gehen an männlichen Geflüchteten vorbei. Vielerorts taucht die Frage auf, wie bestimmte „Flüchtlingsgruppen" pädagogisch (überhaupt) erreicht werden können. Auch hier wird Jungen* und Männern* mit deutlich sichtbarem Migrationshintergrund, den wir eher als Migrationsvordergrund benennen müssen, eine besondere Schwierigkeit in Partizipationsfähigkeiten attestiert. Doch woran hapert es, wenn auch gut durchdachte pädagogische Konzepte, die oftmals von Menschen durchgeführt werden, die bereits Rassismuskritik und Männlichkeitsreflexion selbstkritisch zulassen, ihr Klientel (der männlichen Geflüchteten) nicht oder nur rudimentär erreichen? Oder besser gefragt: *Was sind hilfreiche Bedingungen, um auch männliche Geflüchtete – insbesondere durch Jungen*arbeit – pädagogisch erreichen zu können?*

Zugang der Transkulturellen Jungen*arbeit

Jungen*arbeit ist ein pädagogisches Angebot, das Jungen* und männliche* Jugendliche gezielt männlichkeitskritisch und „mitmännlich"-unterstützend in den Blick nimmt. Jungen* werden dabei gesehen in den Problemen, die sie machen, und in denjenigen, die sie haben. Darüber hinaus bietet sie einen pädagogisch geschlechtersensiblen Raum der Begegnung unter Jungen* und mit Männern*. Ziel ist die Übernahme einer selbstbezogenen, achtsamen und grenzsensiblen Haltung sich selbst und anderen gegenüber und die Entwicklung einer sozial verantwortlichen Orientierung im Handeln und Denken. Den Mehrfachzugehörigkeiten jedes einzelnen Jungen wird wertschätzend und ressourcenaktivierend begegnet. Das zentrale Mittel ist die pädagogische Beziehungsarbeit.

Das Besondere der Transkulturellen Jungen*arbeit ist es, Räume zur Orientierung und Selbstvergewisserung für männliche Geflüchtete herzustellen, in denen sie sich über Selbst- und Fremdzuschreibungen, Verunsicherungen, Sorgen und Nöte, aber auch Anfeindungen, traumatische Erlebnisse bis hin zu männlichkeits-reduzierenden und rassistischen Anfeindungen (in der doppelten Negation und doppelten Defizitbetrachtung als „männlich" und „ausländisch") und Angriffen auseinandersetzen können. Transkulturelle Jungen*arbeit konzentriert sich auf Jungenwelten; ob oder wie viel Migrationshintergründe in der Gruppe der Teilhabenden vorhanden sind, spielt dabei keine Rolle. Dazu sind geschlechter-homogene Räume der Jungen*arbeit mit männlichkeits-reflektierten und migrationssensiblen Pädagogen nötig. Es gilt, ressourcenorientiert und differenzierend die männlichen Geflüchteten als Subjekt mit eigener Biografie ernst zu nehmen. Transkulturelle Jungen*arbeit bietet damit einen Raum der Selbstvergewisserung, in der die Teilhabenden pädagogisch organisiert Kriterien für eigene Entscheidungen (weiter-)entwickeln und behaupten lernen. Ziel ist die (männlichkeitsuntypische) Übernahme von Verantwortung für die eigenen Entscheidungen im Denken und Handeln und damit in ihrer Lebensorientierung.

Der Erfolg pädagogischer Bemühungen – so die Erfahrung nicht nur in der Jungen*arbeit – scheint schon im Startpunkt der Konzeption eingeschrieben zu sein: Welches Ziel (pädagogisch wie auch politisch) verfolgen wir? Mit welcher professionellen Haltung werden wir gestalten? Und was sind unsere institutionellen Rahmenbedingungen, resp. Anforderungen? Und schon an diesem Startpunkt sind systematische Schwierigkeiten vorgezeichnet. Schon die Frage, ob wir mit der Zielrichtung einer geschlechtshomogenen Konzentration auf Jungen*(gruppenarbeit) nicht den Geschlechterdualismus überhaupt erst (über)betonen, weist auf das Problem der Homogenisierung. Brauchen Jungen wirklich andere Angebote als Mädchen? So stellen wir hier die Frage: *Brauchen Geflüchtete andere Angebote als „einheimische" Migrierte und/oder „einheimische" Nicht-Migrierte?*

Jungen* sind unterschiedlich, sie stellen keine homogene Gruppe dar. Es fällt sogar schwer, Jungengruppen eindeutig bzgl. ihrer (sozio-)kulturellen Normalitäten (Standards), Bedarfe, Zielstellungen usw. zu beschreiben, geschweige denn zu erfassen. Und dennoch gibt es Jungen*themen, mit denen die allermeisten Jungen (und Männer) im Laufe ihrer Biografie immer wieder konfrontiert werden und die geschlechtstypische Anforderungen an Jungen hervorbringen. Deshalb macht es Sinn, dass wir in deutschen Institutionen der Pädagogik Räume der Selbstreflexion und Selbstvergewisserung anbieten. Und diese sind vor allem bei schambelasteten Themen besonders hilfreich für die meisten Jungen*, wenn sie geschlechtshomogen gestaltet werden. Auch männliche* Geflüchtete durchlaufen in der Phase der Adoleszenz eine männliche* Suchbewegung nach einem stabilen Selbstbild in Gegenwart und Zukunft. Nur müssen sie diese Bewältigungsleistung über einen langen Zeitraum unbegleitet erbringen. Besonders in diesem Punkt besitzt eine migrationssensible, fluchtbewusste Jungen*arbeit ihren effektivsten Ansatzpunkt. *Was also kann die Männlichkeitsreflexion im Rahmen von Jungen*arbeit zur Bewältigung der Entwicklungsaufgaben bei (insbesondere unbegleiteten) männlichen* Geflüchteten beitragen?*

Diese Konstellation spitzt sich bei Jungen* mit Migrationshintergrund, mehr noch bei Jungen* mit Migrationsvordergrund und ganz besonders bei Jungen* mit Fluchterfahrungen nochmals zu. Während Jungen* mit Migrationshintergrund ihre besondere Markierung als Mensch mit Migrationsgeschichten möglicherweise überdecken, verleugnen, verstecken, relativieren können, bleiben Jungen* mit Migrationsvordergrund stets als „Andere" sichtbar (durch Namen, Hautfarbe, Sprache u. a. sichtbare „Erkennungsmerkmale") und werden auch dementsprechend markiert und markieren sich selbst (z. B. auch durch Prozesse der Selbstethnisierung). Fluchtgründe, Fluchtursachen, Fluchtmotivationen, Erfahrungen vor, während und nach der Flucht, Ankommensbedingungen, Aufnahmesituation und all deren Verarbeitung und subjektive Bewältigungsleistung unterscheiden sich bildungsbezogen, soziokulturell, glaubensbedingt, entlang der Sprach- und Introspektionskompetenzen (also der Fähigkeit, die eigene Lage zu verorten, Kontakt mit der inneren Gefühlswelt aufnehmen zu können, eigene Möglichkeiten und Grenzen wahrzunehmen und für eigene Bedürfnisse einstehen zu können) und eben auch ganz individuell bei den vielfältigen Geflüchteten. Daran kann auch die immer wiederkehrende Bestrebung von Homogenisierung und Polarisierung (männlicher*) Geflüchteter in der bundesdeutschen (medialen) Öffentlichkeit nichts ändern. Pädagogik muss stets der zuschreibenden Logik soziologischer und politischer Benennung von Zielgruppen entgegenarbeiten. Die Vielfalt männlicher* Geflüchteter stellt insofern den unabdingbaren Anfangspunkt sämtlicher pädagogischer Bemühungen dar, wenn wir *Angemessenheit* als zentralen Maßstab zur Bewertung unseres pädagogischen Erfolgs setzen und Geflüchteten eine Subjektwerdung als ein Ziel unserer pädagogischen Bemühungen „zumuten". Dazu gehört dann eine ressourcenorientierte Perspektive auf Geflüchtete anhand all der Erfahrungen, die in den Herkunftsländern, auf einer Flucht und deren Verarbeitung, aber auch in einer scheinbar neuen sozio-kulturellen Situation gemacht werden können. *Wie gelingt es also, die Adressaten* unserer Angebote als Zielgruppe der männlichen* Geflüchteten zu formulieren, ohne die deutsch-institutionelle Macht der Zuschreibung zu wiederholen?*

„Ich habe doch zwei gesunde Hände und kann arbeiten. Warum sitze ich hier?"

Es ist eine „soziologische Binsenweisheit", dass Geflüchtete mit sehr unterschiedlichen sozio-ökonomischen und bildungsbezogenen Voraussetzungen in Deutschland ankommen. Dadurch variieren dementsprechend auch stark ihre Chancen darauf, Bekanntschaften zu schließen, soziale Netzwerke aufzubauen, auf dem Arbeitsmarkt Fuß zu fassen und am gesellschaftlichen Leben teilzuhaben. Auch die Fähigkeiten, sich eine neue Sprache aneignen zu können, sowie ein sozial-erwünschter Habitus können schnell Türen öffnen.

Der Arbeitsmarktzugang für Geflüchtete gestaltet sich für sie unterschiedlich schwierig. Mit einem abgeschlossenen Studium auf dem deutschen Arbeitsmarkt eine Anstellung zu finden ist für Geflüchtete nicht einfach und ein längerer Weg, aber möglich, sobald die sprachlichen Voraussetzungen der Arbeitgeber erfüllt sind, die Qualifikation Anerkennung findet und sie am Ende des teils langwierigen und kräftezehrenden Asylverfahrens eine Aufenthaltserlaubnis samt Arbeitserlaubnis erhalten. Anders stellt sich die Situation für ungelernte Arbeitskräfte dar, die wenig oder gar keine Arbeitserfahrung haben.

In den letzten Jahren sind uns bei mannigfaltig e. V. häufiger Geflüchtete aus Maßnahmen der Jugendberufshilfe und aus Berufseingliederungs- und Sprachlernklassen in Berufsbildenden Schulen begegnet, die sich dort deplatziert fühlten und dies für sich frustriert als Zeitverschwendung ansahen. „Ich verstehe dieses Deutschland nicht – ich kann gut denken, habe zwei gesunde Hände, die zufassen können, zwei gesunde Beine, die stehen und laufen können, und ich bin motiviert. Warum also erhalte ich keinen Arbeitsplatz und muss mich stattdessen in dieser Maßnahme langweilen?"

Viele (und das gilt nicht nur für diejenigen mit einer Ausbildung oder/und Arbeitserfahrungen) hatten offenbar die Erwartung, mit ihrer bisherigen Arbeitserfahrung auf dem deutschen Arbeitsmarkt schneller Arbeit zu finden. So berichtete ein männlicher Geflüchteter aus einer Maßnahme der

Jugendberufshilfe, er habe in Syrien als Schlosser gearbeitet, er würde dies nun gerne wieder tun, dies sei aber aussichtslos. Verständnis zeigte er dafür, besser Deutsch lernen zu müssen. Er verstehe aber nicht, warum er noch ewig an Maßnahmen teilnehmen müsse. Fehlende Einsicht in die Anforderungen des Arbeitsmarktes kann ein großes Hindernis darstellen, sich auf den Weg zu machen und fehlende Kenntnisse nachzuholen. In der Beratung sind uns zudem männliche Geflüchtete begegnet, die aufgrund von Traumatisierungen nicht ausreichend handlungsfähig waren, um bei der Arbeit zu bestehen.

Das Beispiel des Schlossers ohne in Deutschland anerkannte Bildungsqualifikation wirft die Frage auf, ob es für Geflüchtete mit Arbeitserfahrung einen Vermittlungsprozess gibt, um sie darüber aufzuklären, wie der deutsche Arbeitsmarkt strukturiert ist und welche Anforderungen dieser an sie stellt. Fatal wäre es, sie würden unvermittelt über ihre Köpfe hinweg als für den Arbeitsmarkt ungeeignet klassifiziert und daraufhin in den Maßnahmen der Jugendberufshilfe und Berufseingliederung „stranden". Eine solche Situation müsste zutiefst verwirrend, entmündigend und entmutigend sein. Die Konsequenz ist Resignation und Lethargie gegenüber allen Angeboten, die an sie herangetragen werden. Dass die langwierigen Wartezeiten auf die Entscheidungen im Asylverfahren die Geflüchteten in diese Misere stürzen, ist wohl hinlänglich bekannt. Vor diesem Hintergrund wäre es nicht verwunderlich, wenn jemand die Motivation verliert, die deutsche Sprache zu lernen.

In der Realität verhindert der zertifikatsorientierte Ausbildungs- und Arbeitsmarkt in Deutschland die schnelle Eingliederung der Geflüchteten. Arbeitsplätze für ungelernte Arbeitskräfte in der Industrie oder im Dienstleistungssektor sind rar und seit Mitte der 1970er Jahre massiv rückläufig. Eine Berufsqualifizierung scheint unumgänglich zu sein. Die Aufgabe müsste demnach darin bestehen, die Geflüchteten über ihre beruflichen Perspektiven personennah und spezifisch aufzuklären, um sie in die Lage zu versetzen, im Rahmen ihrer Möglichkeiten ihr Leben bewusst gestalten zu können. Erst dadurch kann individuelle Handlungsfähigkeit entstehen.

Die Angebote für geflüchtete junge Männer zur Berufs- und Lebensorientierung bei mannigfaltig e. V. – Institut für Jungen- und Männerarbeit verfolgen diesen Ansatz. Die Projekte bieten einen Rahmen, teilnehmerorientiert

- die Bedürfnisse aufzugreifen und eine realistische Einschätzung zu Chancen und Möglichkeiten im dualen Ausbildungssystem und auf dem zertifikatsorientierten Arbeitsmarkt zu geben,
- mittelfristige Zukunftsperspektiven trotz ungewisser bleiberechtlicher Perspektive im Asylverfahren zu entwickeln,
- zu vermitteln, dass es für das eigene Vorankommen essentiell ist, die deutsche Sprache zu lernen.

Ein zentraler Zugang ist die Anbahnung von Kontakten zu Deutsch-Muttersprachlern*, weil es nach wie vor eine Jungenrealität ist, dass der Kontakt zu einheimischen, deutsch-sprachkompetenten Jugendlichen kaum zustande kommt.

Dabei haben pädagogische Konzeptionen in deutschen Institutionen zumeist die Logik, dass aufgrund einer mehr oder weniger intensiven Bedarfsermittlung Notwendigkeiten eruiert werden. Hier werden zumeist selbsternannte Fachleute befragt, und wenn es gut läuft, werden die konkreten Bedarfe aufgrund von Beobachtungen und Selbstaussagen der Betroffenen wissenschaftlich bestimmt. Und auf dieser Basis werden pädagogische Formate definiert und Angebote ausgeschrieben. Doch wie erhalten wir die Informationen, die Kriterien, um festzuhalten, was unsere (definierte) Zielgruppe benötigt? Ist es das, was wir aus der Verlängerung unserer (eigenen) Wahrnehmung und der Parteilichkeit mit unserer Klientel interpretieren und postulieren? Die Erfahrung zeigt, dass wir die Bedarfsanalyse im Sinne einer intensiven Bedürfnisabfrage betreiben müssen, um pädagogisch zielgerecht handeln zu können. Nur offenbart sich an diesem Punkt eine weitere systematische Problematik: Wie sollen Jungen* benennen, was sie benötigen, ohne bereits über die Erfahrung darüber zu verfügen, was das sein könnte? Und wie sollten Menschen, die den Großteil ihrer Sozialisation jenseits deutscher Institutionen erfahren haben, benennen, was sie sich an konkreter Unterstützung in Form von pädagogischen Angeboten wünschen? *Es bleibt die rassismuskritische und diskriminierungsbewusste Frage, wie wir die machtbezogene Asymmetrie zwischen der (gesicherten) Pädagogik in deutschen Institutionen und (zukunftsbezogen ungesicherten) Personen der Geflüchteten überwinden können – losgelöst von nationenbetonenden und kulturalisierenden Stereotypisierungen?*

Und diese Problematik ist besonders von der Objekthaltung (siehe: Ilija Trojanow) in der Öffentlichkeit gezeichnet, die sich im pädagogischen Handeln mit Geflüchteten widerspiegelt: Subjektorientiertes pädagogisches Handeln unter Objektbedingungen stellt folgerichtig sowohl die pädagogisch Arbeitenden als auch die Öffentlichkeit vor qualitativ neue Widersprüche. Besonders in der ökonomisch bestimmten Zielsetzung in Jugendhilfe, Jugendbildung und Jugendarbeit sowie in Schule, Ausbildung und berufsintegrierenden Maßnahmen geht es ja oft um Bleibe- oder Vermittlungsquoten, um Zensuren, Zertifikate und Gratifizierungen und eben oftmals um Teilnehmendenzahlen. Geflüchtete sind, wie zumeist alle Jungen* auch, v. a. Teilnehmende pädagogischer Maßnahmen. Die subjektorientierte Wende müsste heißen, wie aus Teilnehmenden Teilhabende werden. Es geht im klassischen Sinne um eine Partizipation, der die Unterstützung von Artikulationsfähigkeit und Bewusstseinsbildung vorangeht. Jungen*(gruppen) benötigen, so die Erfahrung, pädagogische Unterstützung auf dem Weg von Selbsterkenntnis, Wahrnehmung der eigenen Interessenlage, positivem Bezug zu eigenen Bedürfnissen und eben der Artikulation ihrer Ängste, Sorgen, Sehnsüchte, Hoffnungen und Wünsche. Und dafür benötigen sie v. a. anerkennende und wertschätzende Räume und Menschen, die sich ihren Fragen gemeinsam suchend, nicht kulturalisierend und auch nicht männlichkeitsfixiert zuwenden. Das wiederum zwingt pädagogisch Denkende und Handelnde dazu, sich umfassenden Widersprüchlichkeiten zu stellen, Dilemmata aufzuheben und eigene Zwiespälte zu überwinden und nicht vorher resignierend oder Phänomene umdeutend aus dem Prozess auszusteigen: *Wie gelingt also ein für das Themen-*

feld angemessenes Management von Bedürfnisabfrage, Bedarfserhebung und v. a. der Beschwerden von männlichen* Geflüchteten, das darüber hinaus auch noch jungen*gemäß sein muss?

Eine besondere Schwierigkeit liegt dabei in dem Phänomen sozialer Erwünschtheit. Auch männliche* Geflüchtete wissen recht schnell, was von ihnen grundsätzlich erwartet wird, oder ahnen es zumindest. Nicht selten beziehen beispielsweise muslimische Jungen vorauseilend zu „Islamismus und Gewalt" Stellung. Sie grenzen sich ab, begründen, relativieren, lehnen ab, weil sie wissen, wie „die deutsche Gesellschaft" den „muslimischen Mann" verhandelt. Sie erleben ein kritisches Klima, das vielerorts durch Fremdenfeindlichkeit, (Kultur-)Rassismus, Ängstlichkeit, umfassende Sorgen und eben antimuslimische Haltung gefärbt ist. Viele Jungen mit Migrationsvordergrund versuchen sich als besonders höfliche, gut erzogene, demokratische und auch säkular fähige Jungen zu präsentieren. Sie erfüllen gerne die Erwartungen der pädagogisch Handelnden in deutschen Institutionen, gerade auch weil sie damit ihre Integrationswilligkeit und Partizipationsfähigkeit unter Beweis stellen. *Projekte der Jungen*arbeit sollten den angstfreien und subjektbezogenen Raum bieten, um gemeinsam mit den teilhabenden Geflüchteten und Nicht-Geflüchteten der Jungenarbeit hinter die Fassaden männlichkeitsdominierter und kulturrassistischer Hegemonie zu schauen.*

Konstruktion von Geflüchteten als „männliche Gefahr"

Die bis heute unaufgeklärten massiven sexuellen Übergriffe in der Silvesternacht 2015/16 in Köln stellen eine Zäsur in der medialen und öffentlichen Wahrnehmung von männlichen Geflüchteten in Deutschland dar. Auch die Praxis einer migrationssensiblen Jungen*pädagogik kommt nicht umhin, sich mit den bis heute anhaltenden Nachwirkungen zu befassen. Bis zur besagten Nacht bestand in großen Teilen der hiesigen Bevölkerung eine nie zuvor dagewesene Bereitschaft, als fremd erlebte Ankommende praktisch solidarisch mit allem Nötigen zu unterstützen (vgl. Perinelli 2016; siehe: http://streit-wert.boellblog.org/2016/05/05/post-colonia-feminismus-antirassismus-und-die-krise-der-fluechtlinge/).

Die Ereignisse der Silvesternacht haben dieser Atmosphäre ein jähes Ende gesetzt und Tür und Tor geöffnet für gravierende Gesetzesverschärfungen im Asylrecht, für ein Erstarken des rechten Populismus, für Wahlsiege der AfD sowie für massive verbale und körperliche Angriffe gegenüber Geflüchteten und all jenen, die ihnen ähneln, bis hin zu einer Stimmung, die Tag für Tag verübten Brandanschläge auf Asylunterkünfte völlig gleichgültig geschehen zu lassen.

Die entstandene feindselige Atmosphäre hat – trotz anhaltender Solidarität vieler – Spuren bei den Geflüchteten hinterlassen: im Sicherheitsgefühl und in der Art und Weise, wie sie sich im öffentlichen Raum bewegen. In unseren Veranstaltungen haben in den letzten beiden Jahren geflüchtete männliche Jugendliche immer wieder von ihren Sorgen über eine Abkehr der Regierungspolitik von einer bejahenden, aufnehmenden Flüchtlingspolitik und über den Aufstieg rechtspopulistischer Parteien berichtet. Viele fürchten sich davor, nicht bleiben zu können. Einige stellten in diesem Kontext sogar historische Fragen zu den Verbrechen des Naziregimes und zu den Entstehungsbedingungen der Machtergreifung der Nazis. Sie sind verunsichert angesichts vieler Anfeindungen, Missverständnisse, Zuschreibungen und Übergriffe, die sie selbst erlebt haben oder aus Erzählungen kennen. Während sich ein Teil offensiv dagegen zur Wehr setzt, fragen sich andere, wie sie mit verbalen

Angriffen umgehen sollen. Angesichts dessen ist es wichtig, die Geflüchteten über ihre Rechte aufzuklären und zu ermutigen, sich unabhängig von ihrem Aufenthaltsstatus selbst zu behaupten und Widerspruch gegen die Zumutungen zu leisten.

Es ist nicht verwunderlich, wenn viele Geflüchtete in dieser Situation versuchen, sich besonders konform und irgendwie „richtig" zu verhalten, sprich keine Fehler zu machen. Die Konstruktion von Migrantengruppen, wie etwa den „muslimischen Männern", ist schon problematisch und als rassifizierende Homogenisierung identifizierbar. Doch in der Folge medial präsentierter Gewalttaten mit (behaupteter und realer) Beteiligung von männlichen* Geflüchteten (wie etwa in der Kölner Silvesternacht) hatten Öffentlichkeit wie Wissenschaft und Pädagogik neue Gruppen in den Blick genommen, die grundsätzlich den Verdacht krimineller Normalität und grundsätzlicher körperlicher und/oder sexualisierter Gewalt logisch erscheinen lassen. So wurden plötzlich nordafrikanische Männer als „NAFRIs" tituliert und damit polarisierend homogenisiert und auch so behandelt.

Das alles offenbart keine guten Voraussetzungen für gesellschaftliche Teilhabe und Mitgestaltung sowie für Selbstbestimmung und dafür, das eigene Leben in die eigene Hand zu nehmen. Diskriminierungen (männlichkeitsorientiert oder nicht) und Rassismus (kulturalisierend oder biologisierend) entmutigen und wirken sozial desintegrierend. Dies hat die Migrationssoziologie bereits für die zweite und dritte Generation der Kinder von angeworbenen Arbeitsmigrant*en der 1960er und frühen 1970er Jahre nachgewiesen. Warum soll ich mich in einem Land engagieren, welches mich ablehnt?

Und schließlich muss im Umfeld von Flucht, Ankommen und Bleiben stets berücksichtigt werden, dass die Reichweite pädagogischer Bemühungen mit männlichen* Geflüchteten stark von deren Status der Anerkennung als (bleibeberechtigter) Flüchtling abhängt. Neben dem Status als „Alleinreisender" mit unbegleiteter Bewältigung von Männlichkeit(en) müssen Fluchtzusammenhänge wie etwa mit dem Fluchtgrund als LGBTI* (als ungültigem Asylgrund bei vielen Herkunftsländern) unterschieden werden. Bleiberecht, Arbeitsrecht, Recht auf Schulbildung, Ausbildung und Transferleistungen, Recht darauf, jugendbasierte Angebote in Anspruch nehmen zu dürfen, Chancen auf dem Wohnungsmarkt usw. sowie Schulpflicht, Teilnahmepflicht an integrierenden Maßnahmen, fremd untergebracht sein etc. umreißen den Handlungsspielraum und eben auch die Selbstdefinition der jeweiligen Statusträger. Kurz zusammengefasst: Je unsicherer die Bleibeperspektive und je länger die Phase des schlichten Wartens andauert und damit auch das Entwickeln realistischer und angemessener Perspektiven für das eigene Leben weitestgehend gestört, ver- oder behindert wird, desto losgelöster von der Pädagogik in deutschen Institutionen scheinen auch viele männliche* Geflüchtete zu handeln und ihre Lebensperspektive zu entwickeln. Oder konstruktiv formuliert: *Je fassbarer und erreichbarer eine Teilhabe von männlichen Geflüchteten erscheint, desto ansprechbarer und aktivierbarer sind sie durch Angebote deutscher Institutionen.*

Exklusion und politischer/gesellschaftlicher Status

Die Möglichkeit der Partizipation wird oft durch politische Entscheidungen drastisch eingeschränkt. Nur ein Beispiel: Die Einstufung „von sicheren zu unsicheren Herkunftsländern" und umgekehrt wurde in der „einheimisch-deutschen" Gesellschaft sowie in (Selbst-)Vertretungen von Geflüchteten kritisch diskutiert: Diese Einstufung macht die Ungleichheit in der Behandlung und tiefgreifende Ungerechtigkeiten innerhalb der Gruppen von Geflüchteten möglich. Die Situation wurde für pädagogische Einrichtungen sowie Unterstützer*innen pragmatisch untragbar, weil das konstruierte Merkmal „sicheres und unsichere Herkunftsland" stets Ausgrenzungs-/Ausschlusskriterien im Zugang zu den pädagogischen Angeboten produziert. Die Teilhabe wird für die betroffenen Personen erschwert. Dieser „Gruppismus" ist problematisch, weil bestimmte Zielgruppen als unerwünschte erklärt und benachteiligt werden, so dass sie keine angemessene Förderung erhalten (dürfen) oder schlicht an Maßnahmen nicht teilnehmen (dürfen).

> Darüber hinaus wirken weitere Exklusionsmechanismen, die jeweils individuell überwunden werden müssen. Beispielsweise erlangen Geflüchtete, die einer der ehemaligen Kolonialsprachen (Deutsch, Englisch, Französisch, Spanisch und bedingt auch Portugiesisch) mächtig sind, viel leichter Anerkennung, Akzeptanz und Begegnung als Geflüchtete, die diesen Sprachen ferner sind.

Konkrete Folgerungen: Pragmatische Notwendigkeiten in der Umsetzung von Angeboten für männliche* Geflüchtete

Andockend an die alte Erkenntnis aus der geschlechterbezogenen (de-)konstruktiven) Pädagogik, dass fachlich angemessen entschieden werden muss, wann Geschlechterverhältnisse betont werden, also auch methodisch dramatisiert werden, und wann es Zeit ist, Gender zu relativieren, also Geschlechterverhältnisse entdramatisiert werden müssen, lässt sich hier zusammenfassen: Angebote an, für und mit männliche(n) Geflüchtete(n) benötigen eine angemessene *Balance* von *Dramatisierung von Männlichkeit(en), (sozio)kulturellem Hintergrund, Sexismus, Rassismus* und der *Entdramatisierung einer subjektbetonenden Haltung*. Männliche* Geflüchtete in unserem Fokus von Jugendhilfe, Jugendbildung und Jugendarbeit sind schließlich zunächst einmal Jungen*, männliche* Jugendliche und Heranwachsende, die ebenso wie „einheimische" von der Auseinandersetzung mit Männlichkeit(en) betroffen sind. Männliche* Geflüchtete als die „anderen Jungen" zu betrachten, erzeugt genau dieses „Othering", das den Boden für kulturrassistische Zuschreibungen überhaupt erst bereitet. Ganz im Gegenteil benötigen all diese teilhabenden Jungen* Räume der Selbstvergewisserung und zuweilen unsere Unterstützung zur Wahrung ihrer Interessen und Bedürfnisse. Und genau letztere werden eben bei Geflüchteten zusätzlich mit Fragen der Verarbeitung von Erfahrungen im Umfeld von Flucht und Ankommen bestimmt. Ab wann unsere pädagogischen Bemühungen als angemessen vs. invasiv/kolonisierend oder schlicht als nicht relevant einzuschätzen sind, liegt schließlich bei unseren Adressat*innen selbst. Doch Pädagogik in vielen deutschen Institutionen hat auch eine lange dokumentierte, pädagogische und therapeutische Erfahrung in der migrationssensiblen Jungen*arbeit, so dass von dort aus zuweilen auch hilfreich unterstützt werden kann, wenn Jungen* – geflüchtet oder nicht – nach Kriterien für ihre eigenen Entscheidungen suchen. Die männlichen Suchbewegungen können auch im Sinne von Selbstfindung, Selbstvergewisserung, Selbstwertgefühl, Selbstverortung, Selbstermächtigung und sogar im Self-Empowerment durch bewusste, jungenbezogene, rassismuskritische und migrationssensible Angebote unterstützt werden, wenn uns die Balance aus Konfrontation und Annahme gelingt. Eine Subjektwerdung der Adressaten unserer Pädagogik ist möglich, wenn die Pädagogik in deutschen Institutionen nicht die Macht der Zuschreibung wiederholt und ihre pädagogisch Handelnden die eigene Position des Gesichertseins in der Begegnung mit Geflüchteten verlassen lernen. Das scheint abschließend eine schlichte Forderung zu sein. Schlicht ist diese bestimmt, ja, aber der Erfahrung nach eben NICHT EINFACH, denn es bedeutet, dass wir stets die Bedingungen unserer zumeist weißen, männlichen, europäischen, kolonialen, reichen Definitionsmacht selbstkritisch berücksichtigen müssen: *Eine Begegnung „auf Augenhöhe" (wie es heute so gerne formuliert wird) ist aus den entfalteten Gründen grundsätzlich und systemisch nicht möglich. Die Asymmetrie in Begegnungssituationen und Hilfesystemen, die „Größenunterschiede", müssen kontinuierlich und dauerhaft in Konzeption und pädagogischem Handeln transparent gehalten und thematisiert werden.*

Ziel ist die Formulierung der konkreten Bedingungen zu einer interkulturellen Öffnung bundesdeutscher Institutionen (auch) für männliche* Geflüchtete unter den benannten Bedingungen der permanenten Fremdzuschreibung in der Öffentlichkeit: Aufnahmestruktur, Haltung der Handelnden, Beteiligungsmöglichkeiten, Beschwerdemanagement, Korrektur konzeptioneller Vorgaben.

Hierzu bedarf es der Bereitstellung von Ressourcen in pädagogischen Institutionen nicht nur für die Maßnahmen selbst, sondern auch für die „Inklusion" von Geflüchteten in pädagogische Systeme und darüber hinaus für eine permanente Evaluation pädagogischer Angebote hinsichtlich Benachteiligungsdimensionen wie Rassismus und Sexismus, aber auch weitergehend hinsichtlich weiterer Dimensionen wie „Behinderung" oder Bildungsdiskriminierung oder Klassismus – nicht nur aus Perspektive verwaltender Systeme, sondern auch aus der der Mitarbeitenden und der Geflüchteten selbst.

Konkret zur Diskussion (siehe ausführlich: 3. Stellungnahme der LAG/Fachstelle Jungenarbeit NRW) stellen wir folgende Punkte als heuristische Standpunkte für Planung, Durchführung und Evaluation pädagogischer Projekte/Angebote mit männlichen* Geflüchteten:

- Jede Einrichtung sollte **eine*n Diskriminierungsbeauftragte*n** haben und diese*r sollte v. a. in Reflexion von Rassismus, Sexismus, Homo- und Transphobie, Ethnozentrismus und grundsätzlich gruppenbezogener Menschenfeindlichkeit ausgebildet sein und möglichst im Rahmen der eigenen, reflektierten Biografie Diskriminierung erfahren haben (Selbstdefinition im Sinne einer parteilichen Wahrnehmung durch Beauftragte). Diese Position müsste je nach Möglichkeiten ausgestaltet werden, so könnte diese Aufgabe auch in einem bestehenden Team rotieren (wechselnde Parteilichkeit im Sinne der Querschnittsaufgabe).
- Jedes Team/jede pädagogisch handelnde Person erhält **eine kontinuierliche Supervision/Intervision insbesondere auch zu den Aspekten männliche Definitionsmacht, Rassismuskritik und Umgang mit LGBTI***.
- Die Pädagogik in deutschen Institutionen sollte **selbstverwaltete Ermächtigungsräume** für Geflüchtete zur Verfügung stellen, ohne selbst daran teilzunehmen: Solidarität mit und Unterstützung von **Selfempowerment**.
- Jede Einrichtung benötigt **ein angemessenes Bedürfnisabfrage- und Beschwerdesystem**. An dem Management sollten die Adressat*innen systematisch beteiligt sein, z. B. indem die eingesetzten Instrumente gemeinsam bewertet werden.
- Einrichtungen integrieren Fortbildungseinheiten zu Jungen*arbeit,

Migrationssensibilität und Flucht und setzen einen Schwerpunkt in **Unterstützungsmöglichkeiten bei Traumabewältigung.**

- Die Arbeit sollte mit anderen Handelnden im Umfeld von männlichen* Geflüchteten systematisch vernetzt sein, wie etwa Trägern der Jugendhilfe, Einrichtungen der Jugendarbeit, Beratungsstellen, Jugendzentren, Flüchtlingsunterkünften, Migrationsselbstorganisationen, Flüchtlingsräten, Organisationen der Interkulturellen Öffnung, Genderbildung, Mädchen*arbeit/Jungen*arbeit usw. **Das soll v. a. der Dominanzkultur pädagogischer Angebote entgegenwirken.**
- Pädagogik muss klären, was sie versprechen kann und was nicht. Wenn eine Integration in den Arbeitsmarkt nicht möglich erscheint, so muss das transparent gemacht werden. Für Jungen* und männliche Jugendliche haben sich diejenigen Angebote der Lebens- und Berufsorientierung als hilfreich erwiesen, die den Bereich der **Alltagsbewältigung mit Ziel der umfänglichen Lebensorientierung jungen*gemäß bearbeiten.**
- Pädagogisch Handelnde sollten daran arbeiten, ihre Neugier und Interaktionsfreudigkeit zu erhalten oder auszubauen. Damit kann **eine Beteiligung innerhalb der pädagogischen Maßnahmen** ermöglicht werden.
- Pädagogik kann Eltern, Geschwister, (Groß-)Familie nicht ersetzen, auch nicht die zurückgelassenen oder verlorenen Freund*innen, aber Jungen*arbeit kann sich den Fragen der an ihr beteiligten Jungen* stellen. Die größte Leistung einer migrationssensiblen und jungen*gemäßen Pädagogik dürfte darin liegen, **Aufgaben der Stabilisierung und Selbstfindung** zu übernehmen, die sonst von Personen im Nahfeld übernommen würden. Dies umschreibt die Tragweite der **Verantwortung, die pädagogisch Begleitende übernehmen.** (Das ist besonders wichtig, wenn aus politischen Gründen der Familiennachzug nicht möglich ist.)
- Ein besonderer Fokus sollte stets jungen*gemäß auf der **Bearbeitung von Ängsten** liegen. Das bedeutet, dass gerade auch als negativ empfundenen Gefühlen, und das auch bei „mackerhaft" wirkenden männlichen Jugendlichen, sehr viel Raum gegeben sein sollte. Wir

müssen vermitteln, dass wir Ängste bei männlichen* Geflüchteten persönlich ernst nehmen, pädagogisch aufgreifen und personennah bearbeiten. **Das gilt insbesondere, um (auch) Geflüchteten zu ermöglichen, ihre LGBTI*-Themen anzusprechen.**

- Dabei gilt es zu klären, was wir persönlich und institutionell leisten können und wo es Kooperationen, Zusammenarbeit oder schlicht Delegationen gibt: Wofür bin ich ausgebildet? Was ist im Rahmen meines Angebots möglich und was nicht? Was genau sind die institutionellen Vorgaben?
- Am Anfang der Arbeit mit männlichen* Geflüchteten steht zumeist die Erarbeitung einer **Vertrauenswürdigkeit unserer Person und unserer Angebote**. Teilhabeorientiert geht es zunächst um die Unterstützung im Umfeld der Sicherung der Existenz in Deutschland: Wohnung/Unterbringung, Schule/Ausbildung, Kontakt zur Familie, Ämter/Transferleistungen, Beteiligung in deutschen Institutionen (Vereine, Feuerwehr, Sport, Gemeinden, Jugendzentren usw.).
- Insofern müssen sich auch Betreiber der Jungen*arbeit stets der Frage stellen, ob es für den einzelnen Jungen* prägender war, zu flüchten, verfolgt zu sein oder in einer fremdenfeindlichen (oder zumindest fremdheitsängstlichen) Welt anzukommen, als es **zu verarbeiten, irgendwie männlich werden zu müssen**.
- Auf der anderen Seite müssen sich Menschen in der Flüchtlingshilfe stets der Frage widmen, **welche besonderen Ängste, Hoffnungen und Delegationen „reisende Jungen* und Männer*" zu bewältigen haben**. Aufgrund der geschlechtstypischen Bedingungen benötigen gerade Jungen* und Männer* eine gezielte Ansprache und Begleitung. Eine systematische Männlichkeitsreflexion hat sich dabei als hilfreich erwiesen.
- Und schließlich sollten wir uns **zu einer Intersektionellen Analyse zusammenschließen** und klären, welcher Begegnungsraum (unter welcher Perspektive) welche Aspekte inwiefern (über)betont: Migrationspädagogik, Jungen*arbeit, geschlechtsbezogene Pädagogik/Bildung, rassismuskritische Bildung, Flüchtlingsarbeit, Antidiskriminierungsarbeit, Sozialarbeit, Interkulturelle, Transkulturelle und Intersubjektive Begegnungsräume usw.

- Es geht ganz zentral darum, **eine gemeinsame Sprache** zu finden: unter Fachleuten, mit Ehrenamtlichen und ganz besonders mit den vielfältigen männlichen* Geflüchteten selbst. Besonderheiten in Körperausdruck, Mimik, Gesten und Worten sollten in Irritation und scheinbarem Verständnis aufgegriffen/expliziert und verhandelt werden.
- Und bei aller Unterstützung, Ver- und Umsorgung sollte sich Pädagogik in deutschen Institutionen (und auch außerhalb) stets trauen, (auch) männliche* Geflüchtete zu konfrontieren. Eigenem Handeln – so oder so – geht stets eine Entscheidung voran. Und dafür haben auch Geflüchtete eine (Selbst-)Verantwortung. **Die Aufgabe der Pädagogik ist es schlicht, alltagsrelevante Kriterien für ihre ganz persönlichen Entscheidungen im Rahmen ihres Ankommens jungen*gemäß und migrationssensibel zu erarbeiten und Räume zur Selbstvergewisserung bereitzustellen.** Auch geflüchtete, auch mit Trauma belastete und auch sonst zugerichtete Jungen*, männliche* Jugendliche und Heranwachsende bleiben damit handelnde Subjekte, die ihr Leben gestalten können – mit oder ohne unsere Hilfe.

---

[1] Dieser Text ist entstanden im Rahmen der Erstellung der 3. Stellungnahme 2017 im Projekt: „Irgendwie hier! Flucht – Migration – Männlichkeiten" der LAG / Fachstelle Jungenarbeit NRW (http://lagjungenarbeit.de) und im Diskussionsprozess mit den weiteren Mitarbeitern der Fachstelle für minderjährige Geflüchtete „Zukunft in Niedersachsen" (www.zukunft-in-niedersachsen.de) bei mannigfaltig e. V., Maurice Mwizerwa und Markus Biank. Außerdem stellt dieser Artikel die Hinführung zu der Arbeitshilfe „Methoden und andere Zugänge zu männlichen* Geflüchteten – eine Handreichung für Pädagogik und Ehrenamt" dar, die als E-Book vorliegt.

[2] Wir verwenden im Kontext des Begriffes Jungen das typografische Zeichen *, um bei aller scheinbaren Homogenität auf die Vielfalt innerhalb der Gruppe derjenigen, die als Jungen* bezeichnet werden, hinzuweisen.

Ramiz aus Homs, 22 Jahre

"Es gibt viele Gesetze hier, und das ist, was ich wirklich mag."

Wie lange bist du in Deutschland?
Ich bin seit zwei Jahren hier in Deutschland.

Und was hast du davor in Homs gemacht?
Ich habe als Computermechaniker gearbeitet und danach habe ich ein Geschäft eröffnet. Und hier in Deutschland will ich auch bald eine Ausbildung als IT-Mechaniker machen. Denn ich möchte eine große Firma eröffnen. Das ist mein Ziel hier in Deutschland. Aber erst mal mache ich eine Ausbildung, und danach kann ich arbeiten mit meinem Zertifikat. Denn der Krieg wird sehr lang dauern. Vielleicht bleiben wir hier. Deswegen möchte ich eine gute Arbeit, einen guten Job haben. Ich möchte eine Familie haben, eine gute Wohnung.

Möchtest du heiraten?
Natürlich, auf jeden Fall möchte ich heiraten und danach Kinder haben.

Interessierst du dich für Politik?
Nein. Politik ist ganz scheiße. Ich glaube nicht an die Politik. Nirgendwo auf der ganzen Welt.

Hast du schon mal Rassismus oder Ablehnung erlebt?
Ich sage das ganz ehrlich: Ich war in Ostdeutschland, in Thüringen in einem kleinen Dorf, und da waren die Leute sehr rassistisch. Sie hassen einfach die Leute, die eine andere Haarfarbe, schwarze Haare haben. Du läufst einfach auf der Straße und alle gucken auf dich. Aber man kann das auch verstehen, weil es klein ist. Es leben nur ein paar tausend Leute da, und sie sind nicht so offen für andere Menschen.

Wie lange warst du da?
Ich habe ein Jahr da gelebt und danach bin ich nach Berlin gekommen.

Zuerst warst du in Thüringen?
Nein, erst mal war ich hier in Berlin im Sozialamt. Und danach haben sie mir Transfer gegeben nach Thüringen. Und dann bin ich dahin gegangen und habe viele Probleme gehabt. Ich war in einem Heim, und ich habe zur Chefin gesagt: „Ich will nach Dortmund gehen." Da hat sie mir so ein Papier gegeben, das habe ich unterschrieben und bin nach Dortmund gegangen. Und da haben sie mir gesagt: „Wenn du keinen Pass hast, kannst du nicht umziehen. Du musst zurückgehen." Dann bin ich zurückgegangen in das Heim und die Chefin hat zu mir gesagt: „Du kannst hier nicht mehr wohnen." Ich hatte keine Wohnung und kannte niemanden dort in diesem Dorf. Ein Mann von der Kirche ist jedoch gekommen und hat gesagt: „Du kannst bei mir wohnen." Ich habe bei ihm drei Tage geschlafen und dann hat er einem Freund und mir eine Wohnung gegeben von der Kirche, und wir haben da so acht Monate gewohnt. Und in der Zeit habe ich gar nichts da gemacht. Ich hatte keine Lust, was zu machen, zum Beispiel Integrationskurs oder so, weil ich nach Berlin fahren wollte. Ich habe lange auf meinen Pass gewartet. Ich konnte mich nicht in Berlin anmelden, wenn ich keinen Pass habe. Dann habe ich diesen Pass bekommen und versucht, in Berlin eine Wohnung zu finden. Ich habe lange gesucht. Ein Freund hat mir geholfen. Ich habe einen Monat bei ihm gewohnt. Und wir gingen jeden Tag, ein Heim zu suchen oder eine Wohnung oder nur eine Adresse. Und dann haben wir dieses Heim gefunden und ich konnte mich hier in Berlin anmelden.

Im Dorf hast du keine Wohnung gefunden?
Ich wollte nicht. Ich kann einfach in einem kleinen Dorf nicht leben. Ich bin aus Homs, und Homs ist eine große Stadt. Dieses Leben in einem Dorf war für mich zu strange.

Jetzt kannst du hier bleiben für lange Zeit, oder möchtest du wieder umziehen?
Ich will auf jeden Fall umziehen. Ich suche seit einem Jahr eine Wohnung, aber ich kann hier nichts finden. Ich habe auch eine WG gesucht, habe ich auch nicht gefunden. Es ist sehr schwer in Berlin. Und ich brauche Arbeit, ich will gerne arbeiten. Ohne Arbeit finde ich auch keine Wohnung.

Was hast du vom Krieg erlebt?
Ich habe alles erlebt: Bomben, Raketen, Schüsse. Ich war in Homs, und in Homs war richtig Krieg. Wir waren zwei Jahre ohne Essen, also wir hatten Essen, aber ganz ganz selten, und wir hatten keinen Strom. Zwei Jahre haben wir so gelebt. Sechs Monate hatten wir kein Wasser – das war ganz scheiße, ohne Wasser und ohne Strom, und man konnte auch nicht rausgehen.

Kannst du was von der Flucht erzählen?
2013 bin ich in den Libanon gegangen und danach nach Ägypten. Nach Libanon mit dem Auto, nach Ägypten mit dem Flugzeug. In Ägypten bin ich mit meiner Familie ein Jahr geblieben, und ich habe immer versucht, da irgendwas zu lernen, aber es hat nicht geklappt, weil sie wollten, dass ich mein Abi wiederhole. Dann habe ich versucht, da zu arbeiten, habe zwei Monate gearbeitet, viel Arbeit und ganz wenig Geld, und danach habe ich die Arbeit gelassen und sechs Monate Englisch gelernt, und ich kann jetzt gut englisch sprechen. Und danach bin ich nach Alexandria gegangen, da sind wir so einen Monat geblieben, und danach sind wir ins Meer. Wir waren in einem Fischerboot, das war so 26 Meter lang, 6 Meter breit, und wir waren 400 Leute, Frauen, Kinder und Männer. Nach vier Tagen hatten wir kein Wasser mehr. Und wir hatten drei Frauen, die schwanger waren. Der Kapitän hat die ganze Zeit mit den Wellen gekämpft. Immer kam das Wasser rein zu uns. Das war ganz gefährlich, weil das Boot nur aus Holz war. Dann haben wir ein großes Schiff gesehen und sind in dessen Nähe gefahren. Und die haben uns gesagt: „Okay, wir nehmen

euch auf." Auf diesem großen Schiff waren wir zwei Tage. Das Problem war, es gab kein Essen da, weil sie wussten ja nicht, dass sie 400 Leute finden. Wir hatten ganz selten Essen, und das war ganz schlimm. Schon die letzten zwei Tage hatten wir nicht so gut gegessen. Und danach hat uns die Polizei von Italien geholt. Sie haben uns verhaftet und ins Gefängnis geworfen. Sie haben uns auch Wasser und Essen gegeben. Wir haben auch geduscht. Wir wollten weitergehen, aber sie haben uns nicht gelassen. Wir sind fünf Tage da geblieben und dann haben sie uns mit Bussen in ein offenes Heim geschickt. Wir sind acht Tage dort geblieben und danach bin ich nach Berlin gefahren mit dem Zug. In Berlin bin ich zum Sozialamt gegangen, und die haben mir ein „Transfer" gegeben. Und danach nach Thüringen, das habe ich schon erzählt.

„Die Deutschen sind ein bisschen leise. Manchmal, sag ich ganz ehrlich, auch ein bisschen langweilig. Sie sollten sich ein bisschen mehr bewegen, aktiver werden."

Haben die Menschen in Syrien und Deutschland etwas gemeinsam?
Es ist nicht so ganz anders, am Ende sind wir alle Menschen, aber es gibt unterschiedliche Kulturen. Die Araber sind nicht so wie die Deutschen. Die Araber sind mehr aktiv. Aber ich habe wirklich viele deutsche Freunde.

Wie findest du die Deutschen?
Ich bin immer gespannt auf alle. Ich liebe es, Menschen kennenzulernen, egal, ob Syrer oder von irgendwo. Für mich ist es überhaupt kein Problem, wenn jemand die gleiche Sprache spricht wie ich, dann sprechen wir gerne und werden so schnell Freunde.

Findest du die Deutschen auch leise?
Ja, ein bisschen leise. Manchmal, sag ich ganz ehrlich, auch ein bisschen

langweilig. Sie sollten sich ein bisschen mehr bewegen, aktiver werden. Alle sagen es.

Das finde ich auch.
Manchmal ist es auch gut. Aber die Jungen hier sind perfekt. Ich habe auch deutsche Freunde, die sehr aktiv sind. Ich habe drei gute Freunde, aber die anderen sind auch ein bisschen so kalt. Und die Deutschen haben immer keine Zeit. Die haben alle immer etwas zu tun. Sie organisieren alle irgendetwas. Die Araber machen das nicht, die haben immer Zeit. Deswegen ist es ein bisschen schwer manchmal, eine tiefe Kommunikation zu machen. Du siehst zum Beispiel die Deutschen nicht immer. Die Syrer immer, jeden Tag. Und deswegen gibt es keine tiefe Beziehung.

Fragen Deutsche dich auch so?
Die fragen mich viele Fragen, weil ich aus Syrien komme. Wenn ich Deutsche treffe, ist das so: „Hey, der kommt aus Syrien, mitten aus dem Krieg." Und die finden, dass ich interessant bin. Aber manchmal ist das nicht so gut, weil, wenn ich jemanden Neues kennenlerne, und er fragt: „Woher kommst du?", dann muss ich meine ganze Geschichte erzählen, weil er tausend Fragen hat. Manchmal bin ich gelangweilt, weil ich möchte nicht immer meine Erinnerung erinnern.

Hast du dich verändert, seitdem du in Deutschland bist?
Ja, auf jeden Fall, ich habe viele Leute hier kennengelernt. Das macht wirklich Spaß, dass ich mich immer mit anderen treffe, mit anderen Nationalitäten. Ich bin ganz offen auf der Welt.

Was erzählen deine syrischen Freunde, wie sie sich hier fühlen?
Meine Freunde sind wie ich ganz offen. Sie können sich sofort integrieren. Das ist, was ich wirklich mag. Es gibt auch viele Syrer, die können sich nicht integrieren. Manchmal ist die Sprache das Problem, manchmal die andere Kultur. Es ist unbewusst. Es gibt Leute, die haben keinen Mut, sich zu integrieren. Aber meine Freunde und ich, wir haben

die gleiche Meinung. Sie geben mir auch viel Motivation. „Ramiz, du musst lernen, du musst arbeiten." Das ist ganz gut. Das ist schön, wenn du Leute hast, die dich „schubsen".

Kannst du mir erzählen, was du in Deutschland interessant oder besonders gut findest?
Alle haben ihre Rechte. Auf der Straße kommt nicht einfach jemand, schlägt dich und geht weiter. Es gibt Gesetze. Es gibt viele Gesetze, und das ist, was ich wirklich mag. Am Anfang, als ich nach Deutschland gekommen bin, war das ein bisschen strange. Es war alles anders hier. Die Zukunft war so ein bisschen komisch, weil ich keinen „Aufenthalt" hatte, am Anfang habe ich zwei Monate gewartet. Aber dann bin ich nach Berlin gekommen, habe viele Leute kennengelernt und mich in einer Sprachschule angemeldet. Dann habe ich mich sehr schnell integriert. Einfach, weil ich das so mag. Es gibt sehr viele nette Leute, es gibt nicht so viele schlechte Leute hier. Alle Leute respektieren einander. Das ist wirklich gut.

Ich bin allein gekommen. Das hat mir viel Erfahrung gegeben. Das ist wirklich perfekt. Man wird so stark. Ich gehe arbeiten. Ich mache meine Schule. Man muss sich immer bewegen. Wir haben Krieg, aber man muss trotzdem weiterleben. Jetzt haben wir Sicherheit. Syrien ist ganz kaputt, aber wir können nichts machen. Das ist größer als wir. Es gibt hier auch Leute, die nicht denken, sie sagen nur: „Wir arbeiten und wir zahlen viele Steuern, und die Flüchtlingen nehmen die Steuern." Wir kommen nicht wegen der Steuern nach Deutschland. Wir wollen hier arbeiten. Wir sind nur wegen der Sicherheit geflüchtet, nicht wegen des Geldes. Syrien war ganz schlecht. Wenn du nur draußen vor deiner Haustür standest, konntest du sterben. Jetzt haben wir Sicherheit. Wenn das Jobcenter oder die Regierung uns Geld geben, dann ist das eine wichtige Hilfe für den Anfang. Aber wir wollen nicht immer Geld von der Regierung nehmen, wir wollen auch arbeiten. Die Deutschen haben uns geholfen, wir müssen ihnen auch helfen.

Möchtest du heiraten?
Ich weiß es nicht ... vielleicht in fünf, acht Jahren, aber nicht jetzt. Ich muss viel lernen, arbeiten, und danach heirate ich.

> „Wir sind wegen der Sicherheit geflüchtet, nicht wegen des Geldes. Wenn du nur draußen vor deiner Haustür standest, konntest du sterben."

Willst du eine Deutsche heiraten?
Wir haben eine andere Kultur. Ich habe in der syrischen Kultur gelebt. Ich habe ein bisschen in der deutschen Kultur gelebt, aber ich kann das jetzt nicht entscheiden, das braucht Zeit, das kann man nicht in zwei Jahren entscheiden. Man muss ein bisschen warten, bis ich sicher bin. Und was ist mit meiner Familie? Was würde sie sagen? Denn viele Araber denken, also das ist ein Vorurteil, dass die Deutschen schlecht sind, dass die Deutschen „haram" sind, schlechte Sachen machen – sie wissen es nicht besser, sie kennen die Deutschen ja nicht. Ich habe viele Erfahrungen mit den Deutschen. Die Deutschen sind ganz nett, die sind freundlich. Aber ich bin noch nicht sicher, ob ich eine Deutsche heirate. Das braucht noch Zeit. Vielleicht treffe ich jetzt eine Deutsche und verliebe mich, dann heirate ich sie. Vielleicht treffe ich eine Araberin.

Findest du gut, dass sie hier ohne zu heiraten zusammenleben?
Für uns ist es ein bisschen komisch. In unserer Kultur ist es nicht so wie in Deutschland. In unserer Kultur bleiben Mann und Frau immer zusammen, bis sie sterben. Es gibt Leute, die trennen sich, aber die sind ganz selten. Aber ich finde es gut, wenn man mit der Frau, die man liebt, zusammenwohnt. So entwickelt sich eine tiefe Beziehung. Ich mag nicht, wenn die Beziehung flach ist.

Und wie ist es mit der Religion?
Ich habe kein Problem mit Leuten, die eine andere Religion haben. Hier in Deutschland gibt es viele Kulturen. Du lebst in deiner Kultur und kannst in deiner Kultur auch bleiben. Man muss ein bisschen offen sein. Man darf nicht so eng … der ist Christ, dann sitze ich mit ihm nicht zusammen. Warum nicht? Wir können gemeinsam unseren Spaß haben, aber ich muss nicht Christ sein und er nicht Muslim. Man muss nicht Angst haben vor anderen Kulturen oder Religionen. Das ist kein Problem, wenn die anderen Leute eine andere Religion haben.

Es gibt auch viele Leute hier, die keine Religion haben.
Ja, ich habe auch viele Freunde, die keine Religion haben. Aber sie respektieren meine Religion. Und wenn die meine Religion respektieren, muss ich sie auch respektieren. Wenn du Respekt hast, haben die anderen auch Respekt vor dir. Dann haben wir kein Problem miteinander. Und das ist einfach meine Meinung über die Leute, die sich nicht integrieren können. Manchmal sitze ich mit meinen deutschen Freunden zusammen und sie machen zum Beispiel einen Witz über den Islam. Aber dann sagen sie zu mir: „Sorry, Ramiz", und dann hab ich kein Problem damit.

Sami aus Idlib, 19 Jahre

„Auch bei einer Hand sind nicht alle Finger gleich."

Wie bist du in Syrien aufgewachsen und wie kamst du dann nach Deutschland?
In Syrien war es sehr schön. Ich hatte meine Eltern, meine Geschwister, meine Freunde, meinen Opa und meine Oma in meiner Nähe. Die ganze Familie. Wir waren weder arm noch reich. Mein Vater war Ingenieur und meine Mutter Hausfrau. Ich bin mit meinen Geschwistern zur Schule gegangen. Das Mittagessen haben wir zusammen verbracht, danach haben wir mit unserer Mutter die Hausaufgaben gemacht. Sie hat uns viel beigebracht. Mein Vater kam dann abends zurück von der Arbeit. Wir haben häufig unsere Großeltern und Verwandten besucht. Häufig haben wir auch auf dem Feld unseres Opas ausgeholfen, zum Beispiel beim Pflücken der Oliven. Wir sollten jeden Tag eine Stunde in unserem Zimmer lernen. Unsere Schulbildung war für unsere Eltern wichtig. Nach dem Lernen konnten wir für ungefähr zwei Stunden mit den Nachbarkindern spielen. Es gab auch sehr oft Partys und Hochzeiten. Ich habe viele Verwandte, ungefähr 200. Jeden Monat gab es etwas Besonderes zu feiern, entweder ein Kind wurde geboren, jemand hat geheiratet, wir haben die Schule bestanden oder ein anderer Grund, jemandem zu gratulieren. Wenn wir uns auf eine große Feier nach dem Ende des Schuljahrs getroffen haben, wurde viel diskutiert: Wer ist durchgefallen? Wer wird die Universität besuchen? Warum können bestimmte Kinder nicht so gute Noten erbringen? Wer könnte ihnen helfen? Wir haben auch viele Lehrer und Ärzte in der Familie. Wenn es zum Beispiel hieß, dass ich eine Nachhilfe für das Fach Englisch brauchte, haben sich gleich mehrere Verwandte gemeldet, zu denen ich hätte gehen können. Die ganze Stadt kennt sich. Jeder kennt uns. Wir kennen jeden. Jeder hilft auch jedem. Dann brach der Krieg aus. Mein Vater hat seinen Job verlo-

ren. Ihm wurde gedroht, deswegen musste er den Job verlassen. Es wurden auch viele Bomben abgeworfen und ständig flogen Kampfflugzeuge über uns. Wir sind in eine andere Stadt geflohen. Doch in der anderen Stadt war die Lebenssituation die gleiche. Einmal wurde meinem Vater auch gedroht. Er sollte entweder ihnen sein Auto geben oder sie würden auf ihn schießen. Nach dieser Auseinandersetzung sind wir in die Türkei geflohen. Ein Mann, der uns über die Grenze gebracht hat, hat nur Dollar angenommen. Um 12 Uhr nachts sind wir angekommen. Dort haben sie uns herzlich willkommen geheißen und uns ein Zelt gegeben. Ich war damals 14 Jahre alt. Das war im Jahr 2012. Unsere ganze Familie hat in einem Zelt geschlafen. Das waren meine Schwester, meine vier Brüder, meine Eltern und ich. Es war sehr eng. Das Zelt war einfach zu klein für sieben Personen. Aber wir brauchten keine Angst mehr zu haben. Diese Erleichterung war sehr schön. Unsere Leute in den Camps haben eine Schule errichtet, damit wir lernen können. Meine Verwandten sind auch nachgekommen. Meine Großfamilie, meine Oma, meine Tante, Cousins und Cousinen bekamen Zelte in unserer Nähe. Es war wie in einer kleinen Stadt. Andere waren in anderen Camps, im Libanon oder in Jordanien. Am Anfang war es schön. Aber wir durften das Camp nicht verlassen. Wir sind drei Jahre lang nur im Camp geblieben.

 Ein junger Verwandter ist nach Deutschland geflohen. Er hat behauptet, dass man in Deutschland seine Ziele wirklich erreichen kann. Das hat er zu meiner Mutter gesagt. Daraufhin ist eine Diskussion zwischen meinem Vater und meiner Mutter entstanden. Er wollte nicht, dass jemand geht. Meine Mutter hat gesagt, dass nur ich nach Deutschland fliehen soll. Für eine sichere Zukunft. „Was soll er denn hier machen? Er hat keine Lust, hier zu lernen", hat sie gesagt. Es war so, dass wir nur ein Zelt für die ganze Familie hatten. Meine Eltern haben auch ein neues Kind bekommen, ein Mädchen. Sie hat die ganze Zeit geweint. Jeden Tag. Ich konnte nicht lernen. Nur in der Nacht vielleicht eine Stunde. Ich konnte mich überhaupt nicht konzentrieren. Deswegen hat meine Mutter nicht aufgehört, mit ihm zu diskutieren. Nach ungefähr zwei Wochen konnte sie meinen Vater überreden. Er hat sich Geld geliehen, damit ich fliehen konnte. Das brauchte viel Geld, was wir nicht hatten.

Er war sehr wütend und auch sehr traurig. Mein Opa wollte, dass ich nach Deutschland fliehe. Meine Oma nicht. Mein Opa hat zu mir gesagt: „Als ich 15 Jahre alt war, bin ich auch in den Libanon gegangen. Allein. Das war nicht einfach. Aber ich habe es geschafft. Du bist wie dein Opa, du wirst das auch schaffen. Wenn du zurückkommst, musst du ein Zeugnis in der Hand haben. Es ist gut, wenn du in Deutschland eine sichere Zukunft hast." Ich bin dann zu dem Bus gelaufen, der mich nach Istanbul bringen sollte. In Istanbul sind wir dann weiter über das Meer nach Griechenland. Beim ersten Mal wurden wir in der Mitte des Meeres von der Polizei entdeckt. Sie haben „STOPP" gerufen. Wir sind einfach weitergefahren. Dann haben sie mit dem Messer das Boot zerstört. Wir waren 50 Menschen. Es waren Kinder, alte Leute und Frauen dabei. Wir sind alle ins Meer gesunken. Das Wasser war sehr salzig, beim Versuch zu schwimmen haben wir es auch getrunken. Wir haben auch Benzin getrunken. Das Benzin des Bootes hatte sich mit dem Wasser vermischt. Niemand ist zum Glück gestorben. Die Polizei hat uns zurück nach Istanbul gebracht. Beim dritten Versuch, das Mittelmeer zu überqueren, haben wir es schließlich geschafft.

In Griechenland habe ich viele Menschen kennengelernt. Sie waren sehr offen. Wir hatten keine Übernachtungsmöglichkeit. Wir haben auf der Straße oder unter einem Baum geschlafen. Wie Obdachlose. Insgesamt war ich zehn Tage in Griechenland, in Serbien zwei bis drei Tage, in Ungarn zehn Tage, und dann wollte ich mit der Bahn nach Österreich fahren. Dazu habe ich ein Ticket gekauft. Das hat mich 125 Euro gekostet. 200 Euro hatte ich noch. Doch der Bahnhof war an dem Tag gesperrt. Vor lauter Wut habe ich mein Ticket zerrissen. Was mache ich jetzt? Ich musste auch etwas essen und habe deswegen mein Geld aufgebraucht. Mein Vater hat mit jemandem geredet. Er meinte, ich könnte mit einem Taxi von Ungarn nach Österreich fahren. Das kostet 200 bis 300 Euro. Mein Vater wollte das Geld schicken. Ich habe dieses Angebot verneint. Er würde es sich wieder leihen müssen. Ich bin zu Fuß nach Österreich gelaufen. Von acht Uhr morgens bis 12 Uhr nachts. Damit hatte ich die Hälfte des Weges geschafft. Mein Fuß war sehr dick. Er tat auch sehr weh. Ich konnte nicht mehr laufen. Ich habe um halb eins einen Bus bekommen. Von Österreich aus habe ich einen Zug nach München genommen. In Deutschland war es ganz anders. Ich kannte niemanden. Ich hatte auch kein Geld. Ich brauchte ein Ticket nach Frankfurt. Mein Vater hat mir gesagt, in Frankfurt würde es mir besser gehen. Mein Vater hat das Geld im Camp aufgetrieben und mir über Bekannte geschickt. In Frankfurt habe ich mich registriert. Ich wurde dann nach Gießen geschickt. Dort habe ich einen Monat allein verbracht und viele Menschen kennengelernt. Danach war ich im Camp in Marburg. Dort habe ich die Hoffnung verloren. Was soll ich hier tun? Das war das gleiche Gefühl wie in der Türkei. Mein Vater hat zu mir gesagt, ich soll warten. Vielleicht bessert sich die Situation. Aber ich habe angefangen, die deutsche Sprache zu lernen. Ich brauche nämlich den Kontakt zu Menschen, deswegen musste ich Deutsch sprechen lernen. Manchmal habe ich mich mit den Menschen in meiner Umgebung gut verstanden, manchmal nicht. Dort habe ich auch Sami, Michretab, Abed und Moallem kennengelernt. Gott sei Dank. Wir waren drei Monate in Flüchtlingszelten in Marburg. Weil wir alle unter 18 Jahre alt waren, kamen wir in eine Wohngruppe. Ich brauchte viel Zeit, um die deutsche Sprache zu lernen. In den ersten sechs Monaten hatte ich nur Kontakt zu meinen Betreuern. Wir hatten sonst keinen Kontakt zu anderen Leuten. Wir haben nur als gemeinsame Wohngruppe etwas unternommen und uns vor allem auf Arabisch unterhalten. Aber langsam lernen wir die Sprache und die Tradition der Deutschen. Wir haben auch zusammen ein Projekt gemacht. Wir haben von unserer Flucht erzählt und uns Fragen gestellt: Was will ich? Was habe ich? Welche Ziele habe ich? Was will ich lernen? Mir sind vor allem meine und die Zukunft meiner Familie wichtig. Ich möchte auch den Kontakt zu den Menschen in meiner Umgebung pflegen. Wie kann ich mit ihnen umgehen? Was hassen sie? Was lieben sie? Was denken sie über uns? Was passiert, wenn wir einen Fehler machen? Ich möchte den Vorschlag machen, dass man zu uns geduldig ist, wenn wir Fehler machen. Dann können wir uns auch verbessern. Wir kennen viele Dinge nicht. Wir wollen und wir müssen diese Dinge auch lernen. Und wir wollen auch, dass die Menschen in unserer Umgebung mit uns zufrieden sind.

Wenn manchmal ein Mensch einen Fehler macht, wird das gleich auf alle Flüchtlinge verallgemeinert. Aber es ist nun mal so, dass manche gut und manche schlecht sind. Es ist so, dass bei einer Hand nicht alle Finger gleich sind. Jeder Finger ist anders. Das ist auch bei den Völkern der Fall. Und wer einen Fehler macht, der kann sich verbessern. Manche verhalten sich schlecht, wollen aber gut sein. Dafür brauchen wir eure Hilfe. Als Menschen, die hier neu angekommen sind.

Was hast du jetzt für Wünsche und Ziele?
Mein Ziel war es immer, ein Arzt zu werden. Das hat bei uns einen hohen Stellenwert. Das war schon in meiner Kindheit mein Ziel. Ich will auch die deutsche Kultur kennenlernen. Was die Deutschen hassen. Was die Deutschen lieben. Ihre Traditionen kennenlernen. Die Deutschen sind tolle Menschen. Sie haben ein gutes Herz. Sie haben auch Mitgefühl füreinander. Medizin zu studieren dauert sehr lange, wurde mir gesagt. Meine Familie braucht mich und braucht meine Hilfe. Ich möchte erst mal eine Ausbildung machen und arbeiten. Meine Ausbildung muss im Krankenhaus sein, weil mein Opa sich das wünscht, damit ich den Menschen helfe.

Was hassen und lieben die Deutschen? Hast du das schon herausgefunden?
Sie hassen es, wenn man unpünktlich ist. Bei uns ist das entspannter. Wenn du sagst, du kommst in fünf Minuten, kann es sein, dass du erst in einer Stunde kommst. Außerdem haben sie Respekt füreinander, egal, wer man ist. Ob klein oder groß, berufstätig oder nicht, obdachlos oder nicht, ein Mädchen oder ein Junge.

Was machst du gerade?
Gerade mache ich die Realschule. Da lerne ich viele Leute kennen. Aus Eritrea, Afghanistan, Griechenland, Albanien. Gerade bereite ich mich auf eine mögliche Ausbildung vor. Und ich verbringe viel Zeit in meiner Wohngruppe. Mit ihnen verstehe ich mich sehr gut. Es ist wie in einer neuen Familie mit netten Leuten. Meine Betreuer sind für

mich meine großen Schwestern und Brüder. Wir nehmen von ihnen Vorschläge und Tipps an. Wir lernen, was sie uns beibringen wollen. Außerdem veranstalten wir hier einmal im Monat ein Begegnungscafé. Dann können unsere Nachbarn uns kennenlernen und wir sie. In meiner Freizeit mache ich einen Stadtbummel, spiele Theater. Wir werden auch bald ein Stück in Marburg aufführen. Das ist ziemlich cool und macht viel Spaß. Wir treffen uns jeden Samstag. Ich spiele auch jeden Freitag und Dienstag Basketball und montags und donnerstags Badminton. Und wenn ich Zeit habe, helfe ich den Nachbarn. Zum Beispiel der Barbara beim Blumen pflanzen, Rasen mähen oder indem ich mit Spike spiele. Das ist ihr Hund. Und sonst spielen wir auch oft in unserer Wohngruppe Fußball, wie du das eben gesehen hast. Nach der Schule haben wir Unterricht. Wir dürfen erst ab 17 Uhr rausgehen.

„Manche verhalten sich schlecht, wollen aber gut sein. Dafür brauchen wir eure Hilfe. Als Menschen, die hier neu angekommen sind."

Hast du Sorgen?
Ich denke viel an meine Zukunft und an meine Ziele, die ich mir gesetzt habe. Was ist, wenn ich meine Ziele nicht schaffe? Was passiert meinen Eltern? Meinem Opa? Vielleicht sagt der deutsche Staat, ich muss Deutschland verlassen und in mein Land zurück. Ich habe bis jetzt keinen Pass, sondern nur eine Aufenthaltsgenehmigung von sechs Monaten. Das bereitet mir große Sorgen. Ich habe das Gefühl, manchmal geht es einen Schritt voran und dann wieder einen Schritt zurück. Aber ich höre nicht auf zu lernen.

Welche Gedanken machst du dir um deine Familie?
Meine Familie hat kein Geld. Meine Eltern könnten meinen Fluchtweg nicht überleben, zum Beispiel dreimal versuchen, das Mittelmeer

zu überqueren. Oder auf der Straße zu schlafen. Manchmal arbeitet mein Vater, bekommt aber kein Geld. Wenn du dort arbeitest, ist dein Gehalt eine Glückssache. Sie sind raus aus dem Camp und haben sich eine Wohnung gemietet. Mein Bruder ist mittlerweile auch in Deutschland. Er ist drei Monate nach mir gekommen. Ich habe erzählt, wie ich hier lebe. Mein Vater hat sich für seine Flucht auch Geld geliehen. Er hat eine sehr schlimme Flucht erlebt. Er ist gerade bei mir in der Wohngruppe. Wir warten darauf, dass unsere Zukunft sicher wird. Wir warten darauf, dass es keinen Krieg mehr gibt, kein Leid. Mein Bruder, der hier ist, hat auch Ziele. Er möchte im Krankenhaus arbeiten oder Erzieher werden. Wir denken immer an unsere Familie. Warum wir die Möglichkeit haben, ein anderes Leben zu führen, und sie nicht. Unsere Situation hat sich verändert, ihre nicht. Wir brauchen nicht mehr zu leiden, sie schon. Manchmal gucken wir uns an und denken an sie. Wir denken uns in ihre Situation hinein und können das nicht aushalten. Warum ist die Situation so, wie sie ist? Warum können wir nicht zurückgehen? Unser Leben nach dem Ausbruch des Krieges war sehr schlecht. Wir hatten in Syrien und in der Türkei keine Hoffnung mehr. Wir haben auf den Tod gewartet. Warum leben wir? Um zu essen und im Zelt zu sitzen? Um zu arbeiten, ohne Geld zu erhalten?

> „Wir denken immer an unsere Familie. Warum wir die Möglichkeit haben, ein anderes Leben zu führen, und sie nicht. Unsere Situation hat sich verändert, ihre nicht. Wir brauchen nicht mehr zu leiden, sie schon."

Warum hast du dem Interview zugestimmt?
Viele Menschen denken das Falsche über uns. Dass wir nicht arbeiten wollen. Aber das stimmt nicht. Jeder hat ein Ziel. Wir wollen lernen. Wir hatten Jobs. Und Menschen um uns herum, die wir verloren haben. Wir hatten viel Angst. Wir wollen nur in Sicherheit leben. Ich will

einen Einblick geben in mein Leben, in meine Gedanken. Ich wollte erklären, was ich hier mache. Und ich wollte mitteilen: Unser Land war sehr schön. Ich habe großes Heimweh, vor allem nachts. Da denken wir an unser Land. An das Land, in dem wir geboren wurden.

Du bist ganz allein geflohen. Inwiefern hat dich das verändert?
Es hat mich sehr verändert. Vor meiner Reise war ich wie ein Kind, ich war auch unter 18 Jahren. Und ich bin ganz allein geflohen. Und das auch noch über das Mittelmeer. Über einen Monat habe ich es probiert. Und dann nach Deutschland ganz allein. Ich hatte Angst. Ich war für alles verantwortlich. Aber es hat auch dazu geführt, dass ich erwachsen geworden bin. Und mehr Verantwortungsbewusstsein habe als früher. Die Flucht war ein weiter Weg, aber auch ein weiter Weg in meiner Entwicklung.

Haben Syrien und Deutschland Unterschiede?
Sie haben viel zu viele Unterschiede. Die kann ich dir gar nicht erzählen. Ich weiß nicht, wo ich anfangen soll. Zum Beispiel ist der Kontakt mit der Familie, den Verwandten und den Nachbarn anders. Hier sieht man seine Nachbarn nie. Man nickt sich vielleicht zu, falls man sich zufällig draußen begegnet. Aber in Syrien ist das anders. Da kennst du deine Nachbarn und begrüßt sie auch. Sie kommen vorbei und trinken Tee oder einen Kaffee und bleiben eine Stunde. Man unterhält sich länger.

Was ist typisch syrisch?
Es gibt sehr viele syrische Sachen. Zum Beispiel ist der Freitag ein besonderer Tag in Syrien. Man geht zur Moschee und betet. Danach unterhält man sich mit den Menschen. Man lädt die anderen ein und man wird eingeladen. Hier in Deutschland ist das nicht so. Du hast gar keine Chance, zur Moschee zu gehen. Die Zeit drängt und bewegt die Menschen. Hier arbeitet man nur, geht schlafen, arbeiten, schlafen, arbeiten, schlafen. Dann steht das Wochenende an. Ich habe keine Ahnung, was die Menschen hier dann machen und wohin sie gehen. Manche

Menschen müssen auch am Wochenende arbeiten. Und die anderen Menschen sieht man nicht. Man ist ein Geist, der arbeitet und schläft. Und nicht mehr tut. In Syrien ist das nicht so. Du arbeitest da auch. In unserer Region wurde zum Beispiel viel mit Oliven gearbeitet. Aber nach der Arbeit besucht man sich gegenseitig. Du bleibst bis zwölf Uhr, obwohl du um sechs Uhr früh aufstehen musst.

Was ist typisch deutsch?
Man lernt hier immer. Man ruht sich nicht aus. Bei uns ist das nicht so. Wir besuchen die Uni und haben danach einen festen Job. In Deutschland bist du damit nicht fertig. Du veränderst dich ständig. Du machst eine neue Ausbildung oder studierst noch mal. In Syrien ist ein Job genug, dann heiratest du, kriegst Kinder. Das finde ich schlecht und gut. Man sollte schon lernen, aber seine Zeit auch genießen.

Saria aus Deir Alzour, 38 Jahre

„Den Geruch unseres Kaffees vermisse ich jeden Tag."

Wie bist du nach Deutschland gekommen?
Ich bin von Damaskus nach Beirut mit dem Auto gefahren. Diese Reise dauerte sechs Stunden und ich war in Beirut für eine Woche vor dem Flug. Ich dachte, es ist eine gute Zeit, um eine Entscheidung zu treffen, ob ich wirklich nach Deutschland will oder zurückgehe nach Damaskus. Weil ich meine Familie in Damaskus gelassen habe. Sie sind bis jetzt in Damaskus, und ich fühle mich ein bisschen schuldig. Aber vielleicht eine Stunde vor dem Flug habe ich gesagt, ich mache das. Ich gehe nach Deutschland. Das war am 9. September 2013.

Bist du illegal gefahren?
Nein, legal mit offiziellen Papieren und Visum. Ich hatte ein Stipendium, das heißt IDB MERIT für muslimische Forscher. Du musst dich zuerst in deinem Heimatinstitut bewerben und deine Bewerbung senden ans Ministerium für Bildung und Forschung in Syrien. Dort wird alles überprüft und dann senden die syrischen Beamten die Bewerbungen nach Saudi-Arabien. Ich war auch in Damaskus mit einer Doktorarbeit beschäftigt, aber durch die Bombardierung des Labors an unserem Institut wurde es völlig zerstört. Mein Supervisor hat gesagt: „Wir haben einige gute Kandidaten und ihr braucht Möglichkeiten, im Ausland zu lernen, wir versuchen es und wir werden sehen." Zwei oder drei Wochen später haben sie mir mitgeteilt, du bist auf der Shortlist, aber du brauchst noch ein Exposé, alle Formalitäten. Ein Gespräch gab es nicht, nur ein paar Fragen via E-Mail. Und dann haben sie mir eine Bestätigung für einen Jahresaufenthalt an einer Institution in Amerika oder Europa geschickt. Ich hatte schon Kontakt zur Humboldt-Universität, und meine betreuende Professorin hat gesagt, das Projekt kos-

tet aber viel Geld. Wir haben mit meinem Stipendium-Beauftragten gesprochen und sie haben mir 30.000 Euro für die Forschung gegeben. Das war sehr gut! Ich hatte großes Glück. Und so schreibe ich jetzt an meiner Doktorarbeit zum Thema „Die genetische Diversität der Araber-Pferde" im Fach Molekularbiologie an der Humboldt-Universität.

Ist deine Familie noch in Syrien?
Ja, meine Mutter und die Geschwister. Ich habe drei Schwestern und einen Bruder. Ich bin die Älteste. Meine älteste Schwester ist Richterin. Sie wohnt in Damaskus mit ihrem Mann und ihrer kleinen Tochter. Die nächste wohnt in Abu Dhabi mit ihrem Mann und sie hat einen Jungen. Sie hat Administration Management studiert, aber sie arbeitet nicht. Und die jüngste Schwester studiert Medizin in Damaskus im fünften Jahr. Mein Bruder studiert Zahnmedizin im ersten Jahr an der Universität. Er ist achtzehn Jahre alt.

Ihr seid alle Akademikerinnen …
Ja, in Syrien hast du nicht so viele Möglichkeiten. Wir sind keine reiche Familie, eher Mittelschicht. Wir müssen lernen und arbeiten und Geld verdienen.

Reiche Familien müssen auch lernen, um Geld zu verdienen.
Manche Leute von der alten Generation haben sehr gut gelernt. Die jetzigen reichen Familien haben immer andere Strategien. Sie haben immer andere Wege, um mehr Geld zu haben – im Krieg wie im Frieden. Mit Rebellen verdienen sie Geld. Mit dem Regime verdienen sie Geld. Sie haben einen sehr guten Markt jetzt im Krieg. Nur die armen Leute sind immer die Verlierer. Aber ich bin dankbar, ich bin nicht von einer reichen Familie. Auch nicht von einer armen, eher so Mitte. Und da ist eine gute Bildung sehr wichtig.

Was hast du aus Syrien mitgebracht?
Meinen Koffer – einen kleinen Koffer, 30 Kilo. Da drin war meine einzige Sache, die ich aus Syrien mitgebracht habe, ein Seidenschal (die

feinste Damastqualität), handgemacht. Das ist sehr schön. Dann habe ich noch ein paar Fotos von der Familie. Und ich habe ein paar meiner Lieblingsbücher mitgebracht. Ich studiere ja über Pferde, ich interessiere mich für die Kultur und die Geschichte der arabischen Pferde. Ich habe viele Geschichten gelesen, wie loyal Pferde sein können.

Was von deiner Kultur hast du mitgebracht?
Essen. Ich koche gerne, und mein Mann genießt und liebt das. Ich koche auch oft für Freunde. Ich habe auch Geschichten mitgebracht, die ich als Kind gehört habe. In meiner Kindheit haben mir mein Vater und meine Großmutter viele Geschichten erzählt. Die sind noch immer in meinem Kopf und ich werde sie nie vergessen.

An was erinnerst du dich noch aus deiner Kindheit?
An meine Freunde. Ich war zum Beispiel mit einem Mädchen aus Damaskus befreundet im Kindergarten. Sie war taub. Ich war im Kindergarten mit meinem kleinen Geschichtenbuch und habe dem Mädchen immer vorgelesen. Sie war immer bei mir und hat zugehört; also sie konnte eigentlich nicht hören, aber sie war mit mir befreundet, sie war einfach immer bei mir. Wir waren immer zusammen vom Kindergarten bis in die dritte Klasse. Wir waren sehr gute Freundinnen.

Wo ist sie jetzt?
Ich weiß es nicht. Nach der dritten Klasse sind wir mit der Familie umgezogen.

Wie stellst du dir deine Zukunft in Deutschland vor?
Ich muss ehrlich sagen, dass ich bis jetzt keine bestimmte oder klare Vision habe. Aber auf jeden Fall bin ich eine ‚hard working woman'. Ich muss auf jeden Fall arbeiten, und durch diese Arbeit kann ich das Leben kennenlernen. Ich muss ein bisschen warten und sehen.

Wie ist es, in Deutschland zu leben? Ist es einfach oder nicht einfach?
Es ist einfach und nicht einfach. In manchen Sachen ist es nicht so kom-

pliziert. Was du willst, kannst du haben – es ist einfach. Aber die Kleinigkeiten, die du wirklich willst, die speziellen Sachen gibt es nur in der Heimat. Und die bleiben da. Kleine Sachen, kleine Momente, du kannst das hier nicht wirklich fühlen.

Hast du ein Beispiel?
Kaffee trinken. Sie haben hier in Deutschland tolle Kaffeesorten, aber ich vermisse die Zeit nach dem Mittagessen. Meine Mutter hat immer eine halbe Stunde geschlafen, und danach haben wir einen Kaffee für die ganze Familie gekocht. Es ist ein ganz spezieller halbgerösteter Kaffee mit Kardamon.

Wie bei uns in Eritrea!
Wir rösten zuerst die Kaffeebohnen mit einem bisschen Kardamon … Es ist eine Zeremonie, und in dieser Zeit erzählen wir Geschichten über unseren Job, unsere Beziehungen, unsere Liebe, unsere Freunde, und manchmal kommen die Nachbarn, spontan, ohne Termin. Dieser Geruch des Kaffees … also das vermisse ich zum Beispiel jeden Tag.

Ist es einfach, deutsche Leute kennenzulernen? Sind die Leute freundlich?
Für mich war es immer einfach. Also ich habe keine Erwartungen an die Leute. Ich sage immer: „Hallo, wie geht's?" Manche deutschen Leute sind ein bisschen distanziert zu Fremden, ein bisschen vorsichtig. Das dauert dann vielleicht drei, fünf Minuten, bis es funktioniert. Aber du musst wirklich ehrlich sein. Sie sind sehr schlau, die Deutschen. Sie können einfach fühlen, wenn du lügst. Das ist meine Erfahrung. Weil sie direkt sind, sie spielen nicht. Ich denke, das ist die deutsche Kultur. Bei uns in Syrien ist es eine ganz andere Geschichte.

Wie denn?
In Syrien ist es einfach, „Hallo" zu sagen. Du kannst dich in einem Restaurant einfach zu fremden Leuten setzen und mit ihnen sprechen und Kaffee trinken und dann „Tschüss" sagen und vielleicht sie ein anderes

Mal wiedertreffen und dann seid ihr schon Freunde. Es ist sehr einfach. Als fremde Person hier in Deutschland hast du ein bisschen Angst. Aber man muss locker und klug sein ... open minded.

Wie wichtig ist Religion für dich?
Als orientalische Frau ist sie ein Teil von mir. Religion ist unbedingt wichtig in unserem Leben, weil sie auch einen Lifestyle darstellt. Ohne Religion geht bei uns nichts, es ist ein System. Aber ich praktiziere sie nicht. Wir sind eine liberale Familie. Ich mag Ramadan, es ist eine Familiensache. Aber ich faste nicht regelmäßig. Also ich kann nicht zwanzig Stunden ohne Essen, ohne Trinken sein, das geht nicht. Ich habe meine eigenen Fastenregeln.

„Wie können die, die heute Krieg gegeneinander führen, noch mal zusammenleben?"

Du trägst auch kein Kopftuch?
Nein. In den Großstädten wird nicht unbedingt Kopftuch getragen, eher in den Dörfern, oder nur die konservativen Leute machen das. In meiner Familie machen wir das nicht.

Interessierst du dich für Politik?
Ja, auf jeden Fall. Ich höre die Nachrichten und lese Bücher. Ich versuche, diese Katastrophe in meinem Land zu analysieren und zu verstehen. Wie läuft es zwischen den verschiedenen Religionen vorher und jetzt? Und was kann man in der Zukunft erwarten nach diesem Krieg? Die Zukunft ist abhängig von diesem Punkt: Wie können die, die heute Krieg gegeneinander führen, noch mal zusammen leben? Viele sind gestorben in den letzten Jahren – von allen Religionen.

Wie viele Religionen gibt es?
Es gibt Muslime, Juden, Christen. Unter den Muslimen gibt es Schiiten,

Alawiten, Sunniten, Ismailiten und Drusen. Bei den Christen gibt es Katholiken und Orthodoxe, Assyrer, und dann gibt es noch die kurdischen Jesiden. Und das sind nicht nur Religionen, sondern immer auch andere Kulturen. Syrien ist wie ein Acker, darin hast du verschiedene Bäume mit verschiedenen Farben und Früchten und das ist wunderschön. Und wenn eine Farbe weg ist, ist alles trist und sie fehlt. Eine Kultur zu verlieren ist schlimmer als Krieg. Wenn wir nach Syrien zurückgehen, wie können wir noch mal zusammenleben? Ich habe keine Ahnung. Vorher haben wir immer zusammengelebt, meine Freunde kamen von verschiedenen Stämmen, verschiedenen Religionen. Zum Beispiel feiern die Alawiten und Christen das Barbara-Fest, das ist ein Tausende Jahre altes Fest in Syrien, Libanon, Palästina, Jordanien und der Türkei. Sie machen Essen für alle Leute, egal von welcher Religion. Beim Ramadan-Fest bekommen wir viele Süßigkeiten von den Nachbarn – und sie sind Christen. Sie essen und rauchen dann nicht auf der Straße, sie unterstützen uns beim Fasten. Das letzte Weihnachten war ich zu Gast bei einer christlichen Familie. In Damaskus stehen die Kirche und die Moschee nebeneinander, sie haben eine gemeinsame Wand. Auch in den Dörfern haben wir friedlich zusammengelebt, die meisten sind offen. Alle genießen das Leben. Wenn du heute feierst und deine Nachbarn feiern morgen, dann hast du zwei Feiern und du kannst das Leben doppelt genießen. Jetzt ist durch den Krieg so viel Hass da, so viel Blut, sie hören sich nicht mehr zu, sie reden und feiern nicht mehr miteinander. Aber wir müssen jetzt ein Ende finden. Die große Frage ist, wie können die Leute nach dem Krieg wieder zusammenleben? Kommen sie als Freunde? Können sie vergessen? Ich versuche, immer in die Zukunft zu sehen. Man muss ein Ende mit dem Krieg machen, danach kann man eine Lösung finden. Jetzt momentan gibt es keine Lösung. Ich weiß nicht, wie ich später weiter mit diesen Leuten sprechen soll.

Wie viele Gruppen gibt es im Krieg in Syrien?
Das Militär, Rebellen, ISIS und mehr als 100 Milizen. Sie stehlen, sie entführen Leute. Sie gehören keiner bestimmten Religion an, sie profitieren. Plus Hisbollah, die Amerikaner, die Russen, Saudi-Arabien, Iran,

Türkei ... Niemand von denen hilft den Syrern in diesem Krieg. Sie wollen alle profitieren und mehr Waffen verkaufen.

Was hast du selbst vom Krieg erlebt?
Oh, mein Gott, ich habe viel gesehen, viel zu viel ... – Kinder ohne Eltern, auch Teile von Damaskus wurden total bombardiert. Ich habe viele tote Leute gesehen in den Straßen, in den Krankenwagen. Wir waren im westlichen Teil von Damaskus, das heißt Sahnaya, und da gibt es eine Kirche und in dieser Kirche waren fünfzig kleine Kinder aus Homs, die ihre Eltern verloren hatten. Sie waren da, um Hilfe zu bekommen, ein Bett und Essen und so weiter. Wir waren freiwillige Helfer einer NGO. Ein Mädchen kam zu mir und sagte: „Du trägst den gleichen Rock wie meine Mama." Ich konnte nichts darauf sagen. Sie hatte nicht verstanden, dass sie ihre Mama verloren hat.

Niemand schützt die Leute?
Manche Leute machen das. Die Moscheen, die Kirchen und NGOs machen das. Es gibt keinen Platz für alle Leute. Und manche Leute wollen wirklich zu Hause bleiben und dort sterben, sie haben keine andere Möglichkeit. Sie haben kein Geld.

Wie bleibst du im Kontakt mit deiner Familie in Damaskus? Über Skype?
Mit der Familie ist es besser über Telefon, weil es ist nicht einfach mit dem Internetzugang, es klappt oft nicht mit *Skype*. Wir rufen uns einmal pro Woche an. Wenn es klappt mit *WhatsApp*, schreiben wir uns sehr kurz einmal pro Tag. Und mit meinen Freunden hier in Deutschland möchte ich mich immer gerne treffen, aber sie haben nicht so viel Zeit. Wir kommunizieren deshalb immer über *Facebook* oder *WhatsApp*. Also für mich ist Social Media ganz wichtig.

Wenn ihr telefoniert, was erzählst du deiner Familie von dir?
Nichts. Wenn ich ein Problem habe – sie haben viele. Und wenn ich krank bin – sie sind auch krank, haben keine Versicherung. Und ich

will nicht zu viel nachdenken, das ist nicht gut. Das macht zu viel Stress für meine Mutter.

Aber trotzdem wollen sie was von dir hören?
Ja, auf jeden Fall. Ich bin an der Universität, das interessiert sie natürlich, wie das so ist, und als ich den Plan hatte zu heiraten, waren sie sehr glücklich und „schick uns Fotos" und so weiter. Mein Mann hat mit meiner Mutter vor der Hochzeit zwei Mal gesprochen.

Welche Religion hat dein Mann?
Mein Mann ist Christ.

Hast du deiner Familie erzählt, dass er Christ ist? Finden sie das okay?
Wir haben viele in der Familie, die Christen geheiratet haben. Wir sind Sunniten und meine Schwester hat einen Alawiten geheiratet. Wir haben kein Problem, überhaupt nicht, das ist normal. Mein Mann hat keine Erfahrung mit arabischen Frauen. Er war drei Mal in Marokko als Tourist. Er hat mir viel von Marokko erzählt, wie schön es dort ist. Aber er wusste nichts über die Kultur. In den letzten zwei Jahren haben wir viel von unserer Kultur erzählt, auch vom Koran. Er wusste nicht, dass Maria, die Mutter von Jesus, in einer Sure im Koran vorkommt. Das gehört uns auch, nicht nur dem Christentum. Er hat mit seiner Familie darüber gesprochen. Und ich habe auch vieles von seiner Mutter gelernt. In Syrien ist es ein Familiensystem – du bist immer drin in der Familie. Aber es gibt auch verschiedene Familiensysteme hier in Deutschland – wie sie die Familie sammeln, wie sie miteinander sprechen, wer macht was wann. Das ist schön zu lernen. Beide Seiten können voneinander lernen, nicht nur die Flüchtlinge. Dieses Miteinandersprechen ist wichtiger als integrieren. Fragen zu stellen. Ich war immer eine aktive Person in Syrien, aber meine Erfahrung hier in Deutschland bringt mir viele neue Erfahrungen. Man ändert sich.

Tarek aus Damaskus, 22 Jahre

„Verglichen mit Deutschland gibt es in Syrien viel mehr Kulturen."

Wie bist du in Syrien aufgewachsen und wie bist du nach Deutschland gekommen?
Ich bin in Damaskus geboren und habe bis zum 19. Lebensjahr in Syrien gelebt. Meine Eltern sind auch in Damaskus aufgewachsen. Aber meine Großeltern beidseitig kommen aus anderen Städten, Baniyas und Kasab. Das sind zwei Städte an der Küste in Syrien. Das ist relativ wichtig in einer Kultur wie der in Syrien. Auch, wenn deine Eltern in Damaskus aufgewachsen sind und du selbst in Damaskus aufgewachsen bist, heißt es nicht, dass du aus Damaskus kommst. Du wirst immer gefragt, wo dein Vater herkommt. Ähnlich wie hier in Deutschland, wenn du einen Migrationshintergrund hast. Wenn mich jemand in Deutschland fragt, wo ich herkomme, dann sage ich natürlich Damaskus. Aber in Damaskus wird man schon genauer gefragt. Dort komme ich dann aus Baniyas. Das ist in der syrischen Kultur so. Es sind fast alles Muslime und Christen in dem Land. Juden gibt es in Syrien fast nicht mehr, nur noch zwei Familien in der Altstadt in Damaskus. Die meisten Muslime sind Sunniten, dann gibt es die Alawiten und noch die kleineren Gruppen. Es gibt ganz viele Minderheiten in Syrien. Christen und Alawiten machen jeweils 10 Prozent aus. Unsere Familie sind Alawiten. Alawiten sind nicht mehr so beliebt, wegen der religiösen Unterschiede oder anderem. Ich weiß es nicht genau, ich bin halt nicht so religiös. Ich weiß schon, welche religiösen Unterschiede es zwischen Alawiten und Sunniten gibt, aber es ist mir egal. Nicht nur wegen der religiösen Unterschiede, sondern auch wegen des Staatschefs gibt es große Spannungen zwischen Alawiten und Sunniten. Der Präsident ist Alawit, die Mehrheit der Bevölkerung sind Sunniten, deswegen wollen alle wissen, welche Religionszugehörigkeit du hast. Wenn du Alawit bist, könnte

es sein, dass du oder deine Eltern in der Regierung arbeiten. Davor haben die Menschen Angst. Es ist gar nicht so sehr wahrscheinlich, dass dem so ist, aber viele denken, wenn du erzählst, dass du Alawit bist, dass dein Vater im Militär arbeitet oder eine Aufgabe in der Regierung hat und davon profitiert.

Ich war in verschiedenen Schulen in Syrien. Von der ersten bis zwölften Klasse war ich in acht Schulen. Wir sind aber nur zweimal umgezogen. Meine Eltern wollten, dass ich verschiedene Schulen probiere. Einmal hatten sie die Idee, dass ich in eine christliche Schule gehe, und dann sollte ich zu einer internationalen Schule gehen, dann in eine andere internationale Schule, dann in eine Abischule. Das muss man sich mal vorstellen. In Damaskus gibt es alles. Wir haben in Damaskus in der Mitte gewohnt. Genauso wie es in Berlin einen Bezirk „Mitte" gibt, gibt es in Damaskus das „Zentrum". Das ist der Stadtteil, der nicht zerstört wird. Der wird vom Regime kontrolliert. Die meiste Zeit habe ich dort gewohnt. Einmal sind wir zu einem Vorort gezogen, in dem es nur Einfamilienhäuser gibt. Normalerweise gibt es in der Stadt nämlich nur Wohnungen, keine Häuser mit Garten. Es ist alles zu eng in der Stadt und es gibt keinen Platz dafür. Draußen, im Vorort, war es schön. Wir hatten ein Haus mit Garten. Es war auch ruhig. War ein cooler Ort.

Ich habe nach dem Abitur ein Medizinstudium in Damaskus angefangen. Meine Eltern sind beide Ärzte. Mein Vater ist früh gestorben, schon vor acht Jahren. Meine Mutter arbeitet noch als Ärztin in Damaskus. Meine Schwester studiert in Damaskus Wirtschaft. Es gab in Syrien vor dem Krieg eine große Mittelschicht, die Reichen, die Superreichen und die Armen. Ich würde meine Familie und mich zwischen Mittelschicht und reich einsortieren. Ich würde meine Familie nicht als reich bezeichnen, aber vor dem Krieg ging es uns gut. Du hast dann nicht viel mit Menschen zu tun, die nicht zu dieser Schicht gehören. Auch Damaskus ist eine sehr große Stadt. Du kennst dann nicht gleich alle Menschen in Damaskus oder alle Kulturen. Verglichen mit Deutschland gibt es in Syrien viel mehr Kulturen. Man spricht zwar die gleiche Sprache, außer bei den Kurden oder bei den Assyrern. Die haben zwar eine andere Sprache, sie können aber alle Arabisch. Abgesehen davon ist die Schicht, zu der man gehört, in Syrien sehr wichtig. Davon ist abhängig, wie man seine Zeit verbringt. Wie man feiert. Es ist alles ein bisschen anders.

Hast du ein Beispiel für mich?
Zum Beispiel, welchen Umgang du mit Frauen hast und sie mit dir haben. Ich musste jeden Donnerstagabend zu meinen Großeltern gehen mit meiner Familie. Dann ist es völlig normal, wenn ich meine Tante bei der Begrüßung auf die Wange küsse. Aber in manchen Kulturen ist es nicht normal, dass du deine Tante oder eine Frau küsst, die nicht deine Frau ist. Den Unterschied habe ich erst verstanden, als ich angefangen habe zu studieren. In der Universität haben sich alle Gruppen gemischt. Du triffst dort alle möglichen Menschen. Es waren weniger Menschen aus Damaskus und mehr aus anderen Städten. Dort habe ich zum ersten Mal häufigeren Kontakt mit Frauen gehabt, die ein Kopftuch getragen haben. Vorher bin ich mit dieser Gruppe Frauen nicht in Kontakt gekommen, weil in meiner alawitischen Kultur Kopftücher fast verboten sind. Die wollen immer etwas Eigenes machen. Nach dem Motto: „Wenn ihr ein Kopftuch tragt, dann machen wir das nicht." Das ist alles bescheuert. Ich hatte trotzdem nicht viel mit Alawiten zu tun, eher mit Christen, weil ich christliche Schulen besucht habe. In der Uni wollte ich eine Frau mit einem Kopftuch kennenlernen. Ich habe sie begrüßt und wollte ihr die Hand geben. Das ging nicht. Sie hat mir gesagt, dass sie gerade die Gebetswaschung gemacht habe und mir nicht die Hand geben könne. Es ging mir bei jeder Frau so. Nicht alle haben ein Kopftuch getragen, aber die meisten. Im Hörsaal saßen alle Frauen mit einem Kopftuch und die Männer mit einem muslimischen Bart rechts vorne. Es gab im Hörsaal drei Blöcke. Und rechts hat sich immer diese Gruppe platziert. Sie saßen auch geschlechtergetrennt. Die Frauen mit Kopftuch saßen ganz vorne im rechten Block und die Männer in den Reihen dahinter. Die Frauen mit einem Kopftuch haben viel in ihrer eigenen Gruppe gemacht. Meine Eltern hatten mir bereits erzählt, wie sich die Gruppen in der Uni organisieren. Aber ich habe es

ihnen nicht geglaubt. Ich dachte, das war früher so und existiert jetzt nicht mehr. Aber es ist immer noch so. Bei den anderen Blöcken saßen alle miteinander. 2011 habe ich mit meinem Studium angefangen. Damals haben die ganzen Probleme in Syrien angefangen. Es gab dadurch auch Spannungen zwischen den Gruppen in der Uni. In Damaskus gab es nicht viele Demonstrationen. Wir haben die ganzen Probleme nicht miterlebt. Und dann kamen Menschen aus anderen Gegenden in Syrien und fragten uns, wo wir herkommen. Als wir gesagt haben, dass wir aus Damaskus kommen, wurde nachgefragt, wo wir genau aus Damaskus kämen. Wenn du die Menschen in Syrien verorten kannst, weißt du ungefähr, auf welcher Seite sie stehen. Wobei in Damaskus konnte man das nicht wissen. Das war eine sehr gemischte Stadt. Jeder hatte dort seine eigene Meinung. Diese Stadt weiß mehr über die Demokratie als die anderen Städte in Syrien. Das ist natürlich nicht deren Schuld. Es ist die Schuld der Regierung. In Syrien herrscht die Diktatur und die Regierung wollte nicht, dass die Menschen kennenlernen, was Demokratie heißt. In Damaskus gibt es zwei große Stadtteile, die Altstadt und der neue Teil. In der Altstadt leben die alten Damaszener Familien und die Familien, die seit einigen Jahren nach Damaskus umgezogen sind. Man kann sagen, dass fünfzig Prozent gegen Assad sind, bei den alten Damaszener Familien ist der Anteil wahrscheinlich noch höher. Für viele, die im alten Stadtteil wohnen, ist Assad eher ungläubig, da er Alawit ist. Natürlich ist er ein Diktator, natürlich ist er korrupt. Aber das ist nicht das Problem. Das ist natürlich meine Meinung. Jedenfalls: Diese Fragen nach meinem Wohnort haben mich genervt. Deswegen war ich fast nur mit Menschen befreundet, die aus Damaskus kamen. Und meine Freunde führten ein Leben, so wie ich das geführt habe. Fast alle waren Kinder von Ärzten in meinem Freundeskreis. Denen ging es allen gut. Wir haben uns alle gut verstanden. Wir waren Christen, Sunniten, Alawiten. Wir waren alle liberal. Uns war das egal. Ein paar waren religiös, aber auch das war uns egal. Wir haben uns verstanden. Aber fast neunzig Prozent von unserem Semester hatten nicht diese Einstellung. Entweder kamen die Alawiten aus Städten an der Küste und hatten eine sehr konservative Einstellung hinsichtlich der Sunniten. Sie hatten keinen Kontakt zu Sunniten, weil sie Angst vor ihnen hatten. Und gleichzeitig hatten Sunniten auch Angst vor Alawiten. Ich hatte auch nichts mit dieser Gruppe der Alawiten zu tun, obwohl ich selbst aus einer alawitischen Familie stamme, weil sie auch eine andere Kultur haben als ich. Das Essen ist zwar fast das gleiche, aber sie hören eine andere Musik, sie haben auch einen anderen Akzent. Die meisten Alawiten sind auch arm. Ihnen geht es nicht so gut. Und in Syrien gibt es einen krassen Rassismus. Wenn Menschen hier in Deutschland über Rassismus gegenüber Ausländern oder schwarzen Menschen sprechen, muss ich an den Rassismus in Syrien denken. Das ist noch mal ein ganz anderer Level. In Syrien sehen alle Menschen fast gleich aus, außer den Menschen im Osten des Landes, die sind ein wenig dunkelhäutiger, verglichen mit den Menschen im westlichen Teil des Landes. Aber der Rassismus ist richtig krass. Ich glaube, dass ich das mitgemacht habe. Das habe ich erst verstanden, als ich nicht mehr in dieser Blase gelebt habe. Als ich in Deutschland war. Es gibt natürlich eine große Mittelschicht in Syrien, aber meine Freunde oder die Blase, in der ich gelebt habe, haben zu der oberen Mittelschicht gehört. Wir gehörten eher zu den Reichen. Wir hatten mit Menschen, die arm waren, nichts zu tun. Oder die etwas weniger reich waren. Wir konnten uns bestimmte Dinge leisten, das konnten nicht alle. So kommen diese Freundschaftskreise zustande.

Wenn du in der Uni bist, machst du mal eine Party. Wenn die Christen eine Party machen, dann machen die das in Hallen, die zu Kirchen gehören. Aber das ist keine freie Veranstaltung, zu der jeder gehen kann, Eintritt zahlt und reinkommt. Denn es könnte sein, dass dann jemand zu dieser Party kommt, der noch nie vorher eine Frau im Partymodus gesehen hat. Und du weißt dann nicht, was passiert. Und als Veranstalter möchtest du dich nicht in so eine Situation hineinmanövrieren. Wenn ein Christ eine große Party schmeißt, dann können fast nur Christen daran teilnehmen oder Muslime, die er persönlich kennt. Sonst niemand. Einmal war ich bei einer Party eingeladen. Es gab damals eine Person, die dafür zuständig war, zu überprüfen, wer die Party besucht. Es war nicht mein Freund, der mich eingeladen hat.

Diese Person wollte mich ausladen, weil ich Muslim bin. Und so hat er meinen Freunden geschrieben, warum ich zu dieser Party komme. Es waren alle sehr wütend auf ihn, wieso er so über mich spricht. Sie haben ihm auch gesagt, dass ich einer von ihnen bin. So spricht man dort: Tarek ist wie wir Christen. Ich habe schließlich auch mit ihnen gelebt. Deswegen werde ich überhaupt zu den Feiern eingeladen. Weil ich ja auch „fast Christ" bin. Ich konnte das Problem schon ein wenig verstehen. Der Gastgeber der Party kennt mich nicht, und wenn ich zum Beispiel aus einem bestimmten Stadtteil aus Damaskus käme, zum Beispiel Jobar, könnte das problematisch werden. Die Mehrheit dort sind Muslime. Das ist nicht das Problem. Aber das sind Menschen, die einen anderen Alltag haben. Wenn eine Familie dort zwei Kinder hat, eine Tochter und einen Sohn, dürfen die beiden sich nicht ein Zimmer teilen, obwohl sie Geschwister sind, weil sie ein anderes Geschlecht haben. Und weil die Eltern Angst haben, dass etwas passieren könnte. So denken sie wirklich. Es ist schon ein wenig komisch, muss ich sagen. Und diese Menschen kamen immer zu dem anderen Stadtteil, in dem Christen gelebt haben, und haben die christlichen Feiern besucht und haben immer Frauen belästigt. Oder sie haben Frauen auf eine unangenehme Weise angemacht, nervige und unhöfliche Sprüche zu ihnen gesagt. Bei diesen Feiern gab es auch immer ein paar Christen, die sich gesammelt haben, um diese Männer zu verprügeln. Das ist immer so. Jedes Mal. So läuft das dort. Richtige Muslime, die in Damaskus aufgewachsen sind, gehen nicht unbedingt zu Partys. Die Mehrheit geht nicht zu Partys. Wenn sie zum Beispiel eine Hochzeit machen, dann machen sie das auch geschlechtergetrennt. Die Frau feiert in dem einen Raum, der Mann im anderen Raum. Irgendwann treffen sich Männer und Frauen, sehr spät abends. Vorher feiert jedes Geschlecht allein. Zum Beispiel, als mein Vater gestorben ist. Gleich nach dem Tod des Angehörigen gibt es drei Trauertage, in denen die Familie Besuch von Angehörigen, Freunden und Bekannten bekommt. Und in Damaskus macht man das so, dass man zwei Hallen mietet. Eine für Männer und eine für Frauen. Aber da wir nicht wirklich aus Damaskus kommen, haben wir eine große Halle gemietet. Das war für mich sinnvoller, weil ich meine Mutter dann auch sehen konnte. Wir beide waren in der großen Halle. Sie war auf der Seite, auf der Frauen saßen, und ich auf der anderen Seite, bei den Männern. Wir haben die Halle mit einer kleinen Holzwand getrennt. Aber du hast schon alles gesehen, also den ganzen Raum. Es war nicht wirklich getrennt. Man hat die Frauen gesehen, die Frauen haben die Männer gesehen. Die Frauen kamen dann auch zu mir, die zum Beispiel mit meinem Vater befreundet waren. Das war für die Menschen, die aus Damaskus kamen, natürlich ungewöhnlich. Da musste ich mir auch ein paar Sachen anhören wie: „Warum habt ihr das so gemacht?" oder: „Das gehört sich nicht so!" Auch Menschen aus der Regierung, die an der Trauerfeier teilgenommen haben, meinten zu mir: „Tarek, das geht so nicht, was du da machst."

Und wie war das für dich, dass du dir diese Bemerkungen während der Trauerfeier deines Vaters anhören musstest?
Das war mir natürlich unangenehm, weil ich das Gefühl bekommen habe, ich hätte etwas falsch gemacht. Aber es war mir letztendlich völlig egal. Schon in der zehnten Klasse wollte ich raus aus diesem Land. Und der Krieg war dann mein Anlass, endlich abzuhauen. Mir hat nichts in diesem Land gepasst. Was soll der Scheiß? Nur, weil ich in einer Halle mit Frauen sitze. Und dabei sitze ich noch nicht mal mit ihnen. Wir saßen schon getrennt. Das Problem war, dass ich sie sehe. Schon komisch.

Und ich wollte noch etwas ansprechen. Wir waren eine Gruppe von Freunden in der Uni. Und die meisten anderen Studenten kannten wir gar nicht. Wir hatten nichts mit denen zu tun. Sie gehen nicht zu Partys. Sie sind anders drauf. Sie leben anders. Sie trinken keinen Alkohol. Sie finden Menschen, die Alkohol trinken, ungläubig etc. Dass wir Männer und Frauen in einer Freundesgruppe waren, das ging ja gar nicht. Auch wenn sich die Christen an der Uni versammelten, und das taten sie sehr gerne, bestanden diese Versammlungen immer zu hundert Prozent aus Christen, es durfte kein Muslim rein. Weil in Syrien die muslimischen Gesetze herrschen. Eine Frau und ein Mann müssen, wenn sie heiraten, die gleiche Religion haben. Wenn ich ein Christ wäre und eine muslimische Frau heiraten will, muss ich konvertieren. Trotzdem sind die Kinder dann Muslime. Wenn irgendein Elternteil Muslim ist, sind die Kinder per Definition Muslime. Deswegen denken Christen schon sehr früh über Heiratsmöglichkeiten nach. Sie überlegen, wenn sie während der Uni mit Muslimen befreundet sind und sich dann Muslime und Christen in der Uni verlieben und heiraten, dann sind die Kinder ja Muslime. Und die Christen sind ja auch eine Minderheit. Sie möchten sich vermehren und nicht verringern. Deswegen haben die Christen da eine sehr krasse Einstellung. In der Uni grenzen sie sich ab und machen nur etwas untereinander. Meine Truppe war die einzige, die aus Sunniten, Alawiten und Christen bestand. Also auch vor dem Krieg hatte man diese Trennung schon immer. Es gab schon immer Hass zwischen Alawiten und Sunniten. Aber nach dem Krieg ist es noch schlimmer geworden, weil es Tote auf beiden Seiten gab. Vor dem Krieg hat man in Damaskus miteinander gelebt. Und dann kam der Krieg und hat diese Verhältnisse zerstört. Diese Beziehungen. Vor dem Krieg gab es manchmal bei manchen Personen Probleme. Wenn du zum Beispiel in der Schule einen strengen Lehrer hattest, der wusste, dass du ein Alawit oder ein Sunnit bist, hast du vielleicht bei ihm eine schlechte Note bekommen. Oder wenn du dich für eine Arbeitsstelle beworben hast, dann kam es auch vor, dass streng religiöse Menschen dafür verantwortlich waren, dass du diese Stelle nicht erhalten hast aufgrund deiner Religionszugehörigkeit. Das gab es schon immer. Aber das hätte sich alles mit der Zeit verbessert. Der Krieg kam einfach zu einem schlechten Zeitpunkt.

Du sagtest eben: „Natürlich ist Assad ein Diktator, natürlich ist er korrupt. Aber das ist nicht das Problem." Wie meintest du das?
Assad ist Präsident geworden, weil sein Vater Präsident war. Das hat ihm ermöglicht, überhaupt Präsident zu werden und die gleiche Mafia zu betreiben, wie sein Vater das gemacht hat. Er hat die Geschäfte der Familie weitergeführt. Er hat am Anfang seiner Amtszeit gute Sachen gemacht. Er hat viele korrupte Menschen weggeschoben. Im Vergleich zu den arabischen Königen oder Präsidenten hat er viel Besseres für Syrien gemacht. Gleichzeitig hat er viel davon profitiert. Man sagt, dass nur die Assad-Familie vom Öl profitiert hat. Er war korrupt. Das ganze

System in Syrien war korrupt. Die Menschen in Syrien wollten weniger Korruption haben. Sie haben nicht erwartet, dass man von heute auf morgen ein neues System kriegen kann. Aber sie wollten ein bisschen Veränderung haben, mehr Freiheit, mehr Demokratie. Das hatte man überhaupt nicht in Syrien. Politische Freiheit und Meinungsfreiheit sind Tabuthemen in Syrien. Es gab nur eine Partei, die regierte. Die Wahrheit ist, dass eigentlich niemand noch mal Assad wollte. Sie hätten ihn nicht gewählt, wenn man sie gefragt hätte. Aber die Revolution oder die Demonstrationen haben eher in bestimmten Orten angefangen. Warum haben nur bestimmte Leute demonstriert in bestimmten Orten? Alle wollten ihn weghaben. Aber die Frage ist immer: Wenn du ihn wegkriegst, wer kommt danach? Was ist die Alternative? Und das Problem war, dass viele Menschen in Syrien, die demonstriert haben, mehr muslimische Gesetze wollten, was überhaupt nicht mit unseren Ansichten für ein Land und seine Politik übereinstimmt. Wir wollten halt weiter ein säkulares Land. Wir fanden schon, dass die bisherigen Gesetze viel zu muslimisch orientiert waren. Es war natürlich viel besser als in allen anderen arabischen beziehungsweise muslimischen Ländern der Welt. Aber wir wollten auf keinen Fall mehr muslimischen Einfluss haben. Im Gegensatz dazu wollten das viele andere Menschen. Sie wollten keinen Alawiten als Präsident sehen. Viele streng religiöse Muslime meinten sogar, dass Alawiten keine Muslime seien. Sie wollten einen Sunniten haben. Die Mehrheit der Bevölkerung sind Sunniten. Und das war meiner Meinung nach ein großes Problem. Tatsache ist, dass die Demonstrationen sehr schnell von größeren Kräften in der Welt ausgenutzt wurden: USA, Russland, Saudi-Arabien und der Iran. Sie wollten die Demonstrationen auf ein neues Ziel ausrichten. Deswegen haben die Menschen in Damaskus und in Aleppo nicht so oft demonstriert oder eigentlich gar nicht. Sie wussten, dass sie heute eine brutale Regierung haben. Wenn die Regierung aber gestürzt wird, werden die Islamisten sie übernehmen. Ich denke, es geht so den meisten Menschen in Syrien. Sie wollen Assad nicht, beschützen ihn auch nicht. Aber sie sind definitiv nicht für die Opposition. Und ich rede jetzt von den Menschen, die in Großstädten wohnen, die ein bisschen von der Welt gesehen haben.

Die Menschen, die in kleineren Dörfern wohnen und nicht viel von der Krise mitbekommen haben, die kannst du so ausrichten, wie du willst, ob gegen oder für Assad. Ein bisschen Geld, Waffen und Essen reichen schon aus, um sie auf deine Seite zu kriegen. Die Menschen haben zum Teil demonstriert, weil er korrupt war und ein Diktator, und zum Teil, weil er nicht muslimisch genug war. Ich glaube, was zum Syrienkrieg geführt hat, war, dass Assad pro Russland und pro Iran war. Meiner Meinung nach wurde er von beiden Ländern kontrolliert und war von ihnen abhängig. Und deshalb wollte ihn die andere Seite weghaben, der Westen und die USA. Das war das eigentliche Problem. Und deshalb leiden die Menschen in Syrien heute so. Der syrische Krieg ist sehr schmutzig. Es gibt keine saubere Seite. Assad war ein Diktator, aber ich sage mal: ein ganz normaler Diktator. Wie die anderen Diktatoren in Saudi-Arabien, in Jordanien, in Katar. Ich glaube, dass mittlerweile viele Menschen pro Assad sind, weil sie mehr Angst vor einem islamischen Staat haben. Es gibt keine andere Seite, die gegen den islamischen Staat kämpft. Deswegen sind sie gezwungen, auf seiner Seite zu bleiben.

> „Ich glaube, dass mittlerweile viele Menschen pro Assad sind, weil sie mehr Angst vor einem islamischen Staat haben. Es gibt keine andere Seite, die gegen den islamischen Staat kämpft. Deswegen sind sie gezwungen, auf seiner Seite zu bleiben."

Wie war dein Ankommen in Deutschland?
Ich habe mich für ein Visum beworben und nach drei Wochen habe ich es bekommen. Und zwei Wochen danach bin ich nach Düsseldorf geflogen. Dort habe ich drei Monate im Goethe-Institut Deutsch gelernt. Die zwei Monate darauf habe ich in Dortmund an der Uni für die Deutschprüfung gelernt, die man schreiben muss. Vor der Uni muss man eine Sprachprüfung machen, sonst darfst du nicht studieren als Ausländer. Mein Glück war, dass das syrische Abitur in Deutschland

anerkannt ist. Das heißt, dass ich kein Studienkolleg machen musste. Fünf Monate nach meiner Ankunft in Deutschland habe ich die Zulassung für das Medizinstudium in Gießen erhalten.

Du hast erzählt, dass du oft in Damaskus gefragt wurdest, aus welcher Region du wirklich kommst. Hast du dich dann gefühlt wie jemand, der aus Damaskus kommt, oder wie ein Außenseiter?
Das ist schwierig. Ich habe schon das Gefühl, dass ich aus Damaskus komme. Wenn ich in dem anderen Gebiet war, aus dem meine Großeltern kamen, habe ich mich überhaupt nicht zugehörig gefühlt. Da war ich immer im Urlaub. Es gab gutes Wetter, gutes Essen. Ich hatte eine schöne Zeit, aber ich fühlte mich nicht zugehörig. Sie sind auch ganz anders als die meisten Menschen in Damaskus, sehr liberal, sehr offen, wirklich nette, coole Leute – trotzdem habe ich mich nicht zugehörig gefühlt. Sie haben einen anderen Akzent, reden anders, leben einfach anders. Deswegen komme ich eher aus Damaskus, würde ich sagen. Damaskus ist meine Heimatstadt. Aber trotzdem bin ich nicht wie die Menschen, die wirklich aus Damaskus kommen. Ich habe zum Beispiel nie am Freitagsgebet teilgenommen. Das macht fast jeder Mensch, der aus Damaskus kommt. Das musst du machen. Auch wenn du überhaupt nichts mit Religion am Hut hast, du musst zum Freitagsgebet. Da siehst du deine Verwandten und Bekannten und so weiter.

Welche Rolle spielt es für dich überhaupt, dass du ein Alawit bist?
Das ist eine gute Frage. Wenn ich hier in Deutschland Menschen treffe, die aus Syrien kommen, Geflüchtete oder Studierende zum Beispiel, die fragen dich, wo du herkommst, wo du wirklich herkommst, was du bist. Ob du Alawit, Sunnit oder Christ bist. Es gibt ja noch viele andere Gruppen, wie zum Beispiel Kurden, Ismailiten, Drusen. Mit Sunniten gibt es immer entweder ein gutes oder ein schlechtes Verhältnis. Es kommt darauf an, was du bist. Wenn ein Sunnit mich fragt und ich den Verdacht habe, dass dieser Mensch streng religiös ist, dann sage ich nicht, dass ich ein Alawit bin. Denn ich weiß nicht, wie dieser Mensch sich dann verhalten wird. Das will ich auch gar nicht erleben. Ich habe

fast keine syrischen Freunde in Deutschland. Ich kenne ein paar Syrer, aber ich treffe mich nur mit vier, fünf Personen. Eigentlich treffe ich mich hauptsächlich mit zweien, die ich von zu Hause schon kannte. Es gibt keine Probleme zwischen uns wegen unserer unterschiedlichen Religionszugehörigkeit. Das ist uns einfach egal. Dafür sind wir zu entspannt. Ich habe zwei Freunde, die aus Damaskus kommen. Ich sehe die einmal im Monat oder alle zwei Monate und wir machen etwas zusammen, kochen zum Beispiel. Das tut auch gut, mal wieder syrisch zu reden und syrisch zu kochen. Sonst habe ich nicht viele Freunde, die aus Syrien stammen. Ich habe mich auch verändert und ich bin nicht mehr so ganz syrisch. Wenn mich also jemand fragt, ob ich ein Alawit bin oder nicht, dann ist es manchmal wichtig, ihm zu sagen, dass ich ein Alawit bin. Bei Menschen, die aus muslimischen Ländern kommen, ist das wichtig zu wissen. Auch wenn ich nicht wirklich zu dieser Gruppe gehöre, weil ich nicht religiös bin. Aber ich definiere mich dann schon als Alawit, weil ich zu dieser Kultur gehöre. Wenn du sagst, dass du ein Alawit bist, dann bedeutet es, dass du liberal bist. Die Religion ist dir wahrscheinlich egal, weil die meisten alawitischen Jugendlichen sich nicht für Religion interessieren. Die Eltern schon. Es heißt auch, du trinkst Alkohol oder auch nicht, aber es ist kein Problem. Du bist ein bisschen offener wahrscheinlich. Deswegen würde ich mich schon als Alawit definieren bei manchen Menschen. Bei den Deutschen ist es egal, weil sie die Gruppen sowieso nicht kennen.

Du hast gesagt, dass du dich verändert hast. Inwiefern?
Ich bin offener geworden gegenüber streng religiösen Menschen. Mir war es früher wichtig, dass ich nie etwas mit Menschen, die ein Kopftuch getragen haben oder sehr religiös waren, zu tun hatte. Das sind andere Menschen. Ich bin hier und sie sind da. Es gab für mich eine klare Trennung. Oder Menschen mit diesen muslimischen Bärten. Mit denen hatte ich wirklich nichts zu tun. Sie waren für mich wie Müll. Es war klar, wir werden nicht miteinander reden. Aber ich kam dann zu der Schlussfolgerung, dass mein Verhalten dumm ist. Dass man lieber miteinander reden sollte, um diese andere Seite kennenzulernen. Auch

wenn ich nicht gerne mit ihnen feiern, trinken oder essen gehe. Aber einfach nur zu reden, wenn man sich irgendwo trifft, und die andere Meinung kennenzulernen, ist okay. Man versteht dann, warum diese Person diese Meinung hat. Ich habe ein paar Syrer getroffen, die streng religiös sind, und ich habe mich mit ihnen verstanden. Ich habe auch verstanden, warum sie uns Alawiten hassen. Oder überhaupt die Menschen hassen, die in Damaskus leben. Uns ging es immer gut in Damaskus. Wir haben heute noch keinen Krieg im Zentrum der Altstadt.

Aber um deine Frage zu beantworten, wie ich mich verändert habe. Ich bin offener gegenüber anderen Menschen geworden. Ich habe eine andere Sprache gelernt. Du verbringst deine Zeit mit anderen Menschen. Es ist eine ganz andere Kultur hier. Das Essen ist auch anders. Wann esse ich denn bitte syrisch? Einmal in zwei, drei Monaten? In Syrien habe ich auch ganz viel gegessen, verglichen mit Deutschland. Hier habe ich in den ersten Monaten fast elf Kilo abgenommen. Es war richtig krass. Essen ist wirklich wichtig. Es macht eine andere Laune. Ich weiß nicht, wie man das genau formulieren kann, aber ich bin ziemlich deutsch geworden. Vor allem in Sachen Pünktlichkeit. Aber natürlich bin ich nicht deutsch, ich bin noch syrisch. Ich habe ganz viele Sachen in mir, bei denen man direkt merkt, dass ich aus Syrien komme.

Hast du ein Beispiel?
Wie man über Sachen denkt manchmal. Wir haben heute Morgen beim Picknick über die Umwelt und Autos geredet. Und dann habe ich auch etwas dazu erzählt. In meinem Freundeskreis sind fast alle deutsch und die haben ähnliche Meinungen. Die verstehen sich sofort. Und ich habe manchmal eine ganz andere Meinung und die verstehen das nicht. Weil ich aus einer ganz anderen Kultur und einem ganz anderen Kontinent komme. Aber trotzdem verstehe ich mich jetzt viel besser mit meinen Freunden, die aus Deutschland kommen, als mit Menschen, die aus Syrien kommen. Wenn ich mit Menschen rede, die aus meinem Land kommen, ich meine streng religiöse Menschen, und ihnen zum Beispiel erzähle, dass ich zum Salsa-Kurs gehe, dann sind sie total

verwundert, dass ich tanzen gehe. Mittlerweile erzähle ich einfach, was ich will. Dann muss ich mir manchmal etwas anhören. Aber vielleicht müssen sie es auch mal wissen, dass ein Mensch aus Syrien auch mal tanzen geht. Oder trinken geht. Oder seine Zeit wie Menschen aus Europa verbringt. Das ist nicht schlimm. Die verstehen das aber nicht. Für sie ist es wichtig, dass man zum Freitagsgebet geht oder fünf Mal am Tag betet. Das ist auch nicht schlimm. Aber es ist schlimm, wenn er das, was ich mache, schlimm findet.

Du hast erzählt, dass du hier auch voll oft gefragt wirst, wo du herkommst. Wie ist das für dich? Ich kenne das. Wenn ich gefragt werde, sage ich oft, dass ich aus Berlin komme. Dann fragen sie mich immer, wo ich wirklich herkomme. Dann sage ich, dass meine Eltern aus dem Libanon kommen. Dann fangen sie an, richtig viele Sachen zu fragen. Was mein Name bedeutet, ob ich Muslima bin. Ich finde es immer seltsam, weil ich hier aufgewachsen bin.
Wenn Syrer mich fragen, dann wollen sie immer wissen, was ich bin. Welche Religion hat er, zu welcher Schicht hat er gehört. Für mich ist es egal, wer wo herkommt. Aber für sie ist es schon wichtig zu wissen, wie verbringt er seine Zeit, was kann er sich leisten. Sehr oberflächliche Sachen sind für Syrer sehr wichtig. Wenn ein Deutscher mich fragt, wo ich herkomme, sage ich immer, dass ich aus Damaskus in Syrien komme. Ich habe wirklich nie nur gesagt, dass ich aus Syrien komme. Es ist mir wichtig, dass die Menschen wissen, dass ich aus diesem Teil in diesem Land komme. Ich weiß nämlich nichts über die anderen Städte. Da sind ganz andere Menschen, ganz verschiedene Kulturen. Meistens kommt dann noch so was wie: „Du isst aber kein Schweinefleisch?" oder: „Du trinkst aber keinen Alkohol?" Oder die Menschen sagen, dass wir in Damaskus keinen Krieg haben, in Damaskus sei alles gut, und was ich hier mache. Ich werde natürlich öfter von Deutschen gefragt, wo ich herkomme. Aber das stört mich mittlerweile nicht. Es kommt darauf an, wie die Menschen fragen. Man merkt schon, was die Person möchte und warum sie das fragt. Das merkt man schon an der Art, wie die Frage gestellt wurde. Das ist nicht immer das Gleiche.

Wie kam es zu der Entscheidung, dass du nach Deutschland gehst?
Ich wollte eigentlich schon früher nach Deutschland kommen, weil man hier im Vergleich zu Frankreich und England mit niedrigeren Kosten studieren kann. Man muss keine Studiengebühren bezahlen. In Syrien auch nicht. Meine Eltern wollten aber nicht, dass ich Syrien verlasse. Sie haben mir vorgehalten, dass ich in Syrien alles hätte. So denken Syrer. Ich hatte mein Studium, Geld, ein Auto. Ein 18-Jähriger mit einem Auto ist in Syrien nicht normal. Ich hatte schon ein ziemlich geiles Leben. Aber das ist nicht das, was ich wollte. Es geht nicht nur um Geld, was ich mir leisten kann oder wo ich Urlaub machen kann. Und was ich für Freunde habe, dass meine Eltern Ärzte sind und dass ich Medizin studiere in Damaskus. Darum ging es mir nicht. Da, wo ich gewohnt habe, gab es zehn oder fünf Kilometer entfernt Krieg. Nachdem der Krieg in Syrien angefangen hat, wollte ich raus aus diesem Land. Weil man nicht mehr wusste, was passiert. Vielleicht übernehmen Rebellen Damaskus. Dann bin ich total am Arsch, weil ich Alawit bin. Oder wenn richtige Islamisten übernehmen, dann sind alle am Arsch. Ich wusste, dass ich so bald wie möglich raus musste. Und dann habe ich geguckt, wo ich hingehen könnte. Es gab Frankreich, Deutschland und die USA. USA war recht schwierig, weil man nicht viel wusste über die Bewerbung für die Unis. Es kostet viel Geld. Und wenn du keine Greencard hast oder einen amerikanischen Pass, ist es sehr schwierig, Medizin zu studieren. In Frankreich war es fast unmöglich, ein Visum zu bekommen. Dann kommen die Studienkosten noch dazu. Deswegen blieb nur Deutschland übrig. Deutschland war das Land, in dem ich nach drei Wochen mein Visum bekommen hab. Das war richtig gut.

Und wie fühlst du dich hier?
Ich bin jetzt seit vier Jahren in Deutschland, seit dreieinhalb Jahren in Gießen. Ich fühle mich schon ganz wohl, aber nicht zu hundert Prozent. Warum weiß ich nicht. Ich glaube, das braucht alles seine Zeit, bis man sich akklimatisiert. Ich habe mich zu einem guten Prozent in die Kultur und in dieses Land integriert. Ich habe hier Freunde. Ich vermisse trotzdem mein altes Leben. Oder das alte Leben mit meinen

alten Freunden, was es aber auch nicht mehr gibt. Aber ich kann auch nicht mehr zurück. Ich glaube nicht, dass ich da leben kann, nachdem ich hier in Deutschland gelebt habe. Ich meine das nicht nur wegen der Lebensqualität hier, sondern die Mentalität ist auch eine andere. Insgesamt lebe ich hier ganz gut. Mir geht es gut.

Hast du Ängste oder Sorgen hinsichtlich deiner Zukunft?
Ja. Ich bin Ausländer. Es kann jede Minute passieren, dass ich keine Aufenthaltsverlängerung bekomme. Ich habe Angst vor Menschen, die sich für die AfD interessieren. Oder vor Menschen, die mich hier ungern sehen wollen. Und nicht, weil ich hier Unsinn mache, sondern weil ich so aussehe, wie ich aussehe. Oder weil ich aus Syrien komme. Ich habe Hass in Syrien gesehen. Und ich weiß, wie schnell sich das entwickeln kann zwischen den Menschen. Hier ist es noch einfacher, weil ich ganz anders aussehe. Ich habe es erlebt auf einem Markt. Es waren nur blonde Menschen da. Und dann kommt der Schwarzkopf. Da wurde ich von Menschen angeguckt. Manchmal wurde ich auf Englisch angesprochen. Oder mit Dummdeutsch, so ganz verlangsamt. Manchmal meinen die Menschen das auch nicht böse. Aber manchmal schon. Ein paar Menschen haben es schon böse gemeint. Ich weiß nicht, wie ich darauf reagieren soll. Soll ich bewusst gutes Deutsch reden oder so tun, als ob ich kein Deutsch könnte?

Du hast von Salsa erzählt. Was machst du sonst so in deiner Freizeit?
Dieses Semester habe ich mich nicht für den Salsa-Kurs angemeldet. Ich dachte, ich mache mal was anderes. Ich bin dieses Semester wieder im Kraftraum der Universität angemeldet, gehe aber nicht so oft hin. Ein bisschen pumpen. Ansonsten mache ich dort auch Beach-Volleyball. Das macht mir viel Spaß. Ich verbringe viel Zeit mit meinen Freunden. Früher habe ich mich für geflüchtete Menschen engagiert. Ich war in dem Camp tätig und habe ehrenamtlich Deutschkurse gegeben. Ich kann ja beide Sprachen sprechen, Deutsch und Arabisch. Das habe ich eine Zeitlang gemacht und danach nicht mehr. Ich hatte das Gefühl,

es bringt nichts. Die Menschen haben dort auf einem Haufen gelebt, alle übereinander, und hatten keine Lust darauf, Deutsch zu lernen. Deswegen habe ich dann aufgehört. Ich habe auch öfter für geflüchtete Menschen übersetzt. Es gab diese Projekte, wo du mit syrischen geflüchteten Menschen zusammen einen Kochabend verbracht hast in Gießen. Es gab ganz viele Projekte dieser Art. Wenn meine Freunde so etwas machen wollten, haben sie mich angerufen. Irgendwann habe ich damit aufgehört. Also hauptsächlich mache ich Sport und ich koche ganz viel syrisch. Das mache ich sehr gerne. Es ist ein bisschen her, dass ich für eine große Gruppe gekocht habe. Es waren dreißig Menschen, die ich allein bekocht habe. Es war recht aufwendig und hat viel gekostet. Nächstes Mal mache ich das ein bisschen kleiner oder lade Menschen ein, die etwas mitbringen. Oder ich kaufe alles ein und teile die Kosten auf alle auf. Das mache ich auch sehr gerne, dass ich koche und Menschen einlade. Vor allem syrisches Essen. Das kennen die meisten Menschen nicht. Sie kennen Hummus und Tabouleh. Und das kennen sie auch nicht so richtig. Das mache ich gerne. Meistens lade ich Medizinstudenten ein, weil ich auch nur Medizinstudenten kenne. Das ist schon ein bisschen krass. Ich lebe mit einer Lehramtsstudentin, mit einem Pharmazeuten und einer Ärztin in einer WG. Aber sonst habe ich nicht viel mit Menschen, die nicht Medizin studieren, zu tun. Das ist halt so. Ich brauche ein bisschen mehr Zeit beim Lernen als meine deutschen Kommilitonen. Auch wenn ich Deutsch mittlerweile besser kann, brauche ich natürlich viel mehr Zeit beim Lernen. Deswegen verbringe ich mehr Zeit mit dem Studium. Und neben dem Studium mache ich Sport. Dann treffe ich mich noch mit Freunden. Freundschaften außerhalb dieser Medizinerblase zu entwickeln, ist schwierig für mich.

Du hast schon das Thema Frauen angesprochen. Mich würde sehr interessieren, wie das in Syrien ist mit den Beziehungen?
Das ist ein wichtiges Thema in Syrien. Ich hatte zum Beispiel eine Freundin in Syrien, als ich an der Uni war. Meine Familie wusste nichts von meiner Beziehung, weil ich keine Lust darauf hatte, ihnen zu erzählen, dass sie Sunnitin ist. Das war das Problem. Meinen Eltern war es

egal, ob ich eine Freundin habe oder nicht, weil sie liberal waren. Meinem Opa wäre es natürlich nicht egal. In Syrien ist Sex vor der Heirat ein Tabu. Aber man macht das natürlich im Geheimen. Die meisten Freunde, die ich hatte, waren Christen und offene Menschen. Für sie war es egal, ob ich eine Freundin habe oder nicht. Wir waren auch öfter zusammen unterwegs. Auch mit unseren Freunden. Sie wussten, dass das meine Freundin ist. Wir kannten die Beziehungspartnerinnen untereinander. Aber die Eltern wussten nicht immer davon. Ich weiß auch nicht, wie das kommt. Ich vermute, dass es mit dem Verbot von Sex vor der Ehe zusammenhängt. Es ist immer noch in dieser Kultur verankert, auch wenn du nicht religiös bist. Es gibt Familien, die verbieten, dass ein Mann mit einer Frau rausgeht. Für viele Familien oder Kulturen ist es egal, ob ein Mann mit zwanzig Frauen geschlafen hat. Aber seine Schwester darf nichts machen. Seine Schwester darf zur Uni gehen, darf feiern gehen. Aber sie darf keinen Freund haben, bevor sie heiratet. Sie darf nur heiraten. Das gibt es aber wohl überall. Diese Mentalität, dass Männer alles dürfen und Frauen nicht.

Gibt es Unterschiede zwischen Deutschland und Syrien?
Zunächst einmal die Einstellungen zu Beziehungen vor der Ehe. Hier ist es ein ganz normales Thema, dass du einen Freund oder eine Freundin hast. In Syrien ist es ein ganz sensibles Thema. Das Wetter ist ein wenig anders. Das Essen ist anders. Und das Trinken ist auch unterschiedlich. Wir trinken nicht so oft Bier in Syrien. Wir trinken mehr Wein, zumindest in meiner Familie. Die Menschen in Syrien machen viel weniger Sport. Sie sind weniger aktiv. Sie essen viel zu viel. Sie sind oberflächlicher. Es gibt kaum Menschen, die an die Umwelt denken, in Syrien. Hier ist alles immer etwas stressiger. Die Menschen in Syrien sind entspannter. Sie arbeiten nicht so viel wie die Menschen hier. Die Ärzte arbeiten hier manchmal im Uniklinikum von sieben Uhr morgens bis sieben Uhr abends. Die Menschen in Syrien verstehen die Definition von Freiheit nicht so gut oder das Konzept der Demokratie. Die Menschen in Syrien wissen wirklich nicht, was Demokratie heißt oder was Freiheit heißt. Für sie ist Freiheit, dass sie, während es die

Revolution gab, auf die Straße gehen dürfen und alles kaputt machen dürfen. Sie wissen nicht, was Freiheit heißt oder was das Demonstrieren bedeutet, weil sie das nie durften. Sie dürfen zum Beispiel immer noch nicht über die Religionszugehörigkeit von Menschen reden. Das sind Tabuthemen. Wenn du in der Öffentlichkeit sagst, dass eine Person ein Alawit oder ein Sunnit ist, dann gehst du vielleicht ins Gefängnis dafür. Darüber darfst du nicht reden in Syrien. Das ist so, wie wenn du hier über den Nationalsozialismus sprichst. Das sind Tabuthemen.

Haben deutsche und syrische Menschen auch gemeinsame Eigenschaften?
Ja. Dass Männer gerne Fußball gucken.

Was ist für dich typisch syrisch?
Gutes Essen. Und dass ich nicht immer schnell aufstehe für den Bus, dann schnell hinfahre und dann aber auch schnell wieder zurückfahre, dann etwas schnell koche und schnell esse, dann schnell etwas für die Uni mache und dann schlafe und am nächsten Tag die gleiche Prozedur. Das ist nicht syrisch. Aber mittlerweile ist es eine Routine geworden. Man hat nicht mehr das Gefühl, dass es stressig ist, weil man im Dauerstress ist. Das ist so krass, dass die Medizinstudenten nach dem Kurs schnell zur Bushaltestelle laufen und dann schnell nach Hause. Das ist richtig krass und wir machen das alle jeden Tag. Ich mache das auch. Ich gehe auch immer sehr schnell zur Bushaltestelle, weil ich nicht den Bus verpassen und lange warten will. Obwohl es eigentlich gar keinen Grund dafür gibt. Ich habe in Syrien auch nie auf dem Weg vom Snackladen zur Bibliothek gegessen. Ich habe immer in aller Ruhe gegessen und bin dann zur Bibliothek oder nach Hause. Im Gehen zu essen habe ich nie in Syrien gemacht. Hier mache ich das öfter. Oder letzte Woche bin ich schnell von mir zur Innenstadt gelaufen, weil ich etwas abholen musste. Und dann dachte ich: „Warum laufe ich eigentlich so schnell?" Ich will jetzt einfach ganz langsam in die Innenstadt gehen. Manchmal merkt man das nicht mehr, weil man es jeden Tag so macht. Oder man macht alles mit dem Fahrrad, damit es schneller geht.

Hast du noch etwas, was du uns gerne mitteilen möchtest?
Es gibt jetzt hier ganz viele Syrer, die Geflüchtete sind oder nicht geflüchtet sind. Für manche Menschen ist es wichtig zu wissen, ob jemand geflüchtet ist oder hier studiert. Das ist mir egal. Letztendlich sind wir alle geflohen. Egal, welchen Status du hast. Ich finde es auch nicht wichtig, dass alle Syrer gleich Akademiker werden. Oder irgendetwas richtig Wichtiges für dieses Land machen. Das werden sie auch nicht. Wenn sich Menschen hier nicht integrieren, dann sind sie nicht schuld. Natürlich sind sie auch ein bisschen daran schuld. Aber das sind fremde Menschen, die kennen sich hier nicht aus. Wie sollen sie sich integrieren? Das sind alles Sachen, die die Menschen in Deutschland ein bisschen besser machen sollten. Ich habe zu Anfang gute Freunde kennengelernt, die mir geholfen haben bei der Sprache. Jedes Mal, wenn ich etwas Falsches gesagt habe, haben sie mich korrigiert. Und das machen sie immer noch. Und so habe ich die Sprache gelernt. Das Glück solcher Freunde hat aber nicht jeder. Es ist nicht einfach, Freunde zu treffen, die Lust auf so was haben. Und dann bist du hier allein, wenn du keine Freunde hast. Und dann triffst du ein, zwei Menschen aus Syrien, die die gleiche Sprache sprechen. Die die gleiche Kultur haben. Dann kommt es zu diesen Parallelgesellschaften. Es ist schon möglich, dass man das verhindert. Es ist zum Beispiel nicht sinnvoll, dass so viele geflüchtete Menschen in Großstädten leben. Das ist einfach dumm, weil sie sich so nie integrieren werden. Es war viel einfacher für mich, in einer kleinen Stadt zu leben und mich zu integrieren. In Kleinstädten ist man ein bisschen anders, ein bisschen freundlicher und netter. Hier ist es einfacher, Menschen kennenzulernen. Menschen haben mehr Lust darauf, weil du ein bisschen anders bist. Du kochst anders, du isst anders, du verbringst deine Zeit anders. Ich denke, es wäre besser, wenn Flüchtlinge in kleineren Städten wohnen würden, vor allem in den ersten Jahren. Sie können danach auch woanders hingehen, aber so wird das nichts.

Was bedeutet Integration für dich?
Integration heißt für mich, dass man etwas über das neue Land und

die Kultur kennt. Das geschieht natürlich nur, wenn man nette und freundliche Menschen aus dem neuen Land trifft. Es heißt auch, dass man sich bemüht, die andere Seite kennenzulernen. Was noch ganz wichtig bei der Integration ist, wäre die finanzielle Sicherheit. Vor allem bei Menschen, die aus Kriegsländern herkommen und dann gleichzeitig sich integrieren und finanzieren müssen.

Hast du sonst noch eine Frage an mich?
Wie ist der Unterschied für dich zwischen Syrern und Libanesen in Deutschland?

Das ist eine gute Frage. Sie ist auch schwierig zu beantworten. Die meisten Libanesen sind früher nach Deutschland gekommen. Meistens habe ich auch nur mit Menschen zu tun, die zwar einen Migrationshintergrund haben, aber in Deutschland aufgewachsen sind. Aber ich merke, es gibt ein Spannungsverhältnis zwischen Libanesen und Syrern. Auch wegen des libanesischen Bürgerkriegs damals. Vor allem der Generation über mir ist der libanesische Bürgerkrieg noch sehr wichtig. Ich saß einmal am Bahnhof. Und es saßen zwei Frauen auf der Bank und eine der Frauen hat mir Platz gemacht. Und ich habe mich bei ihr auf Arabisch bedankt. Sie haben sich gefreut, dass ich Arabisch kann, und mich gefragt, wo ich herkomme, und ich meinte, aus dem Libanon. Nachdem ich das gesagt habe, haben sich beide sofort einfach weggedreht. Sie kamen aus Syrien. Und das fand ich so krass. Ein paar syrische Menschen kenne ich, aber nicht so viele. Ich mache die Trennung auch nicht in meinem Kopf, wer syrisch ist oder wer libanesisch ist. Weil jeder Mensch ist so anders. Vor allem, wenn Menschen hier aufgewachsen sind, merkt man voll selten einen Unterschied.
Das stimmt, wenn sie hier aufgewachsen sind, ist das etwas anderes.

Die Libanesen haben die Fluchterfahrung nur zwanzig Jahre früher erlebt.

Mehrsprachigkeit als Chance

Ingrid Gogolin

Die hiesige Öffentlichkeit war über lange Zeit von dem Diktum geprägt: „Die Bundesrepublik Deutschland ist kein Einwanderungsland" (Helmut Kohl in seiner Regierungserklärung am 30. Januar 1991). Dies entsprach (und entspricht) nicht der Realität. Zutreffend war (und ist) jedoch, dass die Bundesrepublik Deutschland keine Einwanderungspolitik besitzt. In ähnlicher Weise mythisch, aber weit verbreitet ist die Vorstellung, dass Deutschland ein einsprachiges Land sei, oder jene, dass der „normale Mensch" einsprachig ist. Vorstellungen wie die genannten haben praktische Folgen für Erziehung und Bildung. Zu diesen gehört, dass migrationsbedingte Mehrsprachigkeit nicht als Normalfall anerkannt ist. Die Fähigkeiten, die ein Kind aus einer Migrantenfamilie in der (oder den) Herkunftssprache(n) seiner Familie besitzt, werden in der Regel nicht als der Bildung wert angesehen; eine mehrsprachige Lebenspraxis gilt als Risikofaktor für Bildungserfolg. Die Forschung jedoch liefert etliche Anhaltspunkte dafür, dass Mehrsprachigkeit durchaus mit großen Vorteilen für Sprachentwicklung und Lernen verbunden sein kann. Allerdings müssen Voraussetzungen erfüllt sein, damit diese Vorteile zum Tragen kommen können.

1. Migration und Mehrsprachigkeit

Seit dem ersten Tag ihres Bestehens ist die Bundesrepublik Deutschland wie alle west- und nordeuropäischen Staaten nach dem Zweiten Weltkrieg *de facto* ein Einwanderungsland; zumindest gilt dies für die westlichen Länder der heutigen Republik. Sicherlich hat es in diesen sieben Jahrzehnten auch Wegwanderung aus der BRD gegeben; aber in der weit überwiegenden Zeit überschritt die Zahl der Zuwandernden die der Auswandernden. Geändert haben sich über diese Zeit die Muster des Migrationsgeschehens. Die Zuwanderung nach Westdeutschland war bis in die 1970er Jahre hinein geprägt durch Migrant*innen aus relativ wenigen Herkunftsstaaten, insbesondere den sogenannten Anwerbestaaten der „Gastarbeiter". Zuwanderung in die DDR beruhte bis 1989 auf Austauschmaßnahmen mit den sozialistischen Bruderländern, die jedoch nicht auf dauerhaften Verbleib der Personen gerichtet waren. Integrationsmaßnahmen waren nicht vorgesehen.

Eine unterschiedliche Verteilung von Migrant*innen über Teile der heutigen Bundesrepublik Deutschland gibt es nach wie vor; generell aber sind – wie überall in der Welt – städtische Regionen attraktiver für Zuwanderung als ländliche Gebiete. Seit Anfang der 1990er Jahre ist die Fülle der Staaten, aus denen in das (nun größere) Deutschland zugewandert wird, enorm gewachsen. Inzwischen leben Personen aus ca. 190 Herkunftsstaaten im Lande. Nach der Zählung der Vereinten Nationen existieren weltweit derzeit 193 anerkannte Staaten. Man kann also sagen: Die Welt lebt in Deutschland.

Was aber besagt diese Information über die Anzahl der Sprachen, die hierzulande alltäglich genutzt werden? Bedauerlicherweise nicht viel. Vertraut man auf die beste derzeit zugängliche Sprachenbeobachtung – die Datenbank *Ethnologue* –, dann existieren derzeit etwa 7.000 Sprachen weltweit (Lewis et al. 2015). Von diesen sind einige gefährdet, weil die Zahl ihrer Sprecher*innen abnimmt und sie kein größeres Verbreitungsgebiet besitzen. Aber immerhin etwa 4.500 Sprachen werden als „kraftvoll" bezeichnet: Sie sind verbreitet, gut gesichert durch große Sprecher*innenzahlen und ausgebaute Literatur.

Nach den Schätzungen, auf denen die Angaben in *Ethnologue* beruhen, werden im Jahr 2017 ca. 70 Migrantensprachen in Deutschland gesprochen:

Abkhaz (5.000), Adyghe (2.000), Afrikaans, Algerian Spoken Arabic (20.500), Arabic (553.000), Armenian (19.200), Assyrian Neo-Aramaic, Balkan Romani (3.500), Belarusian (21.200), Bulgarian (227.000), Catalan, Chaldean Neo-Aramaic (3.000), Chechen, Chinese (120.000), Croatian (298.000), Czech (53.900), Dutch (147.000), Egyptian Spoken Arabic (23.000), English (273.000), Finnish (14.600), French (127.000), Georgian (22.000), Gheg Albanian (209.000), Greek (340.000), Hausa, Hebrew, Hindi (24.500), Hungarian (178.000), Iranian Persian (72.500), Italian (596.000), Japanese (35.000), Kabardian (14.000), Kabuverdianu (3.000), Kalmyk-Oirat, Kazakh, Korean (30.200), Latgalian, Laz (1.000), Lithuanian (43.100), Macedonian (96.000), Moroccan Spoken Arabic (72.100), North Azerbaijani (18.800), Northern Kurdish (541.000), Northern Zazaki, Norwegian (6.540), Portuguese (211.000), Romanian (453.000), Russian (231.000), Sinhala (25.800), Slovak (50.900), Slovene (27.200), Spanish (161.000), Standard Estonian (6.290), Standard Latvian (30.200), Swedish (19.300), Tagalog (21.000), Tamil (35.000), Tarifit, Thai (58.800), Tigrigna (15.000), Tosk Albanian (69.500), Tunisian Spoken Arabic (30.700), Turkish (1.510.000), Turkmen, Turoyo (20.000), Ukrainian (134.000), Urdu (23.000), Uyghur, Vietnamese (87.200), Vlax Romani (5.000)

Abb. 1: Migrantensprachen in Deutschland nach *Ethnologue* (vgl. https://www.ethnologue.com/country/DE; Zugriff 20.12.2017)

Weltweit existieren derzeit 193 Staaten. Menschen aus 190 Staaten leben in Deutschland.

Nach derselben Quelle werden traditionell 24 Sprachen in Deutschland gesprochen: neben Deutsch die Sprachen altansässiger Minderheitengruppen (wie Sorbisch in Brandenburg und Sachsen, Dänisch oder Friesisch in Schleswig-Holstein) und „starke" Dialekte. Damit ist aber lediglich eine Tendenz angezeigt, denn abgesicherte Information über die sprachliche Realität in Deutschland gibt es nicht. Anders als in sogenannten klassischen Einwanderungsländern werden keine Daten zur Sprachenfrage in den Bevölkerungsstatistiken erhoben. Folgerichtig zeigen sich Diskrepanzen, wenn verschiedene Quellen in Betracht gezogen werden, etwa regionale Untersuchungen oder Daten aus dem Bildungsbereich. Allmählich beginnen einige Bundesländer, bei der Aufnahme von Kindern in das Schulsystem zu ermitteln, welche Sprachen neben dem Deutschen in ihren Familien eine Rolle spielen. Das Land Hamburg ist hierfür ein Beispiel. Hier wird die Frage nach einer Sprache, die außer dem Deutschen in der Familie gesprochen wird, seit 2009 bei der Vorstellung Vierjähriger zu einem Screening der Deutschkenntnisse gestellt. Ermittelt werden so regelmäßig ca. 100 Sprachen.

Erste Schritte zur Erfassung der Sprachen in Deutschland wurden also gemacht, jedoch sind wir noch weit entfernt von verlässlichem Wissen über die sprachliche Komposition der Bevölkerung. Vieles spricht dafür, dass die Sprachenvielfalt größer ist als geschätzt, und ebenso starke Anzeichen gibt es dafür, dass die von Migrant*innen mitgebrachten Sprachen vital sind und bleiben. Befragungen zeigen, dass die aus „klassischen" Aufnahmeländern wie den USA vorliegende Faustformel, nach der Migrant*innen ihre Herkunftssprachen nach zwei Generationen aufgeben, auf die gegenwärtige Lage in Europa nicht passt. Die mitgebrachten Sprachen behalten über lange Zeiträume große Bedeutung für die Gemeinschaften ihrer Sprecherinnen und Sprecher (Extra und Gorter 2008). Zwar verändern sich in der Migration die Sprachen selbst, vor allem durch Einflüsse der umgebenden Mehrheitssprache. Auch wird beobachtet, dass der Sprachgebrauch im Migrationskontext spezifische Merkmale aufweist: In manchen Bereichen der Kommunikation nimmt die Mehrheitssprache zunehmend Raum ein, insbesondere in Familien mit Kindern, die diese Sprache durch den Schulbesuch weiterentwickeln (Ilic 2016). Dennoch behalten die Herkunftssprachen bedeutende Funktionen und damit Vitalität.

Unterstützt wird dies vor allem durch gestiegene individuelle Mobilität und durch die Entwicklung von Technologien, die die Aufrechterhaltung von Kommunikationsbeziehungen auch über räumliche und zeitliche Distanz hinweg erlauben. Diese Bedingungen tragen dazu bei, dass die Herkunftssprachen nicht nur im engeren familialen Bereich Bedeutung behalten, sondern auch für überregionale Verständigung wichtig bleiben. Vor allem Jugendliche, die mit den Kommunikationspraktiken in digitalen Medien besonders vertraut sind, nutzen die Herkunftssprachen nicht nur in ihrer unmittelbaren Umgebung, sondern auch als Verständigungssprachen in transnationalen Migrantengemeinschaften (Androutsopoulos 2011).

Die Loyalität zu Herkunftssprachen bedeutet jedoch keine „Kampfansage" an die Vorherrschaft der umgebenden Mehrheitssprache Deutsch, wie dies vielfach unterstellt wird. Studien zeigen, dass Migrantinnen und Migranten die Wichtigkeit des Deutschen nicht infrage stellen. Insbesondere Eltern sind sich über die Bedeutung bewusst, die diese Sprache für ihre Teilhabe an der Gesellschaft und die Gestaltung ihrer eigenen und der Zukunft ihrer Kinder in Deutschland hat (Gogolin et al. 2017). Das veranlasst sie aber nicht dazu, sich von ihren mitgebrachten Sprachen gänzlich zu verabschieden. Persönliche Mehrsprachigkeit und öffentliche Einsprachigkeit sind in der Einwanderungsgesellschaft offenbar zwei Seiten einer Medaille. Für Migrant*innen und ihre Nachkommen ist es funktional, in mehr als einer Sprache zu leben.

2. Mehrsprachigkeit und sprachliches Selbstverständnis

Über die Frage, ob Zwei- oder Mehrsprachigkeit gute oder schlechte Folgen für die individuelle Sprachentwicklung oder das Lernen oder für gesellschaftlichen Zusammenhalt hat, gibt es lang andauernde, vielfach ideologisch begründete und polemisch ausgetragene Kontroversen – im alltäglichen, im politischen, aber auch im wissenschaftlichen Raum. In der öffentlichen Meinung scheint die Furcht vor negativen Folgen der Zwei- oder Mehrsprachigkeit zu überwiegen. Befürchtet wird, dass das Kind in seiner „normalen" Entwicklung bedroht ist, wenn es zu früh mit verschiedenen Sprachen konfrontiert wird. Weit verbreitet, durchaus auch unter pädagogischem Personal, ist die Metapher der „doppelten Halbsprachigkeit", die sich als mehr oder weniger natürliche Folge zwei- oder mehrsprachiger Entwicklung einstelle. Hier schlägt bis in die Gegenwart ein traditionelles sprachliches Selbstverständnis durch, das sich mit dem Entstehen des sogenannten klassischen, also europäischen Konzepts des Nationalstaats entwickelt und verbreitet hat: die Vorstellung nämlich, dass ein Staat quasi natürlicherweise einsprachig sei und dass die Angehörigen des Staates ebenso natürlich einsprachig in „seiner" Sprache aufwachsen und leben (Gogolin 2008).

Vor der Nationalstaatengründung, also bis in das 18. Jahrhundert hinein, war die Frage der „Sprachlichkeit" für die Zeitgenossen kein Problem. Mehrsprachigkeit war alltägliche Selbstverständlichkeit. Der Gebrauch verschiedener, an einen „Staat" nicht gebundener Sprachen war nicht nur unter gebildeten und besitzenden Ständen üblich. Die noch nicht normierten Mundarten waren die Mittel der Alltagsverständigung im Lebensraum. Erst die neuentstehende Klasse der „Bürgerlichen" bedurfte der vereinheitlichten Verkehrssprache, um raumübergreifend Unternehmertum, Handel und gesellschaftliche Leitungstätigkeit auszuüben.

Die Erfindung einer gemeinsamen Kultur, Geschichte und Sprache diente der Legitimation der Nationalstaaten.

Für den sich entwickelnden bürgerlichen Nationalstaat besaß die Neuregelung der Sprachenfrage daher einerseits praktische Gründe. Andererseits aber war mit der Begründung der vereinheitlichten Nationalsprache auch die Möglichkeit verbunden, den Menschen, die zur Gemeinschaft in dem imaginären, zunächst abstrakten Gebilde Nationalstaat zusammengefügt wurden, ein Objekt der Identifikation zu verschaffen. Die „Erfindung einer gemeinsamen Kultur, Geschichte und Sprache" (Hobsbawm 1991) war für die Stabilität des Nationalstaats bedeutend, denn durch sie konnte legitimiert werden, was eine Nation zu einer speziellen, einzigartigen macht und weshalb die Menschen sich an diese binden sollen. „Die *natürliche* Differenzierung von Sprachen wird jetzt zu einem positiven Phänomen erklärt, das die Sesshaftwerdung, die Herausbildung der Nationen und das Gefühl der nationalen Identität ermöglicht hat" (Eco 1994: 343f.).

Dass etwa ein Jahrhundert lang um die Legitimität der Vorstellung gerungen wurde, Einsprachigkeit sei das Beste für die Nation, wurde mitder Zeit vergessen. Im Verlauf des 19. Jahrhunderts setzte sich die Überzeugung durch, Einsprachigkeit sei der „Normalfall" der funktionierenden Nation (Gogolin 1998). Dazu trug auch „wissenschaftliche" Argumentation bei. Ein Beispiel findet sich bei Jakob Grimm, welcher befand, dass die „gewaltsame Mischung zweier Sprachen [...] widernatürlich" sei (Grimm 1884/o. J.: 51). Wo es Mischung gebe, könne keine kraftvolle, überlegene Sprache entstehen. Zahlreiche Gelehrte legten überdies dar, dass Mehrsprachigkeit auch für die individuelle sprachliche, geistige und soziale Entwicklung abträglich sei (vgl. zusammenfassend Tracy 2011).

Die Pädagogik als Disziplin hat ebenso wie andere benachbarte Disziplinen ihren Anteil daran, dass diese Grundauffassungen sich auch in der Bildungspraxis tief einnisteten (Krüger-Potratz 1994). Die Spuren dessen sind bis heute erkennbar – etwa im Ausschluss von Mehrsprachigkeit aus dem Schulgeschehen, und zwar nicht nur aus dem Unterricht, sondern auch aus der Kommunikation auf dem Schulhof –, oder in der Überzeugung, dass es auf Kosten der Fähigkeiten in der Schulsprache gehe, wenn ein Teil der Unterrichtszeit für die Vermittlung von Kenntnissen in der Herkunftssprache von Lernenden aus Migrantenfamilien aufgewendet werde. Forschungsergebnisse widersprechen dem.

3. Mehrsprachigkeit und individuelle Entwicklung

Zwar halten sich Mythen über Sprachen und Sprachentwicklung hartnäckig; zugleich ist aber auch das wissenschaftliche Interesse daran gewachsen, Prozesse der Sprachaneignung in zwei- oder mehrsprachigen Lebenssituationen genau nachzuvollziehen und spezifische Maßstäbe für die Beurteilung dieser Prozesse zu gewinnen. Dabei ist ein großer Teil der Forschung inzwischen daran interessiert, neben den Schwierigkeiten auch die Potenziale zu identifizieren, die sich aus dem Leben in zwei oder mehr Sprachen ergeben können. Besseres Wissen darüber ist für das pädagogische Handeln relevant, weil es zum einen genauere Aussagen darüber ermöglicht, mit welchen sprachlichen Bildungsvoraussetzungen in den Bildungsinstitutionen – sei es im vorschulischen Raum, sei es in der Schule oder im tertiären Bereich – gerechnet werden muss. Zum anderen ermöglichen die Ergebnisse eine bessere Begleitung der Sprachentwicklung im Verlaufe der Schülerbiografie. Folgende für den pädagogisch-praktischen Zusammenhang besonders wichtige Erkenntnisse liegen vor (vgl. ausführlicher: List 2006; Tracy 2007; Ruberg et al. 2013).

Primärspracherwerb

Die Phase kindlicher Sprachaneignung, die mit dem ersten Lebenstag beginnt und allmählich endet, wenn eine Erziehungs- oder Bildungsinstitution in den Prozess steuernd eingreift, wird als Primärspracherwerb bezeichnet. Diese für spätere Entwicklungen weichenstellende Phase des Spracherwerbs kann in einer, aber auch in zwei, drei oder mehr Sprachen vonstattengehen. Jedes Kind (vom Falle spezieller Erkrankung abgesehen) bringt bei seiner Geburt das gesamte Rüstzeug mit, das es zum Spracherwerb benötigt. Damit es sich konkrete Sprache(n) aneignen kann, muss es im intensiven Kontakt mit den Menschen und Dingen in seiner Umwelt stehen. Mit zunehmender körperlicher und geistiger Entwicklung macht das Kind sich die außerfamiliale Lebenswelt und die weitere Objektwelt mehr und mehr für die Sprachaneignung zunutze. Sprachaneignung, zunehmende körperliche und intellektuelle Mobilität und der weitere Ausbau sprachlicher Möglichkeiten stehen dabei in einem komplexen Wechselverhältnis. Mit dem Gewinn an Unabhängigkeit geht die Aneignung weiterer sprachlicher Mittel einher, und mit dem zur Verfügung stehenden Sprachvermögen wächst die Unabhängigkeit des Kindes – also auch seine Möglichkeit, sich weitere Sprache anzueignen (vgl. Weinert und Ebert 2013).

In der Forschung besteht weitgehend Einigkeit darüber, dass der Prozess primären Spracherwerbs bei ein- und zwei- oder mehrsprachigen Kindern weitgehend identisch ist. Ob Sprachaneignung „glücklich" verläuft oder nicht, hat mehr mit den Lebensumständen, den sozialen Bedingungen des Aufwachsens, dem Bildungsbesitz der Familie zu tun als mit den sprachlichen Umständen im engeren Sinne (Becker et al. 2013). Die sicht- und hörbaren Ergebnisse der grundlegenden Sprachaneignung aber unterscheiden sich zwischen ein- und zwei- oder mehrsprachig Aufwachsenden. Bei Einsprachigkeit vollzieht sich der Aneignungsprozess von Sprache in einer tendenziell sprachhomogenen Situation. Zwar gibt es auch dabei Verschiedenheit im sprachlichen Umfeld, etwa durch Dialekte oder soziale Varianten. Das sprachliche Repertoire aber, dessen Einfluss das Kind genießt, weist einen großen Bestand an Grundgemeinsamkeiten auf, so dass es sich vergleichsweise mühelos der gesamten sprachlichen Umwelt für die eigene Sprachaneignung bedienen kann.

Dies trifft für Kinder, die zwei- oder mehrsprachig aufwachsen, häufig nicht zu. In ihrer familialen Kommunikation werden (auch) andere Sprachen benutzt als die Umgebungssprache. Diese unterscheiden sich nicht, wie dies bei regionalen oder sozialen Varietäten zumeist der Fall ist, nur graduell voneinander, sondern besitzen unterschiedliche linguistische Bestände, einschließlich der Konventionen und Traditionen, die Sprache im engeren Sinne begleiten (z. B. Mimik, Gestik und andere körpersprachliche Mittel). Auch dem Einfluss der umgebenden Mehrheitssprache kann das Kind kaum entgehen – selbst dann nicht, wenn sie innerhalb der Familie wenig benutzt wird. Das Deutsche dringt durch Massenmedien in die familiale Kommunikation ein, und es umgibt das Kind, sobald die eigene Wohnung verlassen wird. Unabhängig von der in einer Familie konkret ausgeübten Sprachpraxis kommen so Formen von Zwei- oder Mehrsprachigkeit zustande.

Die Ausprägung des darauf beruhenden Sprachbesitzes ist von der Lebenslage abhängig: von familiären Sprachpraktiken, sozialen Beziehungen, Bildungsnähe, dem Medienkonsum und weiteren Umständen. Studien zeigen, dass sehr unterschiedliche Kompositionen aus Familien- und Umgebungssprache bei solchem Primärspracherwerb zustande kommen (vgl. z. B. Reich 2000; Duarte 2011; Brizić 2007). In den beteiligten Sprachen sind nicht selten mehr oder weniger deutliche Unterschiede zu dem Sprachbesitz bemerkbar, der von Kindern entwickelt wird, die einsprachig in einer der beteiligten Sprachen aufwachsen.

Diese Unterschiede sind vielfach ein Anlass dafür, eine gestörte oder gefährdete Sprachentwicklung bei Zwei- oder Mehrsprachigen zu vermuten. Dies ist aus spracherwerbstheoretischer Perspektive unbegründet. Eine Ursache für die bemerkbaren Unterschiede ist, dass alles Lernen von weiteren Sprachen „von einem durch Erfahrung ausgearbeiteten Nervensystem veranstaltet" wird (List 1995: 35). Jeder Spracherwerb baut auf der vorherigen Sprachaneignung auf und ist durch sie beeinflusst. Eine gute Illustration dessen bietet der Erwerb des Lautbestands von Sprachen. Ein kleines Kind kann in seinen ersten Lebenswochen den gesamten Lautbestand menschlicher Sprachen artikulieren und hörend wahrnehmen, wenngleich sich schon ab der Geburt erste Präferenzen zeigen für den Lautbestand der Umgebungssprache. Im Laufe des ersten Lebensjahres bereits richtet sich der Lautbildungs- und -wahrnehmungsapparat auf diejenigen konkreten Laute und Melodien ein, die in der Umgebung des Kindes vorkommen. Zwar geht die Fähigkeit, Laute zu imitieren oder hörend zu unterscheiden, nicht wirklich verloren. Aber es verhält sich hier ähnlich wie bei anderen körperlichen Fähigkeiten: Ein hoch trainierter Muskel muss immer im Training gehalten werden, damit er seine Kraft nicht verliert. Daher ist der Fall nicht selten, dass Menschen zwar zwei oder mehr Sprachen erstklassig beherrschen, jedoch nie einen „Akzent" verlieren, der darauf deutet, dass ihre erste Spracherfahrung vom Lautbestand anderer Sprachen geprägt wurde.

Zwei- oder mehrsprachiges Aufwachsen gefährdet also die Sprachaneignung nicht (Gogolin und Krüger-Potratz 2012). Es sorgt aber für Unterschiede im Sprachbesitz, in denen die unterschiedliche Sprachaneignungssituation mehr oder weniger deutlich erkennbar ist.

Sprachbesitz mehrsprachiger Kinder in der multikulturellen Gesellschaft

Die Unterschiede im Sprachbesitz werden nicht selten als Defizite in der Sprachentwicklung interpretiert. Forschung zu Kognition und Spracherwerb gibt aber deutliche Hinweise darauf, dass diese Interpretation zu kurz greift. Sie zeigt, dass zwei- oder mehrsprachiges Aufwachsen sehr günstige Bedingungen für die Entwicklung der sprachlichen und kognitiven Entwicklung eines Kindes mit sich bringt (Bialystok 2009). Dies erklärt sich vor allem daher, dass den Kindern ihre sprachliche Umwelt *nicht* mühelos für die Aneignung sprachlicher Mittel zur Verfügung steht. Sie sind vielmehr dauernd vor besondere Aufgaben gestellt, die einsprachig Aufwachsende nicht so früh bewältigen müssen: Damit sich zwei- oder mehrsprachige Kinder in ihrer sprachlichen Umwelt orientieren können, müssen sie lernen zu unterscheiden, dass sie es mit mehreren Sprachen zu tun haben. Weil die Kinder im Kontakt mit Personen sind, die nicht zwei- oder mehrsprachig sind, müssen sie differenzieren lernen, wann, unter welchen Umständen und mit wem sie auf welche ihrer Sprachen zugreifen können. Um je nach Erfordernis zwischen den Sprachen wechseln zu können, müssen sie Kriterien entwickeln, die es ihnen erlauben, ihre sprachlichen Mittel der einen oder anderen Sprache zuzuordnen. Sie sind zudem stärker als monolinguale Kinder gefordert, Strategien zu entwickeln, die ihnen über Verstehens- oder Ausdrucksnot hinweghelfen. Für die Erfüllung solcher Aufgaben sind „metasprachliche Fähigkeiten" vonnöten. Das sind Kompetenzen, die sich nicht unmittelbar dem Bestand einer konkreten Sprache zuordnen lassen, sondern sprachübergreifender Art sind. Ein Beispiel dafür ist, dass man irgendwann „weiß", dass sich ein Ausruf und eine Frage klanglich unterscheiden. Solch grundlegendes Wissen muss nicht für jede Sprache neu erworben werden; neu zu erwerben ist lediglich die Form, in der diese Unterschiede in verschiedenen Sprachen ausgedrückt werden.

Die frühe Entfaltung metasprachlicher Fähigkeiten gilt allgemein als förderliche Voraussetzung für weiteren Spracherwerb. Aus spracherwerbstheoretischer Sicht besteht daher kein Anlass, von Zwei- oder Mehrsprachigkeit auf Gefährdung zu schließen. Die äußerlich bemerkbaren Anzeichen dafür, dass die Sprache eines Kindes aus zwei oder mehr Sprachen komponiert ist, besagen nichts anderes, als dass hier eine den Umständen entsprechende normale Sprachentwicklung abläuft, deren vorläufiges Ergebnis als „Muttersprache Zwei- oder Mehrsprachigkeit" bezeichnet werden könnte: eine Komposition aus sprachlichen Mitteln, die vom Standpunkt der Sprachbeschreibung her zu *mehr als einer* Sprache gehören, vom Standpunkt des Individuums aber *ein* Sprachbesitz sind.

> **Je früher Kinder mehrsprachig aufwachsen, desto größer die Vorteile.**

Das vorgestellte Szenarium gilt für den Fall, dass sich die Aneignung von zwei oder mehr Sprachen ungefähr gleichzeitig in der frühen Kindheit vollzieht. Bei späterem Beginn des Erwerbs einer zweiten oder weiteren Sprache(n) stellen sich die Vorteile früher Zwei- oder Mehrsprachigkeit nicht ohne Weiteres ein. Als Faustregel kann gelten, dass zuvor erworbene Sprachen mit zunehmendem Alter höheren Einfluss auf die weitere Sprachaneignung haben. Zudem geschehen Erwerbsprozesse in der frühen Kindheit eher intuitiv, aber später immer stärker kognitiv gesteuert. Für Bildungseinrichtungen bedeutet dies, dass sie sehr spezifische Maßnahmen der Sprachbildung ergreifen müssen, um angemessen auf die Voraussetzungen zu reagieren, die Lernende mitbringen.

4. Mehrsprachigkeit und Bildung

Im oben eingehender vorgestellten Szenarium wurde vor allem auf Vorteile verwiesen, die mit früher Zwei- oder Mehrsprachigkeit verbunden sein können. Aber wie jede Medaille, so hat auch diese zwei Seiten. In der Forschung wurden auch Nachteile festgestellt, die sich auf Bildung auswirken können. Diese betreffen vor allem den Wortschatz. Zwei- oder mehrsprachige Personen besitzen in der Regel in jeder ihrer Sprachen weniger Wörter als eine Person, die in einer der Sprachen einsprachig lebt. Dies ist leicht erklärlich, denn der Wortbestand entwickelt sich – anders als der grammatische Bestand einer Sprache – in klarer Abhängigkeit von dem Wortbestand, den die Person in ihrer Umgebung erfährt. Im Falle der Mehrsprachigkeit spielen die beteiligten Sprachen in der Regel unterschiedliche Rollen in verschiedenen Kontexten. So kann die Herkunftssprache einer Migrantenfamilie im Inneren des Haushalts dominant sein, während die Umgebungssprache eher in der weiteren Umwelt und der Öffentlichkeit dominant ist. Dadurch entstehen Wortrepertoires, die sich auf die Lebensbereiche unterschiedlich verteilen. Insgesamt verfügt die mehrsprachige Person also zumeist nicht über weniger, sondern eher über mehr Wortschatz. Dieser verteilt sich aber auf mehrere Einzelsprachen, was beim einsprachigen Menschen nicht der Fall ist.

Somit sind positive Begleiterscheinungen und Nachteile mit mehrsprachigem Aufwachsen und Leben verbunden. Ob in der weiteren (Bildungs-)Biografie eher die Vorteile oder die Nachteile durchschlagen, hängt einerseits von den Lebensumständen ab. Kinder, die in schriftnahen Familien leben, sind für das schulische (nicht nur sprachliche) Lernen deutlich besser gerüstet als Kinder, in deren Alltag wenig Umgang mit Schrift – also Lesen, Vorlesen, Geschichtenerzählen – vorkommt (Scheele et al. 2010).

Andererseits aber ist es Sache der Erziehungs- und Bildungsinstitutionen, ihren Handlungsspielraum zu nutzen, damit vorhandene Potenziale entfaltet werden – statt dass sie in ihr Gegenteil umschlagen, nämlich Benachteiligung im Bildungsprozess. Vorliegende Untersuchungen zeigen, dass es der expliziten Berücksichtigung der günstigen Begleiterscheinungen von Mehrsprachigkeit in den Prozessen gesteuerten sprachlichen Lernens bedarf, damit sich diese vorteilhaft weiterentwickeln können. Lernende, die in besonders sprachaufmerksamen

Institutionen unterrichtet werden, tragen sowohl für ihre sprachliche Entwicklung Gewinne davon als auch für die Entwicklung der Fähigkeiten in anderen Fächern oder Lernbereichen (Lengyel 2017). Ein Beispiel solcher Institutionen sind Modelle der bilingualen Erziehung, deren Überprüfung in unterschiedlichen Kontexten zeigt, dass ihre Schüler*innen keine Nachteile in anderen als sprachlichen Lernbereichen erleiden. Sie können sogar Vorteile davontragen – und sie erwerben in derselben Lernzeit wie einsprachig Unterrichtete eine weitere Sprache (Gantefort 2013; Möller et al. 2017). Nun wird es angesichts der sprachlichen Lage im Lande, wie sie eingangs geschildert wurde, nicht gelingen können, flächendeckend Schulmodelle zu etablieren, in denen nur zwei der vielen von Kindern und Jugendlichen mitgebrachten Sprachen besondere Aufmerksamkeit erfahren. Die Entwicklung und Überprüfung von Unterrichtskonzepten, die die real vorhandene Sprachenvielfalt in Lerngruppen zum Ausgangspunkt für die Sprachbildung aller – der zweisprachig lebenden ebenso wie der einsprachigen Lernenden – nehmen, ist (wenn auch spät) in Gang gekommen.

Da geht es beispielsweise um den Versuch, die vorhandenen metasprachlichen Fähigkeiten durch den Vergleich von Sprachen im Deutschunterricht in Regelklassen zu nutzen und zu erweitern (Bien-Miller et al. 2017). Andere Beispiele sind die Förderung von sprachübergreifend funktionierenden Strategien der Textproduktion (Wenk et al. 2016) oder der Produktion von Lauten und Sprachmelodien (Marx und Mehlhorn 2010). Diese Ansätze sind inspiriert vom US-amerikanischen Konzept des *Translanguaging* (García und Wei 2014). Darin geht es darum, Unterschiede und Gemeinsamkeiten zwischen Sprachen, die den Kindern mehr oder weniger gut bekannt sind, aufzuzeigen und zu besprechen. Dabei wird am sprachlichen Können und Wissen der Lernenden angeknüpft, aber es wird ihnen darüber hinaus systematisch zum Verstehen der Funktionsweisen von Sprache verholfen – und damit zu einer soliden Grundlage dafür, das eigene Sprachkönnen zu erweitern. Inzwischen wurden auch andere als sprachliche Unterrichtsfächer in Konzepte eingebunden, die Mehrsprachigkeit der Lernenden für das Lernen der Sache zu aktivieren und zu nutzen. Am weitesten gediehen ist dabei das Angebot für das Fach Mathematik (Meyer et al. 2016). Hier konnte gezeigt werden, dass es auch für das Lernen mathematischer Inhalte vorteilhaft ist, wenn Lernende ihre Herkunftssprachen mit einsetzen können (weitere Beispiele in Becker-Mrotzek und Roth 2017).

5. Eine neue Kultur der Sprachbildung in Deutschland

Tradierte Grundauffassungen über Sprache sind in der heutigen Gesellschaft, nicht allein in ihren Erziehungs- und Bildungsinstitutionen, präsent. Die alltägliche Lebenspraxis aber ist geprägt von Existenz und Gebrauch vieler verschiedener Sprachen. Dies führt zu komplexen Anforderungen an die Kommunikationsfähigkeit, sei es in der unmittelbaren Umgebung der Person oder im internationalen Kontakt. Wo viele Formen des Sprachgebrauchs auf engem Raum zusammenkommen, stehen die Sprachen miteinander in Verbindung. Es entstehen Formen der Sprachmischung, oft einfallsreiche Ausdrucksformen der „friedlichen Koexistenz" von Sprachen. Diese werden – je nach Kontext – positiv oder negativ beurteilt. Im positiven Fall zeigen sie an, dass Sprachen lebendig sind und ihren Sprecher*innen als Material für Neuschöpfungen zur Verfügung stehen – wie etwa die kreative Mischung von Sprachen in der jugendlichen Popkultur oder in sozialen Netzwerken (Androutsopoulos 2010). Im negativen Fall werden sie als Unfähigkeit zur Einhaltung von Konventionen gewertet. Beispiele dafür können etwa in Bewerbungsschreiben Jugendlicher gefunden werden, in denen der erwartete „Stil" nicht getroffen wird; das führt zum Ausschluss aus Bewerbungsverfahren, noch bevor die oder der Betreffende die Chance hat, sich persönlich vorzustellen.

Erziehungs- und Bildungsinstitutionen müssen auf ein hohes Maß an unterschiedlichen sprachlichen Bildungsvoraussetzungen in ihrer Klientel eingerichtet sein – also auf Mehrsprachigkeit in den verschiedensten Formen. Die neue Kultur der Sprachbildung in Deutschland besteht darin, diese sprachliche Konstellation nicht aus dem alltäglichen Lehr-Lern-Geschehen auszuschließen, sondern vielmehr: sie aktiv und systematisch einzubeziehen. Dafür sprechen nicht nur Argumente, die aus dem Wissen über Sprachentwicklung und Lernen im Mehrsprachigkeitskontext gewonnen werden. Auch allgemeine Erkenntnisse über Faktoren, die für Lernerfolg wichtig sind, unterstützen den Standpunkt. Aus entwicklungspsychologischer Sicht ist das Ineinandergreifen von Maßnahmen, die zum Denken herausfordern, mit solchen, die die Motivation fördern, den Willen zu lernen unterstützen, entscheidend dafür, dass gut gelernt werden kann: Die Lernenden müssen in einer ihrem Entwicklungsstand angemessenen Weise intellektuell herausgefordert werden – stets anknüpfend an ihrem Vorwissen, aber etwas über das Maß hinaus, das sie schon leisten können, denn Kinder, die unterfordert werden, werden zu Schlechtleistern. Sie müssen in ihrer Motivation für das Lernen und in ihrem Selbstverständnis als erfolgreiche Lernende gestärkt werden. Ihre Bereitschaft zu lernen muss unterstützt und immer wieder angeregt werden (vgl. das „Ordnungsmodell erfolgreichen Lernens", Hasselhorn und Gold 2006).

Wenn man sich angesichts dessen Szenarien alltäglicher Praxis vorstellt, wird deutlich, dass diese Anforderungen im Falle von zwei- oder mehrsprachigen Lernenden oft nicht erfüllt sind. Wenn Schüler*innen aufgefordert sind, nur einen Teil der ihnen zur Verfügung stehenden sprachlichen Fähigkeiten für das Begreifen und Behalten im Unterricht einzusetzen, werden ihr Vorwissen und ihre kognitiven Möglichkeiten unterschätzt und unterfordert. Wenn sie angehalten werden, die sprachlichen Mittel, die ihnen zur Verständigung mit Eltern, Geschwistern und anderen ihnen nahestehenden Personen dienen, ab dem Schultor zu verschweigen, ist es schwer sich vorzustellen, dass sie sich in ihrer Lebenslage und Persönlichkeit anerkannt, angenommen fühlen. Wenn ihnen nicht einmal in Phasen der Entspannung – z. B. beim Spielen auf dem Schulhof – der Gebrauch ihrer weiteren Lebenssprachen erlaubt ist, können Motivation und Lernbereitschaft leiden. Wenn ihnen vielfach signalisiert wird, dass sie nicht Sprachenkönner, sondern Träger von unerwünschten, reparaturbedürftigen Merkmalen und Eigenschaften sind, müssen sie sehr viel Kraft darauf verwenden, sich nicht als Versager zu fühlen. Dies stärkt vielleicht ihre Resilienz, also die Fähigkeit zum Widerstand gegen negative Erfahrungen. Im Zusammenwirken der Faktoren sind solche (nicht selten wohl gut gemeinten) Praktiken dennoch nicht überzeugend mit Blick auf das Ziel, dass die Schule und der Unterricht bestmögliche Lernbedingungen bereitstellen.

Das mitgebrachte sprachliche Können und Wissen der Mehrsprachigen, die verschiedenen durch sie repräsentierten Sprachen können wertvolle Quellen für das Lernen – nicht nur von Sprachen – sein. Aber es ist ein pfleglicher, förderlicher, am Wissen über die Folgen von Mehrsprachigkeit für Erziehung und Bildung anknüpfender Umgang mit diesem Gut erforderlich, damit die Quellen sprudeln können.

Literatur

Androutsopoulos, Jannis: Multilingualism, Ethnicity, and Genre: The Case of German Hip-Hop. Continuum (The Languages of Global Hip Hop), London 2010.

Androutsopoulos, Jannis: „Language change and digital media. A review of conceptions and evidence", in: Tore Kristiansen und Nikolas Coupland (Hg.): Standard languages and language standards in a changing Europe. Novus, Oslo 2011, S. 145–161.

Becker, Birgit/Klein, Oliver/Biedinger, Nicole: „The Development of Cognitive, Language, and Cultural Skills From Age 3 to 6: A Comparison Between Children of Turkish Origin and Children of Native-Born German Parents and the Role of Immigrant Parents' Acculturation to the Receiving Society", in: *American Educational Research Journal* 50 (3) 2013, S. 616–649.

Becker-Mrotzek, Michael/Roth, Hans-Joachim (Hg.): Sprachliche Bildung. Grundlagen und Handlungsfelder. Waxmann, Münster u. a. 2017.

Bialystok, Ellen: „Effects of Bilingualism on Cognitive and Linguistic Performance", in: Ingrid Gogolin/Ursula Neumann (Hg.): Streitfall Zweisprachigkeit – The Bilingualism Controversy. VS Verlag für Sozialwissenschaften, Wiesbaden 2009, S. 53–67.

Bien-Miller, Lena/Akbulut, Mohammed/Wildemann, Anja/Reich, Hans H.: „Zusammenhänge zwischen mehrsprachigen Sprachkompetenzen und Sprachbewusstheit bei Grundschulkindern", in: *Zeitschrift für Erziehungswissenschaft* (ZfE) 20 (2) 2017, S. 193–211.

Brizić, Katharina: Das geheime Leben der Sprache. Waxmann, Münster u. a 2007.

Duarte, Joana: Bilingual Language Proficiency. A Comparative Study. Waxmann, Münster u. a. 2011.

Eco, Umberto: Die Suche nach der vollkommenen Sprache. C. H. Beck, München 1994.

Extra, Guus/Gorter, Durk (Hg.): Multilingual Europe: Facts and policies. De Gruyter, Berlin and New York 2008.

Gantefort, Christoph: Schriftliches Erzählen mehrsprachiger Kinder. Entwicklung und sprachenübergreifende Fähigkeiten. Waxmann, Münster u. a. 2013.

García, Ofelia/Wei, Li: Translanguaging. Language, Bilingualism and Education. Palgrave Macmillan, New York 2014.

Gogolin, Ingrid: „Sprachen rein halten – eine Obsession", in: Ingrid Gogolin/Günther List/Sabine Graap (Hg.): Über Mehrsprachigkeit. Stauffenburg, Tübingen 1998, S. 71–96.

Gogolin, Ingrid: Der monolinguale Habitus der multilingualen Schule. 2. Aufl. Waxmann, Münster u. a. 2008.

Gogolin, Ingrid/Akgün, Gülden/Klinger, Thorsten: KiBis – mehrsprachige Kinder auf dem Weg zur Bildungssprache. Eine Langzeitbeobachtung. Abschlussbericht (Band 1: Projekt und Ergebnisse). Universität Hamburg. Hamburg 2017. Online verfügbar unter URN: urn:nbn:de:0111-pedocs-148415.

Gogolin, Ingrid/Krüger-Potratz, Marianne: „Sprachenvielfalt: Fakten und Kontroversen", in: *Zeitschrift für Grundschulforschung* 6 (2) 2012, S. 7–19.

Grimm, Jacob: Kleinere Schriften. Nachdruck. 8 Bände (Bd. 8). Bertelsmann, Gütersloh 1884/o. J.

Hasselhorn, Marcus/Gold, Andreas: Pädagogische Psychologie. Erfolgreiches Lehren und Lernen. Kohlhammer, Stuttgart 2006.

Hobsbawm, Eric J.: Nationen und Nationalismus. Mythos und Realität seit 1780. Campus, Frankfurt/M. 1991.

Ilic, Vesna: Familiale Lernumwelt von Jugendlichen mit und ohne Migrationshintergrund. Eine empirische Studie zum Zusammenhang zwischen home-literacy-Aktivitäten und bildungssprachlichen Fähigkeiten. Inaugural-Dissertation, 2014. Barbara Budrich, Opladen 2016.

Krüger-Potratz, Marianne: „Dem Volke eine andere Muttersprache geben.' Zur pädagogischen Diskussion über Zwei- und Mehrsprachigkeit in der Geschichte der Volksschule", in: *Zeitschrift für Pädagogik* 40 (1) 1994, S. 81–96.

Lengyel, Drorit: „Stichwort: Mehrsprachigkeitsforschung", in: *Zeitschrift für Erziehungswissenschaft* (ZfE) 20 (2) 2017, S. 529–548.

Lewis, M. Paul/Simons, Gary F./Fennig, Charles D.: Ethnologue: Languages of the World. SIL International. Dallas 2015. Online verfügbar unter http://www.ethnologue.com.

List, Gudula: „Zwei Sprachen und ein Gehirn. Befunde aus der Neuropsychologie und Überlegungen zum Zweitspracherwerb", in: *Fremdsprache Deutsch* Sondernummer 1995, S. 27–35.

List, Gudula: „Wie kommt das Kind zur Sprache?", in: Karin Jampert/Kerstin Leuckefeld/Anne Zehnbauer/Petra Best (Hg.): Sprachliche Förderung in der Kita: Wie viel Sprache steckt in Musik, Bewegung, Naturwissenschaften und Medien? Das Netz, Weimar u. a. 2006, S. 13–21.

Marx, Nicole/Mehlhorn, Grit: „Pushing the Positive. Encouraging phonological transfer from L2 to L3", in: *International Journal of Multilingualism* 7/2010, S. 4–18.

Meyer, Michael/Prediger, Susanne/César, Margarida/Norén, Eva (2016): „Making Use of Multiple (Non-shared) First Languages: State of and Need for Research and Development in the European

Language Context", in: Richard Barwell/Philip Clarkson/Anjum Halai/Mercy Kazima/Judit Moschkovich/Nuria Planas et al. (Hg.): Mathematics education and language diversity. The 21st ICMI Study. Springer, Heidelberg/Cham 2016, S. 47–66. Online verfügbar unter DOI: 10.1007/978-3-319-14511-2_3, zuletzt geprüft am 26.10.2017.

Möller, Jens/Hohenstein, Friederike/Fleckenstein, Johanna/Köller, Olaf/Baumert, Jürgen (Hg.): Erfolgreich integrieren – die Staatliche Europa-Schule Berlin. Waxmann, Münster u. a. 2017.

Reich, Hans H.: „Die Gegner des Herkunftssprachenunterrichts und ihre Argumente", in: *Deutsch lernen* 2/2000, S. 112–126.

Ruberg, Tobias/Rothweiler, Monika/Koch-Jensen, Levka: Spracherwerb und sprachliche Bildung: Lern- und Arbeitsbuch für sozialpädagogische Berufe. Bildungsverlag EINS (Ausbildung und Studium), Köln 2013.

Scheele, Anna F./Leseman, Paul P. M./Mayo, Aziza Y.: „The home language environment of monolingual and bilingual children and their language proficiency", in: *Applied Psycholinguistics* (31) 2010, S. 117–140.

Tracy, Rosemarie: Wie Kinder Sprachen lernen. Und wie man sie dabei unterstützen kann. Francke, Tübingen u. a. 2007.

Tracy, Rosemarie: „Mehrsprachigkeit. Realität, Irrtümer, Visionen", in: Ludwig M. Eichinger/Albrecht Plewnia/Melanie Steinle (Hg.): Sprache und Integration. Narr Francke Attempto, Tübingen 2011, S. 69–110.

Weinert, Sabine/Ebert, Susanne: „Spracherwerb im Vorschulalter: Soziale Disparitäten und Einflussvariablen auf den Grammatikerwerb", in: *Zeitschrift für Erziehungswissenschaft* (ZfE) 16 (2) 2013, S. 303–332.

Wenk, Anne Kathrin/Marx, Nicole/Steinhoff, Torsten/Rüßmann, Lars: „Förderung bilingualer Schreibfähigkeiten am Beispiel Deutsch – Türkisch", in: *Zeitschrift für Fremdsprachenforschung* 27 (2) 2016, S. 151–179.

Marwan aus Al-Raqqa, 23 Jahre

„Ich werde mein ganzes Leben lang überall auf der Welt immer, wenn jemand mich böse anguckt, denken: Der kommt aus Deutschland."

Stellst du dich bitte vor?
Wahrscheinlich sollte ich mich als Aktivist vorstellen, denn ich habe als Soldat und in den Medien für die syrische Revolution gekämpft.

Was hast du gemacht?
Ich hatte gerade mein Abitur bestanden, als ich gezwungen war, in die Türkei zu flüchten, weil mir unterstellt wurde, dass ich einen Kämpfer des Islamischen Staats und zudem auch noch Gott selbst beleidigt hätte. Dafür wurde ich von ISIS-Leuten festgenommen und neun Tage in eins ihrer Gefängnisse gesteckt. Als sie mich wieder freigelassen hatten, bin ich sofort in Richtung Türkei gefahren. Erst habe ich mich für eine Weile in einer Stadt nahe der Grenze versteckt. Von dort aus bin ich nach Istanbul gefahren. In Istanbul habe ich bei einer palästinensischen Hilfsorganisation gearbeitet, die sich um Kranke und Obdachlose kümmert. Parallel dazu habe ich an der Üsküdar-Universität Politikwissenschaft studiert. Was gar nicht einfach war, denn ich wurde weiterhin von ISIS-Anhängern bedroht.

Was hast du in Al-Raqqa gemacht, vor und nach der Revolution?
Vor der Revolution war ich ein normaler Schüler und ich hatte auch einen Handyladen. Dort habe ich mit Smartphones gehandelt. Nach Beginn der Revolution schloss ich mich der Freien Syrischen Armee an. Ich gehörte zu einer Einheit, die die Stadt Tall Abyad verteidigen sollte,

die liegt etwa neunzig Kilometer von Al-Raqqa entfernt an der Grenze zur Türkei. Aber dort habe ich schnell kapiert, dass wir letztendlich gar nicht für etwas Gutes kämpften, sondern für bestimmte Interessen. Deshalb habe ich die Freie Armee verlassen, bin abgehauen und zurück nach Al-Raqqa gegangen.

Dann hat ISIS unsere Stadt erobert. Das war sehr hart für alle, die dort bisher gekämpft hatten, egal ob für Al-Nusra oder die Freie Armee oder sonst wen. ISIS bekämpfte sie alle. Auch die zivilen Bewohner Al-Raqqas wurden misshandelt. Tagelang haben alle möglichen Truppen gegeneinander gekämpft, es war kaum zu ertragen. Ich war sicher, dass die Revolution mit dem Einmarsch von ISIS endgültig zu Ende war. ISIS hat gleich nach der Eroberung von Al-Raqqa mit dem willkürlichen Verhaften, Entführen und Ermorden von Leuten angefangen. Menschen verschwanden plötzlich! Dabei wurden natürlich mit Vorliebe Aktivisten, Anführer der Freien Armee abgeholt und teilweise auch ermordet. Einer der Ersten, die vom ISIS entführt wurden, war mein Vater. Vielleicht haben sie ihn getötet. Wir haben seitdem nichts mehr von ihm gehört. Nach seinem Verschwinden konnte ich mir nicht mehr vorstellen, in Al-Raqqa zu bleiben. Also verließ ich die Stadt – und seitdem sehne ich mich jede Sekunde nach ihr.

Du hast keinerlei Infos über deinen Vater, wo er ist, ob er lebt?
Nein, ich weiß gar nichts. Was wir wissen, ist, dass alle Leute, die ISIS oder das Assad-Regime entführt haben, das gleiche Schicksal erwartet: getötet zu werden. Eigentlich sagt man auf Arabisch in solchen Situationen: „Wer zu denen geht, der ist schon gestorben, und wer zurückkommt, der wurde wiedergeboren." Aber bei ISIS gibt es keine Wiedergeburt. Mein Vater ist weder das erste noch das letzte Opfer von ISIS. Allein in Al-Raqqa wurden so viele Leute entführt und dann getötet: Aktivisten, Politiker, Kämpfer anderer islamistischer Gruppen wie Al-Nusra und auch ganz normale Leute. Was das wahllose Töten angeht, ähnelt ISIS dem Assad-Regime sehr.

Erst mal hoffe ich, dass dein Vater noch am Leben ist. Du sagst, er war bei der Freien Armee? Warum gerade bei der? War er schon immer gegen Assad? Was für eine Familie seid ihr?
Wir sind sechs Familienmitglieder, mein Vater, meine Mutter, zwei Söhne und zwei Töchter. Meine ältere Schwester ist verheiratet und wohnt in der Türkei, genauso wie mein Bruder, der ist Zahnarzt in Istanbul. Meine Familie stammt ursprünglich aus Turkmenistan, daher können wir Türkisch. Meine zweite Schwester wohnt bei meinen Eltern, weil ihr Mann seit langem verschwunden ist. Er wurde wohl von Assads Leuten verhaftet. Trotzdem hat mein Vater uns immer ermutigt, gegen das Regime zu kämpfen. Er wird seit langem von Assads Leuten verfolgt. 2007 haben sie behauptet, er habe mit Waffen gehandelt. Dafür wurde er zu 15 Jahren Gefängnis verurteilt. Aber das Urteil musste in Abwesenheit gefällt werden, er war in der Türkei untergetaucht. Natürlich stimmt nichts an den Vorwürfen des Assad-Gerichts. Tatsächlich hatte mein Vater ein Problem mit ein paar Geheimdienstmitarbeitern. Sie wollten ihn loswerden. Kurz nach Beginn der Revolution kam er zurück nach Al-Raqqa und schloss sich der Freien Syrischen Armee an. Zusammen mit mir.

Hat dein Vater studiert?
Ja, auf Lehramt. Und er hat auch diverse Wettbewerbe in Syrien und anderen arabischen Ländern gewonnen, zum Beispiel im Sportschießen. An unserer Schule hat er unter anderem Wehrkunde unterrichtet.

Du hast gesagt, dass du auch nach deiner Flucht aus Syrien in der Türkei von ISIS-Leuten verfolgt worden bist. Wie ist das möglich?
In der Türkei ging ich zuerst zu meinem Bruder, weil er eine Wohnung hat und mir helfen kann. Und schließlich ist er mein Bruder. Aber Istanbul hat mir gar nicht gefallen, deswegen bin ich nach Urfa gezogen. Dort haben wir eine Initiative gegründet. Sie heißt „Ein Auge auf das Land" (Ayn Alaa Alwatan); wir haben alle Verbrechen, Pogrome, Bombardierungen und Anschläge des ISIS und des Regimes dokumentiert. Aktivisten in Syrien haben alles mit Kameras gefilmt, wir haben

das gesammelt und öffentlich gemacht. Danach aber konnte ich nicht mehr in Urfa bleiben; es stellte sich heraus, dass es dort viele ISIS-Sympathisanten und wohl auch Kämpfer gab. Das hat mir Angst gemacht, deshalb bin ich zurück nach Syrien gefahren.

Warum nicht nach Istanbul zu deinem Bruder? Dort würden ISIS doch weniger wahrscheinlich jemanden ermorden als in Syrien?
Sie haben zwei Aktivisten unserer Initiative ermordet. Sie wurden auf eine unmenschliche Weise getötet, in ihren Wohnungen geschlachtet.

Wo war das, in Syrien?
Nein, in Urfa, wo sie wohnten. Der Täter war ein alter Bekannter, sie dachten sogar, ein Freund, der zu Besuch kam. Und dann hat er sie getötet.

Nachdem ich wieder bei meiner Familie war, wurde mir klar, dass mein Leben dort so wenig sicher war wie in der Türkei. Die einzige verbliebene Möglichkeit, mich in Sicherheit zu bringen, war also Europa. Ich bin wieder in die Türkei, diesmal direkt nach Izmir und von dort aus mit dem Schlauchboot auf eine griechische Insel. Danach bin ich zu Fuß gekommen, wie die meisten Geflüchteten: Erst über den Balkan, dann durch Österreich und am Ende nach Deutschland.

Wie lange hat das gedauert?
Es hat einen Monat gedauert. Es hätte schneller gehen können, aber wir wurden mehrmals in verschiedenen Ländern verhaftet und ins Gefängnis gesteckt. Dann ist beim ersten Versuch, nach Griechenland zu kommen, auch noch das Boot gesunken. Wir wurden zwar gerettet, aber dann hat es wieder acht Tage gedauert, bis wir endlich freigelassen wurden und weiterziehen konnten.

Wie viel Geld hat dich die Reise gekostet?
Insgesamt 4.000 Euro.

Was machst du gerade in Deutschland?
Ich wohne leider noch immer in einer Flüchtlingsunterkunft und besuche gar keine Sprachschule. Ich will die ganze Zeit Deutsch lernen, aber meine Lage hier motiviert mich zu gar nichts. Weil ich noch immer keinen „Aufenthalt" habe, konnte ich bis jetzt keine Schule besuchen und gar keinen Fortschritt mit der Sprache machen. Ich könnte alles Mögliche arbeiten, aber ohne den Aufenthaltstitel darf ich das nicht.

Willst du hier bleiben?
Nein, gar nicht! Ich denke jede Sekunde daran, zurückzukehren. Aber erst mal muss der Krieg in Syrien zu Ende sein, sonst geht das nicht.

Du bist ganz aufgeregt. Entschuldige, wenn ich dich verletzt habe. Lass uns über was anderes reden: Was ist für dich typisch syrisch?
Ich mag die vielen Unterschiede in Syrien. Die Landschaften sind sehr unterschiedlich und auch die Leute. Und die verschiedenen syrischen Städte und Dörfer. Mein Lieblingsort ist der Fluss Euphrat. Ich begegne ihm wie einem Menschen. Er kann zwar nicht reden, aber er versteht mich. Er kann mich fühlen und mit mir mitfühlen.

> „Manche Leute sprechen mit uns Ausländern
> bewusst nur auf Deutsch, obwohl sie Englisch
> können. Aber sie bestehen fanatisch auf ihre Sprache.
> Manche hassen einfach jeden Fremden."

Bist du oft im Euphrat geschwommen?
Ja, natürlich. Alle aus meiner Gegend sind oft in diesem Fluss geschwommen.

Was ist für dich typisch deutsch?
Die Deutschen sind auch sehr unterschiedlich. Das habe ich rausgefunden, weil ich außerhalb Berlins wohne, in einem Bezirk, in dem es

viele Nazis gibt. Hier sind die Leute ganz anders als in der Stadt, sehen anders aus, haben andere Eigenschaften als die, die ich sehe, wenn ich zum Alexanderplatz fahre, die haben ganz andere Gesichter. Ich fahre oft mit der Tram Nummer 6 zum oder vom Alexanderplatz. Die Leute dort lächeln einen an und manche sagen auch mal „Hallo". Aber kaum bin ich auf der Höhe der Landsberger Allee, gucken die Leute nur noch böse. Manchmal denke ich, dass sie mich verprügeln wollen. In der Zone A des Berliner Nahverkehrsplans sind alle Leute hilfreich. Aber schon in der Zone B hält man sich als Nichtdeutscher am besten ganz zurück und sagt nicht mal „Hallo" zu den Leuten.

An dieser Stelle muss ich mal was anmerken: Ich hasse das, wenn die Deutschen uns nur helfen, weil wir Flüchtlinge sind. Überhaupt hasse ich dieses Wort! Ich mag es, wenn du mir hilfst, weil ich ein Mensch bin, der Hilfe braucht, wie viele andere auch. Letztendlich sind wir doch alle gleich. Du hilfst mir heute – und wenn du mich morgen brauchst, bin ich für dich da. In manchen Teilen Deutschlands gibt es viel Rassismus. Manche Leute sprechen mit uns Ausländern bewusst nur auf Deutsch, obwohl sie eigentlich Englisch können. Aber sie bestehen fanatisch auf ihre Sprache. Manche hassen einfach jeden Fremden. Einmal war ich im Wedding, eine schöne Gegend, und ich war ganz ohne besonderen Grund sehr gut gelaunt. Deshalb habe ich die Leute auf der Straße angelächelt. Kein Problem. Viele lächelten sogar zurück. Später am selben Tag bin ich in der S-Bahn-Station Landsberger Allee umgestiegen und wollte auch dort die Leute anlächeln – aber schon die erste Person, die ich auch nur angeguckt habe, hat richtig böse zurückgeguckt! Da habe ich das mit dem Anlächeln gelassen.

In dem Vorort, wo unser Flüchtlingsheim steht, habe ich oft Angst, versehentlich Leute zu stören und Ärger zu kriegen. Aber am Ende muss ich eingestehen: Deutschland ist das Land der Deutschen und wir sind hier ihre Gäste. Trotzdem glaube ich, dass ich mein ganzes Leben lang überall auf der Welt immer, wenn jemand mich böse anguckt, denken werde: Der kommt aus Deutschland.

Der Krieg in Syrien kann noch sehr lange dauern. Was sind deine Pläne für die Zukunft?
Für Deutschland habe ich keine Pläne. Wenn es geht, will ich früher oder später in die Türkei zurückgehen. Ich kann Türkisch, also werde ich mich dort schon zurechtfinden.

Willst du heiraten?
Warum soll ich ans Heiraten denke, ich kann ja nicht mal mein eigenes Leben finanzieren!

Willst du einmal Kinder haben?
Nein, natürlich nicht. Schon gar nicht, wenn sie hier leben müssen und auch so leiden wie ich. Im Ernst: Dieses Thema habe ich erst mal verschoben.

Rabee aus Homs, 31 Jahre

„Eigentlich habe ich mich in Syrien wie ein Fremder gefühlt."

Seit wann lebst du in Deutschland?
Ich lebe seit zwei Jahren in Deutschland.

Warum bist du nach Deutschland gekommen?
Wegen des Krieges. Ich bin hauptsächlich aus Furcht vor physischer Bedrohung geflohen, weil ich gegen das Assad-Regime bin, das die Zivilisten in Syrien beschießt. Ich hatte Hilfe und Nahrung zu den belagerten Gebieten in Homs geliefert, deshalb waren mein Name und der meiner Freunde beim syrischen Geheimdienst bekannt und wir wurden bedroht. Ein Freund hat mich gewarnt. In diesem Moment musste ich Syrien verlassen. Ein Verwandter in Deutschland hat meinen Namen für ein Programm der Vereinten Nationen registriert. Nach einer Weile konnte ich nach Deutschland reisen.

Welche Arbeit hattest du in Syrien?
Vor 2011 hatte ich mit behinderten Kindern und Kindern von Gefangenen zu tun. Wir haben Kinder im Gefängnis besucht, mit ihnen gesprochen und ihnen Essen gebracht. Wir haben auch behinderte Kinder in Krankenhäusern besucht.

Wie groß ist deine Familie?
Wir sind drei Geschwister, ich bin der Jüngste.

Vermisst du manchmal deine Stadt in Syrien?
Ja, sehr, aber die Stadt ist zerstört, vor allem die Gebiete, die gegen das Assad-Regime waren.

Hast du Deutschland gefunden, wie du es dir vorgestellt hattest?
Ich hatte keine bestimmte Vorstellung über Deutschland, aber Europa war aus meiner Sicht das Land der Wunder. Also wie ein Ort, der aus Träumen entstanden ist.

Woher hattest du dein Bild von Deutschland?
Durch meine Tante, die hier promoviert hat.

Hast du dann einen Kulturschock bekommen, als du ins reale Deutschland kamst?
Ich hatte keinen Kulturschock, die Sprache war natürlich für mich eine Hürde. Aber ich habe die patriotischen Werte schon in der syrischen Gesellschaft abgelehnt und bin für die Gleichheit zwischen Frau und Mann, und das ist hier. Daher bin ich glücklich darüber.

Was sind für dich die größten kulturellen Unterschiede zwischen Deutschland und Syrien?
Die Frauen in Deutschland haben mehr Rechte als in Syrien. Hier lebt jeder nach seiner Art und wie man will und die Leute oder die Gesellschaft lassen einen in Ruhe. Hier kommt der Rassismus von einer bestimmten Gruppe und richtet sich gegen Afrikaner oder Muslime, in Syrien gibt es auch Rassismus, aber von vielen Gruppierungen gegeneinander bzw. gegen Andersaussehende oder Fremde wegen der Sprache, eigentlich nur eines anderen Dialekts. Hier hat man Meinungsfreiheit, in Syrien leider nicht.

Fühlst du dich fremd hier?
Ich fühle mich nicht fremd hier in Deutschland, weil meine Kindheit in Syrien sehr hart war. Eigentlich habe ich mich in Syrien wie ein Fremder gefühlt.

Was gefällt dir in Berlin am meisten?
Berlin ist eine Weltstadt; ich habe mittlerweile viele Freunde, sowohl

syrische als auch deutsche. Das macht das Leben einfacher. Ich bin froh, einen eigenen Raum für mich zu haben.

Hast du Angst um deine Zukunft hier?
Manchmal spüre ich Angst, aber die wird durch Erinnerungen aus Syrien hervorgerufen. Ehrlich gesagt habe ich mein ganzes Leben lang Angst um meine Zukunft gehabt. Aber hier in Deutschland zumindest habe ich eine Wohnung und Nahrungsmittel. In Syrien habe ich mehrere Jahre auf der Straße geschlafen, wie ein Obdachloser.

Warum?
Weil ich rebelliert habe und einen grausamen Vater hatte; er hat mich aus der Wohnung rausgeschmissen, weil ich nicht nach seiner Nase gelebt habe, und meine Mutter durfte nichts sagen. Mein Vater ist ein Diktator in der Familie.

Wo kannst du dir vorstellen, deine Zukunft aufzubauen, hier oder in Syrien, wenn der Krieg vorbei ist?
Auch wenn der Krieg vorbei wäre, würde ich den Wunsch haben, nicht dorthin zurückzukehren. Ich habe eine tiefe Wunde in mir, die noch nicht geheilt ist.

„Er war schockiert, dass ich aus Syrien komme und Bier trinke."

Was willst du in der Zukunft werden?
Als ich nach Deutschland gekommen bin, fing ich an, über meine Zukunft nachzudenken. Im Gegensatz zur Situation in Syrien. Ich dachte dort nur, wie ich meinen Tag unversehrt zu Ende bringe. Meine Leidenschaft im Leben ist, mit Kindern zu arbeiten. Falls ich diese Leidenschaft in Deutschland nicht erreichen könnte, könnte ich eine Ausbildung machen. Ich glaube, dass es hier einige Möglichkeiten gibt, um

den Weg des Lebens zu verbessern. Ich wäre niemals arbeitslos.

Wie siehst du die soziale Gerechtigkeit in Deutschland?
Ich sehe Deutschland als ein Land, wo soziale Gerechtigkeit herrscht. Es ist etwas Schönes, mit Deutschen in Verbindung zu stehen. Aber ich kann es nicht leugnen, dass einige von ihnen auch negativ sind.

Was meinst du mit „negativ"?
Es gibt nicht „die Deutschen". Es gibt Rassisten und es gibt andere Deutsche, die Flüchtlingen helfen; wir haben gemerkt, dass diese Stimmung sich ändert. Mit negativ meinte ich passiv, dass sie keine Initiative ergreifen oder auf der Straße keinem Bedürftigen helfen. Natürlich stören mich auch die Vorurteile gegen Syrer im Allgemeinen. Aufgrund des schlechten Benehmens von einigen Syrern, die die ganze syrische Gesellschaft nicht repräsentieren, werden alle Syrer als böse und nicht integrationswillig beurteilt. Es war Oktoberfest. Wir waren in München, ich und eine Freundin haben mit einer deutschen Gruppe Bier getrunken und gemeinsam bayrische Lieder gesungen. Die Stimmung war sehr schön. Plötzlich hat mich einer gefragt, ob ich aus Spanien oder Italien komme. Ich habe ihm geantwortet, dass ich aus Syrien komme. Er war schockiert, dass ich aus Syrien komme und Bier trinke. Es war wie ein Schock für diese Deutschen, weil sie Vorurteile haben.

Welche Werte gefallen dir am meisten hier?
Wie die deutsche Polizei mit Bürgern respektvoll umgeht. Sie spricht höflich zu ihnen. Im Gegensatz zur syrischen Polizei, die mit den Bürgern immer offensiv und autoritär umgeht. Zum Beispiel habe ich mit meinen Freunden laut gefeiert und deswegen hat der Nachbar sich über uns bei der Polizei beschwert. Die Polizei war sehr nett und sie hat höflich von uns verlangt, dass wir die Musik leiser spielen sollen. Ich hatte keinen Grund, mich vor der Polizei zu fürchten.

Bist du optimistisch, was den Krieg in Syrien angeht?
Leider nicht. Das Land ist zerstört worden. Das Regime hat vieles ka-

putt gemacht. Der Rassismus in der syrischen Gesellschaft ist leider vorhanden: Die syrischen Christen in Homs mögen keine Muslime und ihr friedliches Zusammenleben ist nur ein Schein; das ist zumindest in der Umgebung so, wo ich aufgewachsen bin. Es gibt echte Freundschaft, aber es gibt auch Rassismus aufgrund des Glaubens von vielen Seiten.

Wie hat es das Regime geschafft, die konfessionellen und ethnischen Minderheiten gegeneinander zu steuern?
Leider leben viele Konfessionen unter sich, und das will das Regime so; eine syrische Identität unabhängig von Religion und Ethnie existiert leider nur wenig in Syrien und das Regime will die nationale Identität nicht unterstützen.

Wie wichtig ist die Sprache für dich hier?
Ich mag die deutsche Sprache. Ich möchte sie sehr gut beherrschen. Sie ist meine erste Fremdsprache nach meiner Muttersprache. Aber manchmal finde ich es schwer, diese Sprache zu lernen. Ich war in meinem Leben noch nie in einer normalen Schule, deswegen finde ich es schwierig. Aber trotzdem bin ich zufrieden mit meinem Sprachniveau. Ich habe das Niveau B1 abgelegt und mein Ziel ist jetzt B2.

Du organisierst mit syrischen Freunden Wanderungen für Syrer und Deutsche in Deutschland. Mit welchem Ziel? Und wer nimmt daran teil?
Syrer, Deutsche, Araber, Muslime aus anderen Ländern, Christen, junge und alte Leute. Diese Vielfalt ist für mich sehr wichtig. Das Hauptziel der Wanderung ist, unterschiedliche Menschen einander näherzubringen, Hass zu bekämpfen, Feindseligkeiten abzubauen. Aber auch Spaß zu haben. Wir singen gemeinsam und tanzen, aber diskutieren auch zusammen.

Was wünschst du dir?
Einen Job und eine Familie in Deutschland, weil ich sie in meiner Kindheit und in meinem Leben in Syrien vermisst habe.

Anwar aus Hama, 58 Jahre

„Die Proteste haben die Seelen der Menschen befreit."

Seit wann lebst du in Deutschland? Gab es Schwierigkeiten bei der Einreise?
Ich bin im Herbst 2014 nach Deutschland gekommen. Mit meiner Frau, meiner Tochter und meinem Sohn sind wir mit dem Flugzeug gekommen, nachdem ich Asyl vom Auswärtigen Amt bekommen habe. Die Gefahr war bei der Ausreise aus Syrien, da wir illegal ausreisen mussten, da ich keinen gültigen Pass hatte.

Warum hast du Syrien verlassen?
Ich konnte jederzeit festgenommen werden, da ich ein Oppositioneller bin. Als Anwalt für Menschenrechte ist man ein Dorn im Auge für das Assad-Regime. Ich verbrachte fünf Jahre, 2006 bis 2011, im Gefängnis aufgrund meiner friedlichen Aktivitäten.

Was macht ein Anwalt für Menschenrechte in einer Diktatur? Wen konntest du vertreten? Was hast du erreicht?
Ich leitete ein Zentrum, das sich mit den Verletzungen der Menschenrechte befasste. Ich habe hauptsächlich Oppositionelle in syrischen Gerichten verteidigt. Diese Oppositionellen wurden aufgrund ihrer kritischen Meinung und Haltung gegen das Regime inhaftiert. Wir konnten die Interessen dieser Oppositionellen an die Öffentlichkeit bringen. Gegen ihre Strafen konnten wir wenig machen, da die Justiz in Syrien nicht unabhängig ist. Manchmal hatten wir Erfolg. So gab es eine inhaftierte Journalistin, die niemand kannte, und ihre Familie hatte sie verstoßen; da konnten wir ihre Freilassung beantragen, ohne uns wäre sie länger im Gefängnis geblieben.

Warum bist du Anwalt für Menschenrechte geworden?
Das hat mit der Geschichte meiner Familie zu tun, denn viele Mitglieder unserer Familie sind Oppositionelle und waren in syrischen Gefängnissen für viele Jahre. Ich mache diese Arbeit auch wegen meiner Überzeugung. Ich finde, dass Menschenrechte ein allgemeines Recht sind und verteidigt werden müssen.

Warum war Deutschland das Zielland? Warum bist du nicht im Libanon geblieben?
Nach Frankreich hätte ich fliegen können. Im Libanon zu bleiben war gefährlich. Die Gefahr ist immer größer geworden, festgenommen zu werden, sowohl für mich als auch für meine Frau. Im Libanon sind die Pro-Assad-Milizen sehr bedrohlich.

Hattest du Schwierigkeiten in Syrien, bevor du verhaftet wurdest 2006?
Leider andauernd. Das Regime wollte und will keine friedlichen Oppositionellen haben. Die Geheimdienste haben uns regelmäßig zu sich bestellt, um unsere Ängste zu schüren.

> „Vor den Protesten 2011 haben die Nachbarn die Familie eines verhafteten Oppositionellen gemieden, um sich selbst nicht in Gefahr zu bringen."

Haben Festgenommene Unterstützung aus ihrem Umfeld bekommen?
Nein, leider nicht. Früher, also vor den Protesten 2011, haben die Nachbarn die Familie eines verhafteten Oppositionellen gemieden, sogar manchmal boykottiert, manchmal, um sich selbst nicht in Gefahr der Verhaftung zu bringen. Weil das Regime nicht wollte, dass jemand mit Oppositionellen kooperiert.

Hast du ein Beispiel dafür?
Meine Geschwister waren in den Achtzigern und Neunzigern im Gefängnis, die Nachbarn haben uns absolut gemieden. Sie hatten Angst vor den Geheimdiensten. Es gab Fälle, wo Menschen, die sich mit einem Festgenommenen solidarisiert hatten, kulturell und wirtschaftlich bekämpft wurden. Der Staat entließ viele Beamte, die harmlose Kontakte zu Oppositionellen hatten.

Und heute? Hat sich das seit 2011 geändert?
Das hat sich radikal geändert. Ich habe das selbst erlebt. Nachdem ich 2011 aus dem Gefängnis kam, da waren viele Menschen bei uns zu Besuch und sprachen sich solidarisch mit mir und meiner Familie aus. In den Protesten haben sich die Menschen gegenseitig unterstützt, indem sie Lebensmittel und medizinische Versorgung für Bedürftige beschafft haben. Die Proteste haben die Seelen der Menschen befreit.

Das syrische Regime hat immer angegeben, Reformen durchführen zu wollen – warum tat es nichts?
Das geschah auch am Anfang der Proteste 2011; es gab eine große Konferenz von Oppositionellen und Regierungsvertretern, der Vizepräsident Faruq al-Share war auch anwesend, aber das Regime hat sich an die Beschlüsse der Konferenz überhaupt nicht gehalten.

Warum hat das Regime dann dazu aufgerufen?
Um Proteste im eigenen Lager zu umgehen und um internationalem Druck und Forderungen nachzugeben. Die syrische Regierung gibt dann an, wir haben Gespräche durchgeführt, die Ideen können aber nicht umgesetzt werden. In Wirklichkeit will Baschar al-Assad nichts unternehmen, was eine Lösung der Krise beschleunigt.

Woher hattest du deine Vorstellungen über Deutschland?
Meine Informationen über die Deutschen waren, dass die Deutschen ernste Menschen sind; das heißt, sie tun, was sie sagen, sie halten sich

an Vereinbarungen oder Regeln. Sie respektieren das Gesetz und halten sich daran, sie halten auch ihre Pläne bzw. ihre Zeiten ein.

Welche Vorstellungen hattest du über das Rechtssystem in Deutschland, als Anwalt?
Als ich im Gefängnis war, habe ich die deutsche Verfassung übersetzen lassen und danach eine syrische Verfassung verfasst, die Grundlage des Entwurfs war die deutsche.

Hattest du keinen Kulturschock, als du hierherkamst?
Nein, im Gegenteil, weil wir nach Berlin gekommen sind. Berlin ist eine offene Stadt. Wir haben gemerkt, dass die Deutschen hier nicht so ernste Leute sind; sie sind doch flexibel. Aber unsere Freunde haben uns mitgeteilt, dass sie nicht die schöne Berliner Atmosphäre bei sich haben. Das gilt hauptsächlich für Ortschaften in Ostdeutschland. Ich würde sagen, es gibt zwei Kulturen, eine im Osten und eine andere im Westen. Die Ostdeutschen hatten keine Erfahrungen mit Fremden gehabt, aufgrund des unterdrückenden politischen Systems der SED. Der Westen ist offener.

Was stört dich in Berlin?
Eigentlich nichts, die Stadt ist schön, und wir sind bestens versorgt.

Trotzdem willst du nach Syrien zurückkehren?
Ja unbedingt, weil dort mein richtiges Leben ist; dort ist meine Arbeit. Hier ist das Leben sicher und schön, aber dort sehe ich meine Pflicht, etwas für mein Land zu unternehmen.

Das Land Syrien ist stark zerstört, bist du immer noch optimistisch?
Ja, die Hoffnung verliere ich nie. In Syrien geschieht zurzeit leider eine bittere Entwicklung. Aber wenn man die Geschichte studiert, hat die Welt 60 Millionen Opfer zahlen müssen, um Hitler und Mussolini zu besiegen. Berlin war stark zerstört nach dem Krieg, Dresden völlig zer-

stört und andere deutsche Städte auch – aber alle wurden wieder aufgebaut.

> „Die syrische Gesellschaft bildet eigentlich keine Basis für religiösen Extremismus aufgrund der multiethnischen und -konfessionellen Gesellschaft. Dieser Extremismus zurzeit ist zurückzuführen auf die Ignoranz der Weltgemeinschaft bezüglich der Verbrechen des Regimes."

Siehst du eine Chance auf ein baldiges Ende des Krieges?
Ja, ich bin optimistisch, dass der Krieg bald zu Ende geht, da sonst die Folgen und Verluste viel größer – überall, in der Region und in der Welt durch Terroranschläge – sein werden. Die Weltgemeinschaft und der Westen werden sich gezwungen fühlen, den syrischen Konflikt zu lösen, damit sie die Sicherheit in ihren Gesellschaften bewahren können; das heißt, Europa und die USA werden nicht aufgrund der Menschenrechtsverletzungen in Syrien agieren, sondern, um ein sicheres und friedliches Leben in Europa weiterhin ermöglichen zu können. Das ist auch gut so, daher liegt der Frieden in Syrien im Gesamtinteresse aller Beteiligten.

Die soziale Gerechtigkeit ist ein besonderes Gut in der deutschen Gesellschaft. Wird sie eines Tages in Syrien verwirklicht werden?
Das muss passieren, das neue Syrien wird ein gutes Beispiel für eine moderne Gesellschaft sein, denn die Syrer werden von ihren Erfahrungen und der der Welt profitieren.

Du meinst, trotz des religiösen Fanatismus momentan?
Die syrische Gesellschaft bildet eigentlich keine Basis für religiösen Extremismus aufgrund der multiethnischen und -konfessionellen Gesellschaft. Dieser Extremismus zurzeit ist zurückzuführen auf die Ignoranz

der Weltgemeinschaft bezüglich der Verbrechen des Regimes. Viele Syrer sind radikaler geworden, nachdem sie sich im Stich gelassen fühlten und viel Leid ertragen mussten. Sie sahen keine andere Alternative, sich gegen den Terror des Assad-Regime zu wehren, als sich den extremen Gruppierungen anzuschließen, mal wegen des Geldes, mal aus Verzweiflung, mal gegen manche korrupte säkulare Gruppen der Freien Syrischen Armee. Deswegen werden sie sich ändern, wenn sich die Weltgemeinschaft bemüht, eine friedliche Lösung zu ermöglichen. Durch Frieden entsteht Toleranz und der Extremismus wird abgebaut.

Auch in Deutschland und Europa gibt es extremistische Bewegungen. Beunruhigt dich das?
Ich habe selber keine Angst wegen mir, aber ich mache mir Sorgen um die Werte in den europäischen Gesellschaften, die jahrzehntelang für diese Werte gekämpft haben. Ich möchte nicht, dass diese Werte verloren gehen.

Denkst du, dass diese Gefahr groß ist?
Ja natürlich. Der Hass, der fängt gegen Muslime bzw. Fremde an, geht dann gegen alle Ausländer und schließlich gegen weitere Gruppen in der Gesellschaft und gegen Andersdenkende. Wenn es so weit ist, dann hat die Gesellschaft ihre Werte verloren.

2015 hat Deutschland Hunderttausende von Flüchtlingen aufgenommen? War es richtig?
Ja, aus dem Prinzip: Recht auf Asyl in der Gesellschaft. Auch aus humanitärer Sicht war es gut. Die Bundesregierung hat aber das Grundproblem, also die Fluchtursachen, nicht beseitigt. Es gibt fünf Millionen syrische Flüchtlinge, das heißt, die Aufnahme von dreihunderttausend Syrern löst das Gesamtproblem nicht. Es kommen immer mehr Flüchtlinge. Diese unvollständige Art der Lösung hat Deutschland Probleme bereitet, siehe AfD!

Du erwartest von der deutschen Regierung, den restlichen fünf Millionen Flüchtlingen zu helfen?

Ich meine nicht direkte Hilfe, sondern, den Syrern zu helfen, sicher in ihr Land zurückkehren zu können. Die Weltgemeinschaft schaut den Verbrechen des syrischen Regimes nur zu, tatenlos, das ist das große Problem. Sie halten Baschar al-Assad für den gewählten Präsidenten, sie klagen ihn nicht an, obwohl er mehr als sechshunderttausend Menschen auf dem Gewissen hat. Mehr als die Hälfte der Syrer ist auf der Flucht. Ich verstehe nicht, warum al-Baghdadi, der Chef von IS, angegriffen wird und Baschar al-Assad nicht. Beide sind die Köpfe zweier krimineller Banden.

> „Der Hass fängt gegen Muslime an, geht dann gegen alle Ausländer und schließlich gegen weitere Gruppen in der Gesellschaft und gegen Andersdenkende. Wenn es so weit ist, dann hat die Gesellschaft ihre Werte verloren."

Kannst du dir vorstellen, dass Deutschland eine wichtige Rolle in der Zukunft Syriens spielen wird?
Ja, Deutschland soll sogar eine führende Rolle übernehmen. Durch die Gesetze und die Werte der deutschen Gesellschaft, aber auch aus der Perspektive der verletzten Menschenrechte, ist Deutschland quasi verpflichtet, diese Rolle zu übernehmen und diese Massaker zu stoppen. Als die Massaker in Ruanda geschahen, sagte die Weltgemeinschaft: Nie wieder Ruanda! Schon jetzt ist die Zahl der Opfer in Syrien höher als in Ruanda.

Warum handelt die Weltgemeinschaft nicht?
Aus vielen Gründen: wirtschaftliche und politische Interessen; Firmen, die ihre Waffen verkaufen wollen, setzen ihre Lobby ein. Aber auch Desinteresse an der Lage.

Was wäre die beste Lösung für die syrischen Flüchtlinge aus deiner Sicht?

Das Morden zu stoppen, die Fassbomben zu verhindern. Einrichtung einer Flugverbotszone, damit die Syrer, Männer und Frauen, Alte und Kinder, nicht bombardiert werden. Leider war Merkel dagegen.

Werden die Syrer in Europa später eine positive Rolle in Syrien nach dem Krieg spielen?
Ich bin ziemlich sicher, dass achtzig Prozent der Syrer in Europa nach Syrien zurückkehren werden, wenn der Krieg zu Ende ist und die Rückkehr möglich ist. Nur wenige Syrer sind wegen wirtschaftlicher Ziele gekommen; sie waren gezwungen, ihr Land zu verlassen. Und je länger sie hier sind, umso mehr werden sie beeinflusst, werden sie von der deutschen Gesellschaft lernen. Das Gefühl der Freiheit wird ihnen niemand mehr wegnehmen können und sie werden es mitnehmen nach Syrien.

Wie sieht es aus mit deiner deutschen Sprache?
Ich habe einen kurzen Kurs gemacht, mehr nicht. Ich will nicht hierbleiben, meine Arbeit sehe ich woanders. Meine Kinder haben die Sprache gelernt und abgeschlossen; sie wollen hier studieren, das finde ich wichtig. Das empfehle ich jedem, der hier lebt. Der soll die Sprache lernen.

Hast du deutsche Freunde?
Jein, ich habe mit deutschen Kollegen zu tun, aber Freunde habe ich keine, viele deutsche Bekannte. Das hat mit dem Einleben zu tun, wir sind hier nur für kurze Zeit.

Sind die Rechte zwischen deinem Sohn und deiner Tochter gleich?
Ja, absolut, wir behandeln sie gleich. Auch in Syrien waren sie gleich. Es gibt Unterschiede in der syrischen Gesellschaft, das hängt von jeder Familie ab. Es hat mit Traditionen und Religiosität der Familien zu tun.

Hast du das Gefühl, dass die Syrer eher offen oder verschlossen sind in Deutschland?
Nach meiner Meinung sind die meisten Syrer offen; sie versuchen,

Deutsch zu lernen, außer mir, das hat mit der Zusammensetzung der syrischen Gesellschaft zu tun. Viele versuchen, Arbeit zu finden, obwohl sie erst seit kurzer Zeit hier sind.

Wovon träumst du manchmal?
Dass ich bald nach Syrien zurückkehren kann.

Was erwartest du mehr von den Europäern?
Die europäische Politik hat mich richtig enttäuscht. Ich habe nicht gedacht, dass sie diese Verbrechen in Syrien tolerieren werden. Wir haben daran geglaubt, die europäischen Gesellschaften würden alles tun, um die Menschenrechte auch woanders zu bewahren.

Ärgert dich manchmal, dass die deutsche Presse Assad nicht als Mörder bezeichnet? Und die EU offizielle Kontakte zum Regime hat?
Was mich stört, ist, dass Assad nicht vor einem Gericht steht, obwohl syrische und internationale Organisationen inklusive der UNO bestätigt haben, dass er Verbrechen begangen hat. Das Problem ist momentan, dass die westliche Welt einen säkularen Verbrecher nicht verurteilt, aber wenn ein Islamist das tut, wird ihm sofort der Prozess gemacht. Diese selektive Gerechtigkeit wird katastrophale Folgen haben. Das wird den Extremismus weiter befördern.

Die Insel der Glückseligen und die Geflüchteten

Rafik Schami

*Welch triste Epoche, in der es leichter ist,
ein Atom zu zertrümmern als ein Vorurteil.*
∴ Albert Einstein

Nicht alle Menschen verlassen freiwillig ihre vertraute Umgebung, um die risikoreiche Fremde aufzusuchen. Für mich versteht sich das von selbst. Wenn einzelne Menschen gezwungen sind, ihr Land zu verlassen, sei es, um aus politischen oder kulturellen Gründen ins Exil zu gehen, sei es auf der Suche nach mehr Bildung oder besseren wirtschaftlichen Bedingungen, so liegt dies oft in einem Mangel an Freiheit, Demokratie, Wissenschaft oder Verdienstmöglichkeiten begründet. Der Einzelne ist gezwungen, den Mangel in der Fremde zu beheben. Wenn aber Millionen die Flucht ergreifen und eine plötzliche Naturkatastrophe als Ursache auszuschließen ist, so ist der Grund dafür Krieg, der wahllos alle trifft, oder Völkermord, der sich gegen eine Minderheit richtet.

Das wunderschöne Land Syrien war eine Wiege der Zivilisation. Seine geografische Lage am Mittelmeer machte es reich und multikulturell und stellte zugleich ein begehrtes Ziel für Eroberer dar, angefangen bei den Ägyptern, den Griechen, Römern, Arabern, Osmanen, Franzosen und vielen anderen.

Nach der Unabhängigkeit des Landes im April 1946 und einer kurzen Epoche der bürgerlichen Demokratie, die eine Kopie des französischen Parlamentarismus war, folgten diverse Putsche. Der erste ereignete sich drei Jahre nach der Unabhängigkeit im April 1949. Heute ist bekannt, dass die CIA hinter diesem Putsch stand. Natürlich fragt man sich, warum eine Supermacht der westlichen Demokratien die demokratische Entwicklung eines kleinen Landes (Syrien zählte damals 3,5 Millionen Einwohner) zerstört. Es ging ganz einfach um die Interessen der amerikanischen Firma *Tapline*, die das irakische Erdöl günstig durch Syrien pumpen wollte. Und das Parlament war dagegen.

Auch eine unselige repressive Union mit Ägypten (1958), von den Präsidenten beider Staaten von oben diktiert und eilig geschlossen, wurde durch einen Putsch (1961) beendet. 1963 putschten Offiziere, die u. a. der Baath-Partei angehörten. Hafiz al Assad kam durch einen internen Putsch und mehrere Säuberungen unter den Führungsoffizieren an die Macht. Ab 1970 war er Alleinherrscher. Die Baath-Partei wurde durch den zwanghaften und zum Teil opportunistischen Massenbeitritt von SchülerInnen, StudentInnen, ArbeiterInnen, AkademikerInnen und Angestellten aufgebläht und zugleich entmachtet.

Assad führte als erster Putschist in Syrien die Herrschaft der Sippenherrschaft ein. Das Land wurde zu einer Farm der Familie Assad. Alle, die durch Loyalität zu Assad zu Macht und Reichtum gekommen waren, wirkten in eine Richtung, nämlich, das System Assad mit aller Macht zu verteidigen und aus einem durchschnittlichen Offizier einen Gott zu machen, dem alles gehört und gehorcht. Fünfzehn Geheimdienste sorgten dafür, dass die Opposition vernichtet und unterwandert wurde und zur Bedeutungslosigkeit verkam.

Das System muss man sich vorstellen wie ein mehrschaliges Netzsystem, dessen Schalen filigran miteinander verbunden sind. Im Mittelpunkt dieses Systems steht Assad, umgeben von seinen Geheimdiensten, die ihm sklavisch ergeben sind. Die nächste Netzschale besteht aus den Angehörigen seiner Sippe, die großen Nutznießer der Herrschaft dieses Diktators. In der nächsten Schale sind die Angehörigen der alawitischen Minderheit (ca. zwei Millionen) vertreten, der er angehört und die durch ihn zum ersten Mal an die Macht kamen. Die nächste Schicht ist die größte und schließt alle Syrer ein, die durch das System zu Macht und Reichtum gekommen sind. Man könnte das System mit den Matrjoschka-Puppen vergleichen, wenn das nicht zu niedlich wäre.

Die Folgen einer brutalen Diktatur

Das Volk wurde regelrecht ausgeraubt. Wie sonst kann ein Unteroffizier oder ein Lehrer aus ärmsten Verhältnissen innerhalb von zehn Jahren zum Milliardär werden?

Der Raub aber traf auch die Menschenrechte, die politische Tätigkeit und die Freiheit des Wortes. Dafür sorgte eine extra für die Diktatur gefertigte Verfassung, die dazu diente, alle Taten des Regimes zu legalisieren. Nach und nach besetzten Anhänger des Regimes alle wichtigen Posten in Wirtschaft, Wissenschaft, Politik, Polizei, Armee – und vor allem in den Geheimdiensten.

Wir wissen aus der Geschichte, dass die Herrschaftsform direkten Einfluss auf die Entwicklung einer Gesellschaft hat sowie auf die Kommunikation und Umgangsformen, die die Menschen untereinander pflegen. Die Diktatur setzt auf Gewalt als Regulierungsweg aller Beziehungen und auf die daraus erzeugte Angst. Die SyrerInnen mussten zusehen, wie Menschen gedemütigt wurden, verschleppt, verhört und gefoltert, ohne einen Anwalt nehmen zu können. Nach und nach drang die Gewalt als einzige effektive Regulierung in alle Bereiche der Gesellschaft ein und veränderte die Menschen, etwa nach exemplarisch harten Bestrafungen für die Solidarisierung mit politischen Opfern (DemonstrantInnen, Oppositionsparteien, politische Gefangene). Manchmal war die Bestrafung der solidarisierenden Menschen härter als die der Opfer selbst. Die Solidarität erstarb. Man machte einen Bogen um die Familie der Verfolgten, Verhafteten oder Exilierten. Nicht selten startete der Geheimdienst gezielte, sehr effektive Aktionen, um den Ruf einer Familie zu ruinieren, was zu einer weiteren Isolation der Betroffenen führte.

Nur mit Korruption konnten die Menschen einen Pfad durch den Dschungel der Gewalt schlagen und ihr Ziel erreichen. Die Brutalität der Diktatur und die Zügellosigkeit der Korruption aber deformiert das Bewusstsein der Menschen, und so lernten die UntertanInnen zu wiederholen, was sie hörten, statt zu beschreiben, was sie sahen.

Sippenbestrafung, Bespitzelung, Militarisierung der Gesellschaft, Führeranbetung sowie Korruption führten dazu, dass die Entfaltung einer Gesellschaft vollkommen verhindert wurde.

Das Regime lenkte mit Konsum und Propaganda von allen Problemen ab, die das Land lähmten und den Beitrag ebendieses Landes zur Zivilisation, sei es in der Forschung, Kultur oder Industrie, gegen null sinken ließ.

Über dreißig Jahre regierte der Vater Assad und scheute sich nicht vor den brutalsten Massakern – und die Welt schaute zu, ja West und Ost heuchelten Kritik und lieferten dem Tyrannen gleichzeitig alles, was er für seine Herrschaft brauchte. Die Ostblockländer lieferten ihm Waffen und schulten sein Militär und die Geheimdienste mit den modernsten Methoden, der Westen lieferte und liefert ihm alle technischen Produkte, Maschinen, Elektronik, sogar komplette Giftgasfabriken und die dazugehörigen Chemikalien.

Wer ist krimineller, ein Diktator, der für die Installierung seiner Macht Giftgas produzieren will, oder ein Fabrikdirektor in einer Demokratie, der ihm diese Fabrik mit Genehmigung der Politiker liefert, und das in einem Land, das an Israel grenzt?

Wie soll ein kleines Volk Widerstand leisten? Wo man hinschaute, war Gewalt: im Umgang mit den Menschen, im Berufsleben, in Schulen und an Universitäten. Menschen, die ein Wort der Kritik äußerten, verloren ihre Arbeit. Einige wenige beherrschen die Wirtschaft. Ihr einziges Ziel war nicht der Aufbau einer unabhängigen Industrie und Landwirtschaft, sondern einzig und allein der schnelle Reichtum, den sie ins Ausland brachten. Ein Cousin des jetzigen Präsidenten Assad, Rami Machluf, bekam das Ressort Telekommunikation geschenkt und kassierte offen Bestechungen für jede importierte Ware, so dass er „Mister 20 Prozent" genannt wurde. Er lachte darüber. Als der Aufstand 2011 ausbrach, bekam er von Dubai Schutzgarantie gegen alle internationalen Gerichte und deren Urteile, und so transferierte er seine Gelder (ca. sechs Milliarden Dollar) und Firmen dorthin.

Die Korruption und Gewalt verseuchte das Schulsystem und die Universitäten. Die Medien verwandelten sich in eine große Maschine der Propaganda, die dafür da war, den Herrscher anzubeten und seine Gegner zu diffamieren. Darüber hinaus bot das Fernsehen Programme an, die allesamt gezielt dazu dienen sollten, die Bevölkerung zu verblöden und sie von ihrer katastrophalen Lage abzulenken.

Der Staat wurde systematisch abgebaut, und an seine Stelle trat das oben beschriebene Netz, das ähnlich wie ein Staat aussieht, aber auf bedingungslose Loyalität und Korruption aufbaut. Nur in einem solchen Klima können paramilitärische, bestens ausgerüstete Truppen aufgestellt werden, die keine andere Autorität anerkennen als die ihres Führers. Gesetze existieren für sie nicht, denn ihr Auftrag ist heilig: der Erhalt des Assad-Systems.

Das alles geschah und geschieht mit dem Wissen von Ost und West. Wie aber konnte das passieren?

In den Ostblockländern waren die Regime aus demselben Holz geschnitzt, und da sie nach politischem Einfluss lechzten, waren sie bereit, einen scheußlichen Freundschaftsvertrag mit solch mörderischen Regimen wie dem syrischen zu schließen.

Und wie lässt sich die Verbundenheit des Westens mit Verbrechern wie den arabischen Herrschern erklären? Um das zu verstehen, müssen wir kurz die Entwicklung der Beziehung zwischen dem Westen und den arabischen Ländern betrachten.

Die Metamorphose des Kolonialismus

Der alte Kolonialismus

Der erste Kolonialismus ging von Europa aus. Die Überlegenheit in der Technik und vor allem in der Bewaffnung erlaubte sogar kleinen Ländern wie Belgien, Portugal oder Holland, riesige Kolonien zu besetzen. Diese Kolonien waren für die Herrschaftsstrategie sowohl militärisch als auch ökonomisch wichtig. Die Länder wurden ausgeraubt und die Menschen versklavt. Die europäischen Mächte kontrollierten sämtliche

Handelsvorgänge auf Land- und Wasserwegen. Großbritannien und Frankreich waren die zwei großen Kolonialmächte.

Die Beziehung zwischen Kolonialherr und Kolonie entsprach der eines Herrn zu seinem Sklaven.

Dieser Kolonialismus zerstörte ganze Kontinente. Er kostete aber nicht nur vielen Kolonialsoldaten das Leben, sondern war zudem mit einem großen finanziellen Aufwand verbunden, so dass bei Zunahme der Aufstände und Aktivitäten der Befreiungsbewegungen die Bilanz ab den 1940er Jahren negativ ausfiel. Nach und nach mussten die weißen Herren die Länder verlassen. Mitte der 1970er Jahre waren doppelt so viele Länder unabhängig wie 1914. Aber die Kolonialherren verließen ein Land oft erst, nachdem sie dort ein ihnen zugeneigtes Regime zurücklassen konnten, so geschehen in allen arabischen Ölländern. Das war die Voraussetzung für die zweite Stufe der Metamorphose des Kolonialismus.

Der Neokolonialismus

Hier sparte sich der Westen die Kosten für die Truppen. Mit vielschichtigen Mitteln (Kreditzustimmung und -verweigerung, Schuldenzinsen Währungsfonds und Weltbank, Rohstoffpreisen, Niederlassungen von westlichen Firmen in den ehemaligen Kolonien, Ausbeutung der Landwirtschaft und Förderung der Monokulturen) wurde die Herrschaft übernommen. Die einheimische Wirtschaft wurde ruiniert und konnte nur mehr billige Rohstoffe für die westliche Industrie (Erdöl, Baumwolle, Ölpalmen, Futter, Fischmehl, Erze etc.) exportieren, ohne die der Wohlstand im Westen nicht möglich gewesen wäre. Dafür vermehrte sich das Elend in der Region. Die westlichen Länder beherrschten, inzwischen auch mit den USA, die Weltmärkte und sorgten dafür, dass der Preis der Rohstoffe immer niedrig blieb.

Diese Phase zeichnete sich aus durch die Herrschaft williger Sippen in Arabien, die dem Neokolonialismus Tür und Tor öffneten. Und wo das nicht der Fall war, mischte sich der Westen ein, und zwar im Interesse seiner eigenen Industrie, niemals im Interesse des europäischen Humanismus oder der Freiheit und der Demokratie. Putsche und Krisen wurden inszeniert, wie wir oben beim ersten Putsch in Syrien gesehen haben. Manchmal wirkte ein Putsch wie ein schlechtes Theater, wie etwa in Libyen. Durch den Neokolonialismus, die moderne Fortsetzung des Kolonialismus, wurden ganze Kontinente benachteiligt, einstmals reiche Länder wie Algerien, Nigeria, der Irak, der Sudan oder Argentinien verarmten.

Aber der Westen hatte alle seine Ziele in den arabischen Ländern erreicht. Nicht nur konnte er beste Gewinne aus den Waffengeschäften, der Erdölausbeutung und dem Export der Industrieprodukte in die reichen arabischen Länder erzielen, sondern zudem dort verseuchte Lebensmittel und Müll auf kriminelle Weise entsorgen lassen.

Deshalb war die Frage nicht zynisch, die ein Freund stellte: „Warum soll der Westen dafür sorgen, dass demokratische Strukturen in den arabischen Ländern entstehen?"

In dieser Phase war die Beziehung des Westens zu den arabischen Ländern ähnlich der eines Firmenchefs zu seinen ihm ergebenen MitarbeiterInnen.

> Seit Jahrzehnten ist der Westen blind, stumm und taub gegenüber den arabischen Diktaturen.

Der moderne Kolonialismus

Die dritte Stufe des Kolonialismus, die aus der zweiten hervorging und viel effektiver war als diese, hatte handfeste Gründe und günstige Voraussetzungen. Die diktatorischen Clans hatten in über vierzig Jahren großes Privatkapital angehäuft. Mehrere hundert Milliarden Dollar waren in die Hände der Clans-Führungen gelangt. Da sie kein Vertrauen in ihr eigenes Land hatten und fürchteten, durch eine Revolution oder einen Putsch alles zu verlieren, bunkerten sie das Geld in Europa und den USA. Experten schätzen die Summe der Gelder, die jährlich aus der Dritten Welt nach Europa und Amerika fließt, auf eine Billion Dollar. Ein großer Teil davon stammt aus den arabischen Ländern.

Man muss sich die perfide Lüge vorstellen: Diktatoren wie Assad, Saddam Hussein und Gaddafi beschimpfen den Imperialismus und Kapitalismus und bunkern Milliarden für ihre Familie in den USA und Europa.

Zur gleichen Zeit brach die ganze Utopie der Befreiung in sich zusammen. Hoffnungen, die an Algerien, Kuba, Persien, Vietnam, China und sogar Nicaragua geknüpft waren, erwiesen sich als Illusion. Die Herrscher nach der Befreiung wurden bald korrupter als jene, die sie vertrieben hatten.

Nicht nur die Gewalt der Diktatur, auch die Lähmung der Träume ist ein Bremsklotz für das Rad der sozialen Entwicklung. Daher bildete sich kaum noch eine nennenswerte Opposition gegen den Ausraub der Länder.

Im Westen schielte man nun nicht nur auf die Märkte, sondern auf ebenjene gewaltigen Finanzmittel, die dort „brachlagen". Um an sie heranzukommen, musste der Westen neue Strategien entwickeln, bei denen diese Räuber vor Ort nicht mehr wie Sklaven oder Mitarbeiter behandelt wurden, sondern wie dämliche Partner, mit deren Geldern man spekulieren und noch mehr Vorherrschaft auf den Finanzmärkten erzielen konnte.

Von nun an wurde der Westen blind, stumm und taub gegenüber den arabischen Diktaturen. Putsche als Mittel verschwanden von der politischen Fläche. Wozu Gaddafi, Assad, Hussein oder Mubarak stürzen, wenn man ihn als Partner haben kann! Die westlichen Politiker gaben sich die Klinke in die Hand.

Das ist keine Verschwörung, wie einige idiotische Antisemiten behaupten, sondern eine langfristige Strategie aus Wirtschaft und Politik im Westen. Es ist eine Entwicklungsphase der Menschheitsgeschichte, die noch gewaltigere Katastrophen als heute schon erzeugen wird. Was derzeit in den arabischen Ländern passiert, ist nur der hässliche Vorbote dieser Apokalypse.

Die Partnerschaft zwischen dem Westen und den arabischen Diktaturen stärkte die Herrschaft der Sippen in den arabischen Ländern. Sie konnten schalten und walten, wie sie wollten. Ihre Partner im Westen sorgten für eine Verzerrung der Wirklichkeit in diesen Ländern. Vierzig Jahre lang fragte ich Reisende, die aus Syrien zurückkehrten: „Was sagt Ihnen Palmyra?", und bekam als Antwort nur Schwärmereien. Wenn ich den Menschen dann erklärte, dass keine tausend Meter vom Flughafen und den historischen Ruinen entfernt ein Lager liegt, in dem Tausende von wunderbaren Menschen aus politischen Gründen grausam umgebracht und Abertausende Unschuldige gefoltert wurden, dann erschraken die Leute. Konsum und Tourismus erzeugten keine Aufklärung, sondern eine Tarnung der Zustände und der Misere der arabischen Länder. Gaddafi, ein Massenmörder, wurde in Rom wie ein König empfangen, und Berlusconi feierte mit ihm seine Orgien mit Prostituierten.

Seltsam ist, dass die arabischen Herrscher die europäischen Partner ihrerseits als Halbidioten betrachten, die nur Gewinn machen wollen und sie mit Geld füttern, um ihre Herrschaft zu behalten. Sie bettelten nicht wie ein Sklave oder ein Mitarbeiter, sondern diktierten ihre Wünsche, und diese wurden vom Westen erfüllt. Das ist es, was der dritte Kolonialismus mit sich brachte: die Korrumpierung einflussreicher Kreise in den USA und Europa, die dafür sorgten, dass Milliarden in ihre Länder flossen und den Kriminellen juristischer wie propagandistischer Schutz geboten wurde. Der Bruder von Hafiz al Assad, der Onkel des jetzigen Diktators namens Rifaat al Assad, ist ein krasses Beispiel. Er war ein Unteroffizier, der nach dem Putsch seines älteren Bruders Hafiz zu Macht kam. Er ist ein Massenmörder und ein Drogen- und Waffenhändler. Er musste nicht nach Lateinamerika fliehen, sondern wurde – wohl aufgrund seines Vermögens – vom französischen sozialistischen Präsidenten Mitterrand und vom spanischen sozialistischen Ministerpräsidenten Zapatero empfangen. Er lebte ähnlich wie ein Mafiaboss, geschützt von seinen Leibwächtern, in luxuriösen Villen in Frankreich, Spanien und Großbritannien.

Ein dezentes Beispiel – in Deutschland läuft alles dezent – konnte man in den deutschen Medien beobachten. In vierzig Jahren hat das Assad-Regime nicht so viel Sendezeit voll mit Lobeshymnen bekommen wie seit dem Ausbruch der Revolte. Das war die Stunde der korrupten Prominenzjournalisten, die immer schon einen Draht zu den diversen Diktaturen hatten. Es ging so weit, dass ein kleiner Diktator, der 2011 in Bedrängnis geraten war, diktieren durfte. Nur Filmaufnahmen, die er genehmigt, dürfen in Deutschland gezeigt werden. Und das wurde ihm von öffentlich-rechtlichen Sendern erfüllt.

Nach jahrzehntelangen Beobachtungen kam ich zu der Überzeugung, dass die Lösung nicht in den arabischen Ländern, nicht in Afrika und nicht in Griechenland liegt, sondern in den Hochburgen der Finanzen, die mit dem Raub, den sie mit ihren Partnern vor Ort bewerkstelligen, aufhören müssen. Das wäre der erste Ansatz einer Erholung der ausgeraubten Länder und ihrer Gesellschaften.

In diesem Zusammenhang habe ich eine Horrorvision: Eine große Finca auf einer traumhaften Insel mit Swimmingpools, Tennisplätzen, Reitstall und Vergnügungscasino. Üppige Gärten, Gemüse- und Getreidefelder gedeihen prächtig. Hühner, Rinder, Schafe und Schweine werden biologisch gefüttert ... Dazu Hunderte von Bediensteten. Die Finca produziert Nahrung für tausend Menschen. In einer Villa inmitten der Finca leben nur acht Menschen: vier superreiche Europäer, zwei Diktatoren und zwei Drogenhändler aus der Dritten Welt. Plötzlich verkünden die Wächter, dass Flüchtlingsboote aus allen Himmelsrichtungen auf die Insel zusteuern. Weder Schusswaffen noch die scharfen Hunde können verhindern, dass die Verzweifelten an das Tor der Finca kommen, und bald ist die ganze Finca umschlossen. Die ersten hundert werden erschossen, etwa fünfzig Flüchtlinge werden von den Bestien zu Tode gebissen und die nächsten zweihundert sterben an Durst und Hunger, bis die solide Mauer an einer Stelle bricht und fast tausend Flüchtlinge in die Finca stürmen. Und dann? Was helfen die Goldbarren im Keller?

Die Demokratie ist die einzige Möglichkeit, die radikale, aber längst notwendige Umkehr herbeizuführen. Alles andere ist Heuchelei.

Der Traum von Freiheit und Demokratie

Die brutale Diktatur herrschte seit Jahrzehnten mit nackter Gewalt. Sie sicherte ihre Macht, aber sie führte auch dazu, dass sich Wut und Verzweiflung in allen arabischen Ländern zusammenbrauten. Das syrische Volk wollte nur frei atmen, nur ohne Angst leben. Vierzig Jahre waren genug. Die Menschen demonstrierten im Jahr 2011 sechs Monate lang friedlich und riefen, wir wollen das Regime nicht. Wir wollen Freiheit und Würde. Das Regime ließ auf die Menschen schießen. Seit dem ersten Schuss auf Demonstranten sind inzwischen über sechs Jahre vergangen. Erst rebellierten die Menschen sechs Monate lang friedlich, dann spalteten sich Soldaten von der syrischen Armee ab und beschützten die Demonstranten, danach strömten verschiedene Gruppen von Islamisten ins Land, um die Gunst des Augenblicks zu nutzen.

Der Aufstand der arabischen Menschen für Würde und Freiheit wurde am effektivsten von den Islamisten und Dschihadisten zerstört. Es ist ein folgenreicher Irrtum zu glauben, dass sie aus dem Schoß der Rebellionen kamen. Die Islamisten, ob bewaffnet wie im Jemen, Libyen, Syrien und dem Irak, oder unbewaffnet wie in Ägypten, wurden finanziert und gezüchtet von den Staaten, die die Rebellionen zerstören wollten, wie Saudi-Arabien, die Golfstaaten, dem syrischen Regime, Iran, den USA, Russland und der Türkei. Die effektivste Hilfe hat das syrische Regime selbst beigesteuert. Gefangene Führungskader der Islamisten wurden freigelassen, über den Geheimdienst bewaffnet und in die befreiten Gebiete geschickt, damit sie dort zu Verwirrung, Spaltung und Chaos führen. Im Chaos ist die Diktatur die bestorganisierte Kraft.

Doch nicht nur die Brutalität des Regimes und die Einmischung der Mächte haben die Revolution der SyrerInnen scheitern lassen. Sie passte von Anfang an nicht in unsere Zeit, nicht in unsere dual aufgespaltene Welt: Sie war weder links gegen rechts (wie in vielen Länder der sogenannten Dritten Welt), noch ein nationaler Aufstand einer Minderheit gegen eine Mehrheit (Kurden gegen Türken und Araber). Es setzten sich auch nicht Vertriebene gegen einen mächtigen Staat zur Wehr. Der Aufstand der SyrerInnen war vielmehr ein Kampf einer unterdrückten Mehrheit gegen die Herrschaft eines Clans aus der Minderheit. Die Revolution scheiterte daran, vollkommen andere Minderheiten von den Zielen zu überzeugen. Die IS-Verbrecher trugen zur Unsicherheit der Minderheiten massiv bei.

Die Einmischung der terroristischen Islamisten unter effektiver krimineller Mithilfe der Petrodollar aus Katar und Saudi-Arabien und mit Wissen der USA verkomplizierte die Sache für die sunnitische Mehrheit und den Kampf gegen den Diktator noch mehr. Daher schmolz die Sympathie sehr schnell dahin. Das Lager gegen die Revolution war sehr heterogen, aber effektiver als die laschen verbalen Bekundungen der „Freunde des syrischen Volkes".

Die meisten Islamisten kamen nicht spontan, sondern nach einem genau ausgeheckten Plan von Katar oder Saudi-Arabien – den zwei besten Verbündeten der USA und des Westens. Geht es noch absurder?! Katar, das winzige Scheichtum, unterstützte den IS so unverschämt offen mit Waffen, dass die IS-Verbrecher wie Schauspieler mit schönen Kleidern, neuesten Waffen und besten Autos auftraten. Und das soll Katar ohne Wissen und Zustimmung der USA und von Großbritannien gewagt haben, die im Scheichtum stationiert sind?

Die kriminellen Untaten der verbrecherischen Islamisten, ihre brutalen Shows, die für die Medien veranstaltet wurden, die dubiose Entwicklung, die ihren Aufstieg begleitete (Mosul ist nur ein Beispiel, ein blutiger Skandal von Anfang bis zum Ende): All das lähmte das syrische Volk.

Auf der anderen Seite heuchelnde westliche Politiker (Obama, Hollande), die die verkündeten roten Linien in Gummibänder verwandelten. In dieser wirklich unwirklichen Atmosphäre konnte ein Zwerg namens Putin, der wirtschaftlich am Boden liegt, dessen Land von Krisen erschüttert ist, wie ein Gigant erscheinen und Bedingungen diktieren.

Inzwischen ist Syrien ein Trümmerfeld, und ein Ende ist nicht in Sicht. Die friedliche Revolution ist erstickt, das Regime liegt am Boden und lässt Russen, Iraker, Libanesen, Palästinenser für sich kämpfen. Die Russen fangen an, Militärbasen im Land zu errichten, und nach und nach verwandeln sie Syrien in ihr Protektorat. Und was macht der

Westen, der angebliche Freund des syrischen Volkes? Er fällt um, und man liest und staunt, wie verlogen die Schreiberlinge sind, die ihre LeserInnen und WählerInnen nun davon überzeugen wollen, Assad solle bleiben, um das Assad-System zu zerstören. Das ist so glaubwürdig wie das Versprechen eines Mafiabosses, im Falle seiner Wahl zum italienischen Präsidenten die Mafia auszulöschen.

Deutschland, Europa und die Geflüchteten

Es ist weder Gastfreundschaft noch Liebe, sondern das selbstverständliche Recht eines Geflüchteten auf Asyl. Liebe und Freundschaft kann noch werden, aber zunächst gibt es ein Recht auf Schutz, verankert in der UNO-Charta und in fast allen Verfassungen der zivilisierten Welt.

Alle Versuche, die meine Freunde und ich im Jahr 2012 unternahmen, europäische Politiker dazu zu bewegen, Geflüchtete in den umliegenden Ländern zu helfen, so dass sie dort menschenwürdige Aufnahme finden, scheiterten. Die Türkei, der Libanon und Jordanien wurden im Stich gelassen, die EU hat sogar die Hilfe im Jahr darauf gedrosselt.

Auch der zweite Versuch scheiterte, europäische Politiker zu überzeugen, Druck auf die Ölländer auszuüben, die keine Flüchtlinge aufnehmen, dann wenigstens Gelder freizumachen. Sie schwimmen in Milliarden und heucheln sunnitische Bruderschaft mit den syrischen Geflüchteten.

Stattdessen bot ein deutscher Journalist, der in den Emiraten als Korrespondent für eine große liberale deutsche Zeitung arbeitet, dem saudischen Außenminister in einem einseitigen Artikel untertänig an, seine lächerliche Lüge zu verbreiten, Saudi-Arabien habe Millionen von Geflüchteten aufgenommen, die aber das Land bereits verlassen hätten. Für wie dumm hält dieser korrupte Journalist die Leserschaft!

Wenn unsere Initiative Erfolg gehabt hätte, wären die Geflüchteten kein Problem, sondern ein Segen für die Aufnahmeländer. Das wäre auch zivilisatorisch eine einzigartige Erfahrung, mit dem globalen Problem der Flucht umzugehen. Die Geflüchteten wären gerne in diesen Ländern geblieben, da mit dem Geld Arbeitsplätze im Gastland geschaffen werden könnten, und das wäre nicht nur für die Reintegration in ihre Heimat viel besser und für den Wiederaufbau viel effektiver; darüber hinaus hätte der Druck des Westens im Interesse der Geflüchteten eine bedeutende politische und kulturelle Kraft gegen die IS-Hasspropaganda gehabt.

Ohne den Westen können die arabischen Erdölländer keinen Monat existieren. Nicht einmal eine Schraube, geschweige denn einen Chip können sie selbstständig produzieren.

Nichts von all den Vorschlägen wurde realisiert. Ganz im Gegenteil, mit den Ländern wurden Waffengeschäfte getätigt, sogar mit Saudi-Arabien (Deutschland) und Katar (USA)! Und bei einem Waffengeschäft über zwölf Milliarden Dollar bleiben die Menschen und deren Rechte auf der Strecke. Nicht nur bei Trump!

Deshalb entschlossen wir uns, einen Verein zu gründen, der diese Idee realisiert, Geflüchtete, vor allem Kinder und Jugendliche, in den umliegenden Ländern zu unterstützen. Schams e. V. tut das seit 2012. Wir fingen mit etwa hundert Kindern an, heute betreuen wir 1.500 Schülerinnen und Schüler in der Türkei, dem Libanon und Jordanien, finanziert durch Benefizveranstaltungen und Spenden. Auch das Buch *Suppen für Syrien* war ein Segen für uns und die Kinder. Der Verlag *DuMont* beschloss mit einer großartigen Geste, dem Verein hundert Prozent der Einkünfte aus dem Buch zur Verfügung zu stellen.

Die deutsche Bevölkerung hat die Geflüchteten sagenhaft freundlich aufgenommen und geholfen, wo sie nur konnte. Auch jetzt nach dem Ende der Euphorie helfen hunderttausende Deutsche, und sie opfern ihre Kraft, ihre Freizeit und nicht selten ihr Geld, um das Elend der Geflüchteten zu mildern. Auch nach den Übergriffen von einigen Kriminellen ausländischer Herkunft (z. B. in Köln). Sicher warten Rassisten und Rechtspopulisten auf Übergriffe, Überfälle oder Missachtung der Gesetze vonseiten der Geflüchteten, um deren Inhumanität zu bestätigen, doch insgesamt ist das Leben bis heute sehr friedlich gelaufen.

Die Zeit, das Volk und die schnarchenden Denker

Deutschland hat nach dem Mauerfall einen Quantensprung vollzogen. Es ist nicht mehr nur das führende Industrieland ohne bedeutende politische Rolle, sondern mischt als aktiver Hauptakteur mit. Das begreifen viele noch immer nicht so richtig. Man muss einige alte Herren aufwecken. Sie scheinen noch in den 1980er Jahren zu schnarchen! Was aber beschämend ist für sie: Sie waren oft einst radikale Linke, die Sprüche von Marx, Bakunin und Lenin besser als das Vaterunser ihrer Kindheit rezitieren konnten.

Ich bewundere das deutsche Volk für seine großartige Lernfähigkeit aus der eigenen Geschichte. Ich muss nach 47 Jahren in Deutschland sagen, es gibt kaum ein Volk auf der ganzen Welt, das seine Geschichte so offen und selbstkritisch diskutiert. Amerikaner, die alten Kolonialisten wie Franzosen und Briten, Spanier, Portugiesen, Belgier, Türken, Araber und Holländer können daraus lernen und ihre blutigen Verbrechen anderen Völkern gegenüber kritisch reflektieren.

Lernen aus der Geschichte ist eine solide Basis für Demokratie und Freiheit, es ist eine Sensibilisierung für das richtige Handeln im Sinne einer humanen Gesellschaft, aber es ist niemals eine Garantie gegen Populisten und Rassisten. Ich bin glücklich mitzuerleben, wie das Volk initiativ wird, obwohl es allein, ohne Hilfe, von der politischen Führung im Stich gelassen und vom Zynismus der Salonprovokateure und Denker a. D. traktiert wurde. Es ist eine einmalige historische Erfahrung. Zum ersten Mal dreht das alleingelassene Volk der Deutschen führungslos das Rad der Geschichte, während Politiker und Intellektuelle in Panik geraten und in jeder Hinsicht hinter ihm her hecheln. Deshalb nenne ich sie *Denker a. D.*

Diese Bürgerinnen und Bürger begriffen viel mehr als ihre sogenannten Denker, dass ihre Freiheit, ihre Verfassung und Demokratie sie dazu verpflichten, Geflüchteten zu helfen. Sie handelten nicht, wie ein arroganter Möchtegern-Philosoph behauptete, „infantil, emotional und moralisch", sondern versuchten, den Pessimismus des Verstandes mit dem Optimismus der Liebe zu verbinden. Das ist der Traum vom mündigen Bürger.

Auf der anderen Seite gab es eine menschenverachtende Minderheit, die ihr barbarisches Gesicht entblößte und Asylheime anzündete. Diese Minderheit wird es immer und in jedem Volk geben. Also auch hier kein Anlass zu Hysterie. Es sind Kriminelle, denen man polizeilich und juristisch *entschieden* Einhalt gebieten muss, welchen Pass auch immer sie tragen.

Es wundert mich als ein Mensch, der seit 47 Jahren gerne hier lebt und das Land liebt, zu beobachten, dass arme, hilfsbedürftige Geflüchtete Krisen in Deutschland und Europa ausgelöst haben sollen. Alle Geflüchteten zusammen, die bisher lebend in Europa ankamen, erreichen nicht einmal die Zahl, die zwei kleine arme Länder (Libanon und Jordanien) aufgenommen haben. Also bitte nüchtern bleiben: Über 700 Millionen Europäer haben Angst vor zwei Millionen Geflüchteten, während elf Millionen Jordanier und Libanesen – allein und im Stich gelassen – bisher etwa drei Millionen Geflüchtete beherbergen. Die EU wird nicht daran zerbrechen, aber es könnte sich eine Mehrheit gegen die Deutschen bilden, wenn es den Deutschen nicht gelingt, schnell und dauerhaft Verbündete zu gewinnen. Auch der edelste Ritter wird zu einem Don Quijote, wenn er sich durch weite Sprünge von den anderen entfernt.

Angst haben oder Angst schüren

Ein Land mit nur einer Sprache und einer Sitte
ist schwach und gebrechlich.
Darum ehre die Fremden und hole sie ins Land.
∴ Stephan I, König von Ungarn

Angst vor dem Fremden zu haben ist keine Schande; man kann, darf und soll offen darüber reden. Angst vor dem Fremden ist wie die Neugier auf alles Neue ein Überlebensreflex.

Angst zu schüren ist dagegen eine kriminelle Tat, die Menschen zu einer gefügigen Herde macht. Darauf bauen Rassisten, Populisten, Diktaturen und die Mafia.

Seit dem großen Eintreffen der Geflüchteten in Deutschland konnte man eine Schar von Intellektuellen beobachten, die völlig unbeachtet vom Volk vor sich hin brabbelte, als würde sie unter Drogen stehen. Willkommenskultur, Angstkultur, Leitkultur und andere Wortblasen gaben sie von sich, bis sie sich davon erholten. Dann wechselten sie von der Rolle des Gelähmten in die Rolle des lähmenden Angstmachers. Sie verkündeten, sie seien die einzigen rationalen Erwachsenen einer emotionalen, infantilen Gesellschaft. Es waren nicht zufälligerweise alte Herren, ehemalige Fernsehphilosophen, Kommunisten a. D., apolitische Schriftsteller, Salonprovokateure, Anarchisten a. D., die, solange die Bundesrepublik nur eine Industriemacht war, mit ihrer eloquenten Sprachakrobatik die Salongemüter erregten und sich deshalb wahnsinnig wichtig vorkamen. Als aber die Rolle der Bundesrepublik bedeutender wurde, schmollten sie. Prompt wurden sie Anhänger der primitiven Pegida und schrieben Reden und Kolumnen in AfD-Wahlkäseblättern.

Auch der letzte Depp unter den Comedians sparte nicht mit rassistischen Araber- und Islamwitzen. Das war sozusagen sein Beitrag, um die ängstlichen Geflüchteten zu beruhigen. Nein, diese Herren, die die Zivilisation für sich gepachtet haben und alle anderen Völker als nicht zivilisiert betrachten, sind einfach primitive Barbaren.

Nationalismus macht dumm. Der Nationalist Viktor Orban dröhnte in einem Interview (*Focus* vom 17. Oktober 2015): „Der Islam hatte nie zu Europa gehört ... Er ist das Regelwerk einer anderen Welt." Man sollte ihn daran erinnern, dass Judentum und Christentum aus derselben Gegend nach Europa kamen.

Die Fremden würden die Deutschen „aufmischen", krähte ein Salonprovokateur vom *Spiegel*-Turm. Geht es noch primitiver! Ja, doch, Dummheit ist grenzenlos.

Wäre der Rassismus in Deutschland strafbar wie der Antisemitismus, so hätte einer dieser Schreiberlinge seine Kolumnen im Gefängnis weiterschreiben müssen. Es blieb bei einer saftigen Rüge wegen der zynisch-rassistischen Behauptung, die Geflüchteten würden den Deutschen die Krätze bringen. Einige wenige Repliken folgten. Die kritische Reaktion vieler deutscher Intellektueller ist lobenswert, aber die Wirkung der Rassisten ist bereits losgetreten. Es ist viel leichter, ein Haus in Brand zu stecken, als es zu löschen. Die Kritik an dem Brandstifter rettet das bereits entflammte Haus nicht mehr. Das wissen die Rassisten und nehmen jede Kritik kaltblütig und gelassen hin.

Hat jemand je die Stimme eines dieser alten Herren gehört, als Ost und West die arabischen Diktaturen mit Waffen belieferten?

Es klingt lächerlich, wenn diese Hasser behaupten, die Sorge um die „jüdischen Mitbürger" sei Grund für ihre Verachtung der Muslime in diesem Land. Vierzig Jahre meines Lebens im Exil bemühte ich mich, mit jüdischen, arabischen, israelischen und palästinensischen Freunden, die Palästinenser und die Israelis zu versöhnen. Nie war einer dieser Herren auch nur in Sichtweite anzutreffen.

Bekannte Frauenfeinde schwafeln von ihrer Sorge um die deutschen Frauen wegen der sexhungrigen Muslime. An was erinnert uns das?

Wortakrobatik und Medienwirksamkeit gewohnt, versuchen sie, ihre Feigheit und ihren Egoismus hinter verschrobenem Zynismus zu verstecken. Damit beeindrucken sie aber nur Schwachsinnige. Das Resümee ihrer Aussagen ist rassistisch und menschenverachtend. Das kann man ohne Mühe erfahren, wenn man ihre Agitation gegen die Fremden liest. Plötzlich sind die Geflüchteten Teil einer *Verschwörung*, die Europa weiter wirtschaftlich und politisch deregulieren soll.

Was mich ärgert, ist die Tatsache, dass diese Herren ungehindert hetzen und die Angst vor den Fremden verstärken, so dass ein Streichholz genügen würde, einen Brand auszulösen, um uns danach verantwortungslos zu sagen, sie hätten es prophezeit. Aber meine Herren, erlauben Sie einem Ausländer eine kleine Korrektur: Es heißt nicht *prophezeit*, sondern *provoziert*.

Oder kann man mir erklären, wie diese Herren fünf Millionen muslimische Bürgerinnen und Bürger in Deutschland beleidigen dürfen, ohne bestraft zu werden? Wie sie Bürgerinnen und Bürger, die seit Jahrzehnten in diesem Land arbeiten und friedlich leben und zur Kultur des Landes massiv beitragen, so unverschämt beleidigen können und dürfen? Die Verunglimpfung des Islams und seines Propheten wird von den Gesetzeshütern äußerst großzügig und unter dem Deckmantel der „Meinungsfreiheit" behandelt, dabei ist es oft nicht weniger als eine strafbare Volksverhetzung.

Die willkürlichen Attentate gegen ZivilistInnen in Europa haben nur ein Ziel: In einer offenen Gesellschaft die Mehrheit gegen die Muslime aufzuhetzen, die, beängstigt durch die kollektive Aggressivität der Mehrheit, hilfesuchend nach einem Retter Ausschau halten – und da rufen ihnen die IS-Mörder zu, sie sollen gegen die Ungläubigen kämpfen, denn erst die Herrschaft des IS-Kalifats würde sie retten. Damit erhoffen sie sich, Anhänger unter den muslimischen frustrierten Jugendlichen zu rekrutieren.

Demokratie und Freiheit erwiesen sich aber als viel stärker, als diese Verbrecher einschätzten. Sie sind die beste Antwort auf die Verbrecher. Damit ist das Vorhaben des IS völlig gescheitert, so wie die palästinensischen bewaffneten Gruppen durch ihre Flugzeugentführungen und andere Terrorangriffe gegen ZivilistInnen völlig gescheitert sind, die PalästinenserInnen (1,4 Millionen, d. h. 20 Prozent der Bevölkerung) in Israel für sich zu gewinnen.

Der IS versinkt in der Lächerlichkeit, wenn er jede Bluttat eines psychisch völlig gestörten Menschen als seine eigene verkündet. Diese Strategie ist längst durchschaubar, und nur Populisten wie die der AfD werden wegen momentaner Stimmungsmache und vorübergehender Wahlgewinne zu IS-Handlangern. Solche barbarischen Angriffe werden nicht von Geflüchteten, sondern von Verbrechern ausgeübt, seien es Einheimische oder Fremde.

Mit den Geflüchteten reden

Eine wunderbare Idee ist Realität geworden. Mit den Geflüchteten reden, nicht nur, um sie zu trösten, sondern um ihre Geschichte, Gefühle, Ängste, Träume und Freuden öffentlich bekannt und zugänglich zu machen. Der Stiftung Respekt! und all den Kolleginnen und Kollegen sei hier ein herzlicher Dank gesagt. Es steckt viel mehr Mühe dahinter, als die Interviews auf den ersten Blick zeigen. Dafür kann ich nur ein Wort laut sprechen: Respekt!

Die Gespräche rühren in ihrer Offenheit. Man spürt, dass die Menschen viel erlebt haben, und man erfährt viel über ihre Sehnsucht nach Frieden und ihr Heimweh, aber man spürt auch, dass sie immer noch große Angst haben.

Die wunderbaren Deutschen, die ins Exil gingen, als die Nazimörder herrschten, fühlten sich nicht anders in ihren Exilländern. Sie würden ihre Türen für jeden Geflüchteten öffnen. Ihnen hätten diese Gespräche sehr gefallen. Und Bert Brecht hätte ein grandioses Theaterstück geschrieben mit dem Titel: Die Insel der Glückseligen und die Geflüchteten.

Respekt!

Die Stiftung zur Förderung von jugendkultureller Vielfalt und Toleranz, Forschung und Bildung

besteht seit 2011 mit dem Ziel, langfristig und kontinuierlich die Erforschung, Sammlung, Aufbereitung und Vermittlung von Wissen über jugendliche Lebenswelten zu fördern. Sie will mit ihrem Wirken, eine gesellschaftliche Lücke zu schließen: Nirgendwo in Deutschland wird bisher nachhaltig zu Jugendkulturen geforscht. Stattdessen dominieren einseitige Betrachtungen von Jugendlichen als gesellschaftliches Gefahrenpotential. Hervorgegangen ist Respekt! aus dem Archiv der Jugendkulturen, das sich seit seiner Gründung 1998 der Aufgabe widmet, den Klischees und Vorurteilen über „die Jugend" differenzierte Informationen entgegenzusetzen. Gesamtgesellschaftliche Ziele von Respekt! sind u. a.

- die Förderung von Toleranz und Weltoffenheit,
- der Abbau und die Ächtung von Gewalt, Rassismus, Sexismus sowie anderen totalitären und menschenfeindlichen Einstellungen und Verhaltensweisen sowie
- der Ausbau und die Förderung demokratischer Partizipation von jungen Menschen mit dem Ziel einer lebendigen Demokratie.

Der Stiftungszweck wird aktuell unter anderem durch den Aufbau eines internationalen Netzwerks von Institutionen, Initiativen und Einzelpersonen erreicht, die im Sinne der Stiftung für Toleranz und den Ausbau jugendlicher Partizipation arbeiten sowie an Austausch und Synergien interessiert sind.

Seit 2017 verleiht Respekt! den European Youth Culture Award. Weitere Informationen finden Sie hier: eycablog.respekt-stiftung.de; respekt-stiftung.de

Bonusmaterial – exklusiv im E-Book
Zusätzliche Materialien befinden sich im E-Book, das Sie als epub oder pdf über alle Anbieter von E-Books zum Preis von 16,99 Euro erhalten können. Und auch direkt bei uns: shop.hirnkost.de